U0524680

今注本二十四史

三國志

晉 陳壽 撰　宋 裴松之 注
楊耀坤 揭克倫 校注

三　魏書〔三〕

中國社會科學出版社

三國志 卷七

魏書七

吕布（張邈）臧洪傳第七[1]

　　吕布字奉先，五原郡九原人也。[2]以驍武給并州。[3]刺史丁原爲騎都尉，[4]屯河内，[5]以布爲主簿，[6]大見親待。靈帝崩，原將兵詣洛陽。〔一〕與何進謀誅諸黄門，[7]拜執金吾。[8]進敗，董卓入京都，將爲亂，欲殺原，并其兵衆。卓以布見信于原，誘布令殺原。布斬原首詣卓，卓以布爲騎都尉，甚愛信之，誓爲父子。

　〔一〕《英雄記》曰：原字建陽。本出自寒家，爲人麤略，有武勇，善騎射。爲南縣吏，[9]受使不辭難，有警急，追寇虜，輒在其前。裁知書，少有吏用。

　[1] 吕布臧洪傳：百衲本、盧弼《集解》本作"吕布張邈臧洪傳"，殿本亦標有"張邈"。錢大昭《辨疑》謂《後漢書》張邈事即附在《吕布傳》中，故張邈之前，叙吕布事未完；張邈之後，

又仍叙吕布事；並且傳末之贊祇言吕布不言張邈，大略與本書同。蓋《後漢書》沿襲《三國志》之舊，標題不應列張邈。校點本蓋據此説删"張邈"二字。今從之。

[2] 五原：郡名。治所九原縣，在今内蒙古包頭市西北。

[3] 并州：刺史治所晋陽縣，在今山西太原市西南古城營西古城。

[4] 爲：指兼任。騎都尉：官名。屬光禄勳，秩比二千石，掌羽林騎兵。

[5] 河内：郡名。治所懷縣，在今河南武陟縣西南。

[6] 主簿：官名。漢代中央及州郡官府皆置此官，以典領文書，辦理事務。

[7] 黄門：宦官。

[8] 執金吾：官名。秩中二千石，掌宫外及京都警衛，皇帝出行，則充護衞及儀仗。

[9] 南縣：盧弼《集解》云："'南'字上下疑有脱文，兩漢地志無南縣。"

布便弓馬，膂力過人，號爲飛將。稍遷至中郎將，[1]封都亭侯。[2]卓自以遇人無禮，恐人謀己，行止常以布自衞。然卓性剛而褊，忿不思難，嘗小失意，拔手戟擲布。[3]布拳捷避之，[一][4]爲卓顧謝，卓意亦解。由是陰怨卓。卓常使布守中閣，[5]布與卓侍婢私通，恐事發覺，心不自安。

〔一〕《詩》曰：[6]"無拳無勇，職爲亂階。"注："拳，力也。"

[1] 中郎將：官名。東漢統兵將領之一，位次將軍，秩比

二千石。

　[2] 都亭侯：爵名。位在鄉侯下，食祿於都亭。都亭，城郭附近之亭。

　[3] 手戟：單手握持的短柄戟。胡三省云："手戟，小戟便於擊刺者。"（《通鑑》卷六〇漢獻帝初平三年注）

　[4] 拳捷：胡三省云："勇力爲拳，迅疾爲捷。"（《通鑑》卷六〇漢獻帝初平三年注）

　[5] 中閤：内室。

　[6] 詩：此《詩》指《詩·小雅·巧言》。

　　先是，司徒王允以布州里壯健，[1]厚接納之。後布詣允，陳卓幾見殺狀。時允與僕射士孫瑞密謀誅卓，[2]是以告布使爲内應。布曰："奈如父子何！"允曰："君自姓吕，本非骨肉。今憂死不暇，何謂父子？"布遂許之，手刃刺卓。語在《卓傳》。允以布爲（奮威）〔奮武〕將軍，[3]假節，[4]儀比三司，[5]進封温侯，[6]共秉朝政。布自殺卓後，畏惡涼州人，[7]涼州人皆怨。由是李傕等遂相結還攻長安城。〔一〕布不能拒，傕等遂入長安。[8]卓死後六旬，布亦敗。〔二〕將數百騎出武關，[9]欲詣袁術。

　〔一〕《英雄記》曰：郭汜在城北。布開城門，將兵就汜，言"且卻兵，但身決勝負"。汜、布乃獨共對戰，布以矛刺中汜，汜後騎遂前救汜，汜、布遂各兩罷。

　〔二〕臣松之案《英雄記》（曰）諸書，[10]布以四月二十三日殺卓，六月一日敗走，時又無閏，不及六旬。

[1] 司徒：官名。東漢時，與太尉、司空並爲三公，共同行使宰相職能，位次太尉。本職掌民政。　王允：字子師，太原祁縣（今山西祁縣東南）人。《後漢書》卷六六有傳。　州里：鄉里，同鄉。此同鄉指王允、吕布皆并州人。

[2] 僕射（yè）：官名。此指尚書僕射。東漢爲尚書臺次官，秩六百石，職權重，若公爲之，增秩至二千石。職掌拆閱封緘章奏文書，參議政事，諫諍駁議，監察百官。令不在，則代理其職。漢獻帝建安四年分置左右。　士孫瑞：見本書卷六《董卓傳》注引《三輔决録》。

[3] 奮武將軍：各本皆作"奮威將軍"。潘眉《考證》謂"奮威"當作"奮武"，《宋書·百官志》謂奮武將軍漢末吕布爲之。校點本即據《宋書·百官志》改。今從之。

[4] 假節：漢末三國時期，皇帝賜予臣下的一種權力。至晋代，此種權力明確爲因軍事可殺犯軍令者。

[5] 儀比三司：即儀同三司。指未任三公而享受三公的禮儀待遇。

[6] 温：縣名。治所在今河南温縣西南。

[7] 涼州：漢靈帝中平後，迄於建安末，涼州刺史治所冀縣，在今甘肅甘谷縣東。（本王先謙《續漢書·郡國志集解》引馬與龍説）

[8] 催：百衲本、盧弼《集解》本"催"上有"李"字。殿本、校點本無"李"字。今從殿本等。

[9] 武關：關隘名。在今陝西商州市西南丹江北岸。

[10] 英雄記：各本皆作"英雄記曰"。盧弼《集解》謂"曰"字疑衍。按，盧説是，《英雄記》下之言，乃裴松之的按語，非《英雄記》之説。今從盧説删"曰"字。

布自以殺卓爲術報讎，欲以德之。術惡其反覆，拒而不受。[1]北詣袁紹,[2]紹與布擊張燕于常山。[3]燕精兵萬餘,騎數千。布有良馬曰赤兔。〔一〕常與其親近成廉、魏越等陷鋒突陣,[4]遂破燕軍。而求益兵衆,將士鈔掠,紹患忌之。布覺其意,從紹求去。紹恐還爲己害,遣壯士夜掩殺布,不獲。事露,布走河内,〔二〕與張楊合。[5]紹令衆追之,皆畏布,莫敢逼近者。〔三〕[6]

〔一〕《曹瞞傳》曰:時人語曰:[7]"人中有吕布,馬中有赤兔。"

〔二〕《英雄記》曰:布自以有功于袁氏,輕傲紹下諸將,以爲擅相署置,[8]不足貴也。布求還洛,[9]紹假布領司隸校尉。[10]外言當遣,内欲殺布。[11]明日當發,紹遣甲士三十人,辭以送布。布使止於帳側,僞使人于帳中鼓箏。[12]紹兵卧,布無何出帳去,而兵不覺。夜半兵起,亂斫布牀被,謂爲已死。明旦,[13]紹訊問,知布尚在,乃閉城門。布遂引去。

〔三〕《英雄記》曰:楊及部曲諸將,皆受傕、汜購募,共圖布。布聞之,謂楊曰:"布,卿州里也。[14]卿殺布,於卿弱。不如賣布,可極得汜、傕爵寵。"楊於是外許汜、傕,内實保護布。汜、傕患之,更下大封詔書,以布爲潁川太守。[15]

[1]拒而不受:《後漢書》卷七五《吕布傳》卻云:"(吕布)以卓頭繫馬鞍,走出武關,奔南陽。袁術待之甚厚。"

[2]北詣袁紹:沈家本《瑣言》謂《後漢書·吕布傳》載,吕布離袁術後,先投張楊然後投袁紹。與此所載不同。

[3]常山:王國名。治所元氏縣,在今河北元氏縣西北。

[4]陣:校點本作"陳",百衲本、殿本、盧弼《集解》本均作"陣"。今從百衲本等。

［5］與張楊合：按，《後漢書·呂布傳》所載，此爲呂布第二次投張楊。而《後漢書》又謂呂布第一次投張楊後，張楊及其部將皆有意謀害呂布，呂布遂投袁紹。此次呂布離袁紹後，又投張楊，於事理不合。本書所述較合情理。（參盧弼《集解》引黃山説）

［6］莫敢逼近者：《後漢書·呂布傳》於此句下謂呂布"道經陳留，太守張邈遣使迎之，相待甚厚，臨別把臂言誓"，然後下云"邈字孟卓，東平人"等等。從《呂布傳》附叙張邈之事言，《後漢書》如此叙述較合邏輯，本書所述顯得生硬脱節。

［7］時人語曰：趙幼文《校箋》謂《事類賦》卷二一引作"時人爲之語曰"，《通志》亦有"爲之"二字。

［8］擅相署置：指袁紹部下諸將之官職，未經朝廷任命。

［9］洛：洛陽。

［10］假：指官吏未授正式官銜，暫且代行職權。　領：兼任官職稱領。　司隸校尉：官名。秩比二千石，掌糾察京師百官違法者；並治所轄各郡，相當於地州刺史。

［11］殺布：趙幼文《校箋》謂《太平御覽》卷五七六、卷六九九引"布"字作"之"。按《太平御覽》卷五七六所引《英雄記》不獨"布"字作"之"，其他辭句異者甚多；又《太平御覽》卷六九九所引，題曰《魏志》。

［12］箏：古樂器名。爲弦樂器，似瑟，十三弦。《急就篇》三注："箏，亦小瑟類也，本十二弦，今則十三。"

［13］明旦：殿本、盧弼《集解》本、校點本作"明日"，百衲本作"明旦"。趙幼文《校箋》謂《太平御覽》卷六九九引"日"字作"旦"。今從百衲本。

［14］州里：潘眉《考證》："布五原人，張楊雲中人。五原、雲中皆并州郡。"

［15］潁川：郡名。治所陽翟縣，在今河南禹州市。

張邈字孟卓，東平壽張人也。[1]少以俠聞，振窮救急，傾家無愛，士多歸之。太祖、袁紹皆與邈友。辟公府，以高第拜騎都尉，[2]遷陳留太守。[3]董卓之亂，太祖與邈首舉義兵。[4]汴水之戰，[5]邈遣衛玆將兵隨太祖。袁紹既爲盟主，有驕矜色，邈正議責紹。紹使太祖殺邈，[6]太祖不聽，責紹曰："孟卓，親友也，是非當容之。今天下未定，不宜自相危也。"邈知之，益德太祖。太祖之征陶謙，敕家曰："我若不還，往依孟卓。"後還，見邈，垂泣相對。其親如此。

呂布之捨袁紹從張楊也，過邈臨別，把手共誓。紹聞之，大恨。邈畏太祖終爲紹擊己也，心不自安。興平元年，[7]太祖復征謙，邈弟超，與太祖將陳宮、從事中郎許汜、王楷共謀叛太祖。[8]宮說邈曰："今雄傑並起，天下分崩，君以千里之衆，[9]當四戰之地，[10]撫劍顧眄，亦足以爲人豪，而反制于人，不以鄙乎！今州軍東征，[11]其處空虛，呂布壯士，善戰無前，若權迎之，[12]共牧兗州，[13]觀天下形勢，俟時事之變通，此亦縱橫之一時也。"邈從之。太祖初使宮將兵留屯東郡，[14]遂以其衆東迎布爲兗州牧，據濮陽。郡縣皆應，唯鄄城、東阿、范爲太祖守。[15]太祖引軍還，與布戰於濮陽，太祖軍不利，相持百餘日。是時歲旱、蟲蝗、少穀，百姓相食，布東屯山陽。[16]二年間，太祖乃盡復收諸城，擊破布于鉅野。[17]布東奔劉備。〔一〕邈從布，留超將家屬屯雍丘。[18]太祖攻圍數月，屠之，斬超及其家。[19]邈詣袁術請救，未至，自爲其兵所殺。〔二〕

〔一〕《英雄記》曰：布見備，甚敬之，謂備曰："我與卿同邊地人也。"[20]布見關東起兵，欲誅董卓。布殺卓東出，關東諸將無安布者，皆欲殺布耳。"請備于帳中坐婦牀上，令婦向拜，酌酒飲食，名備爲弟。備見布語言無常，外然之而内不説。[21]

〔二〕《獻帝春秋》曰：袁術議稱尊號，邈謂術曰："漢據火德，[22]絶而復揚，[23]德澤豐流，誕生明公。公居軸處中，入則享于上席，出則爲衆目之所屬，華、霍不能增其高，[24]淵泉不能同其量，可謂巍巍蕩蕩，無與爲貳。何爲捨此而欲稱制？[25]恐福不盈眥，禍將溢世。莊周之稱郊祭犧牛，[26]養飼經年，衣以文繡，宰執鸞刀，[27]以入廟門，當此之時，求爲孤犢不可得也！"[28]

按《本傳》，邈詣術，未至而死。而此云諫稱尊號，未詳孰是。

[1] 東平：王國名。治所無鹽縣，在今山東東平縣東。 壽張：縣名。治所在今山東東平縣西南。

[2] 高第：官吏考課成績爲第一，稱高第。《後漢書》卷一五《鄧晨傳》："晨好樂郡職，由是復拜爲中山太守，吏民稱之，常爲冀州高第。"李賢注："中山屬冀州，於冀州所部課常爲第一也。"

[3] 陳留：郡名。治所陳留縣，在今河南開封市東南。

[4] 太祖：百衲本作"太守"，殿本、盧弼《集解》本、校點本皆作"太祖"。今從殿本等。

[5] 汴水：即今河南滎陽市西索河。汴水之戰，指曹操與董卓將徐榮在汴水作戰，曹操失敗。（見本書《武帝紀》初平元年二月）

[6] 紹使太祖殺邈：盧弼《集解》謂《後漢書》卷七五《吕布傳》作"紹既怨邈，且聞與布厚，乃令曹操殺邈"。按《通鑑》卷六一《漢紀》獻帝興平元年作"邈正議責紹。紹怒，使操殺之，操不聽"。則"紹"下當有"怒"字或"怨"字。

[7] 興平：漢獻帝劉協年號（194—195）。

[8] 從事中郎：官名。東漢三公府及將軍府均置從事中郎，秩六百石。職參謀議，位在長史、司馬下。

[9] 君以千里之衆：《後漢書·呂布傳》作"君擁十萬之衆"。

[10] 四戰之地：《後漢書·呂布傳》李賢注："陳留地平，四面受敵，故謂之四戰之地也。"

[11] 州軍：指曹操之兗州軍。 東征：指曹操征徐州陶謙，因徐州在兗州之東。

[12] 若權迎之：《後漢書·呂布傳》無"若權"二字。

[13] 牧：百衲本作"收"，殿本、盧弼《集解》本、校點本作"牧"，《後漢書·呂布傳》作"據"。今從殿本等。

[14] 東郡：郡名。治所濮陽縣，在今河南濮陽縣西南。

[15] 鄄城：縣名。治所在今山東鄄城縣北。 東阿：縣名。治所在今山東陽穀縣東北。 范：縣名。治所在今山東梁山縣西北范城。

[16] 山陽：郡名。治所昌邑縣，在今山東金鄉縣西北。

[17] 鉅野：縣名。治所在今山東鉅野縣東北。

[18] 雍丘：縣名。治所在今河南杞縣。

[19] 斬超：錢大昭《辨疑》："《武帝紀》云'雍丘潰，超自殺'，則超非爲魏武所斬也。"

[20] 邊地人：胡三省云："布五原人，備涿郡人。五原、涿郡皆邊地。"（《通鑑》卷六一漢獻帝興平二年注）

[21] 説（yuè）：盧弼《集解》本作"悦"，百衲本、殿本、校點本作"説"。按，二字通，今從百衲本等。

[22] 火德：秦漢間方士以金、木、水、火、土五行相生相克之理來附會王朝之命運，稱爲五德。漢人以爲漢爲火德。《漢書·律曆志下》云："漢高祖皇帝，著《紀》，伐秦繼周。木生火，故爲火德。天下號曰漢。"

[23] 絶而復揚：指西漢被新莽取代，漢光武帝劉秀又恢復漢王朝。

[24] 華、霍：皆山名。華山與霍山，爲五岳之二。《爾雅·釋山》："泰山爲東岳，華山爲西岳，霍山爲南岳，恒山爲北岳，嵩山中岳。"華山即今陝西華陰市南華山。霍山一名衡山，即今安徽霍山縣南天柱山。

[25] 稱制：此指稱帝。

[26] 犧牛：祭祀用的純色牛。

[27] 鸞刀：祭祀割牲用的帶鈴刀。

[28] 求爲孤犢：《莊子·列御寇》："或聘於莊子，莊子應其使曰：'子見夫犧牛乎？衣以文繡，食以芻叔，及其牽而入於太廟，雖欲爲孤犢，其可得乎？'"

備東擊術，布襲取下邳，[1]備還歸布。布遣備屯小沛，[2]布自稱徐州刺史，[3]〔一〕術遣將紀靈等步騎三萬攻備，[4]備求救于布。布諸將謂布曰："將軍常欲殺備，今可假手於術。"布曰："不然，術若破備，則北連太山諸將，[5]吾爲在術圍中，不得不救也。"便嚴步兵千、騎二百，馳往赴備。靈等聞布至，皆斂兵不敢復攻。布於沛西南一里安屯，遣鈴下請靈等，[6]靈等亦請布共飲食。[7]布謂靈等曰："玄德，布弟也。弟爲諸君所困，故來救之。布性不喜合鬭，[8]但喜解鬭耳。"布令門候于營門中舉一隻戟，[9]布言："諸君觀布射戟小支，一發中者諸君當解去，不中可留決鬭。"布舉弓射戟，正中小支。諸將皆驚，言"將軍天威也！"明日復歡會，然後各罷。

〔一〕《英雄記》曰：布初入徐州，書與袁術。術報書曰："昔董卓作亂，破壞王室，禍害術門户，[10]術舉兵關東，未能屠裂卓。將軍誅卓，送其頭首，爲術掃滅讎恥，使術明目于當世，死生不愧，其功一也。昔將金元休向兗州，[11]甫詣（封部）〔封丘〕，[12]爲曹操逆所拒破，[13]流離迸走，幾至滅亡。將軍破兗州，術復明目於遐邇，其功二也。術生年已來，不聞天下有劉備，備乃舉兵與術對戰；術憑將軍威靈，得以破備，其功三也。將軍有三大功在術，術雖不敏，奉以生死。將軍連年攻戰，軍糧苦少，今送米二十萬斛，[14]迎逢道路，非直此止，當駱驛復致；若兵器戰具，它所乏少，大小唯命。"布得書大喜，遂造下邳。

《典略》曰：元休名尚，[15]京兆人也。[16]尚與同郡韋休甫、第五文休俱著名，[17]號爲三休。尚，獻帝初爲兗州刺史，東之郡，[18]而太祖已臨兗州。尚南依袁術。術僭號，欲以尚爲太尉，不敢顯言，私使人諷之，尚無屈意，術亦不敢彊也。建安初，尚逃還，爲術所害。其後尚喪與太傅馬日磾喪俱至京師，天子嘉尚忠烈，爲之咨嗟，詔百官弔祭，拜子瑋郎中，[19]而日磾不與焉。

《英雄記》曰：布水陸東下，[20]軍到下邳西四十里。備中郎將丹楊許耽夜遣司馬章誑來詣布，[21]言"張益德與下邳相曹豹共爭，[22]益德殺豹，[23]城中大亂，不相信。丹楊兵有千人屯西白門城內，[24]聞將軍來東，大小踊躍，如復更生。將軍兵向城西門，丹楊軍便開門內將軍矣"。布遂夜進，晨到城下。天明，丹楊兵悉開門內布兵。布于門上坐，步騎放火，大破益德兵，獲備妻子軍資及部曲將吏士家口。[25]建安元年六月夜半時，[26]布將河內郝萌反，將兵入布所治下邳府，詣廳事閣外，[27]同聲大呼攻閣，閣堅不得入。布不知反者爲誰，直牽婦，科頭袒衣，[28]相將從溷上排壁出，詣都督高順營，[29]直排順門入。順問："將軍有所隱不？"[30]布言"河內兒聲"。順言"此郝萌也"。順即嚴兵入府，弓弩並射萌衆；萌衆亂走，天明還故營。萌將曹性反萌，與對戰，萌刺傷性，性斫萌一臂。順斫萌首，牀輿性，送詣布。布問性，言"萌受袁術謀"。"謀者悉誰？"性言"陳宮同謀"。時宮在坐上，面赤，傍人悉覺之。布以宮大將，不問也。性言"萌常以此問，性言呂將軍大將有神，不可擊也，不意萌狂惑不止"。布謂性曰："卿健兒也！"善養視之。創愈，使安撫萌故營，領其眾。

[1] 下邳：縣名。治所在今江蘇睢寧縣西北。

[2] 小沛：即沛縣，治所在今江蘇沛縣東。胡三省云："沛國治相縣，而沛自爲縣，屬沛國，時人謂沛縣爲小沛。"（《通鑑》卷六一漢獻帝興平元年注）

[3] 徐州：刺史治所本在郯縣（今山東郯城縣北），東漢末移至下邳。

[4] 紀靈等：趙幼文《校箋》謂《太平御覽》卷七四六引《英雄記》"等"字作"率"。

[5] 太山：即泰山，郡名。治所奉高縣，在今山東泰安市東。諸將：指泰山人臧霸、孫觀、吳敦、尹禮等。當時諸將在臧霸的統率下屯於開陽（今山東臨沂市北）。見本書卷一《武帝紀》建安三年及卷一八《臧霸傳》。

[6] 鈴下：報警人員。胡三省云："鈴下卒也。在鈴閣之下，有警至，則掣鈴以呼之，因以爲名。"（《通鑑》卷六二漢獻帝建安元年注） 請靈等：趙幼文《校箋》謂《太平御覽》卷七四六引《英雄記》"等"下有"饗飲"二字。

[7] 共飲食：《後漢書》卷七五《呂布傳》云："布屯沛城外，遣人招備，并請靈等與共饗飲。"據此，共飲處在呂布屯兵地，並有劉備參與。

[8] 合鬭：促使戰鬥。

[9] 門候：官名。漢代，諸將軍軍營門皆置門候，負責警衛。戟：古代主要的五種兵器之一。戟是將戈的鉤、啄和矛的直刺功能結合爲一體的兵器。其鉤、啄部分稱爲援，直刺部分稱爲刺，並隨着時代的發展，其形制也有所變化。至西漢時，戟成了"卜"字形

的鐵兵器，並且側出的小枝漸向上彎曲，東漢以後則變爲硬折向上，更增强了前刺的功能，而援的鉤、啄功能則逐漸消失。下面所説的"戟小支"，即戟的側出小枝。

［10］禍害術門户：袁紹起兵討董卓後，董卓殺袁術叔父隗及術兄基等二十餘人。（見《後漢書》卷四五《袁安附逢傳》）

［11］兖州：刺史治所昌邑縣，在今山東金鄉縣西北。

［12］封丘：各本作"封部"，錢大昭《辨疑》云："'封部'當從范書作'封丘'。"校點本即從錢説改。今從之。封丘，縣名。治所在今河南封丘縣。

［13］逆所：趙幼文《校箋》謂《册府元龜》卷四五三引無"逆"字。

［14］斛：量器名。漢代以十斗爲一斛。

［15］尚：盧弼《集解》據陶淵明《群輔録》所引《三輔决録》，謂"尚"當作"敞"，金敞字元休，杜陵（今陝西西安市東南）人。

［16］京兆：即京兆尹。西漢在京都長安所在之郡置京兆尹，不稱郡。東漢都城雖在洛陽，而京兆尹之名仍不變，治所即長安，在今陝西西安市西北。

［17］休甫：盧弼《集解》據陶淵明《群輔録》所引《三輔决録》，謂"休甫"當作"甫休"，方與"三休"之説合。

［18］東之郡：錢大昭《辨疑》云："'郡'當作'部'。"惠棟《後漢書補注》卷一七則云："兖州刺史治山陽昌邑，所云之郡，謂之山陽郡也。"

［19］郎中：官名。秩比三百石。東漢時，分隸五官、左、右三署中郎將，名義上備宿衛，實爲後備官吏人才。

［20］布水陸東下：胡三省云："布去年奔備，蓋屯於下邳之西。"（《通鑑》卷六二漢獻帝建安元年注）

［21］丹楊：郡名。東漢丹楊郡治所宛陵縣，在今安徽宣州市。

章誑：同"章狂"，倉皇，慌張。

[22] 張益德：張飛字益德。　下邳：王國名。治所下邳縣。相：官名。王國相，由朝廷直接委派，執掌王國行政大權，相當於郡太守，秩二千石。

[23] 益德殺豹：本書《先主傳》注引《英雄記》則云："陶謙故將曹豹在下邳，張飛欲殺之。豹衆堅營自守，使人招呂布。布取下邳，張飛敗走。"

[24] 西白門城内：百衲本、殿本、盧弼《集解》本均作"西白城門内"。趙一清《注補》云："白門，下邳之城門，即布受擒於曹公處也，'城'字誤在下。"梁章鉅《旁證》亦謂"城"字當在"門"字下。校點本即作"西白門城内"。今從之。

[25] 士家：兵家。漢末魏晉時期世代爲兵之家。

[26] 建安：漢獻帝劉協年號（196—220）。

[27] 廳事：官府辦公的地方。　閤：門。

[28] 科頭：結髪不戴冠。胡三省云："科頭，不冠露髻也。"（《通鑑》卷六二漢獻帝建安元年注）　袒衣：上身未穿衣。

[29] 都督：東漢末軍事長官或領兵將帥的官名，領兵多少和職權大小不定。

[30] 隱：吳金華《校詁》云："謂揣度之也。《廣雅·釋詁一》：'隱，度也。'"

　　術欲結布爲援，乃爲子索布女，布許之。術遣使韓胤以僭號議告布，并求迎婦。沛相陳珪恐術、布成婚，[1]則徐、揚合從，[2]將爲國難，於是往説布曰："曹公奉迎天子，輔讚國政，威靈命世，將征四海，將軍宜與協同策謀，圖太山之安。今與術結婚，受天下不義之名，必有累卵之危。"布亦怨術初不己受也，女已在塗，追還絶婚，械送韓胤，梟首許市。珪欲使子登詣太祖，布不肯遣。會使者至，拜布左將軍。布大喜，即聽登往，并令奉章謝恩。[一]登見太祖，因陳布勇而無計，[3]輕於去就，宜早圖之。太祖曰："布，狼子野心，誠難久養，非卿莫能究其情也。"[4]即增珪秩中二千石，[5]拜登廣陵太守。[6]臨別，太祖執登手曰："東方之事，便以相付。"令登陰合部衆以爲內應。

[一]《英雄記》曰：初，天子在河東，[7]有手筆版書召布來迎。布軍無畜積，不能自致，遣使上書。朝廷以布爲平東將軍，[8]封平陶侯。[9]使人於山陽界亡失文字，太祖又手書厚加慰勞布，説起迎天子，當平定天下意，并詔書購捕公孫瓚、袁術、韓暹、楊奉等。布大喜，復遣使上書於天子曰："臣本當迎大駕，知曹操忠孝，奉迎都許。臣前與操交兵，今操保傅陛下，臣爲外將，欲以兵自隨，恐有嫌疑，是以待罪徐州，進退未敢自寧。"答太祖曰："布獲罪之人，分爲誅首，手命慰勞，厚見襃奬。重見購捕袁術等詔書，布當以命爲效。"太祖更遣奉車都尉王則爲使者，[10]齎詔書，又封平東將軍印綬來拜布。太祖又手書與布曰："山陽屯送將軍所失大封，國家無好金，孤自取家好金更相爲作印，國家無紫綬，[11]自取所帶紫綬以籍心。[12]將軍所使不良。袁術稱天子，將軍止之，[13]而使不通章。朝廷信將軍，使復重上，以相明忠誠。"布乃遣登奉章謝恩，并以一好綬答太祖。

[1] 沛：王國名。治所相縣，在今安徽濉溪縣西北。

[2] 徐揚：徐州與揚州。漢末，揚州刺史治所壽春，在今安徽壽縣。當時袁術在揚州，吕布在徐州，"徐、揚合從"，即謂袁術、吕布聯合。

[3] 無計：趙幼文《校箋》謂《太平御覽》卷七一〇、《册府元龜》卷九五二引"計"字俱作"謀"。

[4] 莫能究其情：趙幼文《校箋》謂《册府元龜》卷九五二

引無"能"字,"情"下有"僞"字。

　　[5] 中二千石:爲漢九卿之秩,而郡國守相之秩爲二千石。陳珪爲沛相,秩僅二千石,今增爲中二千石,則與九卿之秩同等。

　　[6] 廣陵:郡名。東漢時治所廣陵縣,在今江蘇揚州市西北蜀岡上。據本書卷四六《孫策傳》注引《江表傳》,陳登爲廣陵太守治所在射陽縣,在今江蘇寶應縣東北射陽鎮。

　　[7] 河東:郡名。治所安邑縣,在今山西夏縣西北禹王城。

　　[8] 平東將軍:官名。漢獻帝建安初置,後與平西、平北、平南將軍爲四平將軍。皆領兵征伐。

　　[9] 平陶:縣名。治所在今山西文水縣西南。

　　[10] 奉車都尉:官名。秩比二千石,掌皇帝車輿,無定員,或爲加官。

　　[11] 紫綬:紫色絲帶,用作印組。

　　[12] 籍(jiè)心:藉以表心意。

　　[13] 止之:盧弼《集解》引陳景雲説,"止"當作"上"。

　　始,布因登求徐州牧〔不得〕,[1]登還,布怒,拔戟斫几曰:"卿父勸吾協同曹公,[2]絶婚公路;[3]今吾所求無一獲,而卿父子並顯重,爲卿所賣耳!卿爲吾言,其説云何?"登不爲動容,徐喻之曰:"登見曹公言:'待將軍譬如養虎,當飽其肉,不飽則將噬人。'[4]公曰:'不如卿言也。譬如養鷹,饑則爲用,飽則揚去。'其言如此。"布意乃解。

　　術怒,與韓暹、楊奉等連勢,遣大將張勳攻布。布謂珪曰:"今致術軍,卿之由也,爲之奈何?"珪曰:"暹、奉與術,卒合之軍耳,策謀不素定,不能相維持,子登策之,比之連雞,[5]勢不俱棲,可解離

也。"布用珪策，遣人説暹、奉，使與己并力共擊術軍，軍資所有，悉許暹、奉。於是暹、奉從之，勳大破敗。[一]

[一]《九州春秋》載布與暹、奉書曰："二將軍拔大駕來東，[6]有元功於國，當書勳竹帛，萬世不朽。今袁術造逆，當共誅討，奈何與賊臣還共伐布？布有殺董卓之功，與二將軍俱爲功臣，可因今共擊破術，建功於天下，此時不可失也。"暹、奉得書，即迴計從布。布進軍，去勳等營百步，暹、奉兵同時並發，斬十將首，殺傷墮水死者不可勝數。

《英雄記》曰：布後又與暹、奉二軍向壽春，水陸並進，所過虜略。到鍾離，[7]大獲而還。既渡淮北，留書與術曰："足下恃軍彊盛，常言猛將武士，欲相吞滅，每抑止之耳！布雖無勇，虎步淮南，一時之間，足下鼠竄壽春，無出頭者。猛將武士，爲悉何在？足下喜爲大言以誣天下，天下之人安可盡誣？古者兵交，使在其間，告策者非布先唱也。[8]相去不遠，可復相聞。"布渡畢，術自將步騎五千揚兵淮上，布騎皆于水北大咍笑之而還。時有東海蕭建爲瑯邪相，[9]治莒，[10]保城自守，不與布通。布與建書曰："天下舉兵，本以誅董卓爾。[11]布殺卓，來詣關東，欲求兵西迎大駕，光復洛京，諸將自還相攻，莫肯念國。布，五原人也，去徐州五千餘里，[12]乃在天西北角，今不來共争天東南之地。莒與下邳相去不遠，宜當共通。君如自遂以爲郡郡作帝，[13]縣縣自王也！昔樂毅攻齊，[14]呼吸下齊七十餘城，唯莒、即墨二城不下，所以然者，中有田單故也。布雖非樂毅，君亦非田單，可取布書與智者詳共議之。"建得書，即遣主簿齎牋上禮，貢良馬五匹。建尋爲臧霸所襲破，得建資實。布聞之，自將步騎向莒。高順諫曰："將軍躬殺董卓，威震夷狄，端坐顧盼，遠近自然畏伏，[15]不宜輕自出軍；如或不捷，損名非小。"布不從。霸畏布（引還）鈔暴，[16]果登城拒守。布不能拔，[17]引還下邳。霸後復與布和。

[1] 不得：各本皆無"不得"二字。盧弼《集解》謂《後漢書》卷七五《呂布傳》有"不得"二字。趙幼文《校箋》謂《太平御覽》卷三五二引亦有"不得"二字，疑此脫，當據補。按，《太平御覽》所引乃《英雄記》，而《藝文類聚》卷九一引《魏志》亦有"不得"二字。今從盧、趙說，據《藝文類聚》增補。

[2] 曹公：《後漢書·呂布傳》作"曹操"，較真實。

[3] 公路：袁術字公路。

[4] 不飽則將噬人：趙幼文《校箋》謂《藝文類聚》卷九一、《事類賦》卷一八、《草堂詩箋》卷四引俱無"飽""將"二字。

[5] 連雞：用繩連縛的雞。謂互相牽制，行動不能一致。《戰國策·秦一》：秦惠王謂寒泉子曰："諸侯不可一，猶連雞之不能俱止於棲亦明矣。"高誘注："連，謂繩繫之。"繆文遠《新校注》："'俱止於棲'，姚宏云：李善引作'俱上於棲'。王念孫曰：作'上'者是也。凡居於高處謂之樓，因而所居之處亦謂之樓。雞之棲必自下而上，故曰'上於棲'；若連雞，則互相牽制而不得上，故曰'不能俱上於棲'。"

[6] 拔：錢大昭《辨疑》云："'拔'當從范書作'扶'。"盧弼《集解》又謂《後漢書·呂布傳》何焯校本"扶"改"拔"。

[7] 鍾離：侯國名。治所在今安徽鳳陽縣東。

[8] 告策：百衲本作"告策"，殿本、盧弼《集解》本、校點本作"造策"。殿本《考證》云："'造策'元本作'告策'。"今從百衲本。

[9] 瑯（láng）邪（yá）：王國名。治所本在開陽縣，在今山東臨沂市北。

[10] 莒：縣名。治所在今山東莒縣。

[11] 爾：盧弼《集解》本、校點本作"耳"，百衲本、殿本作"爾"。二字雖通，今仍從百衲本等。

〔12〕五千：盧弼《集解》謂"五"字當爲"三"字之訛。

〔13〕如自：吳金華《校詁》謂"如自"疑當作"如何"，隸書"何"字與"自"字形近易訛。

〔14〕樂毅：戰國時中山國人，爲燕將，燕昭王以之爲亞卿。昭王二十八年（前284），樂毅率燕軍擊破齊國，先後攻下七十餘城，僅莒與即墨（今山東平度市東南）堅守未被攻下。即墨大夫戰死後，城中推田單爲將軍，繼續堅守。不久燕昭王死，惠王立。田單遂用反間計，燕惠王即以騎劫代樂毅，樂毅出奔趙國，田單遂敗燕軍，收復七十餘城。（見《史記》卷八〇《樂毅列傳》、卷八二《田單列傳》）

〔15〕伏：校點本作"服"，百衲本、殿本、盧弼《集解》本均作"伏"。按，二字義同，今從百衲本等。

〔16〕布：各本"布"下有"引還"二字。趙一清《注補》謂何焯云"引還"二字衍。校點本即據何説刪。今從之。

〔17〕拔：殿本作"救"，百衲本、盧弼《集解》本、校點本作"拔"。今從百衲本等。

建安三年，布復叛爲術，遣高順攻劉備於沛，破之。太祖遣夏侯惇救備，爲順所敗。太祖自征布，至其城下，[1]遺布書，[2]爲陳禍福。布欲降，陳宮等自以負罪深，沮其計。〔一〕布遣人求救于術，（術）自將千餘騎出戰，[3]敗走，還保城，不敢出。〔二〕術亦不能救。布雖驍猛，然無謀而多猜忌，不能制御其黨，但信諸將。諸將各異意自疑，故每戰多敗。太祖塹圍之三月，[4]上下離心，其將侯成、宋憲、魏續縛陳宮，[5]將其衆降。〔三〕布與其麾下登白門樓。[6]兵圍急，乃下降。遂生縛布，布曰："縛太急，小緩之。"太祖曰："縛虎不得不急也。"布請曰："明公所患不過於布，今已服矣，天下不足憂。明公將步，令布將騎，則天下不足定也。"太祖有疑色。劉備進曰："明公不見布之事丁建陽及董太師乎！"[7]太祖頷之。布因指備曰：[8]"是兒最叵信者。"〔四〕[9]於是縊殺布。布與宮、順等皆梟首送許，然後葬之。〔五〕

〔一〕《獻帝春秋》曰：太祖軍至彭城。[10]陳宮謂布："宜逆擊之，以逸擊勞，無不克也。"布曰："不如待其來攻，麾著泗水中。"[11]及太祖軍攻之急，布于白門樓上謂軍士曰："卿曹無相困，我（自首當）〔當自首〕明公。"[12]陳宮曰："逆賊曹操，何等明公！今日降之，若卵投石，豈可得全也！"

〔二〕《英雄記》曰：布遣許汜、王楷告急于術。術曰："布不與我女，理自當敗，何爲復來相聞邪？"汜、楷曰："明上今不救布，爲自敗耳！布破，明上亦破也。"術時僭號，故呼爲明上。術乃嚴兵爲布作聲援。布恐術爲女不至，故不遣兵救也，以綿纏女身，縛著馬上，夜自送女出與術，與太祖守兵相觸，格射不得過，復還城。布欲令陳宮、高順守城，自將騎斷太祖糧道。布妻謂曰："將軍自出斷曹公糧道是也。宮、順素不和，將軍一出，宮、順必不同心共城守也，[13]如有蹉跌，將軍當於何自立乎？願將軍諦計之，無爲宮等所誤也。妾昔在長安，已爲將軍所棄，賴得龐舒私藏妾身耳，今不須顧妾也。"布得妻言，愁悶不能自決。

《魏氏春秋》曰：陳宮謂布曰："曹公遠來，勢不能久。若將軍以步騎出屯，爲勢於外，宮將餘衆閉守於內，若向將軍，宮引兵而攻其背，若來攻城，將軍爲救於外。不過旬日，軍食必盡，擊之可破。"布然之。布妻曰："昔曹氏待公臺如赤子，[14]猶舍而來。今將軍厚公臺不過於曹公，而欲委全城，[15]捐妻子，孤軍遠出,若一旦有變,妾豈得爲將軍妻哉!"布乃止。

〔三〕《九州春秋》曰:初,布騎將侯成遣客牧馬十五匹,客悉驅馬去,向沛城,欲歸劉備。成自將騎逐之,悉得馬還。諸將合禮賀成,成釀五六斛酒,獵得十餘頭豬,未飲食,先持半豬五斗酒自入詣布前,跪言:"聞蒙將軍恩,逐得所失馬,諸將來相賀,自釀少酒,獵得豬,未敢飲食,先奉上微意。"布大怒曰:"布禁酒,卿釀酒,諸將共飲食作兄弟,共謀殺布邪?"成大懼而去,棄所釀酒,還諸將禮。由是自疑,會太祖圍下邳,成遂領衆降。

〔四〕《英雄記》曰:布謂太祖曰:"布待諸將厚也,諸將臨急皆叛布耳。"太祖曰:"卿背妻,愛諸將婦,何以爲厚?"布默然。

《獻帝春秋》曰:布問太祖:"明公何瘦?"太祖曰:"君何以識孤?"布曰:"昔在洛,會溫氏園。"太祖曰:"然。孤忘之矣。所以瘦,恨不早相得故也。"布曰:"齊桓舍射鉤,[16]使管仲相;今使布竭股肱之力,爲公前驅,可乎?"布縛急,謂劉備曰:"玄德,卿爲坐客,我爲執虜,不能一言以相寬乎?"太祖笑曰:"何不相語,而訴明使君乎?"[17]意欲活之,命使寬縛。主簿王必趨進曰:"布,勍虜也。其衆近在外,不可寬也。"太祖曰:"本欲相緩,主簿復不聽,如之何?"

〔五〕《英雄記》曰:順爲人清白有威嚴,不飲酒,不受饋遺。所將七百餘兵,號爲千人,鎧甲鬬具皆精練齊整,每所攻擊無不破者,名爲陷陳營。順每諫布,言"凡破家亡國,非無忠臣明智者也,但患不見用耳。將軍舉動,不肯詳思,輒喜言誤,誤不可數也"。布知其忠,然不能用。布從郝萌反後,更疏順。以魏續有外內之親,[18]悉奪順所將兵以與續。及當攻戰,故令順將續所領兵,順亦終無恨意。

[1] 城下：盧弼《集解》謂指下邳城下。

[2] 遺：校點本1982年7月第2版誤作"遣"。

[3] 自將：各本"自將"上有兩"術"字。殿本《考證》謂下"術"字疑衍。校點本即從《考證》説刪去。今從之。

[4] 圍之三月：本書卷一《武帝紀》謂建安三年冬十月曹操率軍至下邳，大破吕布軍，吕布遂入城固守，曹操"遂決泗、沂水以灌城。月餘，布將宋憲、魏續等執陳宫，舉城降，生禽布、宫，皆殺之"。《通鑑考異》曰："范書《布傳》云'灌其城三月'，《魏志（布）傳》亦曰'圍之三月'，按操以十月至下邳，及殺布共在一季，不可言三月，今從《魏志·武紀》。"（《通鑑》卷六二漢獻帝建安三年）

[5] 宋憲：百衲本、殿本作"宋慮"，盧弼《集解》本、校點本作"宋憲"。今從《集解》本等。錢大昭《辨疑》云："《武帝紀》作'宋憲、魏續'，'憲'與'慮'形相涉而訛。"

[6] 白門樓：《後漢書》卷七五《吕布傳》李賢注："宋武《北征記》曰：'下邳城有三重，大城周四里，吕布所守也。魏武禽布於白門。白門，大城之門也。'酈元《水經注》曰：'南門謂之白門，魏武禽陳宫於此。'"上文注引《英雄記》又謂白門爲西門。

[7] 丁建陽：丁原字建陽。　董太師：董卓曾爲太師。

[8] 布因指備：《後漢書·吕布傳》作"布目備"。盧弼《集解》引趙一清説，《後漢書》"此言得之，布已受縛，不得用手指也"。吴金華《校詁》則謂"指"字不誤，"因"乃"目"字之訛，本書卷一二《毛玠傳》即有"太祖目指曰"之句。《校詁》又引徐復説，"因指"亦可通，《廣雅·釋言》："指，斥也。"與本文正合。趙幼文《校箋》則謂《藝文類聚》卷一七、《太平御覽》卷三六六引"因"字作"目"，無"指"字。趙一清説是。

[9] 是兒最叵信者：趙幼文《校箋》謂《藝文類聚》卷一七、《太平御覽》卷三六六引作"大耳兒最叵信"。

[10] 彭城：縣名。治所在今江蘇徐州市。

[11] 泗水：發源於今山東泗水縣東蒙山南麓，西流經泗水、曲阜、兗州等縣市，折南經濟寧市南魯鎮及魚臺縣東，轉東南經江蘇沛縣及徐州市，此下略循廢黃河至淮陰市西南入淮河。

[12] 當自首：各本皆作"自首當"。趙一清《注補》："'當'字宜在'自首'上。"何焯亦有同說。校點本即從何說改。今從之。

[13] 城守：百衲本、殿本、校點本作"城守"，盧弼《集解》本作"守城"。今從百衲本等。

[14] 公臺：陳宮字公臺。

[15] 全城：殿本作"金城"，百衲本、盧弼《集解》本、校點本皆作"全城"。今從百衲本等。

[16] 齊桓舍射鉤：齊桓，即春秋時之齊桓公，名小白，未為國君時稱為公子小白。公子小白與公子糾同為齊襄公弟。因襄公誅殺不當，數欺大臣，諸弟恐禍及而出奔。公子小白至莒，有鮑叔牙輔佐；公子糾至魯，有管仲、召忽輔佐。至齊襄公被殺，公子糾與公子小白皆欲回國爭位，公子糾使管仲率兵阻莒道。在與小白戰鬥時，管仲箭中小白帶鉤。小白詐死，速入齊國，得立為君，是為桓公。桓公發兵攻魯，欲殺管仲，後因鮑叔牙之諫，反而重用管仲。（見《史記》卷三二《齊世家》）

[17] 明使君：對州長官之尊稱。當時劉備為豫州牧，故曹操稱之為明使君。

[18] 外內之親：殿本作"內外之親"，百衲本、盧弼《集解》本、校點本作"外內之親"。今從百衲本等。趙幼文《校箋》云："外，母族之親也。外內蓋連及之辭，因外而連用之也。'內'字於此無實義。"

太祖之禽宮也，問宮欲活老母及女不？宮對曰："宮聞孝治天下者不絕人之親，[1]仁施四海者不乏人之

祀，[2]老母在公，不在宮也。"太祖召養其母終其身，嫁其女。〔一〕

〔一〕魚氏《典略》曰：陳宮字公臺，東郡人也。[3]剛直烈壯，[4]少與海内知名之士皆相連結。及天下亂，始隨太祖，後自疑，乃從呂布，爲布畫策，布每不從其計。下邳敗，軍士執布及宮，太祖皆見之，與語平生，故布有求活之言。太祖謂宮曰："公臺，卿平常自謂智計有餘，[5]今竟何如？"宮顧指布曰："但坐此人不從宮言，以至于此。若其見從，亦未必爲禽也。"太祖笑曰："今日之事當云何？"[6]宮曰："爲臣不忠，爲子不孝，死自分也。"太祖曰："卿如是，奈卿老母何？"宮曰："宮聞將以孝治天下者不害人之親，老母之存否，在明公也。"太祖曰："若卿妻子何？"宮曰："宮聞將施仁政於天下者不絶人之祀，妻子之存否，亦在明公也。"太祖未復言。宮曰："請出就戮，以明軍法。"遂趨出，不可止。太祖泣而送之，宮不還顧。宮死後，太祖待其家皆厚於初。[7]

[1] 不絶人之親：《後漢書》卷七五《呂布傳》作"不害人之親"。

[2] 仁施四海者不乏人之祀：《後漢書·呂布傳》作"霸王之主不絶人之祀"。

[3] 東郡人：《後漢書·呂布傳》云："興平元年，曹操東擊陶謙，令其將武陽人陳宮屯東郡。"則陳宮爲東郡武陽人。武陽：即東武陽，縣名。治所在今山東莘縣南。

[4] 烈壯：趙幼文《校箋》謂《册府元龜》卷八七七引作"壯烈"。

[5] 自謂：百衲本作"自爲"，殿本、盧弼《集解》本、校點本作"自謂"。今從殿本等。

［6］云何：殿本作"如何"，百衲本、盧弼《集解》本、校點本作"云何"。今從百衲本等。

　　［7］於初：校點本1982年7月第2版作"如初"，百衲本、殿本、盧弼《集解》本、校點本1959年12月第1版皆作"於初"。今從百衲本等。

　　陳登者，字元龍，在廣陵有威名。又掎角呂布有功，加伏波將軍，[1]年三十九卒。後許汜與劉備並在荊州牧劉表坐，表與備共論天下人，汜曰："陳元龍湖海之士，[2]豪氣不除。"[3]備謂表曰："許君論是非？"表曰："欲言非，此君爲善士，不宜虛言；欲言是，元龍名重天下。"備問汜："君言豪，寧有事邪？"汜曰："昔遭亂過下邳，見元龍。元龍無客主之意，久不相與語，自上大牀臥，使客臥下牀。"備曰："君有國士之名，今天下大亂，帝主失所，望君憂國忘家，有救世之意，[4]而君求田問舍，言無可采，是元龍所諱也，何緣當與君語？如小人，欲臥百尺樓上，臥君於地，[5]何但上下牀之間邪？"表大笑。備因言曰："若元龍文武膽志，當求之於古耳，造次難得比也。"〔一〕

　　〔一〕《先賢行狀》曰：登忠亮高爽，沈深有大略，少有扶世濟民之志。博覽載籍，雅有文藝，舊典文章，莫不貫綜。年二十五，舉孝廉，[6]除東陽長，[7]養耆育孤，視民如傷。是時，世荒民飢，州牧陶謙表登爲典農校尉，[8]乃巡土田之宜，盡鑿溉之利，秔稻豐積。奉使到許，太祖以登爲廣陵太守，令陰合衆以圖呂布。登在廣陵，明審賞罰，威信宣布。海賊薛州之羣萬有餘戶，束手歸命。未及期年，功化以就，百姓畏而愛之。登曰："此可用矣。"

太祖到下邳，登率郡兵爲軍先驅。時登諸弟在下邳城中，布乃質執登三弟，欲求和同。登執意不撓，進圍日急。[9]布刺姦張弘，[10]懼於後累，[11]夜將登三弟出就登。布既伏誅，登以功加拜伏波將軍，甚得江、淮間歡心，於是有吞滅江南之志。孫策遣軍攻登于匡琦城。[12]賊初到，旌甲覆水，羣下咸以今賊衆十倍於郡兵，恐不能抗，可引軍避之，與其空城。水人居陸，不能久處，必尋引去。登屬聲曰："吾受國命，來鎮此土。昔馬文淵之在斯位，[13]能南平百越，[14]北滅羣狄，[15]吾既不能過除凶慝，何逃寇之謂邪！[16]吾其出命以報國，仗義以整亂，天道與順，克之必矣。"乃開門自守，示弱不與戰，將士銜聲，寂若無人。登乘城望形勢，知其可擊。乃申令將士，宿整兵器，[17]昧爽，[18]開南門，引軍指賊營，[19]步騎鈔其後。賊周章，[20]方結陳，不得還船。登手執軍鼓，縱兵乘之，賊遂大破，皆棄船迸走。登乘勝追奔，斬虜以萬數。賊忿喪軍，尋復大興兵向登。登以兵不敵，使功曹陳矯求救於太祖。[21]登密去城十里治軍營處所，令多取柴薪，兩束一聚，相去十步，縱橫成行，令夜俱起火，（火）〔互〕然其聚。[22]城上稱慶，若大軍到。賊望火驚潰，登勒兵追奔，斬首萬級。遷登爲東城太守。[23]廣陵吏民佩其恩德，共拔郡隨登，老弱襁負而追之。登曉語令還，曰："太守在卿郡，頻致吳寇，幸而克濟。諸卿何患無令君乎？"孫權遂跨有江外。[24]太祖每臨大江而歎，恨不早用陳元龍計，而令封豕養其爪牙。[25]文帝追美登功，拜登息肅爲郎中。[26]

[1] 伏波將軍：官名。將軍名號之一，東漢末地位較高。

[2] 湖海之士：《後漢書》卷五六《陳球傳》李賢注引《魏志》作"淮海之士"。潘眉《考證》云："元龍下邳人，作'淮海'是也。"周壽昌《注證遺》則云："湖海之士，猶今俗言江湖之士，蓋輕之之辭也。氾豈尚慮昭烈不識爲下邳人乎？"

[3]豪氣：趙一清《注補》謂何焯云："於時謂驕爲豪，《魏略》畢軌在并州，名爲'驕豪'是也。"

[4]救世：趙幼文《校箋》謂《太平御覽》卷七〇六"救"字作"濟"。

[5]地：趙幼文《校箋》謂《太平御覽》引"地"下有"下"字。

[6]孝廉：漢代選拔官吏的主要科目。孝指孝子，廉指廉潔之士。原本爲二科，後混同爲一科，也不再限於孝子和廉吏。東漢後期定制爲不滿四十歲者不得察舉；被舉者先詣公府課試，以觀其能。郡國每年要向中央推舉一至二人。

[7]東陽：縣名。治所在今江蘇盱眙縣東南孫陽集。

[8]典農校尉：官名。按，此非曹操所置管理郡國屯田之典農校尉，曹操之所置，在建安元年（196），而陶謙死於興平元年（194），則陳登爲陶謙所表之典農校尉，當在興平元年前。《通鑑》卷六一漢獻帝興平元年胡三省注亦云："據裴松之注《三國志》云：'陶謙表登爲典農校尉。'《魏志》曰：'曹公置典農校尉，秩比二千石。'蓋先有此官，曹公增其秩耳。"再按《先賢行狀》下文所叙，陶謙所置之典農校尉，蓋管理徐州之農業生産。

[9]日急：校點本1982年7月第2版誤作"曰急"。

[10]刺姦：官名。東漢大將軍等統兵將領，其所統營部職吏有刺奸，掌監察執法。

[11]懼於：殿本作"懼爲"，百衲本、盧弼《集解》本、校點本均作"懼於"。今從百衲本等。

[12]匡琦城：趙一清《注補》："匡琦，似是人名，如高遷屯、白超壘之類，《陳矯傳》作'匡奇'。案建安十三年孫權圍合肥，'使張昭攻九江之當塗'，而《張昭傳》注引《吳書》云'別討匡琦'，則匡琦城即當塗城也。"當塗縣治所在今安徽懷遠縣東南。按，趙説固然有據，但陳登時爲廣陵太守，治所在射陽，而當塗屬九江郡，距離較遠，甚爲可疑。但尚無新據，暫從趙説。

［13］馬文淵：馬援字文淵。漢光武帝建武十七年（41），交阯郡女子徵側、徵貳起兵攻郡，九真、日南、合浦等郡民皆響應。光武帝即拜馬援爲伏波將軍，率軍征討。馬援軍到後，即敗斬徵側、徵貳，嶺南悉平。馬援回師京都不久，又奉命北討匈奴、烏桓，烏桓見漢軍至，遂散去，馬援還。（見《後漢書》卷二四《馬援傳》）

［14］百越：戰國秦漢間南方之越族有閩越、甌越、西越、南越、駱越等之稱，故泛稱之爲百越。嶺南之南海、鬱林、交阯、日南、九真等郡即爲南越之地。

［15］羣狄：此指匈奴、烏桓。

［16］謂：殿本、盧弼《集解》本、校點本作"爲"，百衲本作"謂"。趙幼文《校箋》謂《册府元龜》卷三六一亦作"謂"，是。今從百衲本。

［17］宿整：趙幼文《校箋》謂《册府元龜》卷三六一引作"整肅"。按，宋本《册府元龜》亦作"宿整"。

［18］昧爽：拂曉，天快亮之時。

［19］指：殿本、校點本作"詣"，百衲本、盧弼《集解》本作"指"。今從百衲本等。

［20］周章：彷徨徘徊。《文選》左思《吳都賦》："輕禽狡獸，周章夷猶。"李善注："周章，謂章皇周流也。"

［21］功曹：官名。漢代郡守下設功曹史，簡稱功曹，爲郡守之佐吏，除分掌人事外，並得參與一郡之政務。

［22］互然其聚：各本"互"字作"火"。趙幼文《校箋》謂《太平御覽》卷二九四引《通典》"火"字作"牙"，武英殿本《通典》作"互"。"互""牙"古今字，作"互"者是也，當據改。今從趙說改。

［23］東城：趙一清《注補》云："《漢志》九江郡東城縣。後漢省，故《續志》無之，未聞立郡也，此'城'疑'郡'字之誤。登由廣陵遷東郡，既去，而淮南遂虛，曹公故追恨不用其計也。若

仍在九江，則何嘆恨之有？"謝鍾英《補三國疆域志補注》則據《先賢行狀》之載，謂東城本爲縣，"蓋漢末升作郡，三國時地當兵衝，遂廢"。東城縣治所在今安徽定遠縣東南。

[24] 江外：即江南。中原人稱江南爲江外、江表。

[25] 封豕：大豬。比喻貪暴者。《左傳·昭公二十八年》："貪惏無饜，忿類無期，謂之封豕。"

[26] 息：子息，兒子。《正字通·心部》："息，子息。子吾所生者，故曰息。"

臧洪字子源，廣陵射陽人也。父旻，歷匈奴中郎將、中山、太原太守，[1] 所在有名。[一] 洪體貌魁梧，有異於人，舉孝廉爲郎。[2] 時選三署郎以補縣長；琅邪趙昱爲莒長，[3] 東萊劉繇下邑長，[4] 東海王朗甾丘長，[5] 洪即丘長。[6] 靈帝末，棄官還家，太守張超請洪爲功曹。

〔一〕謝承《漢書》曰：[7] 旻有幹事才，達於從政，爲漢良吏。初從徐州從事辟司徒府，[8] 除盧奴令，冀州舉尤異，[9] 遷揚州刺史、丹楊太守。是時邊方有警，羌、胡出寇，三府舉能，[10] 遷旻匈奴中郎將。討賊有功，[11] 徵拜議郎，[12] 還京師。見太尉袁逢，[13] 逢問其西域諸國土地、風俗、人物、種數。旻具答言西域本三十六國，後分爲五十五，稍散至百餘國；其國大小，道里近遠，人數多少，風俗燥濕，山川、草木、鳥獸、異物名種，[14] 不與中國同者，悉口陳其狀，手畫地形。逢奇其才，歎息言："雖班固作《西域傳》，何以加此？"[15] 旻轉拜長水校尉，[16] 終太原太守。

[1] 匈奴中郎將：官名。本稱護匈奴中郎將，或稱使匈奴中郎將，東漢置，秩比二千石。監護南匈奴單于，參與司法事務，並助

南匈奴防禦北匈奴的侵擾。　中山：本王國名。漢靈帝熹平三年（174）後爲郡，治所盧奴縣，在今河北定州市。　太原：郡名。治所晋陽縣，在今山西太原市西南古城營西古城。

　　[2]郎：郎官的泛稱。西漢光祿勳的屬官郎中、中郎、侍郎、議郎等皆可稱爲郎，無定員，多至千餘人；東漢於光祿勳下又設有五官、左、右中郎將署，合稱三署，主管諸中郎、侍郎、郎中等，亦無定員，多達兩千餘人；又尚書、黃門等機構亦設專職郎官。光祿勳下之郎官，掌守衛皇宮殿廊門戶，出充車騎扈從，備顧問應對，守衛陵園寢廟等，任滿一定期限，即可遷補內外官職，故郎官機構，實爲儲備官吏的機構。東漢時，舉孝廉者多爲郎官。

　　[3]趙昱：事迹見本書卷八《陶謙傳》及裴注引謝承《後漢書》。

　　[4]東萊：郡名。治所黃縣，在今山東龍口市東南舊黃縣東黃城集。　下邑：縣名。治所在今安徽碭山縣東。

　　[5]東海：郡名。治所郯縣，在今山東郯城縣北。　蕑丘：縣名。治所在今安徽宿州市東北。

　　[6]即丘：縣名。治所在今山東臨沂市東南。

　　[7]漢書：百衲本、殿本、盧弼《集解》本均作"漢書"，校點本作"後漢書"。按，謝承所撰本稱《後漢書》，而裴松之注往往簡稱《漢書》，故從百衲本等。

　　[8]從事：官名。漢代州牧刺史的佐吏，有別駕從事史、治中從事史、兵曹從事史、部從事史等，均可簡稱爲從事。

　　[9]冀州：東漢末刺史治所常設在鄴縣，在今河北臨漳縣西南鄴鎮東一里半。　尤異：漢代官制，凡官吏治績最優者稱尤異，多能升遷更高職位。

　　[10]三府：盧弼《集解》本作"三輔"，百衲本、殿本、校點本作"三府"。今從百衲本等。盧弼《集解》云："三府，三公府也。三輔，京兆尹、左馮翊、右扶風也。二說皆可通。"

　　[11]討賊有功：盧弼《集解》引《後漢書》卷九〇《鮮卑

傳》與《續漢書·五行志》，均謂臧旻率匈奴南單于討鮮卑，大敗而還，與此謝承《後漢書》所載不同。

[12] 議郎：官名。郎官之一種，屬光祿勳，秩六百石，不入直宿衛，得參與朝政議論。

[13] 太尉：官名。東漢時，號稱萬石，與司徒、司空並爲三公，共同行使宰相職能，而位列三公之首，名位甚重，或與太傅並錄尚書事，綜理全國軍政事務。按，《後漢書》卷四五《袁安傳》，袁逢僅爲太僕、司空、執金吾等職，未爲太尉。

[14] 名種：殿本作"各種"，百衲本、盧弼《集解》本、校點本作"名種"。今從百衲本等。

[15] 加此：趙幼文《校箋》謂《太平御覽》卷二七八引"加"字作"過"。

[16] 長水校尉：官名。秩比二千石，掌京師宿衛兵。

董卓殺帝，[1]圖危社稷，洪説超曰："明府歷世受恩，[2]兄弟並據大郡，[3]今王室將危，賊臣未梟，[4]此誠天下義烈報恩效命之秋也。今郡境尚全，吏民殷富，若動枹鼓，可得二萬人，以此誅除國賊，爲天下倡先，[5]義之大者也。"超然其言，與洪西至陳留，[6]見兄邈計事。邈亦素有心，會于酸棗，[7]邈謂超曰："聞弟爲郡守，政教威恩，不由己出，動任臧洪，洪者何人？"超曰："洪才略智數優超，[8]超甚愛之，海内奇士也。"邈即引見洪，與語大異之。致之于劉兗州公山、孔豫州公緒，[9]皆與洪親善。乃設壇場，方共盟誓，諸州郡更相讓，莫敢當，咸共推洪。洪乃升壇操槃歃血而盟曰：[10]"漢室不幸，皇綱失統，賊臣董卓乘釁縱害，禍加至尊，虐流百姓，[11]大懼淪喪社稷，剪覆四海。兗州刺史岱、豫州刺史伷、陳留太守邈、東郡太守瑁、廣陵太守超等，[12]糾合義兵，並赴國難。凡我同盟，齊心戮力，[13]以致臣節，殞首喪元，必無二志。有渝此盟，俾墜其命，無克遺育。皇天后土，祖宗明靈，實皆鑒之！"洪辭氣慷慨，涕泣橫下，聞其言者，雖卒伍廝養，[14]莫不激揚，人思致節。〔一〕頃之，諸軍莫適先進，而食盡衆散。

〔一〕臣松之案：于時此盟止有劉岱等五人而已。[15]《魏氏春秋》橫內劉表等數人，皆非事實。表保據江、漢，身未嘗出境，何由得與洪同壇而盟乎？

[1] 殺：盧弼《集解》謂《後漢書》卷五八《臧洪傳》作"弑"。吳金華《校詁》謂二字通用，《漢書》卷一《高帝紀》："項羽爲無道，放殺其主。"顏師古注："殺讀曰弑。諸殺君者，其例皆同。"

[2] 明府：漢代人稱郡太守爲府君，亦稱明府君，簡稱明府。

[3] 兄弟並據大郡：《後漢書》卷五八《臧洪傳》李賢注："謂超爲廣陵，兄邈爲陳留也。"

[4] 未梟：《後漢書》卷五八《臧洪傳》作"虎視"。

[5] 倡先：《後漢書·臧洪傳》作"唱義"。

[6] 陳留：郡名。治所陳留縣，在今河南開封市東南。

[7] 酸棗：縣名。治所在今河南延津縣西南。

[8] 傻超：趙幼文《校箋》謂《北堂書鈔》卷七七引"傻"下有"於"字。

[9] 公山：劉岱字公山。　豫州：刺史治所譙縣，在今安徽亳州市。　公緒：孔伷字公緒。

[10] 槃：盛水的木盤，指會盟時盛有牲畜血之盤。　歃血：會盟時，參盟者以口微吸牲畜血或以血塗口旁，表示信誓，稱爲歃血。

[11] 虐流：《後漢書·臧洪傳》作"毒流"。

[12] 瑁：指橋瑁。見本書《武帝紀》初平元年及裴注引《英雄記》。

[13] 戮力：《後漢書·臧洪傳》作"一力"。

[14] 廝養：奴僕。

[15] 劉岱等五人：盧弼《集解》謂在酸棗同壇會盟者，實祇劉岱等五人，而同時起兵討董卓，並推袁紹爲盟主者，尚有袁術、袁遺、韓馥、王匡、鮑信、曹操、劉表諸人。

　　超遣洪詣大司馬劉虞謀，[1]值公孫瓚之難，至河間，[2]遇幽、冀二州交兵，[3]使命不達。而袁紹見洪，又奇重之，與結分合好。[4]會青州刺史焦和卒，[5]紹使洪領青州以撫其衆。〔一〕洪在州二年，羣盜奔走。紹歎其能，徙爲東郡太守，治東武陽。[6]

〔一〕《九州春秋》曰：初平中，焦和爲青州刺史。是時英雄並起，黃巾寇暴，和務及同盟，[7]俱入京畿，不暇爲民保障，引軍踰河而西。未久而袁、曹二公與卓將戰于滎陽，[8]敗績。黃巾遂廣，屠裂城邑。和不能禦，然軍器尚利，戰士尚衆，而耳目偵邏不設，恐動之言妄至，望寇奔走，未嘗接風塵交旗鼓也。[9]欲作陷冰丸沈河，[10]令賊不得渡，[11]禱祈羣神，求用兵必利，著筮常陳於前，[12]巫祝不去於側；[13]入見其清談干雲，[14]出則渾亂，命不可知。州遂蕭條，悉爲丘墟也。

[1] 大司馬：官名。東漢初改大司馬爲太尉，爲三公之一。漢靈帝時又與太尉並置，而位在三公上。

[2] 河間：王國名。治所樂成縣，在今河北獻縣東南。

[3] 幽：州名。刺史治所薊縣，在今北京城西南。

[4] 結分（fēn）合好：《後漢書》卷五八《臧洪傳》作"結友好"，意同。

[5] 青州：刺史治所臨菑縣，在今山東臨博市東北臨淄區北。

[6] 東武陽：縣名。治所在今山東莘縣東南。

[7] 同盟：指袁紹等討董卓之同盟。

[8] 滎陽：百衲本作"熒陽"，殿本、盧弼《集解》本、校點本作"滎陽"。今從殿本等。滎陽，縣名。治所在今河南滎陽市東北。

[9] 接風塵：指作戰。

[10] 陷冰丸：能使冰融化的彈丸。《漢書·郊祀志下》"堅冰淖溺"顏師古注引晋灼曰："方士詐以藥石若陷冰丸投之冰上，冰即消液，因詐爲神仙道使然也。"《隋書·經籍志》著錄有《扁鵲陷冰丸方》一卷。

[11] 渡：此指從冰上走過黃河。《後漢書·臧洪傳》即謂焦和"恐賊乘凍而過，命多作陷冰丸，以投於河"。

[12] 蓍（shī）筮（shì）：蓍爲一種多年生的草本植物，古人常用其莖作占卜。用蓍草占卜即稱爲筮。《詩·衛風·氓》："爾卜爾筮，體無咎言。"毛傳："龜曰卜，蓍曰筮。"

[13] 巫祝：巫師。自謂能降神通鬼者。

[14] 清談：高雅的言談、議論。 干雲：直抵雲霄。形容清談之熱烈。

太祖圍張超于雍丘，超言："唯恃臧洪，當來救吾。"衆人以爲袁、曹方睦，而洪爲紹所表用，必不敗好招禍，遠來赴此。超曰："子源，天下義士，終不背本者，但恐見禁制，不相及逮耳。"洪聞之，果徒跣號泣，並勒所領兵，又從紹請兵馬，求欲救超，而紹終不聽許。超遂族滅。[1]洪由是怨紹，絕不與通。紹興兵圍之，歷年不下。紹令洪邑人陳琳書與洪，喻以禍福，責以恩義。洪答曰：

隔闊相思，發于寤寐。[2]幸相去步武之間耳，[3]而以趣舍異規，[4]不得相見，其為愴恨，[5]可為心哉！前日不遺，比辱雅貺，[6]述敘禍福，公私切至。所以不即奉答者，既學薄才鈍，不足塞詰；亦以吾子攜負側室，[7]息肩主人，[8]家在東州，[9]僕為仇敵。以是事人，雖披中情，墮肝膽，猶身疏有罪，言甘見怪，方首尾不救，何能恤人？且以子之才，窮該典籍，豈將闇于大道，不達余趣哉！然猶復云云者，僕以是知足下之言，信不由衷，將以救禍也。必欲算計長短，辯諮是非，是非之論，言滿天下，陳之更不明，不言無所損。又言傷告絕之義，非吾所忍行也，是以捐棄紙筆，一無所答。亦冀遙忖其心，知其計定，不復渝變也。重獲來命，援引古今，紛紜六紙，雖欲不言，焉得已哉！

僕小人也，本因行役，[10]寇竊大州，[11]恩深分厚，寧樂今日自還接刃！每登城勒兵，望主人之旗鼓，感故友之周旋，撫弦搦矢，[12]不覺流涕之覆面也。何者？自以輔佐主人，無以為悔。主人相接，過絕等倫。當受任之初，自謂究竟大事，共尊王室。豈悟天子不悅，本州見侵，[13]郡將遘牖里之厄，[14]陳留克創兵之謀，[15]謀計棲遲，[16]喪忠孝之名,[17]杖策攜背,[18]虧交友之分。[19]揆此二者,與其不得已,喪忠孝之名與虧交友之道,輕重殊塗,親疏異畫,故便收淚告絕。若使主人少垂故人,[20]住者側席,[21]去者克己,[22]不汲汲于離友,信刑戮以自輔,則僕抗季札之志,[23]不爲今日之戰矣。何以效之?昔張景明親登壇歃血,[24]奉辭奔走,卒使韓牧讓印,[25]主人得地;然後但以拜章朝主,賜爵獲傳之故,[26]旋時之間,不蒙觀過之貸,[27]而受夷滅之禍。〔一〕呂奉先討卓來奔,請兵不獲,告去何罪?復見斫刺,濱于死亡。劉子璜奉使踰時,辭不獲命,畏(威)〔君〕懷親,[28]以詐求歸,[29]可謂有志忠孝,無捐霸道者也;然輒僵斃麾下,[30]不蒙虧除。〔二〕[31]僕雖不敏,又素不能原始見終,[32]覩微知著,竊度主人之心,豈謂三子宜死,罰當刑中哉?實且欲一統山東,增兵討讎,懼戰士狐疑,無以沮勸,故抑廢王命以崇承制,[33]慕義者蒙榮,[34]待放者被戮,[35]此乃主人之利,非游士之願也。故僕鑒戒前人,困窮死戰。僕雖下愚,亦嘗聞君子之言矣。此實非吾心也,乃主人招焉。凡吾所以背棄國民,用命此城者,正以君子之違,不適敵國故也。[36]是以獲罪主人,見攻踰時,而足下更引此義以爲吾規,無乃辭同趨異,非吾子所爲休戚者哉![37]

吾聞之也,義不背親,忠不違君,故東宗本州以爲親援,[38]中扶郡將以安社稷,一舉二得以徵忠孝,[39]何以爲非？而足下欲使吾輕本破家，均君主人。主人之於我也，年爲吾兄，分爲篤友，道乖告去，以安君親，可謂順矣。若子之言，則包胥宜致命於伍員,[40]不當號哭於秦庭矣。苟區區於攘患，不知言乖乎道理矣。足下或者見城圍不解，救兵未至，感婚姻之義，惟平生之好，以屈節而苟生，勝守義而傾覆也。昔晏嬰不降志於白刃,[41]南史不曲筆以求生,[42]故身著圖象，名垂後世，況僕據金城之固，驅士民之力，散三年之畜，以爲一年之資，匡困補乏，以悅天下，何圖築室反耕哉![43]但懼秋風揚塵，伯珪馬首南向,[44]張楊、飛燕,[45]膂力作難，北鄙將告倒縣之急，股肱奏乞歸之（誠）〔記〕耳。[46]主人當鑒我曹輩，反旆退師，治兵鄴垣，何宜久辱盛怒，暴威於吾城下哉？足下譏吾恃黑山以爲救，獨不念黃巾之合從邪！加飛燕之屬悉以受王命矣。昔高祖取彭越于鉅野,[47]光武創基兆于綠林,[48]卒能龍飛中興,[49]以成帝業，苟可輔主興化，夫何嫌哉！況僕親奉璽書，與之從事。

行矣孔璋![50]足下徼利於境外，臧洪授命於君親；吾子託身於盟主，臧洪策名於長安。[51]子謂余身死而名滅，僕亦笑子生死而無聞焉，悲哉！本同而末離，努力努力，夫復何言![52]

〔一〕臣松之案《英雄記》云："袁紹使張景明、郭公則、高元才等說韓馥，使讓冀州。"然〔則〕馥之讓位，[53]景明亦有其功。其餘之事未詳。

〔二〕臣松之案：公孫瓚表列紹罪過云："紹與故虎牙將軍劉勳首共造兵，[54]勳仍有效，而以小忿枉害于勳，紹罪七也。"疑此是子璜也。

[1] 超遂族滅：見本書卷一《武帝紀》興平二年十二月。

[2] 寤寐：醒時與睡時。指白天和夜晚。

[3] 步武：指距離甚近。《國語·周語下》："夫目之察度也，不過步武尺寸之間。"韋昭注："六尺爲步，賈君以半步爲武。"

[4] 趣舍：《後漢書》卷五八《臧洪傳》作"趨舍"。按，二者意同。

[5] 愴恨：百衲本、殿本、盧弼《集解》本、《後漢書·臧洪傳》均作"愴恨"。校點本作"愴悢"。今從百衲本等。愴恨，悲痛。

[6] 比：屢次。 貺（kuàng）：《後漢書·臧洪傳》作"況"。按，二字可通，賜與之意。

[7] 吾子："你"的敬稱。

[8] 息肩：棲身，立足。 主人：指袁紹。

[9] 東州：指徐州。陳琳爲廣陵郡人，東漢廣陵郡屬徐州。

[10] 行役：因公務出行。

[11] 寇竊：《後漢書·臧洪傳》作"遂竊"。 大州：指青州。袁紹曾使臧洪領青州刺史。

[12] 搦（nuò）：握持，拿着。

[13] 本州：指徐州。

[14] 郡將：即郡太守。因漢代郡太守兼領武事，故有此稱，此指廣陵太守張超。 遘牖（yǒu）里之厄：謂遭遇圍困之災。牖里即羑里，殷紂王囚周文王之地。《後漢書》卷六四《史弼傳》："昔文王牖里，閎、散懷金。"李賢注："牖里，殷獄名。或作

'羑',亦名羑城,在今相州湯陰縣北。"

[15]陳留:指陳留太守張邈。 克:盧弼《集解》疑"克"字誤。按上下文意,此當爲"遭受"之義。

[16]謀計:指救張超之謀計。 棲遲:滯留。此指受袁紹之阻礙而滯留。

[17]忠孝:忠心。對張超而言。

[18]攜背:背離。指背離袁紹。

[19]交友:指與袁紹爲交友。

[20]垂:垂意,關懷。

[21]側席:特席獨坐,表示優禮。《文選》范曄《逸民傳論》:"光武側席幽人,求之若不及。"李善注:"《國語》:'(越王夫人)去笄側席而坐。'韋昭曰:'側,猶特也。禮,憂者側席而坐。'"

[22]去者克己:《後漢書》卷五八《臧洪傳》李賢注:"來者側席而待之,去者克己自責,不責人也。"

[23]季札:春秋時吳王壽夢之第四子。壽夢欲立季札,季札辭讓。壽夢死,遂傳位與長子諸樊。諸樊欲讓位於季札,季札又不受。後諸樊傳位與次弟餘祭,餘祭又傳三弟餘昧。餘昧卒,欲授季札,季札又辭讓逃去。(見《史記》卷三一《吳太伯世家》)

[24]張景明:《水經·濁漳水注》謂張導字景明,東漢末爲鉅鹿太守。 唈:通"欭"。

[25]韓牧:冀州牧韓馥。

[26]傳(zhuàn):符信。

[27]觀過:觀察人的過失。《論語·里仁》:"觀過,斯知仁矣。"

[28]畏君懷親:各本皆作"畏威懷親"。盧弼《集解》謂《後漢書·臧洪傳》作"畏君懷親"。吳金華《校詁》謂"畏君懷親",言其出使已久而未能完成使命,故既畏違失君命,又思歸省父母也。今東晉寫本《魏志·臧洪傳》殘卷影印件,正作"畏

君",可據正。今從盧、吳說改"威"爲"君"。

〔29〕以詐求歸:盧弼《集解》本作"以計求歸",百衲本、殿本、校點本作"以詐求歸"。今從百衲本等。

〔30〕僵斃:各本皆作"僵斃"。盧弼《集解》謂《後漢書·臧洪傳》作"僵屍"。吳金華《校詁》謂此句晋寫本殘卷作"然輒僵屍斃麾下",而"屍"字右旁有兩小黑點,顯爲抄寫者所加之删字符號,故當作"僵斃"。

〔31〕虧除:免除,放過。

〔32〕原始見終:究其開始,即知終結。王充《論衡·實知篇》:"凡聖人見禍福也,亦揆端推類,原始見終。"

〔33〕抑廢王命:謂貶退朝廷任命的官員。 承制:本指大臣秉承皇帝旨意在外任命官員,此則指袁紹自己所任命者。

〔34〕慕義者:指依附袁紹者。

〔35〕待放者:謂已在袁紹軍而求離去者。

〔36〕不適敵國:《左傳·哀公八年》:公山不狃曰:"君子違,不適讎國。"楊伯峻注:"違謂離開",不適讎國謂"不往與祖國爲讎之國"。

〔37〕吾子:百衲本、殿本作"吾子",盧弼《集解》本、校點本作"君子"。今從百衲本等。

〔38〕宗:歸向,歸往。《尚書·禹貢》:"江漢朝宗於海。"孔傳:"二水經此州而入海,有似於朝,百川以海爲宗。"

〔39〕徼(yāo):求,招致。

〔40〕包胥:即申包胥,春秋時楚國貴族。 伍員:春秋楚國人。字子胥,父伍奢、兄伍尚因楚平王聽信讒言而被殺害。伍員遂逃至吳國,助吳王闔閭奪取王位,因被信任。後隨吳軍攻破楚國郢都(今湖北荆州市江陵區),掘楚平王墓,鞭其屍。伍員在楚時,與申包胥爲友。至伍員攻入郢都、鞭楚平王屍後,申包胥從山中派人責備伍員太過分無理,伍員回答説,自己志在報仇,常恐不能,今幸而得報,哪管事理!申包胥遂至秦國求救,秦不許。包胥便立

於秦廷,晝夜哭泣,七日七夜不絶聲,終於感動秦哀公。秦發兵救楚擊吳,楚昭王因而復國。(本《史記》卷六六《伍子胥列傳》)

[41] 晏嬰:春秋齊國大夫。齊莊公六年,崔杼殺莊公而立景公,並脅迫諸將軍、大夫等與之盟,有不願者,即被殘殺。而晏嬰不從,仍言崔杼無道弒君。崔杼再以劍戟威脅晏嬰,晏嬰曰:"劫吾以刃而失其志,非勇也。"終不屈服。(見《晏子春秋·內篇雜上》,按《左傳》《史記》等所載與此不同)

[42] 南史:春秋時齊國史官。《左傳·襄公二十五年》載崔杼殺齊莊公後,"大(太)史書曰:'崔杼弒其君。'崔子殺之。其弟嗣書,而死者二人。其弟又書,乃舍之。南史氏聞大史盡死,執簡以往。聞既書矣,乃還"。

[43] 築室反耕:謂袁紹之圍城軍不撤。《左傳·宣公十五年》載楚國圍宋之軍將撤退(按楚軍圍宋已歷九個月),申叔時對楚王曰:"築室反耕者,宋必聽命。"杜預注:"築室於宋,分兵歸田,示無去志。"

[44] 伯珪:公孫瓚字伯珪。

[45] 飛燕:即張飛燕,黑山軍首領。

[46] 股肱:《後漢書·臧洪傳》李賢注:"股肱,猶手足也。言北邊有倉卒之急,股肱之臣將告歸自救耳。" 記:各本作"誠"。盧弼《集解》云:"誠,范書作記。"趙幼文《校箋》謂《後漢紀》作"記"。今據二書改。

[47] 彭越:昌邑(今山東金鄉縣西北)人。秦末,陳勝起義後,彭越眾所推亦起兵。漢高祖劉邦進兵擊昌邑時,彭越曾助之。劉邦走後,彭越遂率眾駐於鉅野(今山東鉅野縣南)。後來劉邦遣使賜彭越將軍印,使領兵擊楚。(見《史記》卷九〇《彭越列傳》)

[48] 綠林:指綠林軍。新莽末年,新市(今湖北京山縣東北)人王匡、王鳳組織荊州饑民起義於綠林山(在今湖北當陽縣東北),史稱綠林軍,又稱新市兵。漢光武帝劉秀與兄劉縯起兵於舂陵(今湖北棗陽縣南)後,即與綠林軍聯合。(見《後漢書》卷一

一《劉玄傳》）

[49] 龍飛：比喻即皇帝位。此指劉邦即帝位。 中興：王朝衰落而復興稱中興。此指劉秀建立東漢王朝。

[50] 孔璋：陳琳字孔璋。

[51] 策名：名字書寫於策上。古代爲官，必先書名於策上。長安：指漢朝廷。當時漢獻帝在長安。

[52] 復何言：臧洪此書，較《後漢書·臧洪傳》所載多出四百四十餘字，而《後漢書》有，此無者，亦四十餘字。（本王先謙《後漢書集解》）

[53] 然則：各本無"則"字，《後漢書·臧洪傳》李賢注引有。校點本即據以增補。今從之。

[54] 虎牙將軍：本書卷八《公孫瓚傳》裴注引《典略》載公孫瓚表袁紹罪狀作"虎牙都尉"。盧弼《集解》謂當時有兩劉勳，其一爲廬江太守，見本書《武帝紀》建安四年。

紹見洪書，知無降意，增兵急攻。城中糧穀以盡，外無彊救，洪自度必不免，呼吏士謂曰："袁氏無道，所圖不軌，且不救洪郡將。洪於大義，不得不死，念諸君無事空與此禍！[1]可先城未敗，將妻子出。"將吏士民皆垂泣曰："明府與袁氏本無怨隙，今爲本朝郡將之故，[2]自致殘困，吏民何忍當舍明府去也！"初尚掘鼠煮筋角，[3]後無可復食者。主簿啓内廚米三斗，[4]請中分稍以爲糜粥，洪歎曰："獨食此何爲！"使作薄粥，衆分歠之，[5]殺其愛妾以食將士。將士咸流涕，無能仰視者。男女七八千人相枕而死，莫有離叛。

城陷，紹生執洪。紹素親洪，盛施幃幔，大會諸將見洪，謂曰："臧洪，何相負若此！今日服未？"洪據地瞋目曰：[6]"諸袁事漢，四世五公，可謂受恩。今王室衰弱，無扶翼之意，欲因際會，希冀非望，多殺忠良以立姦威。洪親見呼張陳留爲兄，[7]則洪府君亦宜爲弟，同共戮力，爲國除害，何以擁衆觀人屠滅！惜洪力劣，不能推刃爲天下報仇，[8]何謂服乎！"紹本愛洪，意欲令屈服，原之；見洪辭切，知終不爲己用，乃殺之。[一][9]洪邑人陳容少爲書生，親慕洪，隨洪爲東郡丞；[10]城未敗，洪遣出。紹令在坐，見洪當死，起謂紹曰："將軍舉大事，[11]欲爲天下除暴，而專先誅忠義，豈合天意！臧洪發舉爲郡將，奈何殺之！"紹慚，左右使人牽出，謂曰："汝非臧洪儔，空復爾爲！"[12]容顧曰："夫仁義豈有常，[13]蹈之則君子，背之則小人。今日寧與臧洪同日而死，不與將軍同日而生！"復見殺。[14]在紹坐者無不歎息，竊相謂曰："如何一日殺二烈士！"先是，洪遣司馬二人出，[15]求救于呂布；比還，城已陷，皆赴敵死。

〔一〕徐衆《三國評》曰：[16]洪敦天下名義，救舊君之危，其恩足以感人情，義足以勵薄俗。然袁亦知己親友，致位州郡，雖非君臣，且實盟主，既受其命，義不應貳。袁、曹方睦，夾輔王室，呂布反覆無義，志在逆亂，而邈、超擅立布爲州牧，其於王法，乃一罪人也。曹公討之，袁氏弗救，未爲非理也。洪本不當就袁請兵，又不當還爲怨讎。爲洪計者，苟力所不足，可奔他國以求赴救，若謀力未展以待事機，則宜徐更觀釁，[17]效死於超。何必誓守窮城而無變通，身死殄民，功名不立，良可哀也！

[1] 無事：劉淇《助字辨略》云："此'無事'，猶云不必，言諸君可以無死也。"吳金華《校詁》又補充多例，謂"無事"均用於祈使語氣，爲當時口語。

[2] 今爲本朝郡將之故：趙幼文《校箋》謂《後漢紀》作"今一朝爲郡將之故"。

[3] 筋角：弓弩上的獸筋角。《爾雅·釋地》："北方之美者，有幽都之筋角焉。"邵晉涵《正義》："高誘《淮南注》云：古之幽都在雁門以北，其畜宜牛、羊、馬，出好筋角，可以爲弓弩。"

[4] 斗：趙幼文《校箋》謂《太平御覽》卷八五九引《九州春秋》作"升"。又按，《太平御覽》卷四二二引《英雄記》亦作"升"。

[5] 歠（chuò）：通"啜"，喝。

[6] 瞋目：盧弼《集解》本作"瞑目"，百衲本、殿本、校點本俱作"瞋目"。今從百衲本等。

[7] 張陳留：即陳留太守張邈。

[8] 推刃：刀一進一退爲推刃。《公羊傳·定公四年》："父受誅，子復讎，推刃之道也。"何休注："一往一來曰推刃。"後世多用"推刃"爲復仇之代辭。 爲天下報仇：趙幼文《校箋》云："《季漢書》無'下'字，是也。《爾雅·釋詁》：'天，君也。'爲天報仇，猶爲君報仇也。君指張超，是與《公羊》復仇推刃之義協，若作'天下'，則與傳意乖違矣。或傳刻者未細繹傳意，而妄增'下'字，致失原旨，蓋不可從。"按，上言"同共戮力，爲國除害"，則此言"爲天下報仇"亦可通。

[9] 殺之：趙幼文《校箋》謂《北堂書鈔》卷一一四、《太平御覽》卷四一八引"之"字作"焉"。

[10] 丞：官名。郡丞秩六百石，郡的副長官，佐郡太守掌衆事。由朝廷任命。

[11] 舉大事：趙幼文《校箋》謂《太平御覽》卷四二二引《英雄記》"舉"字上有"今"字。

[12] 空復爾爲：吳金華《校詁》云："猶言'何必如此乎？'"

[13] 常：趙幼文《校箋》謂《太平御覽》卷四一八引《英雄記》"常"下有"所"字。

[14] 復見殺：趙幼文《校箋》謂《太平御覽》卷四一八引《英雄記》"復"上有"遂"字，《後漢書》同。

[15] 司馬：官名。按，漢代郡太守下不置司馬，此蓋漢末之特制。

[16] 三國評：即《三國志評》。校點本《隋書·經籍志》正史類，著錄《三國志評》三卷，徐衆撰。《舊唐書·經籍志》《新唐書·藝文志》同。盧弼《集解》謂徐衆東晉人，《通典》卷八〇載有東晉成帝咸康中，黃門郎徐衆駁王濛奔喪議，又卷九五載有晉徐衆論徐思龍事，及散騎常侍徐衆論庾左丞孫見遭族父喪事。

[17] 觀釁：等待間隙，乘機而動。《左傳·宣公十二年》：隨武子（士會）曰："善。會聞用師，觀釁而動。"孔穎達疏："釁是間隙之名。"

評曰：呂布有虓虎之勇，[1]而無英奇之略，輕狡反覆，唯利是視。自古及今，未有若此不夷滅也。昔漢光武謬於龐萌，[2]近魏太祖亦蔽于張邈。知人則哲，[3]唯帝難之，信矣！陳登、臧洪並有雄氣壯節，登降年夙隕，[4]功業未遂，洪以兵弱敵彊，烈志不立，惜哉！

[1] 虓（xiāo）虎：發出怒吼之虎。《詩·大雅·常武》："進厥虎臣，闞如虓虎。"鄭箋："其虎臣之將，闞然如虎怒。"

[2] 龐萌：新莽末年，參加下江兵。劉玄爲更始帝後，以之爲冀州牧。後歸順漢光武帝劉秀。《後漢書》卷一二《劉永傳》："光武即位，以（萌）爲侍中。萌爲人遜順，甚見信愛。帝常稱曰：'可以託六尺之孤，寄百里之命者，龐萌是也。'拜爲平狄將軍，與

蓋延共擊董憲。時詔書獨下延而不及萌,萌以爲延譖己,自疑,遂反。帝聞之,大怒,乃自將討萌。與諸將書曰:'吾常以龐萌社稷之臣,將軍得無笑其言乎?老賊當族。'"

[3] 知人則哲:《尚書·皋陶謨》:"惟帝其難之,知人則哲,能官人。"孔傳:"哲,智也。無所不知,故能官人。"

[4] 降年:謂上天賜予人之年齡,壽命。《尚書·高宗肜日》:"降年有永有不永,非天夭年,民中絶命。"孔傳:"言天之下年與民,有義者長,無義者不長,非天欲夭民,民自不修義以致絶命。"

三國志 卷八

魏書八

二公孫陶四張傳第八

公孫瓚字伯珪,遼西令支人也。[1]令音郎定反。支音其兒反。爲郡門下書佐。[2]有姿儀,大音聲,侯太守器之,[3]以女妻焉,〔一〕遣詣涿郡盧植讀經。[4]後復爲郡吏。[5]劉太守坐事徵詣廷尉,[6]瓚爲御車,[7]身執徒養。[8]及劉徙日南,[9]瓚具米肉,於北芒上祭先人,[10]舉觴祝曰:"昔爲人子,今爲人臣,當詣日南。日南瘴氣,[11]或恐不還,與先人辭於此。"再拜慷慨而起,時見者莫不歔欷。劉道得赦還。[12]瓚以孝廉爲郎,[13]除遼東屬國長史。[14]嘗從數十騎出行塞,見鮮卑數百騎,[15]瓚乃退入空亭中,[16]約其從騎曰:"今不衝之,則死盡矣。"瓚乃自持矛,兩頭施刃,[17]馳出刺胡,殺傷數十人,亦亡其從騎半,遂得免。鮮卑懲艾,[18]後不敢復入塞。遷爲涿令。(光和)〔中平〕中,[19]涼州賊起,[20]發幽州突騎三千人,[21]假瓚都督行事傳,[22]使將之。軍到薊中，漁陽張純誘遼西烏丸丘力居等叛，[23]劫略薊中，自號將軍，[二]略吏民攻右北平、遼西、屬國諸城，[24]所至殘破。瓚將所領，追討純等有功，遷騎都尉。[25]屬國烏丸貪至王率種人詣瓚降。遷中郎將，[26]封都亭侯，[27]進屯屬國，與胡相攻擊五六年。丘力居等鈔略青、徐、幽、冀，[28]四州被其害，瓚不能禦。

〔一〕《典略》曰：瓚性辯慧，每白事不肯稍入，常總說數曹事，[29]無有忘誤，太守奇其才。

〔二〕《九州春秋》曰：純自號彌天將軍、安定王。

[1] 遼西：郡名。治所陽樂縣，在今遼寧義縣西偏南古城子溝。(本《〈中國歷史地圖集〉釋文匯編（東北卷）》)　令支：縣名。治所在今河北遷安市西。

[2] 門下書佐：官名。為郡國府屬吏，職責是繕寫文書。

[3] 侯太守：殿本、盧弼《集解》本作"故太守"，百衲本、校點本及《後漢書》卷七三《公孫瓚傳》李賢注引《魏志》皆作"侯太守"。今從百衲本等。

[4] 遣：百衲本作"適"，殿本、盧弼《集解》本、校點本作"遣"。今從殿本等。　涿郡：治所涿縣，在今河北涿州市。　盧植：涿郡涿縣人。漢末經學家，著有《尚書章句》《三禮解詁》等。又曾為太守、北中郎將、尚書等。《後漢書》卷六四有傳。

[5] 為郡吏：趙幼文《校箋》謂《太平御覽》卷四二二、卷六八七引作"為上計吏"。按，《太平御覽》所引乃《英雄記》。下同。

[6] 劉太守：惠棟《後漢書補注》卷一六云："《英雄記》：太守劉基。"　廷尉：官名。秩中二千石，掌司法刑獄。

[7] 御車：駕車人。《後漢書·公孫瓚傳》云："太守劉君坐事檻車徵，官法不聽吏下親近，瓚乃改容服，詐稱侍卒。"

[8]徒養：服侍各種雜務。

[9]日南：郡名。治所朱吾縣，在今越南廣平省美麗附近。

[10]北芒：山名。在今河南洛陽市北。何焯云："瓚既遼西人，前世又非素官於朝，何緣先墓在北芒。"（《義門讀書記》卷二六《三國志·魏志》）惠棟則謂謝承《後漢書》作"泣辭母墓"也。盧弼《集解》又謂《後漢書·公孫瓚傳》云"家世二千石"，何氏言非素官於朝，誤也。

[11]瘴氣：趙幼文《校箋》謂《太平御覽》卷四二二、《册府元龜》卷八〇一引"瘴"上有"多"字。按，"瘴氣"百衲本、盧弼《集解》本作"鄣氣"，殿本、校點本、《後漢書·公孫瓚傳》作"瘴氣"。又按，"瘴""鄣"相通。今從殿本等。瘴氣，南方林區濕熱蒸發使人致病之氣。

[12]劉道得赦還：趙幼文《校箋》謂《太平御覽》卷四二二引"劉"字作"在"，"赦"下有"俱"字。

[13]孝廉：漢代選拔官吏的主要科目。孝指孝子，廉指廉潔之士。原本爲二科，後混同爲一科，也不再限於孝子和廉吏。東漢後期定制爲不滿四十歲者不得察舉；被舉者先詣公府課試，以觀其能。郡國每年要向中央推舉一至二人。　郎：郎官的泛稱。西漢光祿勳的屬官郎中、中郎、侍郎、議郎等皆可稱爲郎，無定員，多至千餘人；東漢於光祿勳下又設有五官、左、右中郎將署，合稱三署，主管諸中郎、侍郎、郎中等，亦無定員，多達兩千餘人；又尚書、黃門等機構亦設專職郎官。光祿勳下之郎官，掌守衛皇宫殿廊門户，出充車騎扈從，備顧問應對，守衛陵園寝廟等，任滿一定期限，即可遷補内外官職，故郎官機構，實爲儲備官吏的機構。東漢時，舉孝廉者多爲郎官。

[14]遼東屬國：漢王朝在少數族歸附之邊郡地區置屬國，設都尉管理民政軍事。遼東屬國治所昌黎縣，在今遼寧義縣。　長史：官名。漢代，郡太守的佐吏有丞，東漢之邊郡，則置長史代替丞職，掌軍事，秩六百石。屬國長史亦同。

［15］鮮卑：東北地區少數族。見本書卷三〇《鮮卑傳》。

［16］亭：盧弼《集解補》："顧炎武《日知録》卷二十二云：秦制，十里一亭，十亭一鄉。《風俗通》云：漢家因秦，大率十里一亭。亭，留也。蓋行旅宿會之所。"

［17］兩頭施刃：周壽昌《注證遺》云："《後漢書》作'持兩刃矛'，是矛固有兩刃者爲一器。此云'持矛兩頭施刃'，則爲兩器合成一器，倉卒施用，不恐失事乎？似從《後漢書》爲正。"

［18］懲艾：被懲罰而戒懼。

［19］中平：各本皆作"光和"。盧弼《集解》謂《後漢書·公孫瓚傳》作"中平"，《通鑑》亦同。沈家本亦謂涼州賊起在中平元年十一月，"光和"二字誤。今從沈、盧之説改。中平，漢靈帝劉宏年號（184—189）。

［20］涼州：東漢刺史治所隴縣，在今甘肅張家川回族自治縣。

［21］幽州：刺史治所薊縣，在今北京城西南。

［22］都督：官名。東漢末之軍事長官或領兵將帥，領兵多少和職權大小不定。　傳（zhuàn）：爲官之符信。

［23］漁陽：郡名。治所漁陽縣，在今北京密雲縣西南。　張純：漢末爲中山太守，叛入丘力居衆中。見本書卷三〇《烏丸傳》。烏丸：東北地區少數族，見本書卷三〇《烏丸傳》。　丘力居：遼西烏丸首領，亦見本書卷三〇《烏丸傳》。

［24］右北平：郡名。東漢時治所土垠縣，在今河北豐潤縣東南。　屬國：指遼東屬國。

［25］騎都尉：官名。屬光禄勳，秩比二千石，掌監羽林騎兵。

［26］中郎將：官名。東漢統兵將領之一，位次將軍，秩比二千石。沈家本《瑣言》謂《後漢書·公孫瓚傳》作"詔拜瓚降虜校尉，封都亭侯，復兼領屬國長史"，與此不同。

［27］都亭侯：爵名。位在鄉侯下，食禄於亭。都亭，城郭附近之亭。

［28］青：州名。刺史治所臨菑縣，在今山東淄博市東北臨淄

鎮北。　徐：州名。刺史本治郯縣（今山東郯城縣北），東漢末移治所於下邳（今江蘇睢寧縣西北）。　冀：州名。東漢末刺史治所常設鄴縣，在今河北臨漳縣西南鄴鎮東一里半。

[29]　曹：郡所屬之分科辦事機構。

朝議以宗正東海劉伯安既有德義，[1]昔爲幽州刺史，恩信流著，戎狄附之，若使鎮撫，可不勞衆而定，乃以劉虞爲幽州牧。〔一〕虞到，遣使至胡中，告以利害，責使送純首。丘力居等聞虞至，喜，各遣譯自歸。瓚害虞有功，乃陰使人徼殺胡使。胡知其情，閒行詣虞。虞上罷諸屯兵，但留瓚將步騎萬人屯右北平。純乃棄妻子，逃入鮮卑，爲其客王政所殺，送首詣虞。封政爲列侯。[2]虞以功即拜太尉，[3]封襄賁侯。〔二〕[4]會董卓至洛陽，遷虞大司馬，[5]瓚奮武將軍，[6]封薊侯。

〔一〕《吴書》曰：虞，東海恭王之後也。[7]遭世衰亂，又與時主疏遠，仕縣爲户曹吏。[8]以能治身奉職，召爲郡吏，以孝廉爲郎，累遷至幽州刺史，轉甘陵相，[9]甚得東土戎狄之心。後以疾歸家，常降身隱約，與邑黨州閭同樂共卹，等齊有無，不以名位自殊，鄉曲咸共宗之。時鄉曲有所訴訟，不以詣吏，自投虞平之；虞以情理爲之論判，[10]皆大小敬從，不以爲恨。嘗有失牛者，骨體毛色，與虞牛相似，因以爲是，虞便推與之；後主自得本牛，乃還謝罪。會甘陵復亂，吏民思虞治行，復以爲甘陵相，甘陵大治。徵拜尚書令、光禄勳，[11]以公族有禮，更爲宗正。

《英雄記》曰：虞爲博平令，治正推平，[12]高尚純樸，境内無盜賊，災害不生。時鄰縣接壤，蝗蟲爲害，至博平界，[13]飛過不入。

《魏書》曰：虞在幽州，清靜儉約，以禮義化民。靈帝時，南宮災，吏遷補州郡者，皆責助治宮錢，或一千萬，或二千萬，[14]富者以私財辦，或發民錢以備之，[15]貧而清慎者，無以充調，或至自殺。靈帝以虞清貧，特不使出錢。

〔二〕《英雄記》曰：虞讓太尉，因薦衛尉趙謨、益州牧劉焉、豫州牧黃琬、南陽太守羊續，[16]並任爲公。

[1] 宗正：官名。漢代列卿之一，秩中二千石，由宗室擔任。掌皇族親屬事務，登記宗室王國譜牒，以別嫡庶。凡宗室親貴有罪，須先報宗正，方得處治。　劉伯安：劉虞字伯安。

[2] 列侯：爵名。漢代二十級爵之最高者，金印紫綬，有封邑，食租稅。功大者食縣，小者食鄉亭。

[3] 即拜太尉：謂朝廷遣使至幽州，任命劉虞爲太尉。《後漢書》卷七三《劉虞傳》即作"靈帝遣使者就拜太尉"。太尉，官名。東漢時，號稱萬石。與司徒、司空並爲三公，共同行使宰相職能，而位列三公之首，名位甚重。或與太傅並錄尚書事，綜理全國軍政事務。

[4] 封襄賁（féi）侯：《後漢書·劉虞傳》作"封容丘侯。及董卓秉政，遣使者授虞大司馬，進封襄賁侯"。襄賁，縣名。治所在今山東蒼山縣東南。

[5] 大司馬：官名。漢武帝置大司馬代替太尉，東漢光武帝又罷大司馬置太尉，故大司馬即太尉。而靈帝末年，又與太尉並置，而位在三公上。

[6] 奮武將軍：官名。將軍名號之一，東漢末置。

[7] 東海恭王：名強，漢光武帝劉秀長子，已爲皇太子十多年，因母郭皇后被廢，遂請爲蕃王。《後漢書》卷四六有傳。

[8] 户曹吏：官名。縣府屬吏。縣户曹主管户口名籍婚慶祠祀諸事。

[9] 甘陵：王國名。治所甘陵縣，在今山東臨清市東。 相：官名。王國相，由朝廷直接委派，執掌王國行政大權，相當於郡太守，秩二千石。

[10] 判：殿本作"制"，百衲本、盧弼《集解》本、校點本作"判"。今從百衲本等。

[11] 尚書令：官名。東漢時爲尚書臺長官，秩千石。掌奏下尚書曹文書衆事，選用署置官吏；總典臺中綱紀法度，無所不統。名義上仍隸少府。 光禄勳：官名。漢代列卿之一，秩中二千石，掌衛宮殿門户。

[12] 正：趙幼文《校箋》謂《册府元龜》卷七〇二引作"政"。

[13] 博平：縣名。治所在今山東茌平縣博平鎮西北。

[14] 二千萬：趙幼文《校箋》謂《太平御覽》卷八三六（當作八三五）引"二"字作"三"。

[15] 以備之：趙幼文《校箋》謂《太平御覽》引無"以"字。

[16] 趙謨：據史籍所載，漢末爲公者，無趙謨，故盧弼《集解》疑作"趙典"。吳金華《校詁》則謂趙典卒於漢靈帝建寧元年（168），距劉虞爲太尉已二十二年，此"衛尉趙謨"，似爲"衛尉趙温"之誤。趙温初平四年（193）十月爲司空，同年十二月爲衛尉，興平元年（194）十月又爲司徒。按，趙温事見《後漢書》卷二七《趙典附温傳》。 黃琬：事迹見《後漢書》卷六一《黃瓊附琬傳》。羊續：事迹見《後漢書》卷三一《羊續傳》。

關東義兵起，卓遂劫帝西遷，徵虞爲太傅，[1]道路隔塞，信命不得至。[2]袁紹、韓馥議，以爲少帝制於姦臣，天下無所歸心。虞，宗室知名，民之望也。遂推虞爲帝，遣使詣虞，虞終不肯受。紹等復勸虞領尚書事，[3]承制封拜，虞又不聽，然猶與紹等連和。〔一〕虞子和爲侍中，[4]在長安。天子思東歸，使和僞逃卓，潛出武關詣虞，[5]令將兵來迎。和道經袁術，爲説天子意。術利虞爲援，留和不遣，許兵至俱西，令和爲書與虞。虞得和書，乃遣數千騎詣和。瓚知術有異志，不欲遣兵，止虞，虞不可。瓚懼術聞而怨之，亦遣其從弟越將千騎詣術以自結，而陰教術執和，奪其兵。由是虞、瓚益有隙。和逃術來北，復爲紹所留。

〔一〕《九州春秋》曰：紹、馥使故樂浪太守甘陵張岐齎議詣虞，[6]使即尊號。虞属聲呵岐曰："卿敢出此言乎！忠孝之道，既不能濟。孤受國恩，天下擾亂，未能竭命以除國恥，望諸州郡烈義之士勠力西面，援迎幼主，而乃妄造逆謀，欲塗污忠臣邪！"

《吳書》曰：馥以書與袁術，云帝非孝靈子，欲依絳、灌誅廢少主，[7]迎立代王故事；稱虞功德治行，華夏少二，當今公室枝屬，皆莫能及。又云："昔光武去定王五世，[8]以大司馬領河北，[9]耿弇、馮異勸即尊號，卒代更始。今劉公自恭王枝別，其數亦五，以大司馬領幽州牧，此其與光武同。"是時有四星會于箕尾，[10]馥稱《讖》云神人將在燕分。[11]又言濟陰男子王定得玉印，[12]文曰"虞爲天子"。又見兩日出于代郡，[13]謂虞當代立。紹又別書報術。是時術陰有不臣之心，不利國家有長主，外託公義以答拒之。紹亦使人私報虞，虞以國有正統，非人臣所宜言，固辭不許；乃欲圖奔匈奴以自絶，紹等乃止。虞於是奉職脩貢，愈益恭肅；諸外國羌胡有所貢獻，[14]道路不通，皆爲傳送，致之京師。

[1] 太傅：官名。東漢太傅爲上公，掌善導，無常職，多爲加銜。

［2］信命：使者携帶的詔命。

［3］領尚書事：職銜名。即以他官兼領尚書政事，參與政務。

［4］侍中：官名。秩比二千石。職掌門下衆事，侍從左右，顧問應對。漢靈帝時置侍中寺，不再隸屬少府。獻帝時定員六人，與給事黄門侍郎出入禁中，近侍帷幄，省尚書事。

［5］武關：關隘名。在今陝西商州市西南丹江北岸。

［6］樂浪：郡名。治所朝鮮縣，在今朝鮮平壤市西南。

［7］絳灌：指西漢初絳侯周勃與灌嬰。西漢初，吕后死後，吕禄、吕産專權，周勃、灌嬰等合謀誅除諸吕，並認爲少帝非惠帝子，因廢少帝，迎立代王，即漢文帝。（見《漢書》卷四〇《周勃傳》及卷四一《灌嬰傳》）

［8］定王：即長沙定王劉發，漢景帝子，傳至光武帝劉秀，共五代。（見《後漢書》卷一上《光武帝紀》）

［9］領河北：更始帝劉玄至洛陽後，遣劉秀爲破虜將軍行大司馬事，持節北渡黄河，安撫河北州郡。河北平定後，馮異、耿純、耿弇等遂勸劉秀稱帝，即漢光武帝。（本《後漢書》卷一上《光武帝紀》）

［10］箕尾：二星宿名。二十八宿中的兩宿，亦即東方蒼龍七宿之末二宿。

［11］讖：是漢代方士製作的隱語或預言，作爲吉凶的符驗或徵兆。　燕分：燕之分野，指幽州。幽州古爲燕國地。

［12］濟陰：郡名。治所定陶縣，在今山東定陶縣西北。

［13］代郡：東漢治所高柳縣，在今山西陽高縣西北。

［14］羌胡：此泛指少數族。

是時，術遣孫堅屯陽城拒卓，[1]紹使周昂奪其處。[2]術遣越與堅攻昂，不勝，越爲流矢所中死。瓚怒曰："余弟死，禍起于紹。"遂出軍屯磐河，[3]將以報紹。紹懼，以所佩勃海太守印綬授瓚從弟範，[4]遣之郡，欲以結援。範遂以勃海兵助瓚，破青、徐黃巾，兵益盛，進軍界橋。[一][5]以嚴綱爲冀州，田楷爲青州，單經爲兗州，[6]置諸郡縣。紹軍廣川，[7]令將麴義先登與瓚戰，生禽綱。瓚軍敗走勃海，與範俱還薊，於大城東南築小城，與虞相近，稍相恨望。

〔一〕《典略》載瓚表紹罪狀曰："臣聞皇羲以來，[8]始有君臣上下之事，張化以導民，刑罰以禁暴。今行車騎將軍袁紹，[9]託其先軌，[10]寇竊人爵，既性暴亂，厥行淫穢。昔爲司隸校尉，[11]會值國家喪禍之際，[12]太后承攝，何氏輔政，[13]紹專爲邪媚，不能舉直，至令丁原焚燒孟津，[14]招來董卓，造爲亂根，紹罪一也。卓既入雒而主見質，紹不能權譎以濟君父，[15]而棄置節傳，迸竄逃亡，忝辱爵命，背上不忠，紹罪二也。紹爲勃海太守，默選戎馬，當攻董卓，不告父兄，至使太傅門戶，[16]太僕母子，[17]一旦而斃，不仁不孝，紹罪三也。紹既興兵，涉歷二年，不卹國難，廣自封殖，乃多以資糧專爲不急，割剝富室，收考責錢，百姓吁嗟，莫不痛怨，紹罪四也。韓馥之迫，竊其虛位，矯命詔恩，刻金印玉璽，[18]每下文書，皁囊施檢，[19]文曰'詔書一封，邟鄉侯印'，[20]邟，口浪反。昔新室之亂，[21]漸以即真，今紹所施，擬而方之，紹罪五也。紹令崔巨業候視星日，[22]財貨賂遺，與共飲食，克期會合，攻鈔郡縣，此豈大臣所當宜爲？紹罪六也。紹與故虎牙都尉劉勳首共造兵，[23]勳仍有效，又降服張楊，[24]而以小忿枉害于勳，信用讒愿，殺害有功，紹罪七也。紹又上故上谷太守高焉、故甘陵相姚貢，[25]橫責其錢，錢不備畢，二人并命，紹罪八也。《春秋》之義，子以母貴。[26]紹母親爲婢使，紹實微賤，不可以爲人後，以義不宜，乃據豐隆之重任，忝污王爵，損辱袁宗，紹罪九也。又長沙太守孫堅，[27]前領豫州刺史，[28]驅走董卓，掃除陵廟，其功莫大；紹令周昂盜居其位，斷絕堅糧，令不得入，使卓不被誅，紹罪十也。臣又每得後將軍袁術書，云紹非術類也。紹之罪戾，雖南山之竹不能載。昔姬周政弱，王道陵遲，天子遷都，[29]諸侯背叛，於是齊桓立柯亭之盟，[30]晉文爲踐土之會，[31]伐荆楚以致菁茅，[32]誅曹、衛以彰無禮。[33]臣雖闇茸，[34]名非先賢，蒙被朝恩，當此重任，職在鈇鉞，[35]奉辭伐罪，輒與諸將州郡兵討紹等。[36]若事克捷，罪人斯得，[37]庶續桓、文忠誠之效，攻戰形狀，前後續上。"遂舉兵與紹對戰，[38]紹不勝。

[1]陽城：縣名。治所在今河南登封市東南告城鎮。

[2]周昂：本書卷四六《孫堅傳》注引《吳錄》《會稽典錄》作"周喁（yú）"，《後漢書》卷七三《公孫瓚傳》又作"周昕"。趙一清《注補》以《吳錄》《會稽典錄》爲據，謂"宜以周喁爲得其實。蓋周昂兄弟三人，皆與孫氏爲仇敵，故各書所記不同"。

[3]磐河：趙一清《注補》謂磐河即般河。故河在德州德平縣（今山東臨邑縣德平鎮）界，流入滄州樂陵縣（今山東樂陵市），今名枯槃河。謝鍾英《補三國疆域志補注》亦謂公孫瓚戰處當在德平縣北。

[4]勃海：郡名。治所南皮縣，在今河北南皮縣東北。

[5]界橋：在今河北廣宗縣東老漳河上。（本謝鍾英《補三國疆域志補注》）

[6]兗州：州名。刺史治所昌邑縣，在今山東金鄉縣西北。

[7]廣川：縣名。治所在今河北景縣西南廣川鎮。又盧弼《集解》引姚範曰："以《袁紹傳》校，當作'廣宗'。"趙幼文《校箋》亦謂《太平御覽》卷七三引《英雄記》曰："公孫瓚擊青州黃巾賊，大破之，還屯廣宗。袁本初自往征瓚，合戰於界橋南二十里。紹將麴義破瓚於界城橋，斬瓚冀州刺史嚴綱（原作"綱

嚴",誤乙)。又破瓚殿兵於橋上,即此梁也。"據此則作"廣宗"
爲是。姚校是也。按,廣宗亦縣名,治所在今河北威縣東。

〔8〕皇羲:伏羲氏。古傳說的三皇之一。按,《後漢書・公孫
瓚傳》亦載此文,文字與此多有不同,一般不作校勘。

〔9〕車騎將軍:官名。東漢時位比三公,常以貴戚充任。出掌
征伐,入參朝政,漢靈帝時作加官或作贈官。

〔10〕先軌:祖先之軌跡。

〔11〕司隸校尉:官名。秩比二千石,掌糾察京師百官違法者,
並治所轄各郡,相當於州刺史。

〔12〕會值國家喪禍之際:百衲本、盧弼《集解》本、校點本
皆如此,殿本"值"字在"國家"下。今從百衲本等。

〔13〕何氏:何進。

〔14〕丁原焚燒孟津:《後漢書・公孫瓚傳》李賢注引《續漢
書》曰:"何進欲誅中常侍趙忠等,進乃詐令武猛都尉丁原放兵數
千人,爲賊於河内,稱'黑山伯',上事以誅忠等爲辭,燒平陰、
河津莫府人舍,以怖動太后。"

〔15〕權譎:殿本作"權謀",百衲本、盧弼《集解》本、校
點本皆作"權譎"。今從百衲本等。

〔16〕太傅:指袁紹叔父袁隗,當時爲太傅。

〔17〕太僕:指袁術兄袁基,官至太僕。袁紹等起兵討董卓後,
《後漢書》卷四五《袁安附逢傳》云:"董卓忿紹、術背己,遂誅
隗及術兄基等男女二十餘人。"

〔18〕刻金印玉璽:惠棟《後漢書補注》卷一六云:"《獻帝起
居注》曰:紹刻金璽遺劉虞;擅鑄金銀印,孝廉、計吏皆往詣
紹也。"

〔19〕皁囊:黑色袋囊。漢制,群臣上章表,如所言事屬秘密,
則用皁囊密封。《後漢書・公孫瓚傳》李賢注:"《漢官儀》曰:
'凡章表皆啓封,其言密事得皁囊。'" 檢:封書題簽稱檢。李賢
注:"《說文》曰:'檢,書署也。'"

[20] 邟鄉侯：袁紹封爲邟鄉侯。

[21] 新室：指王莽。王莽篡位後稱爲新朝。

[22] 崔巨業：周壽昌《注證遺》謂崔巨業即袁紹所遣攻圍故安之將。

[23] 虎牙都尉：本書《臧洪傳》裴松之按語引作"虎牙將軍"。

[24] 降服：校點本作"降伏"，百衲本、殿本、盧弼《集解》本作"降服"。按二者義通，今仍從百衲本等。

[25] 上：上事，上事於朝廷。　上谷：郡名。治所沮陽縣，在今河北懷來縣東南。

[26] 子以母貴：《公羊傳·隱公元年》："子以母貴，母以子貴。"

[27] 長沙：郡名。治所臨湘縣，在今湖南長沙市。

[28] 豫州：刺史治所譙縣，在今安徽亳州市。

[29] 天子遷都：指周平王東遷洛邑。

[30] 柯亭：柯，春秋時齊國邑名。在今山東陽穀縣東北阿城鎮。《春秋·莊公十三年》："冬，公會齊侯盟于柯。"《公羊傳》："（齊）桓公之信著乎天下，自柯之盟始焉。"

[31] 踐土：春秋時鄭國之地，在今河南原陽縣西南。《春秋·僖公二十八年》："五月癸丑，公會晉侯、齊侯、宋公、蔡侯、鄭伯、衛子、莒子、盟于踐土。"按，踐土之盟，係晉楚城濮之戰晉軍大敗楚軍後，在踐土會盟諸侯。此次會盟，周襄王亦至踐土慰勞晉軍，並策命晉文公爲侯伯。

[32] 菁茅：《後漢書·公孫瓚傳》李賢注："菁茅：靈茅，以供祭祀也。"《左傳·僖公四年》載齊軍伐楚，楚使責問齊軍何故而入楚地？管仲對曰："爾貢苞茅不入，王祭不共，無以縮酒，寡人是征。"楊伯峻注："茅即《禹貢》之菁茅，茅之有毛刺者。"

[33] 誅曹衛：曹、衛，春秋時之二國。晉文公爲公子時，遭驪姬之亂，出奔國外。過衛國，衛文公對其無禮。至曹國，曹共公

聽說他是駢脅（肋骨相連如一骨），便乘其沐浴竊視之。當時曹大夫僖負羈之妻即說："吾觀晉公之從者，皆足以相國。若以相，夫子必反其國。反其國，必得志于諸侯。得志于諸侯，而誅無禮，曹其首也。"（見《左傳·僖公二十三年》）後晉文公回國爲君後數年，即興兵伐曹，並向衛國借過軍道路，衛國不允。晉軍遂侵曹、伐衛。衛侯離都出走。晉軍攻入曹都，責數曹國之罪。（見《左傳·僖公二十八年》）

［34］闒（tà）茸：百衲本作"闒茸"，殿本、盧弼《集解》本、校點本、《後漢書·公孫瓚傳》皆作"闒茸"。今從殿本等。闒茸，比喻才能低下，力量微弱。《後漢書·公孫瓚傳》李賢注："闒猶下也。茸，細也。"

［35］鈇（fū）鉞：鈇與鉞，皆爲刑戮之具。此謂身爲將軍，掌刑戮之具。

［36］州郡：盧弼《集解》本作"州部"，百衲本、殿本、校點本作"州郡"。今從百衲本等。

［37］罪人斯得：此指盡得袁紹等。《尚書·金縢》："周公居東二年，則罪人斯得。"孔傳："周公既告二公（召公、太公），遂東征之，二年之中，罪人此得。"孔穎達疏："周公居東二年，則罪人於此皆得，謂獲三叔及諸叛逆者。"

［38］舉兵：殿本作"興兵"，百衲本、盧弼《集解》本、校點本作"舉兵"。今從百衲本等。

　　虞懼瓚爲變，遂舉兵襲瓚。虞爲瓚所敗，出奔居庸。[1]瓚攻拔居庸，生獲虞，執虞還薊。會卓死，天子遣使者段訓增虞邑，督六州；瓚遷前將軍，[2]封易侯。[3]瓚誣虞欲稱尊號，脅訓斬虞。〔一〕瓚上訓爲幽州刺史。瓚遂驕矜，記過忘善，多所賊害。〔二〕虞從事漁陽鮮于輔、齊周、騎都尉鮮于銀等，[4]率州兵欲報瓚，以燕國閻柔素有恩信,[5]共推柔爲烏丸司馬。[6]柔招誘烏丸、鮮卑,得胡、漢數萬人,與瓚所置漁陽太守鄒丹戰于潞北,[7]大破之,斬丹。袁紹又遣麴義及虞子和,將兵與輔合擊瓚。瓚軍數敗,乃走還易京固守。〔三〕[8]爲圍塹十重,於塹裏築京,[9]皆高五六丈,爲樓其上;中塹爲京,特高十丈,自居焉,積穀三百萬斛。〔四〕瓚曰:"昔謂天下事可指麾而定,今日視之,非我所決,不如休兵,力田畜穀。兵法,百樓不攻。[10]今吾樓櫓千重,食盡此穀,足知天下之事矣。"欲以此弊紹。紹遣將攻之,連年不能拔。〔五〕建安四年,[11]紹悉軍圍之。瓚遣子求救于黑山賊,[12]復欲自將突騎直出,傍西(南)山,[13]擁黑山之衆,陸梁冀州,[14]橫斷紹後。長史關靖說瓚曰:[15]"今將軍將士,皆已土崩瓦解,其所以能相守持者,[16]顧戀其居處老小,以將軍爲主耳。將軍堅守曠日,袁紹要當自退;自退之後,四方之衆必復可合也。若將軍今舍之而去,軍無鎮重,易京之危,可立待也。將軍失本,孤在草野,何所成邪!"瓚遂止不出。〔六〕救至,欲內外擊紹。遣人與子書,刻期兵至,舉火爲應。[7]紹候者得其書,如期舉火。瓚以爲救兵至,遂出欲戰。紹設伏擊,大破之,復還守。紹爲地道,突壞其樓,[17]稍至中京。〔八〕[18]瓚自知必敗,盡殺其妻子,乃自殺。〔九〕

〔一〕《魏氏春秋》曰:初,劉虞和輯戎狄,瓚以胡夷難禦,當因不賓而討之,今加財賞,必益輕漢,效一時之名,非久長深慮。故虞所賞賜,瓚輒鈔奪。虞數請會,稱疾不往。至是戰敗,虞欲討之，告東曹掾右北平人魏攸。[19]攸曰："今天下引領，以公為歸，謀臣爪牙，不可無也。瓚，文武才力足恃，雖有小惡，固宜容忍。"乃止。後一年，攸病死。虞又與官屬議，密令衆襲瓚。瓚部曲放散在外，自懼敗，掘東城門欲走。虞兵無部伍，[20]不習戰，又愛民屋，敕令勿燒。故瓚得放火，因以精銳衝突。虞衆大潰，奔居庸城。瓚攻及家屬以還，[21]殺害州府，衣冠善士殆盡。

《典略》曰：瓚曝虞於市而祝曰：[22]"若應為天子者，天當降雨救之。"時盛暑熱，[23]竟日不雨，遂殺虞。

《英雄記》曰：虞之見殺，故常山相孫瑾、掾張逸、張瓚等忠義奮發，[24]相與就虞，罵瓚極口，然後同死。

〔二〕《英雄記》曰：瓚統內外，衣冠子弟有材秀者，[25]必抑困使在窮苦之地。[26]或問其故，答曰："今取衣冠家子弟及善士富貴之，皆自以為職當得之，不謝人善也。"所寵遇驕恣者，類多庸兒，若故卜數師劉緯臺、販繒李移子、賈人樂何當等三人，[27]與之定兄弟之誓，自號為伯，謂三人者為仲叔季，[28]富皆巨億，或取其女以配己子，常稱古者曲周、灌嬰之屬以譬也。[29]

〔三〕《英雄記》曰：先是有童謠曰："燕南垂，趙北際，中央不合大如礪，惟有此中可避世。"瓚以易當之，乃築京固守。瓚別將有為敵所圍，義不救也。其言曰："救一人，使後將恃救不力戰；今之救此，後將當念在自勉。"是以袁紹始北擊之時，瓚南界上別營自度守則不能自固，又知必不見救，是以或自殺其將帥，或為紹兵所破，遂令紹軍徑至其門。[30]

臣松之以為童謠之言，無不皆驗；至如此記，似若無徵。謠言之作，蓋令瓚終始保易，無事遠略。而瓚因破黃巾之威，意志張遠，遂置三州刺史，[31]圖滅袁氏，所以致敗也。

〔四〕《英雄記》曰：瓚諸將家家各作高樓，樓以千計。瓚作鐵門，居樓上，屏去左右，婢妾侍側，汲上文書。[32]

〔五〕《漢晉春秋》曰：袁紹與瓚書曰："孤與足下，既有前盟舊要，[33]申之以討亂之誓，愛過夷、叔，[34]分著丹青，謂爲旅力同仇，[35]足踵齊、晉，故解印釋綬，以北帶南，分割膏腴，以奉執事，[36]此非孤赤情之明驗邪？豈寤足下棄烈士之高義，尋禍亡之險蹤，輒而改慮，[37]以好易怨，盜遣士馬，犯暴豫州。[38]始聞甲卒在南，親臨戰陣，懼于飛矢逆流，狂刃橫集，以重足下之禍，徒增孤（子）之咎釁也，[39]故爲薦書墾恻，冀可改悔。而足下超然自逸，矜其威詐，謂天罔可吞，豪雄可滅，果令貴弟殞于鋒刃之端。[40]斯言猶在於耳，而足下曾不尋討禍源，克心罪己，苟欲逞其無疆之怒，不顧逆順之津，匿怨害民，騁於余躬。遂躍馬控弦，處我疆土，[41]毒徧生民，辜延白骨。孤辭不獲已，以登界橋之役。是時足下兵氣霆震，駿馬電發；僕師徒肇合，機械不嚴，彊弱殊科，衆寡異論，假天之助，小戰大克，遂陵躡奔背，[42]因壘館穀，此非天威棐諶，[43]福豐有禮之符表乎？足下志猶未厭，乃復糾合餘燼，率我蚍賊，[44]以焚蓺勃海。孤又不獲寧，用及龍河之師。[45]羸兵前誘，大軍未濟，而足下膽破衆散，不鼓而敗，兵衆擾亂，君臣並奔。此又足下之爲，非孤之咎也。自此以後，禍隙彌深，孤之師旅，不勝其忿，遂至積尸爲京，頭顱滿野，愍彼無辜，未嘗不慨然失涕也。後比得足下書，辭意婉約，有改往脩來之言。僕既欣於舊好克復，且愍兆民之不寧，每輒引師南駕，以順簡書。弗盈一時，而北邊羽檄之文，[46]未嘗不至。孤是用痛心疾首，靡所錯情。夫處三軍之帥，當列將之任，宜令怒如嚴霜，喜如時雨，臧否好惡，坦然可觀。而足下二三其德，[47]彊弱易謀，急則曲躬，緩則放逸，行無定端，言無質要，[48]爲壯士者固若此乎！既乃殘殺老弱，幽土憤怨，[49]衆叛親離，子然無黨。又烏丸、濊貊，[50]皆足下同州，[51]僕與之殊俗，各奮迅激怒，爭爲鋒鋭；又東西鮮卑，舉踵來附。此非孤德所能招，乃足下驅而致之也。夫當荒危之世，處干戈之險，內違同盟之誓，外失戎狄之心，兵興州壤，禍發蕭牆，[52]將以定霸，不亦難乎！前以西山陸梁，出兵平討，會鞠義餘殘，畏誅逃命，故遂住大軍，分兵撲蕩，此兵孤之前行，乃界橋搴旗拔壘，先登制敵者也。始聞足下鑴金紆紫，[53]命以元帥，謂當因茲奮發，以報孟明之恥，[54]是故戰夫引領，竦望旌旆，怪遂含光匿影，寂爾無聞，卒臻屠滅，相爲惜之。夫有平天下之怒，希長世之功，權御師徒，帶養戎馬，叛者無討，服者不收，威懷並喪，[55]何以立名？今舊京克復，天罔云補，罪人斯亡，忠幹翼化，華夏儼然，望於穆之作，[56]將戢干戈，放散牛馬，足下獨何守區區之土，保軍內之廣，甘惡名以速朽，亡令德之久長？壯而籌之，非良策也。宜釋憾除嫌，敦我舊好。若斯言之玷，皇天是聞。"瓚不答，而增脩戎備。謂關靖曰："當今四方虎争，無有能坐吾城下相守經年者明矣。袁本初其若我何！"[57]

〔六〕《英雄記》曰：關靖字士起，太原人。[58]本酷吏也，諂而無大謀，特爲瓚所信幸。

〔七〕《典略》曰：瓚遣行人文則齎書告子續曰：[59]"袁氏之攻，似若神鬼，鼓角鳴于地中，梯衝舞吾樓上。[60]日窮月蹙，[61]無所聊賴。汝當碎首於張燕，速致輕騎，到者當起烽火於北，吾當從內出。不然，吾亡之後，天下雖廣，汝欲求安足之地，其可得乎！"

《獻帝春秋》曰：瓚夢薊城崩，知必敗，乃遣閒使與續書。紹候者得之，使陳琳更其書曰："蓋聞在昔衰周之世，僵尸流血，以爲不然，豈意今日身當其衝！"其餘語與《典略》所載同。

〔八〕《英雄記》曰：袁紹分部攻者掘地爲道，[62]穿穴其樓下，稍稍施木柱之，度足達半，便燒所施之柱，樓輒傾倒。

〔九〕《漢晉春秋》曰：關靖曰："吾聞君子陷人於危，必同其難，豈可獨生乎！"乃策馬赴紹軍而死。紹悉送其首於許。

[1] 居庸：縣名。治所在今北京延慶縣。

〔2〕前將軍：官名。位如上卿，與後、左、右將軍掌京師兵衛與邊防屯警。

〔3〕易：縣名。治所在今河北雄縣西北。

〔4〕從事：官名。漢代州牧刺史的佐吏，有別駕從事史、治中從事史、兵曹從事史、部從事史等，均可簡稱爲從事。

〔5〕燕國：西漢初王國名，漢宣帝初改名廣陽國。東漢光武帝時并入上谷郡，明帝永平中又復置廣陽郡。魏晋時又改爲燕國。治所一直在薊縣，在今北京城西南。

〔6〕烏丸司馬：官名。護烏丸校尉之司馬。惠棟《後漢書補注》卷一六云："應劭《漢官儀》曰：護烏桓校尉有司馬三人，秩六百石。"

〔7〕潞：縣名。東漢以通路亭縣改名，治所在今河北三河縣西南。

〔8〕易京：即易縣。因公孫瓚據幽州，坐鎮易縣，在易盛修營壘樓觀，故稱易京。盧弼《集解補》："《水經·鮑丘水注》：鮑丘水又西南流，公孫瓚既害劉虞，烏丸思劉氏之德，迎其子和，合衆十萬，破瓚於是水之上，斬首一萬。"

〔9〕京：人築之高丘。《説文》："京，人所爲絶高丘也。"

〔10〕百樓不攻：梁章鉅《旁證》："'兵法，百樓不攻'語，不知所出。"

〔11〕建安四年：《後漢書》卷七三《公孫瓚傳》謂，袁紹大舉進攻公孫瓚在建安三年，公孫瓚滅亡在建安四年。

〔12〕黑山賊：東漢末與黃巾軍同時起義的一支農民軍。以今河北、山西、河南三省的太行山區爲根據地。黑山在今河南浚縣西北太行山脈中。

〔13〕西山：各本皆作"西南山"。趙一清《注補》謂"南"字衍文。盧弼《集解》亦謂《後漢書·公孫瓚傳》及《通鑑》皆作"西山"。今從趙、盧説删"南"字。西山，指易縣西部之山，即今河北雄縣西北部之山。

［14］陸梁：橫行無阻。

［15］長史：官名。漢代三公府設有長史，以輔佐三公。將軍之屬官亦有長史，以綜理幕府。秩皆千石。公孫瓚爲奮武將軍與前將軍，故有長史。

［16］相守持者：趙幼文《校箋》謂《册府元龜》卷三六八引無"持"字。

［17］突：穿掘。《左傳·襄公二十五年》："鄭子展、子產帥車七百乘伐陳，宵突陳城。"杜預注："突，穿也。"

［18］中京：胡三省云："易之中京，瓚所居也。"（《通鑑》卷六三漢獻帝建安四年注）

［19］東曹掾：官名。東漢三公府及大將軍府均置東曹掾，秩比四百石，主管二千石長吏之遷除及軍吏。劉虞爲大司馬，故置有東曹掾。

［20］部伍：部曲行伍。無部伍，謂軍隊的編制訓練差。

［21］攻：趙一清《注補》謂"攻"下有脱文。《後漢書》卷七三《劉虞傳》作"瓚追攻之，三日城陷，遂執虞並妻子還薊"。

［22］祝：以言告神。

［23］盛暑熱：殿本、盧弼《集解》本、校點本作"盛暑"，百衲本作"盛暑熱"。盧弼《集解》引何焯云，北宋本"暑"下有"熱"字。今從百衲本。

［24］常山：王國名。治所元氏縣，在今河北元氏縣西北。　掾：屬吏之統稱。　奮發：校點本作"憤發"，百衲本、殿本、盧弼《集解》本均作"奮發"。今從百衲本等。

［25］材：盧弼《集解》本作"才"。百衲本、殿本、校點本皆作"材"。今從百衲本等。

［26］困使：百衲本、殿本作"困使"，盧弼《集解》本、校點本作"使困"。今從百衲本等。

［27］卜數師：占卜算卦者。

［28］謂三人者：殿本、盧弼《集解》本無"謂"字。殿本

《考證》云:"北宋本'三人'上多一'謂'字。"百衲本、校點本亦有"謂"字。今從百衲本等。

[29] 曲周:指西漢初曲周侯酈商。秦末陳勝起義時,酈商聚衆略得數千人,投歸劉邦,屢建戰功。劉邦爲帝後,商爲右丞相,封爲曲周侯。 灌嬰:初爲販繒者,後投劉邦,亦屢建戰功。劉邦爲帝後,封嬰爲潁陰侯。(俱見《史記》卷九五《樊酈滕灌列傳》)

[30] 門:胡三省云:"易京之門也。"(《通鑑》卷六二漢獻帝建安三年注)

[31] 置三州刺史:指公孫瓚以嚴綱爲冀州刺史、田楷爲青州刺史、單經爲兗州刺史。

[32] 汲上:胡三省云:"以繩索引之而上,若汲水然。"(《通鑑》卷六一漢獻帝興平二年注)

[33] 前盟:指討董卓之盟。 舊要(yāo):舊約。

[34] 夷叔:指伯夷、叔齊。伯夷、叔齊本爲兄弟,殷末孤竹君之子(見《史記》卷六一《伯夷列傳》)。此言"愛過夷、叔",即謂愛過兄弟。

[35] 旅力:百衲本作"流力",殿本、盧弼《集解》本、校點本作"旅力"。今從殿本等。 仇:校點本作"軌",百衲本、殿本、盧弼《集解》本作"仇"。今從百衲本等。

[36] 執事:本指供役使的人,而在書信中往往用以敬稱對方,表示不敢直指其人。盧弼《集解》謂此事指袁紹以勃海印綬授瓚弟範。

[37] 輟:殿本、盧弼《集解》本作"輙",百衲本、校點本作"輟"。今從百衲本等。

[38] 犯暴豫州:盧弼《集解》云:"謂攻周昂也。按本傳,攻昂在先,授範印綬在後。"

[39] 孤:各本"孤"下有"子"字。盧弼《集解》引何焯說,"子"字宜删。校點本即據何說删"子"字。今從之。

[40] 貴弟:指公孫瓚從弟公孫越。

［41］疆土：百衲本作"祇上"，殿本、盧弼《集解》本、校點本作"疆土"。今從殿本等。

［42］陵躐：踐踏。

［43］天威棐（fěi）諶：趙幼文《〈三國志集解〉辨證》謂此語出自今文《尚書·康誥》。《尚書·康誥》云："天畏棐忱。"《文選》班固《幽通賦》"實棐諶而相訓"李善注："《尚書》曰'天威棐忱'，'諶'與'忱'古字通。"棐諶，輔助誠信之意。

［44］蟊（móu）賊：同"蝥賊"，吃莊稼的害蟲。用以比喻危害社會國家的壞人。

［45］龍河：趙一清《注補》云："龍河即龍湊也。"龍湊，地名，在今山東平原縣東南古黃河北岸。

［46］羽檄：插着鳥羽快速遞送的緊急軍事文書。

［47］二三其德：謂行爲前後不一。《詩·衛風·氓》："士也罔極，二三其德。"

［48］質要：本爲古代買賣貨物的憑據。後世引申爲定準，準則。

［49］幽土：百衲本作"幽士"，殿本、盧弼《集解》本、校點本作"幽土"。今從殿本等。

［50］烏丸：少數族名。主要集中在當時的遼西、遼東、右北平三郡。　濊貊：古部族名。居地在今朝鮮江原道境内。（本《〈中國歷史地圖集〉釋文匯編（東北卷）》）

［51］皆：殿本、盧弼《集解》本"皆"下有"與"字，百衲本、校點本無。今從百衲本等。

［52］蕭牆：古代宮室用以分隔内外的當門小牆。後世常以蕭牆代稱内部。

［53］鐫金紆紫：謂鐫刻金印繫以紫綬。

［54］孟明：春秋時秦穆公之臣。公元前628年，秦穆公遣孟明等三帥統軍襲擊鄭國，因鄭有備而回師。秦軍回至途中，卻遭晋軍截擊，孟明等三帥被俘。後孟明等得釋回國，秦穆公仍重用孟明等；孟明亦勤修國政，終於公元前624年秦軍擊敗晋軍，以報被俘

之仇。(見《左傳》僖公三十二年至文公三年)

［55］威懷：趙幼文《校箋》謂《册府元龜》卷四一四引"懷"字作"德"。按，《册府元龜》引此文在卷四一五，而宋本《册府元龜》亦作"懷"。

［56］於（wū）穆之作：於穆，《詩·周頌·清廟》中贊嘆之辭，《詩序》云："清廟，祀文王也。周公既成洛邑，朝諸侯，率以祀文王焉。"此"於穆之作"，即謂《清廟》之作。《清廟》："於穆清廟，肅雝顯相。"毛傳："於，嘆辭也。穆，美。"鄭箋："於乎美哉！周公之祭清廟也。"

［57］袁本初：袁紹字本初。

［58］太原：郡名。治所晉陽縣，在今山西太原市西南古城營西古城。

［59］行人：使者。

［60］梯衝：攻城用的雲梯與衝車。

［61］踧：校點本作"蹴"，百衲本、殿本、盧弼《集解》本均作"踧"，今從百衲本等。踧，通"蹙"，緊迫。

［62］分部：盧弼《集解》："何焯曰：'分部'當作'部分'。"吳金華《校詁》謂"分部"與"部分"義同，部署之義。本書卷四〇《楊儀傳》、卷四六《孫堅傳》、卷四七《吳主傳》、卷五六《朱桓傳》均有"分部"一詞，此不誤。

　　鮮于輔持其衆奉王命。[1]以輔爲建忠將軍，[2]督幽州六郡。太祖與袁紹相拒於官渡，[3]閻柔遣使詣太祖受事，遷護烏丸校尉。[4]而輔身詣太祖，拜左度遼將軍，[5]封亭侯，[6]遣還鎮撫本州。[一]太祖破南皮，[7]柔將部曲及鮮卑獻名馬以奉軍，從征三郡烏丸，[8]以功封關內侯。[二][9]輔亦率其衆從。文帝踐阼，拜輔虎牙將軍，[10]柔度遼將軍，皆進封縣侯，位特進。[11]

〔一〕《魏略》曰：輔從太祖於官渡。袁紹破走，太祖喜，顧謂輔曰："如前歲本初送公孫瓚頭來，孤自視忽然耳，而今克之。此既天意，亦二三子之力。"

〔二〕《魏略》曰：太祖甚愛閻柔，每謂之曰："我視卿如子，亦欲卿視我如父也。"柔由此自託於五官將，[12]如兄弟。

[1] 鮮于輔：據本書卷二六《田豫傳》及《通鑑》所載，當時鮮于輔已爲漁陽太守。 持：殿本、盧弼《集解》本、校點本作"將"，百衲本作"持"。趙幼文《校箋》謂《册府元龜》卷七二五亦作"持"。按，二字義同，皆帶領之義，今從百衲本。

[2] 建忠將軍：官名。屬雜號將軍，東漢末置。

[3] 官渡：地名。在今河南中牟縣東北。

[4] 護烏丸校尉：亦作護烏桓校尉，漢武帝時已置烏桓校尉，監領烏桓，後不常設。漢光武帝建武中，復置護烏丸校尉，秩比二千石，屯上谷廣寧縣（今河北張家口市），常領烏丸等部與度遼將軍等共戍衛邊塞。

[5] 左度遼將軍：《後漢書》卷七三《公孫瓚傳》作"度遼將軍"，《通鑑》則作"右度遼將軍"。東漢安帝以後，常置度遼將軍，秩二千石，與使匈奴中郎將、護羌校尉、護烏丸校尉等同掌西北邊防及匈奴、鮮卑、西羌諸部事。東漢末，又分置左、右。又按，百衲本、殿本"度"作"渡"，盧弼《集解》本、校點本作"度"，而二字同，今從《集解》本等。

[6] 亭侯：爵名。漢制，列侯大者食縣邑，小者食鄉、亭。東漢後期遂以食鄉、亭稱爲鄉侯、亭侯。

[7] 南皮：縣名。治所在今河北南皮縣東北。

[8] 三郡烏丸：指遼西、遼東、右北平三郡烏丸。詳見本書卷三〇《烏丸傳》。

［9］關内侯：爵名。次於列侯，有封户收取租税而無封地。

［10］虎牙將軍：官名。漢朝爲將軍名號，不常置。曹魏亦置，位在九卿上，第三品。潘眉《考證》謂魏文帝代漢前，公卿上尊號奏中就有"虎牙將軍南昌亭侯臣輔"，則鮮于輔爲虎牙將軍在文帝即位前，此誤。

［11］特進：官名。漢制，凡諸侯、大臣功德優盛，朝廷所敬者，加位特進，朝會時位在三公下，車服俸禄仍從本官。魏晉沿襲。

［12］五官將：指曹丕。因曹丕在漢獻帝建安中爲五官中郎將。

陶謙字恭祖，丹楊人。〔一〕[1]少好學，爲諸生，仕州郡，舉茂才，[2]除盧令，〔二〕[3]遷幽州刺史，徵拜議郎，[4]参車騎將軍張温軍事，西討韓遂。〔三〕會徐州黄巾起，以謙爲徐州刺史，擊黄巾，破走之。董卓之亂，州郡起兵，天子都長安，四方斷絶，謙遣使閒行致貢獻，遷安東將軍、徐州牧，[5]封溧陽侯。[6]是時，徐州百姓殷盛，穀米豐贍，[7]流民多歸之。而謙背道任情：廣陵太守琅邪趙昱，[8]徐方名士也，[9]以忠直見疏；〔四〕曹宏等，讒慝小人也，謙親任之。刑政失和，良善多被其害，由是漸亂。下邳闕宣自稱天子，[10]謙初與合從寇鈔，[11]後遂殺宣，[12]并其衆。

〔一〕《吴書》曰：謙父，故餘姚長。[13]謙少孤，始以不羈聞於縣中。年十四，猶綴帛爲幡，乘竹馬而戲，邑中兒童皆隨之。[14]故蒼梧太守同縣甘公出遇之塗，[15]見其容貌，異而呼之，住車與語，甚悦，因許妻以女。甘公夫人聞之，[16]怒曰："妾聞陶家兒敖戲無度，如何以女許之？"公曰："彼有奇表，長必大成。"遂妻之。[17]

〔二〕《吳書》曰：謙性剛直，有大節，少察孝廉，拜尚書郎，[18]除舒令。[19]郡守張磐，[20]同郡先輩，與謙父友，意殊親之，而謙恥爲之屈。與衆還城，因以公事進見，坐罷，磐常私還入，與謙飲宴，[21]或拒不爲留。[22]常以舞屬謙，[23]謙不爲起，固彊之，（及）〔乃〕舞，[24]〔舞〕又不轉。[25]磐曰："不當轉邪？"曰："不可轉，轉則勝人。"由是不樂，卒以構隙。謙在官清白，無以糾舉，祠靈星，[26]有贏錢五百，欲以臧之，[27]謙委官而去。

〔三〕《吳書》曰：會西羌寇邊，皇甫嵩爲征西將軍，[28]表請武將。召拜謙揚武都尉，[29]與嵩征羌，大破之。後邊章、韓遂爲亂，司空張溫銜命征討，[30]又請謙爲參軍事，[31]接遇甚厚，而謙輕其行事，心懷不服。及軍罷還，百寮高會，溫屬謙行酒，謙衆辱溫。溫怒，徙謙於邊。或說溫曰："陶恭祖本以材略見重於公，一朝以醉飲過失，不蒙容貸，遠棄不毛，厚德不終，四方人士安所歸望！不如釋憾除恨，克復初分，於以遠聞德美。"溫然其言，乃追還謙。謙至，或又謂謙曰：[32]"足下輕辱三公，罪自己作，今蒙釋宥，德莫厚矣，宜降志卑辭以謝之。"謙曰："諾。"又謂溫曰："陶恭祖今深自罪責，思在變革。謝天子禮畢，必詣公門。公宜見之，以慰其意。"時溫于宮門見謙，謙仰曰："謙自謝朝廷，豈爲公邪？"溫曰："恭祖癡病尚未除邪？"遂爲之置酒，待之如初。

〔四〕謝承《漢書》曰：[33]昱年十三，母嘗病，經涉三月。昱慘戚消瘠，至目不交睫，[34]握粟出卜，[35]祈禱泣血，鄉黨稱其孝。就處士東莞綦毋君受《公羊傳》，[36]兼該羣業。至歷年潛志，不闚園圃，親疏希見其面。時入定省父母，須臾即還。高絜廉正，抱禮而立，清英儼恪，[37]莫干其志；旌善以興化，彈邪以矯俗。[38]州郡請召，常稱病不應。國相檀謨、陳遵共召，[39]不起；或興盛怒，終不迴意。舉孝廉，除莒長，[40]宣揚五教，[41]政爲國表。會黃巾作亂，陸梁五郡，郡縣發兵，以爲先辨。徐州刺史巴祇表功第一，當受遷賞，昱深以爲恥，委官還家。徐州牧陶謙初辟別駕從事，[42]辭疾遜遁。謙重令揚州從事會稽吳範宣旨，昱守意不移；欲威以刑罰，然後乃起。舉茂才，遷廣陵太守。賊笮融從臨淮見討，[43]迸入郡界，昱將兵拒戰，[44]敗績見害。

［1］丹楊：殿本作"丹陽"，百衲本、盧弼《集解》本、校點本作"丹楊"。今從百衲本等。以下各卷皆同，不再作注。丹楊，郡名。東漢時治所宛陵縣，在今安徽宣州市。《後漢書》卷七三《陶謙傳》李賢注謂陶謙爲丹陽郡丹陽縣人。丹陽縣治所在今安徽當塗縣東北小丹陽鎮。又按，丹陽郡與丹陽縣之"陽"，均應作"楊"，因丹楊縣中多赤柳，故名丹楊。《續漢書·郡國志》《後漢書·陶謙傳》及其他古籍作"丹陽"，嚴格來說是不正確的。（參姚鼐《惜抱軒筆記》卷六）

［2］茂才：即秀才，東漢人避光武帝劉秀諱改，爲漢代薦舉人材科目之一。東漢之制，州牧刺史歲舉一人。三國沿之，或稱秀才。

［3］盧：縣名。治所在今山東長清縣南。

［4］議郎：官名。郎官之一種，屬光禄勳，秩六百石，不入直宿衛，得參預朝政議論。

［5］安東將軍：官名。東漢末始置。爲出鎮某地區的軍事長官，或爲州牧刺史兼理軍務的加官。

［6］溧陽：縣名。治所在今江蘇溧陽市西北。

［7］豐贍：校點本作"封贍"，百衲本、殿本、盧弼《集解》本均作"豐贍"。今從百衲本等。

［8］廣陵：郡名。東漢治所廣陵縣，在今江蘇揚州市西北蜀岡上。　琅（láng）邪（yá）：王國名。治所開陽縣，在今山東臨沂市北。

［9］徐方：即徐州。胡三省云："古語多謂州爲方，故八州八伯謂之方伯。"（《通鑑》卷六〇漢獻帝初平四年注）

［10］下邳：縣名。治所在今江蘇睢寧縣西北。闕宣事又見本書卷一《武帝紀》初平四年。

［11］初：趙幼文《校箋》謂《通鑑考異》引作"始"（按，此《通鑑考異》見《通鑑》卷六一漢獻帝初平四年。下同）。郝經《續後漢書》同。

［12］宣：趙幼文《校箋》謂《通鑑考異》引作"之"。郝經《續後漢書》同。

［13］餘姚：縣名。治所在今浙江餘姚市。

［14］童：百衲本、殿本、盧弼《集解》本皆作"僮"，校點本作"童"。按，二字同，今從校點本。

［15］蒼梧：郡名。治所廣信縣，在今廣西梧州市。　遇之塗：趙幼文《校箋》謂《太平御覽》卷四四二引"之"字下有"於"字。

［16］甘公夫人：盧弼《集解》謂《後漢書》李賢注作"甘夫人"。趙幼文《校箋》謂《白孔六帖》所引無"甘公"二字。《太平御覽》卷四四二、卷五四一引無"公"字，與李賢注引同。

［17］妻之：盧弼《集解》謂《後漢書》李賢注"妻"字作"與"。趙幼文《校箋》謂《太平御覽》卷四四二、卷五四一引"妻"字俱作"與"。

［18］尚書郎：官名。東漢之制，取孝廉之有才能者入尚書臺，初入臺稱守尚書郎中，滿一年稱尚書郎，三年稱侍郎，統稱尚書郎。秩四百石。凡置三十六員，分隸六曹尚書分曹治事，主要掌文書起草。

［19］舒：縣名。治所在今安徽廬江縣西南。錢大昭《辨疑》云："注引《吳書》以爲除舒令，與志不同。考張子布《哀辭》云'令舒及廬，遺愛於民'，是謙於二縣並爲令也。"

［20］郡守：潘眉《考證》云："郡守，廬江太守也。"廬江郡治所即舒縣。　張磐：趙幼文《校箋》謂《白孔六帖》卷六一、《太平御覽》卷六六（當作二六六）引"磐"字作"盤"。

［21］飲宴：趙幼文《校箋》謂《白孔六帖》引作"燕飲"。

[22] 或：趙幼文《校箋》謂《白孔六帖》引"或"上有"謙"字。

[23] 常：趙幼文《校箋》謂《太平御覽》卷二二六（當作二六六）、《册府元龜》卷八八七引"常"字作"嘗"，是。按，宋本《册府元龜》亦作"常"。二字可通。

[24] 乃：各本皆作"及"。盧弼《集解》謂《後漢書·陶謙傳》李賢注引《吳書》作"乃"，《太平御覽》卷五七四引《吳書》亦作"乃"。趙幼文《校箋》謂《藝文類聚》卷四三、《白孔六帖》卷六一、《太平御覽》卷二六六、《事類賦》卷一一引"及"字俱作"乃"。今從盧、趙説改。

[25] 舞又不轉：各本"又"上無"舞"字。盧弼《集解》謂《後漢書》李賢注"又"上有"舞"字。趙幼文《校箋》謂《白孔六帖》《太平御覽》引"又"上亦有"舞"字，與李賢注同。今仍從盧、趙説補。轉，梁章鉅《旁證》引沈欽韓云："《淮南子·修務訓》'今鼓舞者繞身若環'，此所謂轉也。"

[26] 靈星：星名。古代又稱之爲天田星，主稼穡。《續漢書·祭祀志下》："高帝令天下立靈星祠。言祠后稷而謂之靈星者，以后稷又配食星也。"劉昭注引《古今注》曰："元和三年（86），初爲郡國立社稷，及祠靈星禮也。"

[27] 臧：殿本作"贓"，百衲本、盧弼《集解》本、校點本作"臧"。今從百衲本等。潘眉《考證》云："《六書正譌》云吏受賕曰臧，《漢書》凡贓並作臧，臧正字。"

[28] 征西將軍：官名。東漢和帝時置，地位不高，與雜號將軍同。獻帝建安中曹操執政時，列爲四征將軍之一，地位提高，秩二千石。據《後漢書》卷七一《皇甫嵩傳》，董卓被誅後，皇甫嵩乃爲征西將軍；同書卷九《獻帝紀》亦謂初平三年（192）四月誅董卓，五月征西將軍皇甫嵩爲車騎將軍；又皇甫嵩爲征西將軍後，無征西羌之事。據《後漢書》卷八《靈帝紀》，中平元年（184）十一月，"湟中義從胡北宮伯玉與先零羌叛，以金城人邊章、韓遂

爲軍帥，攻殺護羌校尉泠徵、金城太守陳懿"。中平二年三月，"北宮伯玉等寇三輔，遣左車騎將軍皇甫嵩討之，不克"。七月，"左車騎將軍皇甫嵩免。八月，以司空張溫爲車騎將軍，討北宮伯玉"。據此，"征西將軍"當作"左車騎將軍"，方與史事相符。（參沈家本《瑣言》）

[29] 揚武都尉：官名。爲領兵武職，稍低於校尉，東漢末置。

[30] 司空：官名。東漢時，與太尉、司徒並爲三公，共同行使宰相職能，而位列三公之末。本職掌土木營建與水利工程。

[31] 參軍事：官名。東漢末，車騎將軍幕府之僚屬，掌參謀軍事。據《後漢書·靈帝紀》，此時張溫已由司空爲車騎將軍。

[32] 或又：百衲本、殿本、盧弼《集解》本"又"皆作"人"。盧弼云："馮本'人'作'又'。"校點本亦作"又"。按文義，以作"又"爲長，今從校點本。

[33] 漢書：校點本作"後漢書"，百衲本、殿本、盧弼《集解》本皆作"漢書"。按，謝承本撰《後漢書》，而裴松之注往往省稱《漢書》，今仍從百衲本等。

[34] 目不交睫：謂徹夜不眠。

[35] 握粟出卜：《詩·小雅·小宛》："握粟出卜，自何能穀。"鄭箋："但持粟行卜，求其勝負。"後世以"握粟出卜"指祈求神靈護佑，去凶賜吉。

[36] 東莞：縣名。治所今山東沂水縣。

[37] 儼恪：謂莊嚴恭敬的儀態。《禮記·祭義》"嚴威儼恪"孔穎達疏："儼，謂儼正；恪，謂恭敬。"

[38] 殫：百衲本、殿本作"彈"，盧弼《集解》本、校點本作"殫"。今從《集解》本等。殫，通"癉"，憎恨。僞古文《尚書·畢命》"彰善癉惡"僞孔傳："明其爲善，病其爲惡。"

[39] 國相：指琅邪國相，因趙昱是琅邪國人，故省言琅邪。

共：百衲本作"比"，殿本、盧弼《集解》本、校點本作"共"。今從殿本等。

［40］莒：縣名。治所在今山東莒縣。

［41］五教：古代的五種倫理道德。《左傳·文公十八年》："使布五教于四方，父義、母慈、兄友、弟共（恭）、子孝。"

［42］別駕從事：官名。州牧刺史的主要屬吏。州牧刺史巡行各地時，別乘傳車從行，故名別駕。

［43］笮融：丹楊人，初依陶謙，後被劉繇所破。主要事迹見本書卷四九《劉繇傳》。 臨淮：西漢時爲郡，東漢明帝永平十五年（72）改爲下邳國，治所下邳縣，在今江蘇睢寧縣西北。

［44］昱將兵拒戰：本書《劉繇傳》謂笮融率男女萬口、馬三千匹至廣陵，"廣陵太守趙昱待以賓禮"，"融利廣陵之衆，因酒酣殺昱"。《後漢書·陶謙傳》所載亦同，與此所載互異。

初平四年，[1]太祖征謙，攻拔十餘城，至彭城大戰。[2]謙兵敗走，死者萬數，泗水爲之不流。[3]謙退守郯。[4]太祖以糧少引軍還。〔一〕興平元年，[5]復東征，略定琅邪、東海諸縣。[6]謙恐，欲走歸丹楊。會張邈叛迎呂布，太祖還擊布。是歲，謙病死。〔二〕

〔一〕《吴書》曰：曹公父於泰山被殺，[7]歸咎於謙。欲伐謙而畏其彊，乃表令州郡一時罷兵。[8]詔曰："今海内擾攘，州郡起兵，征夫勞瘁，寇難未弭，或將吏不良，因緣討捕，侵侮黎民，離害者衆；風聲流聞，震蕩城邑，丘牆懼于橫暴，[9]貞良化爲羣惡，此何異乎抱薪救焚，[10]扇火止沸哉！今四民流移，託身他方，攜白首於山野，棄稚子於溝壑，顧故鄉而哀歎，向阡陌而流涕，饑厄困苦，亦已甚矣。[11]雖悔往者之迷謬，思奉教於今日，然兵連衆結，鋒鏑布野，恐一朝解散，夕見係虜，[12]是以阻兵屯據，欲止而不敢散也。詔書到，其各罷遣甲士，還親農桑，惟留常員吏以供官署，慰示遠近，咸使聞知。"謙被詔，乃上書曰："臣聞懷遠柔服，非德不集；克難平亂，非兵不濟。是以涿鹿、阪泉、三苗之野有五帝之師，[13]有扈、鬼方、商、奄四國有王者之伐，[14]自古在昔，未有不揚威以弭亂，震武以止暴者也。臣前初以黃巾亂治，受策長驅，匪遑啟處。[15]雖憲章敕戒，[16]奉宣威靈，敬行天誅，每伐輒克，然妖寇類衆，殊不畏死，父兄殲殪，子弟羣起，治屯連兵，至今爲患。若承命解甲，弱國自虛，釋武備以資亂，損官威以益寇，今日兵罷，明日難必至，上悉朝廷寵授之本，下令羣凶日月滋蔓，非所以彊幹弱枝遏惡止亂之務也。臣雖愚蔽，忠恕不昭，抱恩念報，所不忍行。輒勒部曲，申令警備。出芟彊寇，惟力是視，入宣德澤，躬奉職事，冀效微勞，以贖罪負。"又曰："華夏沸擾，于今未弭，包茅不入，[17]職貢多闕，寤寐憂歎，無日敢寧。誠思貢獻必至，薦羞獲通，[18]然後銷鋒解甲，臣之願也。臣前調穀百萬斛，已在水次，輒敕兵衞送。"曹公得謙上事，知不罷兵。乃進攻彭城，多殺人民。謙引兵擊之，青州刺史田楷亦以兵救謙。公引兵還。

臣松之案：此時天子在長安，曹公尚未秉政。罷兵之詔，不得由曹氏出。

〔二〕《吳書》曰：謙死時，年六十三，張昭等爲之哀辭曰："猗歟使君，[19]君侯將軍，[20]膺秉懿德，允武允文，[21]體足剛直，守以溫仁。令舒及盧，遺愛于民；牧幽暨徐，甘棠是均。[22]憬憬夷、貊，[23]賴侯以清；蠢蠢妖寇，匪侯不寧。唯帝念績，爵命以章，既牧且侯，啟土溧陽。[24]遂升上將，受號安東，[25]將平世難，社稷是崇。降年不永，奄忽徂薨，喪覆失恃，民知困窮。曾不旬日，五郡潰崩，[26]哀我人斯，將誰仰憑？追思靡及，仰叫皇穹。嗚呼哀哉！"謙二子：[27]商、應，皆不仕。

[1] 初平：漢獻帝劉協年號（190—193）。

[2] 彭城：縣名。治所在今江蘇徐州市。

［3］泗水：發源於今山東泗水縣東蒙山南麓，西流經泗水、曲阜、兗州等縣市，折南經濟寧市南魯鎮及魚臺縣東，轉東南經江蘇沛縣及徐州市，此下略循廢黃河至淮陰市西南入淮河。

［4］郯：縣名。治所在今山東郯城縣北。

［5］興平：漢獻帝劉協年號（194—195）。

［6］東海：郡名。治所即郯縣。

［7］泰山：郡名，治所奉高縣，在今山東泰安市東。

［8］一時：吳金華《校詁》云：猶言"一齊"，魏晉習語。

［9］丘牆：趙幼文《校箋》謂郝經《續後漢書》作"丘園"。《易·賁卦》正義："丘謂丘墟，園謂園圃。"指隱士所居。

［10］抱薪救焚：《戰國策·魏三》：孫臣謂魏王曰："以地事秦，譬猶抱薪而救火也，薪不盡則火不止。"

［11］已：殿本、盧弼《集解》本作"曰"，百衲本、校點本作"已"。今從百衲本等。

［12］夕：趙幼文《校箋》謂郝經《續後漢書》作"並"。

［13］阪：百衲本、殿本作"版"，盧弼《集解》本、校點本作"阪"。今從《集解》本等。　五帝之師：指上古時，黃帝軒轅氏與炎帝神農氏戰於阪泉，又與蚩尤戰於涿鹿之野；堯、舜多次與三苗戰，並將其部分逐於三危。（見《史記》卷一《五帝本紀》）

［14］有扈：夏初之部落，因不服從夏，夏后啓起兵討伐，大戰於甘，遂滅之。（見《史記》卷二《夏本紀》）　鬼方：殷商時，西北方之強大遊牧部落，殷高宗武丁多次征伐。《竹書紀年》："（武丁）三十四年，克鬼方，氐羌來賓。"又《易·既濟》："高宗伐鬼方，三年克之。"　商、奄：周初的二封國，因參與反叛，周公奉成王命東征滅之。《詩·豳風·破斧》："周公東征，四國是皇。"毛傳："四國，管、蔡、商、奄也。皇，匡也。"鄭箋："周公既反攝政，東伐此四國，誅其君罪，正其人民而已。"

［15］匪遑啓處：謂没有安息閑暇之時。《詩·小雅·四牡》："王事靡盬，不遑啓處。"毛傳："遑，暇；啓，跪；處，居也。"

[16] 憲章：遵行，遵守。

[17] 包茅：指貢品。包茅，又作"苞茅"，見前"菁苞"注。

[18] 薦羞：此亦指貢品。《周禮·天官·籩人》："凡祭祀，共其籩，薦羞之實。"鄭玄注："未食未飲曰薦，既食既飲曰羞。"

[19] 猗歟：也作"猗與"。《詩·周頌·潛》："猗與漆、沮，潛有多魚。"鄭箋："猗與，嘆美之言也。" 使君：對州牧刺史之尊稱。

[20] 君侯：對列侯之敬稱。

[21] 允武允文：既有武功又有文德。《詩·魯頌·泮水》："允文允武，昭假烈祖。"孔穎達疏："既有文德，又有武功，其明道，乃至於功烈。"

[22] 甘棠：一種木本植物，又稱棠梨，果實酸美可食。《詩·召南》有《甘棠》篇，其《序》云："甘棠，美召伯也。召伯之教，明於南國。"孔穎達疏："謂武王之時，召公爲西伯，行政於南土，決訟於小棠之下，其教著明於南國，愛結於民心，故作是詩以美之。"此"甘棠"，即指牧伯之德教。

[23] 憬憬（jǐng）：遙遠。《詩·魯頌·泮水》："憬彼淮夷，來獻其琛。"毛傳："憬，遠行貌；琛，寶也。"

[24] 啟土溧陽：謂封陶謙爲溧陽侯。

[25] 安東：安東將軍。

[26] 五郡：指徐州所屬之東海、琅邪、彭城、廣陵、下邳五郡。

[27] 二子：校點本1982年7月第2版誤作"二字"。

張楊字稚叔，雲中人也。[1]以武勇給并州，爲武猛從事。[2]靈帝末，天下亂，帝以所寵小黃門蹇碩爲西園上軍校尉，[3]軍京都，欲以御四方，徵天下豪傑以爲偏裨。[4]太祖及袁紹等皆爲校尉，屬之。〔一〕并州刺史丁原遣楊將兵詣碩，爲假司馬。[5]靈帝崩，碩爲何進所殺。楊復爲進所遣，歸本州募兵，[6]得千餘人，因留上黨，[7]擊山賊。進敗，董卓作亂。楊遂以所將攻上黨太守于壺關，不下，略諸縣，衆至數千人。山東兵起，欲誅卓。袁紹至河內，[8]楊與紹合，復與匈奴單于於夫羅屯漳水。[9]單于欲叛，紹、楊不從。單于執楊與俱去，紹使將麴義追擊於鄴南，[10]破之。單于（執）〔與〕楊至黎陽，[11]攻破度遼將軍耿祉軍，衆復振。卓以楊爲建義將軍、河內太守。[12]天子之在河東，[13]楊將兵至安邑，[14]拜安國將軍，[15]封晉陽侯。[16]楊欲迎天子還洛，諸將不聽；楊還野王。[17]建安元年，楊奉、董承、韓暹挾天子還舊京，糧乏。楊以糧迎道路，遂至洛陽。謂諸將曰："天子當與天下共之，幸有公卿大臣，楊當捍外難，何事京都？"遂還野王。即拜爲大司馬。〔二〕楊素與呂布善。太祖之圍布，[18]楊欲救之，不能。乃出兵東市，[19]遙爲之勢。其將楊醜，殺楊以應太祖。楊將眭固殺醜，將其衆，欲北合袁紹。太祖遣史渙邀擊，破之於犬城，[20]斬固，盡收其衆也。〔三〕

〔一〕《靈帝紀》曰：以虎賁中郎將袁紹爲中軍校尉，屯騎校尉鮑鴻爲下軍校尉，議郎曹操爲典軍校尉，趙融、馮芳爲助軍校尉，[21]夏牟、淳于瓊爲左右校尉。

〔二〕《英雄記》曰：楊性仁和，無威刑。下人謀反，發覺，對之涕泣，輒原不問。

〔三〕《典略》曰：固字白兔，既殺楊醜，軍屯射犬。時有巫誡固曰："將軍字兔而此邑名犬，兔見犬，其勢必驚，宜急移去。"

固不從，[22]遂戰死。

　　[1]雲中：郡名。東漢時治所雲中縣，在今內蒙古托克托縣東北。

　　[2]武猛從事：從事即從事史，州牧刺史之屬吏。沈家本《瑣言》云："州從事無武猛之名，此蓋漢末臨時所置。"

　　[3]小黃門：官名。東漢時以宦官充任，侍從皇帝左右，受尚書事，皇帝在內宮，關通中外及中宮以下衆事。　蹇碩：漢靈帝寵信的宦官。　西園上軍校尉：官名。漢靈帝中平五年置西園八校尉，領西園禁軍以鎮壓黃巾軍。八校尉即上軍校尉、中軍校尉、下軍校尉、典軍校尉、助軍左校尉、助軍右校尉、左校尉、右校尉等，皆統於上軍校尉蹇碩。靈帝死，蹇碩被殺，八校尉遂廢。

　　[4]偏裨：偏將與裨將。將佐的通稱。

　　[5]假司馬：官名。軍司馬之副。漢代校尉所領營部，置軍司馬以佐之。

　　[6]本州：指并州。

　　[7]上黨：郡名。治所長子縣，在今山西長子縣西南。董卓亂後，移治所於壺關縣，在今山西長治市北。

　　[8]河內：郡名。治所懷縣，在今河南武陟縣西南。

　　[9]漳水：即漳河。古漳河流經今河北臨漳縣東北。

　　[10]鄴：縣名。治所在今河北臨漳縣西南鄴鎮東一里半。

　　[11]單于與楊至黎陽：各本皆作"單于執楊至黎陽"。錢大昭《辨疑》曰："上既云'單于執楊'矣，下何必重復言之？'至黎陽'上'執楊'二字疑衍。"盧弼《集解》引何焯曰："北宋本作'單于與楊至黎陽'。"盧氏云："按'執'作'與'，則上下文皆可通。"今據何引北宋本改。黎陽，縣名。治所在今河南浚縣東北。

　　[12]建義將軍：官名。東漢置，爲雜號將軍。

　　[13]河東：郡名。治所安邑縣，在今山西夏縣西北禹王城。

[14] 至：百衲本作"控"，殿本、盧弼《集解》本、校點本作"至"。今從殿本等。

[15] 安國將軍：官名。爲雜號將軍。胡三省云："安國將軍之號，蓋始於此。"（《通鑑》卷六一漢獻帝興平二年注）

[16] 晉陽：縣名。治所在今山西太原市西南古城營西古城。

[17] 野王：縣名。治所在今河南沁陽市。

[18] 太祖之圍布：趙幼文《校箋》謂《蒙求》卷三引無"之"字。

[19] 東市：胡三省云："野王縣東市也。"（《通鑑》卷六二漢獻帝建安三年注）

[20] 犬城：聚邑名。《續漢書·郡國志》河内郡野王縣有射犬聚，在今河南修武縣西南。趙一清《注補》謂射犬聚即犬城，盧弼《集解》亦贊同其説。但本書卷一《武帝紀》建安四年云："張楊將楊醜殺楊，睢固又殺醜，以其衆屬袁紹，屯射犬"；"固使楊故長史薛洪、河内太守繆尚留守，自將兵北迎紹求救，與涣、仁相遇犬城"。據此，射犬並非犬城，犬城當在射犬之北。

[21] 趙融、馮芳爲助軍校尉：《後漢書》卷八《靈帝紀》李賢注引樂資《山陽公載記》作"趙融爲助軍左校尉，馮芳爲助軍右校尉"。

[22] 固：百衲本作"兔"，殿本、盧弼《集解》本、校點本作"固"。今從殿本等。

公孫度字升濟，本遼東襄平人也。[1]度父延，避吏居玄菟，[2]任度爲郡吏。時玄菟太守公孫琙，[3]子豹，年十八歲，早死。度少時名豹，又與琙子同年，琙見而親愛之，遣就師學，爲取妻。後舉有道，[4]除尚書郎，稍遷冀州刺史，以謡言免。同郡徐榮爲董卓中郎將，薦度爲遼東太守。度起玄菟小吏，爲遼東郡所輕。

先時，屬國公孫昭守襄平令，[5]召度子康爲伍長。[6]度到官，收昭，笞殺于襄平市。郡中名豪大姓田韶等宿遇無恩，皆以法誅，所夷滅百餘家，郡中震慄。東伐高句驪，[7]西擊烏丸，威行海外。初平元年，度知中國擾攘，語所親吏柳毅、陽儀等曰："漢祚將絕，當與諸卿圖王耳。"〔一〕時襄平延里社生大石，[8]長丈餘，下有三小石爲之足。或謂度曰："此漢宣帝冠石之祥，[9]而里名與先君同。[10]社主土地，明當有土地，而三公爲輔也。"[11]度益喜。[12]故河內太守李敏，郡中知名，惡度所爲，恐爲所害，乃將家屬入于海。度大怒，掘其父冢，剖棺焚屍，誅其宗族。〔二〕分遼東郡爲遼西中遼郡，[13]置太守。越海收東萊諸縣，[14]置營州刺史。自立爲遼東侯、平州牧，[15]追封父延爲建義侯。立漢二祖廟，[16]承制設壇墠於襄平城南，[17]郊祀天地，藉田，[18]治兵，乘鸞路，[19]九旒，[20]旄頭羽騎。[21]太祖表度爲武威將軍，[22]封永寧鄉侯，[23]度曰："我王遼東，何永寧也！"藏印綬武庫。[24]度死，子康嗣位，以永寧鄉侯封弟恭。是歲建安九年也。

〔一〕《魏書》曰：度語毅、儀："《讖書》云孫登當爲天子，太守姓公孫，字升濟，升即登也。"

〔二〕《晉陽秋》曰：[25]敏子追求敏，出塞，越二十餘年不娶。州里徐邈責之曰：[26]"不孝莫大於無後，[27]何可終身不娶乎！"乃娶妻，生子胤而遣妻，常如居喪之禮，不勝憂，數年而卒。胤生不識父母，及有識，蔬食哀戚亦如三年之喪。以祖父不知存亡，設主奉之。由是知名，仕至司徒。[28]

臣松之案：《本傳》云敏將家入海，而復與子相失，未詳其故。

［1］遼東：郡名。治所襄平縣，在今遼寧遼陽市老城區。

［2］玄菟：郡名。治所高句驪縣，而縣址數變，東漢安帝永初元年（107）後，在今遼寧沈陽城東上柏官屯古城。

［3］堿（yù）：《後漢書》卷八五《夫餘國傳》作"域"。

［4］有道：東漢選舉人才科目之一。但不常設，有詔則舉。如《後漢書》卷八《靈帝紀》建寧元年（168）五月，"詔公卿以下各上封事，及郡國守相舉有道之士各一人"。

［5］屬國：指遼東屬國。

［6］伍長：漢代民戶，五家置長一人，稱伍長，管理五戶，維持治安。梁章鉅《旁證》引沈欽韓曰："《續漢志》里有里魁，民有什伍。里魁掌一里，什主十家，伍主五家。"

［7］高句驪：國名。見本書卷三〇《東夷傳》。東漢時國都在國內城，在今吉林集安市。（詳《〈中國歷史地圖集〉釋文匯編（東北卷）》）

［8］延：里名。在襄平縣境，即今遼寧遼陽市境內。　社：鄉里祭祀土地神之處。

［9］漢宣帝冠石之祥：《漢書‧五行志中之上》載："孝昭元鳳三年正月，泰山萊蕪山南，匈匈有數千人聲。民視之，有大石自立，高丈五尺，大四十八圍，入地深八尺，三石爲足。石立處，有白烏數千集其旁。眭孟以爲石陰類，下民象，泰山岱宗之岳，王者易姓告代之處，當有庶人爲天子者。"《太平御覽》卷八七三引此段至"有白烏數千集其旁"爲止，其下又云"宣帝中興之瑞也"。趙幼文《校箋》謂《北堂書鈔》卷一〇〇引"漢宣帝冠石之祥"下有"也"字。

［10］先君：指公孫度之父公孫延。趙幼文《校箋》則云：

"《北堂書鈔》引'君'字作'公',蓋自稱曰先君,他人則曰先公也。此或（謂）度語,以作'先公'爲得其實。"

[11] 而三公：趙幼文《校箋》謂《北堂書鈔》引"三"上無"而"字。

[12] 益喜：趙幼文《校箋》謂《北堂書鈔》引"益"字作"大"。

[13] 遼西中遼郡：郡治所及所轄縣均未詳。趙幼文《校箋》則謂郝經《續後漢書》無'中遼'二字。

[14] 東萊：郡名。治所黃縣,在今山東龍口市東南舊黃縣東黃城集。

[15] 平州：公孫度自號平州牧,治所在襄平縣。後曹魏時曾一度分幽州東部置平州,治所仍在襄平縣。不久仍入幽州。（本《晉書·地理志》）

[16] 漢二祖：指漢高祖劉邦與漢世祖光武帝劉秀。

[17] 壇墠（shàn）：祭祀場所。《禮記·祭法》："設廟祧壇墠而祭之。"鄭玄注："封土曰壇,除地曰墠。"

[18] 藉田：古代天子、諸侯征用民力所耕之田。而每年春天,天子、諸侯例至田中親耕,以示重視農業。

[19] 鸞路：即鸞輅。天子所乘之車。《禮記·月令》孟春之月,"天子居青陽左个,乘鸞路,駕倉龍"。鄭玄注："鸞路,有虞氏之車,有鸞和之節,而飾之以青,取其名耳。"

[20] 旒（liú）：古代天子、諸侯、大夫、士冠冕前後所懸的玉串。按,禮,天子十二旒,諸侯九旒,上大夫七旒,下大夫五旒,士三旒。（本《禮記·禮器》）

[21] 旄頭：皇帝出行時,羽林騎兵披髮先驅,稱爲旄頭。羽騎：即羽林騎兵。

[22] 武威將軍：《後漢書》卷七四下《袁紹傳》謂建安九年司空袁紹表度爲奮威將軍。武威、奮威皆雜號將軍之號。

[23] 鄉侯：爵名。漢制,列侯大者食縣邑,小者食鄉、亭。

東漢後期，遂以食鄉、亭者分別稱爲鄉侯、亭侯。

[24] 武庫：胡三省云："遼東郡之武庫也。"(《通鑑》卷六四漢獻帝建安九年注)

[25] 晋陽秋：書名。東晋孫盛撰。"陽秋"即"春秋"，因晋簡文帝母鄭太后名阿春，故避諱改。《晋書》卷八二《孫盛傳》云："盛篤學不倦，自少至老，手不釋卷。著《魏氏春秋》《晋陽秋》，並造詩賦論難復數十篇。《晋陽秋》詞直而理正，咸稱良史焉。"《隋書·經籍志》古史類著録《晋陽秋》三十二卷，訖哀帝，孫盛撰。此書已佚。清黃奭、湯球、王仁俊等各有輯本。

[26] 州里：同鄉。因徐邈與李敏皆幽州人，故爲州里。

[27] 無後：《孟子·離婁》孟子曰："不孝有三，無後爲大。"

[28] 司徒：東漢時，與太尉、司空並爲三公，共同行使宰相職能，位次太尉。本職掌民政。

十二年，太祖征三郡烏丸，屠柳城。[1]袁尚等奔遼東，康斬送尚首。語在《武紀》。封康襄平侯，拜左將軍。[2]康死，子晃、淵等皆小，衆立恭爲遼東太守。文帝踐阼，遣使即拜恭爲車騎將軍、假節，[3]封平郭侯；[4]追贈康大司馬。

初，恭病陰消爲閹人，[5]劣弱不能治國。太和二年，[6]淵脅奪恭位。明帝即（位）拜淵揚烈將軍、遼東太守。[7]淵遣使南通孫權，往來賂遺。〔一〕權遣使張彌、許晏等，齎金玉珍寶，立淵爲燕王。淵亦恐權遠不可恃，且貪貨物，誘致其使，悉斬送彌、晏等首，〔二〕明帝於是拜淵大司馬，封樂浪公，持節、領郡如故。〔三〕使者至，淵設甲兵爲軍陣，出見使者，又數對國中賓客出惡言。〔四〕景初元年，[8]乃遣幽州刺史毌丘儉等齎璽書徵淵。淵遂發兵，逆於遼隧，[9]與儉等戰。儉等不利而還。淵遂自立爲燕王，置百官有司。遣使者持節，假鮮卑單于璽，封拜邊民，誘呼鮮卑，侵擾北方。[五]二年春，遣太尉司馬宣王征淵。[10]六月，軍至遼東。[六]淵遣將軍卑衍、楊祚等步騎數萬屯遼隧，[11]圍塹二十餘里。宣王軍至，令衍逆戰。宣王遣將軍胡遵等擊破之。宣王令軍穿圍，引兵東南向，而急東北，即趨襄平。衍等恐襄平無守，夜走。諸軍進至首山，[12]淵復遣衍等迎軍殊死戰。復擊，大破之，遂進軍造城下，爲圍塹。會霖雨三十餘日，遼水暴長，[13]運船自遼口徑至城下。[14]雨霽，起土山、脩櫓，[15]爲發石連弩射城中。[16]淵窘急。糧盡，人相食，死者甚多。將軍楊祚等降。八月丙寅夜，大流星長數十丈，[17]從首山東北墜襄平城東南。壬午，淵衆潰，與其子脩將數百騎突圍東南走，大兵急擊之，當流星所墜處，斬淵父子。城破，斬相國以下首級以千數，[18]傳淵首洛陽，遼東、帶方、樂浪、玄菟悉平。[19]

〔一〕《吳書》載淵表權曰："臣伏惟遭天地反易，遇无妄之運，[20]王路未夷，傾側擾攘。自先人以來，歷事漢、魏，階緣際會，爲國效節，繼世享任，得守藩表，猶知符命未有攸歸。每感厚恩，頻辱顯使，退念人臣交不越境，是以固守所執，拒違前使。雖義無二信，敢忘大恩！陛下鎮撫，長存小國，前後裴校尉、葛都尉等到，[21]奉被敕誡，聖旨彌密，重紈累素，[22]幽明備著，所以申示之事，言提其耳。臣晝則謳吟，宵則發夢，終身誦之，志不知足。[23]季末凶荒，乾坤否塞，兵革未戢，人民蕩析。仰此天命將有眷顧，私從一隅永瞻雲日。今魏家不能採錄忠善，褒功臣之後，乃令讒諂得行其志，[24]聽幽州刺史、東萊太守誕誤之言，猥興州兵，圖害臣郡。臣不負魏，而魏絕之。蓋聞人臣有去就之分；田饒適齊，[25]樂毅走趙，[26]以不得事主，故保有道之君；陳平、耿況，[27]亦覩時變，卒歸於漢，勒名帝籍。伏惟陛下德不再出，時不世遇，是以悽悽懷慕自納，[28]望遠視險，有如近易。誠願神謨蚤定洪業，奮六師之勢，[29]收河、洛之地，爲聖代宗。天下幸甚！"

《魏略》曰：國家知淵兩端，而恐遼東吏民爲淵所誤。[30]故公文下遼東，因赦之曰："告遼東、玄菟將校吏民：逆賊孫權遭遇亂階，因其先人劫略州郡，遂成羣凶，自擅江表，含垢藏疾。冀其可化，故割地王權，使南面稱孤，位以上將，禮以九命。[31]權親叉手，北向稽顙。[32]假人臣之寵，受人臣之榮，[33]未有如權者也。狼子野心，告令難移，卒歸反覆，背恩叛主，滔天逆神，乃敢僭號。恃江湖之險阻，王誅未加。比年已來，復遠遣船，[34]越渡大海，多持貨物，誕誘邊民。邊民無知，與之交關。長吏以下，莫肯禁止。至使周賀浮舟百艘，[35]沈滯津岸，貿遷有無。既不疑拒，齎以名馬，又使宿舒隨賀通好。[36]十室之邑，猶有忠信，[37]陷君於惡，[38]《春秋》所書也。今遼東、玄菟奉事國朝，紆青拖紫，[39]以千百爲數，[40]戴縰垂纓，[41]咸佩印綬，曾無匡正納善之言。龜玉毀于匵，[42]虎兕出于匣，是誰之過歟？國朝爲子大夫羞之！昔狐突有言：[43]'父教子貳，何以事君？策名委質，[44]貳乃辟也。'[45]今乃阿順邪謀，脅從姦惑，豈獨父兄之教不詳，子弟之舉習非而已哉！若苗穢害田，隨風烈火，芝艾俱焚，[46]安能自別乎？[47]且又此事固然易見，不及鑒古成敗，書傳所載也。江南海北有萬里之限，遼東君臣無怵惕之患，利則義所不利，[48]貴則義所不貴，此爲厭安樂之居，求危亡之禍，賤忠貞之節，重背叛之名。蠻、貊之長，猶知愛禮，以此事人，亦難爲顏！且又宿舒無罪，擠使入吳，奉不義之使，始與家訣，涕泣而行。及至賀死之日，覆衆成山，[49]舒雖脫死，魂魄離身。何所逼迫，乃至於此！今忠臣烈將，咸忿遼東反覆攜貳，皆欲乘桴浮海，期於肆意。朕爲天下父母，加念天下新定，既不欲勞動干戈，遠涉大川，費役如彼，又悼邊陲遺餘黎民，迷誤如此，故遣郎中衛慎、邵瑁等且先奉詔示意。[50]若股肱忠良，能效節立信以輔時君，反邪就正以建大功，福莫大焉。儻恐自嫌已爲惡逆所見染汙，不敢倡言，永懷伊戚。其諸與賊使交通，皆赦除之，與之更始。"

〔二〕《魏略》載淵表曰：[51]"臣前遣校尉宿舒、郎中令孫綜，[52]甘言厚禮，以誘吳賊。幸賴天道福助大魏，使此賊虜暗然迷惑，違戾羣下，不從衆諫，承信臣言，遠遣船使，多將士卒，來致封拜。臣之所執，得如本志，雖憂罪釁，私懷幸甚。賊衆本號萬人，舒、綜伺察，可七八千人，到沓津。[53]偽使者張彌、許晏與中郎將萬泰、校尉裴潛將吏兵四百餘人，[54]齎文書命服什物，[55]下到臣郡。泰、潛別齎致遺貨物，欲因市馬。軍將賀達、虞咨領餘衆在船所。臣本欲須涼節乃取彌等，而彌等人兵衆多，見臣不便承受吳命，意有猜疑。懼其先作，[56]變態妄生，即進兵圍取，斬彌、晏、泰、潛等首級。其吏從兵衆，皆士伍小人，給使東西，不得自由，面縛乞降，不忍誅殺，輒聽納受，徙充邊城。別遣將韓起等率將三軍，馳行至沓。使領長史柳遠設賓主禮誘請達、咨，三軍潛伏以待其下，又驅羣馬貨物，欲與交市。達、咨懷疑不下，使諸市買者五六百人下，欲交市。起等金鼓始震，鋒矢亂發，斬首三百餘級，被創赴水没溺者可二百餘人，其散走山谷，來歸降及藏竄飢餓死者，不在數中。得銀印、銅印、兵器、資貨，不可勝數。謹遣西曹掾公孫珩奉送賊權所假臣節、印綬、符策、九錫、什物，[57]及彌等偽節、印綬、首級。"又曰："宿舒、孫綜前到吳，賊權問臣家內小大，舒、綜對臣有三息，脩別屬亡弟。權敢姦巧，便擅拜命。謹封送印綬、符策。臣雖無昔人洗耳之風，[58]慚爲賊權汙損所加，既行天誅，猶有餘忿。"又曰："臣父康，昔殺權使，結爲讎隙。今乃譎欺，遣使誘致，令權傾心，虛國竭祿，遠命上卿，寵授極位，震動南土，備盡禮數。又權待舒、綜，契闊委曲，君臣上下，畢歡竭情。而令四使見殺，梟示萬里，士衆流離，屠戮津渚，慚恥遠布，痛辱彌天。權之怨疾，將刻肌骨。若天衰其業，使至喪隕，權將內傷憤激而死。若期運未訖，將播毒螫，必恐長虵來爲寇害。徐州諸屯及城陽諸郡，[59]與相接近，如有船衆後年向海門，得其消息，乞速告臣，使得備豫。"又曰："臣門戶受恩，實深實重，自臣承攝即事以來，連被榮寵，殊特無量，分當隕越，[60]竭力致死。而臣狂愚，意計迷闇，不即禽賊，以至見疑。前章表所陳情趣事勢，實但欲罷弊此賊，使困自絕，誠不敢背累世之恩，附僭盜之虜也。而後愛憎之人，緣事加誣，僞生節目，卒令明聽疑於市虎，[61]移恩改愛，興動咸怒，幾至沈沒，長爲負忝。幸賴慈恩，猶垂三宥，使得補過，解除愆責。如天威遠加，不見假借，早當麋碎，[62]辱先廢祀，何緣自明，建此微功。臣既喜於事捷，得自申展，悲於疇昔，至此變故，餘怖踊躍，未敢便寧。唯陛下既崇春日生全之仁，除忿塞隙，抑弭纖介，推今亮往，察臣本心，長令抱戴，銜分三泉。"[63]又曰："臣被服光榮，恩情未報，而以罪釁，自招譴怒，分當即戮，爲衆社戒。[64]所以越典詭常，僞通於吳，誠自念窮迫，報效未立，而爲天威督罰所加，長恐奄忽不得自洗。故敢自闕替廢於一年，遣使誘吳，知其必來。權之求郡，積有年歲，初無倡答一言之應，今權得使，來必不疑，至此一舉，果如所規，上卿大衆，翕赫豐盛，[65]財貨賂遺，傾國極位，到見禽取，流離死亡，千有餘人，滅絕不反。此誠暴猾賊之鋒，摧矜夸之巧，昭示天下，破損其業，足以慚之矣。臣之悾悾念效於國，雖有非常之過，亦有非常之功，願陛下原其踰闕之愆，[66]采其毫毛之善，使得國恩，保全終始矣。"

〔三〕《魏名臣奏》載中領軍夏侯獻表曰：[67]"公孫淵昔年敢違王命，廢絕計貢者，實挾兩端。既恃阻險，又怙孫權。故敢跋扈，恣睢海外。[68]宿舒親見賊權軍衆府庫，知其弱少不足憑恃，是以決計斬賊之使。又高句麗、濊貊與淵爲仇，並爲寇鈔。今外失吳援，內有胡寇，心知國家能從陸道，勢不得不懷惶懼之心。因斯之時，宜遣使示以禍福。奉車都尉䬎弘，[69]武皇帝時始奉使命，開通道路。文皇帝即位，欲通使命，遣弘將妻子還歸鄉里，賜其車、牛、絹百匹。[70]弘以受恩，歸死國朝，無有還意，乞留妻子，身奉使命。公孫康遂稱臣妾。以弘奉使稱意，賜爵關內侯。弘性果烈，乃心於國，夙夜拳拳，念自竭効。冠族子孫，少好學問，博通書記，多所關涉，口論速捷，辯而不俗，附依典誥，[71]若出胸臆，加仕本郡，常在人右，彼方士人素所敬服。若當遣使，以爲可使弘行。弘乃自舊土，習其國俗，爲說利害，辯足以動其意，明足以見其事，才足以行之，辭足以見信。若其計從，雖酈生之降齊王，[72]陸賈之說尉佗，[73]亦無以遠過也。欲進遠路，不宜釋騏驥；將已篤疾，不宜廢扁鵲。[74]願察愚言也。"

〔四〕《吳書》曰：魏遣使者傅容、聶夔拜淵爲樂浪公。淵計吏從洛陽還，[75]語淵曰："使者左駿伯，使皆擇勇力者，非凡人也。"淵由是疑怖。容、夔至，住學館中。淵先以步騎圍之，乃入受拜。容、夔大怖，由是還洛言狀。

〔五〕《魏書》曰：淵知此變非獨出偷，遂爲備。遣使謝吳，自稱燕王，求爲與國。[76]然猶令官屬上書自直于魏曰："大司馬長史臣郭昕、參軍臣柳浦等七百八十九人言：[77]奉被今年七月已卯詔書，伏讀懇切，精魄散越，不知身命所當投措！昕等伏自惟省，螻蟻小醜，器非時用，遭值千載，被受公孫淵祖考以來光明之德，惠澤沾渥，滋潤榮華，無寸尺之功，[78]有負乘之累；遂蒙褒獎，登名天府，並以篤蹇附龍託驥，[79]紆青拖紫，[80]飛騰雲梯，感恩惟報，死不擇地。臣等聞明君在上，聽政采言，人臣在下，得無隱情，是以因緣訴讓，冒犯憝冤。郡在藩表，密邇不羈，平昔三州，[81]轉輸費調，以供賞賜，歲用累億，虛耗中國。然猶跋扈，虔劉邊陲，[82]烽火相望，羽檄相逮，城門晝閉，路無行人，州郡兵戈，奔散覆沒。淵祖父度初來臨郡，承受荒殘，開日月之光，建神武之略，聚烏合之民，掃地爲業，威震燿于殊俗，德澤被于羣生。遼土之不壞，實度是賴。孔子曰：[83]'微管仲，吾其被髮左衽。'向不遭度，則郡早爲丘墟，而民係於虜廷矣。遺風餘愛，永存不朽。度既薨殂，吏民感慕，欣戴子康，尊而奉之。康踐統洪緒，克壯徽猷，文昭武烈，[84]邁德種仁；乃心京輦，翼翼虔恭，佐國平亂，效績紛紜，功隆事大，勳藏王府。度、康當值武皇帝休明之會，[85]合策名之計，[86]夾輔漢室，降身委質，卑已事魏。匪處小厭大，畏而服焉，乃慕託高風，懷仰盛懿也。武皇帝亦虛心接納，待以不次，功無巨細，每不見忘。又命之曰：'海北土地，[87]割以付君，世世子孫，實得有之。'皇天后土，實聞德音。臣庶小大，豫在下風，奉以周旋，不敢失墜。淵生有蘭石之姿，[88]少含愷悌之訓，[89]允文允武，[90]忠惠且直；生民欽仰，莫弗懷愛。淵纂戎祖考，[91]君臨萬民，爲國以禮，淑化流行，獨見先覩，羅結遐方，勤王之義，視險如夷，世載忠亮，不隕厥名。孫權慕義，不遠萬里，連年遣使，欲自結援，雖見絕殺，不念舊怨，纖纖往來，求成恩好。淵執節彌固，不爲利迴，守志匪石，確乎彌堅。猶懼丹心未見保明，乃卑辭厚幣，誘致權使，梟截獻馘，[92]以示無二。吳雖在遠，水道通利，舉帆便至，無所隔限。淵不顧敵讎之深，念存人臣之節，絕彊吳之歡，昭事魏之心，靈祇明鑒，普天咸聞。陛下嘉美洪烈，懿兹武功，誕錫休命，[93]寵亞齊、魯，下及陪臣，[94]普受介福。[95]誠以天覆之恩，當卒終始，得竭股肱，永保祿位，不虞一旦，橫被殘酷。惟育養之厚，念積累之效，[96]悲思不遂，痛切見棄，舉國號咷，拊膺泣血。夫三軍所伐，蠻夷戎狄，驕逸不虔，於是致武，不聞義國反受誅討。蓋聖王之制，五服之域，[97]有不供職，則脩文德，而又不至，然後征伐。淵小心翼翼，恪恭于位，勤事奉上，可謂勉矣。盡忠竭節，還被患禍。《小弁》之作，[98]《離騷》之興，[99]皆由此也。就或佞邪，盜言孔甘，[100]猶當清覽，[101]憎而知善；讒巧似直，惑亂聖聽，尚望文告，使知所由。若信有罪，當垂三宥；[102]若不改寤，計功減降，當在八議。[103]而潛軍伺襲，大兵奄至，舞戈長驅，衝擊遼土。犬馬惡死，況於人類！吏民昧死，挫辱王師。淵雖寃枉，方臨危殆，猶恃聖恩，悵然重奔，冀必姦臣矯制，妄肆威虐，乃謂臣等曰：'漢安帝建光元年，[104]遼東屬國都尉龐奮，[105]受三月乙未詔書，[106]曰收幽州刺史馮煥、玄菟太守姚光。[107]推案無乙未詔書，遣侍御史幽州（牧）〔收〕考姦臣矯制者。[108]今刺史或儻謬承矯制乎？'臣等議以爲刺史興兵，搖動天下，殆非矯制，必是詔命。淵乃俛仰歎息，自傷無罪。深惟土地所以養人，竊慕古公杖策之岐，[109]乃欲投冠釋紱，[110]逝歸林麓。臣等維持，誓之以死，屯守府門，不聽所執。而七營虎士，五部蠻夷，[111]各懷素飽，不謀同心，奮臂大呼，排門遁出。近郊農民，釋其耨縛，[112]伐薪制梃，改案爲櫓，奔馳赴難，軍旅行成，[113]雖蹈湯火，死不顧生。淵雖見孤棄，[114]怨而不怒，比遣敕軍，勿得干犯，及手書告語，懇惻至誠。而吏士凶悍，不可解散，期於畢命，投死無悔。淵懼吏士不從教令，乃躬馳騖，[115]自往化解，僅乃止之。一飯之惠，[116]匹夫所死，況淵累葉信結百姓，恩著民心。自先帝初興，爰暨陛下，榮淵累葉，豐功懿德，策名褒揚，辯著廊廟，勝衣舉履，誦詠明文，以爲口實。埋而掘之，[117]古人所恥。小白、重耳，[118]衰世諸侯，猶慕著信，以隆霸業。《詩》美文王作孚萬邦，[119]《論語》稱仲尼去食存信；[120]信之爲德，固亦大矣。今吳、蜀共帝，鼎足而居，天下搖蕩，無所統一，臣等每爲陛下懼此危心。淵據金城之固，仗和睦之民，國殷兵彊，可以橫行。策名委質，守死善道，忠至義盡，為九州表。方今二敵闚覦，[121]未知孰定，是之不戒，而淵是害。茹柔吐剛，[122]非王者之道也。臣等雖鄙，誠竊恥之。若無天乎，臣一郡吉凶，尚未可知；若云有天，亦何懼焉！臣等聞仕於家者，二世則主之，三世則君之。臣等生於荒裔之土，出於圭竇之中，[123]無大援於魏，世隸於公孫氏，報生與賜，在於死力。昔蒯通言直，[124]漢祖赦其誅；鄭詹辭順，[125]晋文原其死。臣等頑愚，不達大節，苟執一介，披露肝膽，言逆龍鱗，罪當萬死。惟陛下恢崇撫育，亮其控告，使疏遠之臣，永有保恃。"[126]

〔六〕《漢晋春秋》曰：公孫淵自立，稱紹漢元年。聞魏人將討，復稱臣於吳，乞兵北伐以自救。吳人欲戮其使，羊衜曰：[127]"不可，是肆匹夫之怒而捐霸王之計也。不如因而厚之，遣奇兵潛往以要其成。若魏伐淵不克，而我軍遠赴，是恩結遐夷，義蓋萬里；[128]若兵連不解，首尾離隔，則我虜其傍郡，驅略而歸，亦足以致天之罰，報雪曩事矣。"[129]權曰："善。"乃勒兵大出。[130]謂淵使曰："請俟後問，當從簡書，[131]必與弟同休戚，[132]共存亡，雖隕于中原，吾所甘心也。"又曰："司馬懿所向無前，[133]深為弟憂也。"

[1] 柳城：西漢縣名。西漢時屬遼西郡，東漢省。舊治所在今遼寧朝陽市西南十二臺營子。（詳《〈中國歷史地圖集〉釋文匯編（東北卷）》）

[2] 左將軍：官名。位如上卿，與前、後、右將軍掌京師兵衛和邊防屯警。

[3] 假節：漢末三國時期，皇帝賜予臣下的一種權力。至晋代，此種權力明確為因軍事可殺犯軍令者。

[4] 平郭：縣名。治所在今遼寧蓋州市熊岳城稍東。（詳《〈中國歷史地圖集〉釋文匯編（東北卷）》）

［5］陰消：男子性器官發育不良，無生育能力之病。

［6］太和：魏明帝曹叡年號（227—233）。

［7］即拜：各本皆作"即位拜"。錢大昕《廿二史考異》云："明帝以黃初七年即位，其明年改元太和，傳以明帝即位承'太和二年'之下，誤也。'位'字當是衍文。"校點本即從錢說刪"位"字。今從之。　揚烈將軍：官名。曹魏置，第五品。沈家本《瑣言》謂本書卷三《明帝紀》載太和四年二月以公孫淵爲車騎將軍，此傳缺。又《吳主傳》注引《江表傳》載權詔，稱公孫淵爲魏平樂侯，此傳亦缺。

［8］景初：魏明帝曹叡年號（237—239）。

［9］遼隧：又作"遼隊"。《漢書·地理志》：遼東郡，遼隊。顏師古注："隊音遂。"謝鍾英《補三國疆域志補注》謂遼隧《漢書·地理志》屬遼東郡，東漢光武帝建武初省，蓋漢桓帝、靈帝後復立。按，遼隧縣治所在今遼寧遼陽市西南八十餘里太子河西岸高坨子附近。（詳《〈中國歷史地圖集〉釋文匯編（東北卷）》）

［10］司馬宣王：即司馬懿。魏元帝初，其子司馬昭爲晋王，追尊他爲宣王。

［11］卑衍：趙幼文《校箋》謂《水經注·大遼水》引"卑"作"畢"。唐鈔本《文選·爲石仲容與孫皓書》引"卑"字亦作"畢"，《太平御覽》卷二八五引同。是北宋以前"卑"字俱作"畢"也。

［12］首山：在今遼寧遼陽市西南十五里。（詳謝鍾英《補三國疆域志補注》）

［13］遼水：即今遼寧中部的遼河。

［14］遼口：地名。謝鍾英云："疑即渾河入遼河之口。"（《補三國疆域志補注》）《中國歷史地圖集》第三册（三國魏幽州）則以今遼河口爲遼口，在遼寧營口市遼河入海處。

［15］櫓：用於瞭望敵軍，無頂蓋的望樓，亦稱樓櫓。

［16］發石：發石車。用機械原理將石塊發射出去的炮車。

［17］流星：星際空間分佈着許多細小物體與塵粒，當其飛進地球的大氣層，與大氣摩擦發生熱和光，如在夜間飛速掠過天空時，人們可見猶如明星之流失，遂稱之爲流星。

［18］相國：官名。即丞相。公孫淵自稱燕王，故置有相國。

［19］帶方：郡名。東漢末公孫康分樂浪郡屯有縣以南荒地置帶方郡，治所帶方縣，在今朝鮮黃海道鳳山郡土城内。（詳《〈中國歷史地圖集〉釋文匯編（東北卷）》）

［20］无妄：《易》卦名。《无妄》："六三，无妄之災，或繫之牛，行人之得，邑人之災。"此"无妄之災"，指意外的災禍。

［21］校尉：官名。漢代軍職之稱。東漢末，位次於中郎將，高於都尉。此裴校尉，即以下《魏略》載淵表中之"校尉裴潛"。

［22］重紈累素：謂書寫之紈素一張接一張。紈素，白細絹。

［23］志：盧弼《集解》云："北宋本'志'作'忘'。"百衲本、殿本、盧弼《集解》本、校點本俱作"志"。今從百衲本等。

［24］讒諂：百衲本、校點本作"讒諂"，殿本、盧弼《集解》本作"讒諂"。今從殿本等。

［25］田饒：戰國人。《説苑》卷八《尊賢》謂"宗衛相齊，遇逐，罷歸舍。召門尉田饒等二十有七人而問焉，曰：'士大夫誰能與我赴諸侯者乎？'田饒等皆伏而不對"。宗衛慨嘆士人之易得而難用。田饒則謂，非士人之難用，"是君不能用也"，"厨中有臭肉，則門下無死士。今夫三升之稷不足於士，而君雁鶩有餘粟"，如此，欲士人爲君所用，"豈不難乎哉！"（參盧弼《集解》）

［26］樂毅：戰國中山人，爲燕將，得燕昭王信任，率軍攻齊國，連破七十餘城，以功封昌國君。昭王卒，惠王繼位，中齊反間計，用騎劫代樂毅爲將。樂毅恐被害，遂逃奔趙國。（見《史記》卷八〇《樂毅列傳》）

［27］陳平：西漢初人。秦末陳勝起義，立魏咎爲魏王。陳平往投之，爲太僕。而魏王咎不聽陳平之言，又有人讒毀他。陳平遂改歸項羽，不久又歸劉邦，終助劉邦建立漢王朝。（見《史記》卷

五六《陳丞相世家》） 耿況：東漢初人，曾爲王莽所置之上谷太守。漢光武帝劉秀起兵後，況子耿弇投歸之。耿弇後又説況助劉秀，有功。劉秀因以耿況爲大將軍、興義侯。（見《後漢書》卷一九《耿弇傳》）

[28] 僂僂：勤懇，恭謹。《後漢書》卷五四《楊震附賜傳》：「豈敢愛惜垂没之年，而不盡其僂僂之心哉！」李賢注：「僂僂，猶勤勤也。」

[29] 勢：趙幼文《校箋》謂郝經《續後漢書》作「威」。

[30] 恐：百衲本作「思」，殿本、盧弼《集解》本、校點本作「恐」。今從殿本等。

[31] 九命：九錫之命，古時天子賜諸侯的最高禮遇。《漢書》卷六《武帝紀》顏師古注引應劭曰：「九錫者，一曰車馬，二曰衣服，三曰樂器，四曰朱户，五曰納陛，六曰虎賁百人，七曰鈇鉞，八曰弓矢，九曰秬（jù）鬯（chàng）。」

[32] 稽（qǐ）顙（sǎng）：叩頭額觸地。此爲歸順、歸降之意。

[33] 受人臣之榮：趙幼文《校箋》謂郝經《續後漢書》作「受封爵之榮」。

[34] 遣船：趙幼文《校箋》謂《册府元龜》卷一六三引「船」上有「樓」字。按，宋本《册府元龜》亦無「樓」字。

[35] 周賀：吴將。孫權嘉禾元年（232）遣將軍周賀往遼東結交公孫淵，被魏將田豫破於成山。見本書卷四七《吴主傳》與卷三《明帝紀》。

[36] 宿舒：公孫淵將。吴將周賀至遼東後，公孫淵即遣宿舒等至吴獻貂、馬，稱藩臣。（見本書卷四七《吴主傳》）。

[37] 忠信：《論語・公冶長》子曰：「十室之邑，必有忠信如丘者焉，不如丘之好學也。」

[38] 陷君於惡：《左傳・昭公二十五年》：子家子曰：「陷君于難，罪孰大焉？」又《左傳・僖公十五年》：慶鄭曰：「陷君于

敗，敗而不死，又使失刑，非人臣也。"

[39] 紆青拖紫：繫佩青印綬與紫印綬，指官高位顯。《文選》揚雄《解嘲》："紆青拖紫，朱丹其轂。"李善注："《東觀漢記》曰：印綬，漢制公侯紫綬，九卿青綬。"

[40] 以千百爲數：趙幼文《校箋》謂《册府元龜》卷一六三引無"以"字。

[41] 纚（xǐ）：古代士人包髮之帛。 纓：繫冠的絲帶。以兩條繫於冠，然後捲結於頤下。

[42] 龜玉：龜甲和寶玉。古時國家之重器。《論語·季氏》："虎兕出於柙，龜玉毀於櫝中，是誰之過與？"邢昺疏："言是典守者之過也，以喻主君有闕，是輔相者之過也。"

[43] 狐突：春秋晉臣。狐偃之父，晉文公重耳外祖。

[44] 策名委質：謂出任爲官，結成君臣關係。《左傳·僖公二十三年》"策名委質"楊伯峻注："策名，名字書於策上也。古者始仕，必先書其名於策……委質，質同贄，音至，《莊公二十四年》所謂'男贄，大者玉帛，小者禽獸'是也。委質之委與昏禮納采委雁之委同義，置也。《呂氏春秋·執一篇》云'今日置質爲臣'，置質即委質。凡贄必相授受，唯臣之於君，則不親授，置之於庭，不敢送於君前也"。（《春秋左傳注》）

[45] 貳乃辟也：楊伯峻注："委質爲臣，如有二心，則爲罪戾。辟，罪也。"又按，狐突此言見於《左傳·僖公二十三年》，而語序與此不同，"策名委質，貳乃辟也"在前，"父教子貳，何以事君"在後。

[46] 芝艾：芝，古人認爲的瑞草；艾，指蕭艾，賤草。芝艾，比喻人之貴賤。

[47] 自：百衲本作"自"。殿本、盧弼《集解》本、校點本作"白"。趙幼文《校箋》謂《册府元龜》卷一六三引亦作"自"。今從百衲本。

[48] 義：百衲本作"利"，殿本、盧弼《集解》本、校點本

作"義"。今從殿本等。

[49] 成山：山名。在今山東榮成市東北海上。（本謝鍾英《補三國疆域志補注》）

[50] 郎中：官名。秩三百石。東漢時，分隸五官、左、右三署中郎將，名義上備宿衛，實爲後備官吏人才。魏、晉雖罷五官、左、右三署中郎將，但仍置郎中。

[51] 魏略：殿本《考證》云："北宋本作'魏書'。"

[52] 郎中令：官名。漢代諸侯王國置，掌領王大夫、郎官等宿衛王宮，如朝廷之光禄勳，秩千石。公孫淵後自稱燕王，卻先置郎中令。

[53] 沓津：地名。本書卷一四《蔣濟傳》裴注引《漢晉春秋》又作"沓渚"。是沓氏縣（即東沓縣）境的海渚，爲當時齊郡渡海至沓氏的登陸處或沓氏的出海口，在今遼寧大連市旅順老鐵山附近。（本《〈中國歷史地圖集〉釋文匯編（東北卷）》）

[54] 裴潛：此非本書卷二三《裴潛傳》之裴潛。（參錢大昭《辨疑》）

[55] 命服：帝王賜給公侯卿大夫之制服。

[56] 先：百衲本作"死"，殿本、盧弼《集解》本、校點本作"先"。今從殿本等。趙幼文《校箋》又謂郝經《續後漢書》作"亂"。

[57] 西曹掾：官名。東漢、魏、晉諸公府之僚屬，爲西曹長官，掌府吏署用事。　什物：百衲本作"十物"，張元濟《校勘記》云："'十'字有誤。"殿本、盧弼《集解》本、校點本作"什物"。今從殿本等。吳金華《〈三國志〉管窺》謂"什"當屬"備"的殘字。

[58] 洗耳：謂不願聽聞。《太平御覽》卷三六六引《高士傳》曰："堯聘許由爲九州牧，由聞之，洗耳於河。"又卷五〇六亦引《高士傳》曰："堯之讓許由也，由以告巢父。巢父曰：'汝何不隱汝形，藏汝光？若非吾友也。'擊其膺而下之，悵然不自得，乃過

清泠之水，洗其耳，拭其面，曰：'向者聞言負吾矣。'遂去，終身不相見。"

[59] 城陽：郡名。治所東武縣，在今山東諸城市。

[60] 隕越：《左傳·僖公九年》："恐隕越于下，以遺天子之羞。"杜預注："隕越，顛墜也。"

[61] 市虎：指以無爲有的流言蜚語。《戰國策·魏二》："龐葱與太子質於邯鄲，謂魏王曰：'今一人言市有虎，王信之乎？'王曰：'否。''二人言市有虎，王信之乎？'王曰：'寡人疑之矣。''三人言市有虎，王信之乎？'王曰：'寡人信之矣。'龐葱曰：'夫市之無虎明矣，然而三人言而成虎。'"

[62] 麋：盧弼《集解》本作"糜"，百衲本、殿本、校點本作"麋"。今從百衲本等。

[63] 三泉：地下之深處，亦指埋葬人之深穴。《漢書》卷七二《鮑宣傳》："退入三泉，死無所恨。"顏師古注："三重之泉，言其深也。"

[64] 衆社：指衆諸侯。社，諸侯封土所立之社廟。

[65] 翕（xī）赫：形容豐盛。《文選》揚雄《甘泉賦》"翕赫曶霍"李善注："翕赫，盛貌。"

[66] 踰闕：越過宮門。謂不忠於朝廷。

[67] 中領軍：官名。第三品，掌禁衛軍，主五校、中壘、武衛三營。

[68] 恣睢：狂妄、凶暴的樣子。

[69] 奉車都尉：官名。秩比二千石，第六品，掌皇帝車輿。無定員，或爲加官。

[70] 牛：趙幼文《校箋》謂郝經《續後漢書》作"馬"。絹百匹：趙幼文《校箋》謂《册府元龜》卷四一三引"百"上有"五"字。按，宋本《册府元龜》亦無"五"字。

[71] 典誥：指經典書籍。因《尚書》中有《堯典》《湯誥》等篇。

[72] 酈生：即酈食其。秦末農民戰爭時歸投劉邦。楚漢戰爭中，酈生説齊王田廣歸漢，不用兵衆即下齊七十餘城。（見《漢書》卷四三《酈食其傳》）

[73] 陸賈：秦末農民戰爭中跟隨劉邦。劉邦建立漢王朝後，南方的尉佗仍割據南越。劉邦即遣陸賈往説尉佗，封佗爲南越王，南越遂統於漢。（見《漢書》卷四三《陸賈傳》）

[74] 扁鵲：春秋戰國時名醫。原名秦越人，因與黄帝軒轅氏時之扁鵲相類，時人遂稱之爲扁鵲。（見《史記》卷一〇五《扁鵲倉公列傳》及《正義》引《黄帝八十一難序》）

[75] 計吏：官名。漢代郡國，遣吏至京都向朝廷呈上計簿，彙報本郡國的户口、錢糧、獄訟、盜賊等情况，稱爲上計。所遣之吏稱爲計吏或上計吏。

[76] 與國：同盟國。《戰國策・齊二》："韓、齊爲與國。"高誘注："相與爲黨與也，有患難相救助也。"

[77] 浦：殿本、盧弼《集解》本作"蒲"，百衲本、校點本作"浦"。今從百衲本等。

[78] 寸尺：趙幼文《校箋》謂毛氏汲古閣本二字乙。《册府元龜》卷四五三引同。

[79] 駑蹇：劣馬。

[80] 拖紫：校點本1982年7月第2版誤作"施紫"。

[81] 三州：指幽、冀、青三州。

[82] 虔劉：殘殺，劫掠。《左傳・成公十三年》"虔劉我邊垂"杜預注："虔、劉，皆殺也。"

[83] 孔子曰：孔子此語見《論語・憲問》。

[84] 文昭武烈：謂文治清明，武功顯赫。

[85] 休明：美好清明。

[86] 策名：百衲本、殿本作"策明"，殿本《考證》："'策明'疑應作'策名'。"盧弼《集解》本、校點本均作"策名"。今從《集解》本等。

［87］土地：殿本、盧弼《集解》本作"地土"，百衲本、校點本作"土地"。今從百衲本等。

［88］蘭石：蘭花芳香，石質堅硬，比喻人資質之美。

［89］愷悌：《左傳·僖公十二年》：《詩》曰："愷悌君子，神所勞矣。"杜預注："愷，樂也；悌，易也。"

［90］允文允武：《詩·魯頌·泮水》："允文允武，昭假烈祖。"孔穎達疏："既有文德，又有武功。"

［91］纂戎：繼承軍事。

［92］獻馘（guó）：作戰殺敵後，割敵之左耳進獻計功。

［93］誕錫：大賜。

［94］陪臣：諸侯之臣對天子稱陪臣。《禮記·曲禮下》："列國之大夫入天子之國曰某士，自稱曰陪臣某。"

［95］介福：大福。《詩·小雅·楚茨》："報以介福，萬壽無疆。"

［96］累：盧弼《集解》本作"慮"，百衲本、殿本、校點本作"累"。今從百衲本等。

［97］五服：古代王畿以外，每五百里爲一服，共有五服，《尚書·禹貢》謂有甸服、侯服、綏服、要服、荒服。服，區劃。

［98］小弁：《詩·小雅》中之一篇。《小弁序》云："小弁，刺幽王也。大（太）子之傅作焉。"孔穎達疏："太子，謂宜咎也。幽王信褒姒之讒，放逐宜咎。其傅親訓太子，知其無罪，閔其見逐，故作此詩以刺王。"

［99］離騷：戰國時楚屈原作。屈原在楚懷王時，初得信任，後被人讒毀，遭放逐；至楚頃襄王時，再次被讒毀放逐，因憂憤而作《離騷》。《文選》司馬遷《報任少卿書》云："屈原放逐，乃賦《離騷》。"《史記》卷八四有《屈原傳》。

［100］盜言孔甘：盜言，即讒言。《詩·小雅·巧言》："盜言孔甘，亂是用餤。"孔穎達疏："此險盜之人，其言甚甘，使人信之而不已。"

［101］清覽：趙幼文《校箋》謂《册府元龜》卷四五三引"清"字作"親"。

［102］三宥：三種從寬處理之情況。《周禮·秋官·司刺》："司刺掌三刺、三宥、三赦之法……壹宥曰不識，再宥曰過失，三宥曰遺忘。"

［103］八議：古代統治者內部犯罪，可以考慮減刑或免刑的八種條件，即議親、議故、議賢、議能、議功、議貴、議勤、議賓（見《周禮·秋官·小司寇》）。魏晉時正式載入法律。

［104］建光：漢安帝劉祜年號（121—122）。

［105］都尉：官名。西漢時郡置都尉，輔佐郡守並掌本郡軍事。東漢廢除，僅在邊郡或關塞之地置都尉及屬國都尉，並漸漸分縣治民，職如太守。

［106］三月：盧弼《集解》本、校點本作"三月"，百衲本、殿本作"二月"。據方詩銘、方小芬《中國史曆日和中西曆日對照表》漢安帝建光元年二月初一壬子，三月初一辛巳，則二月無乙未，三月十五日爲乙未。故今從《集解》本等。

［107］馮煥：《後漢書》卷三八《馮緄傳》："父煥，安帝時爲幽州刺史，疾忌姦惡，數致其罪。時玄菟太守姚光亦失人和。建光元年，怨者乃詐作璽書譴責煥、光，賜以歐刀。又下遼東都尉龐奮使速行刑，奮即斬光收煥。煥欲自殺，緄疑詔文有異，止煥曰：'大人在州，志欲去惡，實無它故，必是凶人妄作，規肆姦毒。願以事自上，甘罪無晚。'煥從其言，上書自訟，果詐者所爲，徵奮抵罪。"

［108］收：各本皆作"牧"。盧弼《集解》引陳景雲説："建光初，諸州未置牧。'牧'當作'收'。收考，謂收繫考問也。"校點本即從陳説改。今從之。

［109］古公：即古公亶父，周文王之祖父。古公原居於豳（今陝西旬邑縣西），因受戎狄威逼，遂遷於岐下。《詩·大雅·綿》："古公亶父，來朝走馬，率西水滸，至于岐下。"岐，山名。在今陝

西岐山縣東北。　杖策：執鞭。指驅馬而行。

[110] 投冠釋紱（fú）：指辭官。冠，官之禮帽。紱，繫官印之絲帶，即指官印。

[111] 五部蠻夷：潘眉《考證》謂《晋書》卷九七《匈奴傳》載，建安中魏武帝分内遷匈奴爲左、中、右、南、北五部。

[112] 耨（nòu）鎛（bó）：鋤草的農具。

[113] 行成：梁章鉅《旁證》云："《册府元龜》作'成行'。"

[114] 孤棄：趙幼文《校箋》謂《册府元龜》卷四五三引無"孤"字。

[115] 乃躬：趙幼文《校箋》謂郝經《續後漢書》"躬"下有"身"字。

[116] 一飯之惠：《後漢書》卷三三《朱浮傳》"匹夫媵母尚能致命一餐"李賢注："《左傳》曰，趙盾田於首山，舍於翳桑，見靈輒餓，問，曰'三日不食矣'，食之。後晋靈公欲殺趙盾，輒爲公甲士，倒戟以御公徒而免盾。"按，此事見《左傳·宣公二年》。

[117] 埋而掘之：謂不成功。《國語·吴語》："夫諺曰：'狐埋之而狐搰（hú）之，是以無成功。'"

[118] 小白、重耳：春秋時齊桓公名小白，晋文公名重耳。

[119] 文王：周文王。《詩·大雅·文王》："儀刑文王，萬邦作孚。"毛傳："刑，法；孚，信也。"鄭箋："儀法文王之事，則天下咸信而順之。"

[120] 仲尼：孔子字仲尼。《論語·顔淵》："子貢問政。子曰：'足食，足兵，民信之矣。'子貢曰：'必不得已而去，於斯三者何先？'曰：'去兵。'子貢曰：'必不得已而去，於斯二者何先？'曰：'去食。自古皆有死，民無信不立。'"

[121] 闚（kuī）覦（yú）：同"窺覦"。竊視，伺隙而動。

[122] 茹柔吐剛：《詩·大雅·烝民》："人亦有言，柔則茹

之,剛則吐之。維仲山甫,柔亦不茹,剛亦不吐,不侮矜寡,不畏彊禦。"鄭箋:"剛柔之在口,或茹之或吐之,喻人之於敵彊弱。"孔穎達疏:"人亦有俗諺之常言,說人之恒性,莫不柔濡者則茹食之,堅剛者則吐出之,喻見前敵寡弱者則侵侮之,彊盛者則避畏之。言凡人之性,莫不皆爾。唯有仲山甫則不然,雖柔亦不茹,雖剛亦不吐,不欺侮於鰥寡孤弱之人,不畏懼於強梁禦善之人。"

[123] 圭竇:指墻上所開之門,上銳下方,形狀像圭。即指窮人住房之門户。

[124] 蒯通:西漢初人。《漢書》卷四五《蒯通傳》:"天下既定,後(韓)信以罪廢爲淮陰侯,謀反被誅,臨死嘆曰:'悔不用蒯通之言,死於女子之手!'高帝曰:'是齊辯士蒯通。'乃詔齊召蒯通。通至,上欲亨之,曰:'若教韓信反何也?'通曰:'狗各吠非其主。當彼時,臣獨知齊王韓信,非知陛下也。且秦失其鹿,天下共逐之,高材者先得。天下匈匈,爭欲爲陛下所爲,顧力不能,可殫誅邪!'上乃赦之。"

[125] 鄭詹:即叔詹,春秋時鄭國大夫。《國語·晉語四》載,晉公子重耳流亡國外時,過鄭國,鄭文公不加禮遇,叔詹即勸告文公,說重耳有天意吉兆,將來定有作爲,不能對他無禮。鄭文公不聽。後重耳回國爲君,即晉文公。晉文公不知叔詹有勸鄭文公之言。後文公興兵伐鄭時,鄭國獻珍寶以求和,晉文公不許,卻要鄭國送交叔詹。叔詹爲了國家,不顧個人安危,毅然前往。晉文公得叔詹,將烹之。叔詹又陳述前意,言罷,"據鼎耳而疾號曰:'自今以往,知忠以事君者,與詹同。'(文公)乃命弗殺,厚爲之禮而歸之"。

[126] 保恃:校點本作"保持",百衲本、殿本、盧弼《集解》本均作"保恃"。今從百衲本等。

[127] 羊衜(dào):事迹主要見本書卷五九《孫登傳》及裴注引《吳書》。

[128] 蓋:盧弼《集解》謂《通鑑》作"形"。(見《通鑑》

卷七四魏明帝景初二年）

[129] 曩事：指公孫淵殺吳使張彌、許晏事。

[130] 乃勒兵大出：盧弼《集解》云："《通鑑》作'乃大勒兵'。"

[131] 簡書：書於一片竹簡之文字，指告急文書。《詩·小雅·出車》："豈不懷歸，畏此簡書。"毛傳："簡書，戒命也。鄰國有急，以簡書相告，則奔命救之。"

[132] 弟：胡三省云："淵遣使謝吳，自稱燕王，求爲兄弟之國，故權因而稱之爲弟。"（《通鑑》卷七四魏明帝景初二年注）

[133] 司馬懿所向無前：胡三省云："此晉史臣爲此言耳，權必無此言。"（《通鑑》卷七四魏明帝景初二年注）

初，淵家數有怪，犬冠幘絳衣上屋，炊有小兒蒸死甑中。襄平北市生肉，長圍各數尺，有頭目口喙，無手足而動搖。占曰："有形不成，有體無聲，其國滅亡。"始度以中平六年據遼東，至淵三世，凡五十年而滅。〔一〕

〔一〕《魏略》曰：始淵兄晃爲恭任子，在洛，聞淵劫奪恭位，謂淵終不可保，數自表聞，欲令國家討淵。帝以淵已秉權，故因而撫之。及淵叛，遂以國法繫晃。晃雖有前言，冀不坐，然內以骨肉，知淵破則己從及。淵首到，晃自審必死，與其子相對啼哭。時上亦欲活之，而有司以爲不可，遂殺之。

張燕，常山真定人也，[1]本姓褚。黃巾起，燕合聚少年爲羣盜，在山澤間轉攻，還真定，衆萬餘人。博陵張牛角亦起衆，[2]自號將兵從事，與燕合。燕推牛角為帥,俱攻廮陶。[3]牛角爲飛矢所中,被創且死,令衆奉燕,告曰:"必以燕爲帥。"牛角死,衆奉燕,故改姓張。燕剽捍捷速過人,[4]故軍中號曰飛燕。其後人衆寖廣,[5]常山、趙郡、中山、上黨、河內諸山谷皆相通,[6]其小帥孫輕、王當等,各以部衆從燕,衆至百萬,號曰黑山。靈帝不能征,河北諸郡被其害。燕遣人至京都乞降,拜燕平難中郎將。〔一〕[7]是後,董卓遷天子於長安,天下兵數起,燕遂以其衆與豪傑相結。袁紹與公孫瓚爭冀州,燕遣將杜長等助瓚,與紹戰,爲紹所敗,人衆稍散。太祖將定冀州,[8]燕遣使求佐王師,[9]拜平北將軍;[10]率衆詣鄴,封安國亭侯,邑五百户。燕薨,子方嗣。方薨,子融嗣。〔二〕

〔一〕《九州春秋》曰:張角之反也,[11]黑山、白波、黃龍、左校、牛角、五鹿、羝根、苦蝤、劉石、平漢、大洪、司隸、緣城、羅市、雷公、浮雲、飛燕、白爵、楊鳳、于毒等各起兵,[12]大者二三萬,小者不減數千。靈帝不能討,乃遣使拜楊鳳爲黑山校尉,[13]領諸山賊,得舉孝廉、計吏。後遂彌漫,不可復數。

《典略》曰:黑山、黃巾諸帥,本非冠蓋,[14]自相號字,謂騎白馬者爲張白騎,謂輕捷者爲張飛燕,謂聲大者爲張雷公,其饒鬚者則自稱于羝根,其眼大者自稱李大目。

張璠《漢紀》云:又有左校、郭大賢、左髭丈八三部也。

〔二〕陸機《晉惠帝起居注》曰:[15]門下通事令史張林,[16]飛燕之曾孫。林與趙王倫爲亂,未及周年,位至尚書令、衛將軍,[17]封郡公。[18]尋爲倫所殺。

[1] 真定:縣名。治所在今河北正定縣南。

［2］博陵：郡名。治所博陵縣，在今河北蠡縣南。

［3］廮陶：縣名。治所在今河北寧晋縣西南。

［4］剽捍：同"剽悍"，輕捷驍勇。

［5］寖：校點本作"寢"，百衲本作"濅"，殿本作"寖"，盧弼《集解》本作"寖"。按，"濅"同"浸"（見《字彙》），"寖"又同"濅"（見《集韻》），"寖"又同"浸"（見《字彙》）。今從殿本。

［6］趙郡：《續漢書·郡國志》作"趙國"，治所邯鄲縣，在今河北邯鄲市西南。 中山：王國名。治所盧奴縣，在今河北定州市。

［7］平難中郎將：官名。始置於此時。《後漢書》卷七一《朱儁傳》謂朝廷"拜燕平難中郎將，使領河北諸山谷事，歲得舉孝廉、計吏"。

［8］太祖將定冀州：趙幼文《校箋》謂《太平御覽》卷二三九引作"太祖征冀州"。

［9］求佐王師：趙幼文《校箋》謂《太平御覽》引作"求佐軍"。

［10］平北將軍：官名。曹操置於此時，魏晋時與平東、平西、平南將軍合稱四平將軍，地位較高。

［11］張角：東漢末黄巾軍首領。

［12］黑山白波：皆以地爲名。《後漢書》卷八《靈帝紀》謂中平五年（188）二月，"黄巾餘賊郭太等起於西河白波谷，寇太原、河東"。西河，指今山西與陝西間自北向南流的一段黄河。又按，《後漢書》卷七一《朱儁傳》所載名號，較此更多。其傳云："自黄巾賊後，復有黑山、黄龍、白波、左校、郭大賢、于氐根（此作"羝根"）、青牛角、張白騎、劉石、左髭丈八、平漢、大計、司隸、掾哉（此作"緣城"）、雷公、浮雲、飛燕、白雀（即此之"白爵"）、楊鳳、于毒、五鹿、李大目、白繞、畦固、苦哂（此作"若蝤"）之徒，並起山谷間，不可勝數。其大聲者稱雷公，騎白馬者爲張白騎，輕便者言飛燕，多髭者號於氐根，大眼者爲大

目，如此稱號，各有所因。大者二三萬，小者六七千。"

　　[13] 黑山校尉：官名。此時所特置。

　　[14] 冠蓋：指官僚士大夫。

　　[15] 陸機晉惠帝起居注：沈家本《三國志注所引書目》説，《隋書·經籍志》謂梁有《惠帝起居注》二卷，已亡，新、舊《唐書》之《志》亦未著録。《世説新語》各篇注引《惠帝起居注》十三事，均未著撰人；又《隋書·經籍志》有《元康起居注》一卷，梁有《永平、元康、永寧起居注》六卷，亡。永平、元康、永寧皆晉惠帝年號，陸機所撰，似已在此各卷中。

　　[16] 門下通事令史：官名。蓋掌納奏文書。

　　[17] 衛將軍：官名。東漢時位次大將軍、驃騎將軍、車騎將軍，位亞三公。開府置官屬。魏、晉沿置，位在諸名號將軍之上，多作爲軍府名號，加授大臣、重要州郡長官，無具體職掌，二品。開府者位從公，一品。

　　[18] 郡公：爵名。魏晉始置。晉武帝咸寧三年（277）定大、次、小王國制，並定郡公制如小王國。

　　張繡，武威祖厲人，[1]驃騎將軍濟族子也。[2]邊章、韓遂爲亂涼州，金城麴勝襲殺祖厲長劉儁。[3]繡爲縣吏，閒伺殺勝，郡内義之。遂招合少年，爲邑中豪傑。董卓敗，濟與李傕等擊吕布，爲卓報仇。語在《卓傳》。繡隨濟，以軍功稍遷至建忠將軍，封宣威侯。[4]濟屯弘農，[5]士卒飢餓，南攻穰，[6]爲流矢所中死。繡領其衆，屯宛，[7]與劉表合。太祖南征，軍淯水，[8]繡等舉衆降。太祖納濟妻，繡恨之。太祖聞其不悦，密有殺繡之計。計漏，繡掩襲太祖。太祖軍敗，二子没。[9]繡還保穰，[一]太祖比年攻之，不克。太祖拒袁紹於官渡，繡從賈詡計，復以衆降。語在《詡傳》。繡至，太祖執其手，與歡宴，爲子均娶繡女，拜揚武將軍。[10]官渡之役，繡力戰有功，遷破羌將軍。[11]從破袁譚於南皮，復增邑凡二千户。是時天下户口減耗，十裁一在，諸將封未有滿千户者，[12]而繡特多。從征烏丸于柳城，未至，薨，謚曰定侯。〔二〕子泉嗣，坐與魏諷謀反誅，國除。

〔一〕《傅子》曰：繡有所親胡車兒，勇冠其軍。太祖愛其健，[13]手以金與之。繡聞而疑太祖欲因左右刺之，[14]遂反。

《吳書》曰：繡降，（凌統）用賈詡計，[15]乞徙軍就高道，道由太祖屯中。繡又曰："車少而重，乞得使兵各被甲。"太祖信繡，皆聽之。繡乃嚴兵入屯，掩太祖。太祖不備，故敗。

〔二〕《魏略》曰：五官將數因請會，[16]發怒曰："君殺吾兄，何忍持面視人邪！"繡心不自安，乃自殺。

[1] 武威：郡名。治所姑臧，在今甘肅武威市。　祖（jiē）厲（lài）：縣名。治所在今甘肅靖遠縣西南。

[2] 驃（piào）騎將軍：官名。東漢時位比三公，地位尊崇。

[3] 金城：郡名。治所允（qiān）吾（yá），在今甘肅永靖縣西北湟水南岸。

[4] 宣威：縣名。治所在今甘肅民勤縣西南。

[5] 弘農：郡名。治所弘農縣，在今河南靈寶市東北。

[6] 穰（ráng）：縣名。治所在今河南鄧州市。

[7] 宛：縣名。治所在今河南南陽市。

[8] 淯水：即今白河。源出河南嵩縣南伏牛山，東南流經南陽市東。曹操駐軍之淯水，當在此附近。

［9］二子：錢大昭《辨疑》云："一子謂豐愍王昂也，其一子《武帝紀》以爲'弟子安民'則非，皆武帝子矣。"

［10］揚武將軍：官名。東漢光武帝建武初置，漢末曹操亦置。主統兵出征。

［11］破羌將軍：官名。西漢宣帝時曾置以征討西北地區之叛羌，後省。曹操此時又復置。

［12］未有：徐紹楨《質疑》謂當從毛本作"有未"，因張繡之增邑在建安十年，而荀彧已於建安八年封萬歲亭侯，有邑千户，故十二年增邑千户，即合二千户，何云"諸將封未有滿千户"耶？

［13］健：校點本"健"上有"驍"字，百衲本、殿本、盧弼《集解》本皆無。今從百衲本等。

［14］而：殿本、盧弼《集解》本作"之"，百衲本、校點本作"而"。今從百衲本等。

［15］用：各本"用"上皆有"凌統"二字，盧弼《集解》云："'凌統'二字未詳。"校點本即從盧説刪。今從校點本。趙幼文《校箋》則云："凌統爲吴臣，而繡保穰與凌統不相接。"且統本傳及《賈詡傳》俱未載，疑此凌統爲另一人，俟考。

［16］五官將：指曹丕。因當時曹丕爲五官中郎將。　請會：趙幼文《校箋》謂郝經《續後漢書》無"請"字。

張魯字公祺，[1]沛國豐人也。[2]祖父陵，[3]客蜀，學道鵠鳴山中，[4]造作道書以惑百姓，從受道者出五斗米，故世號米賊。[5]陵死，子衡行其道。[6]衡死，魯復行之。益州牧劉焉以魯爲督義司馬，[7]與別部司馬張脩將兵擊漢中太守蘇固，[8]魯遂襲脩殺之，奪其衆。焉死，子璋代立，以魯不順，盡殺魯母家室。魯遂據漢中，以鬼道教民，[9]自號"師君"。其來學道者，初皆名"鬼卒"。受本道已信，號"祭酒"。[10]各領部衆，多者爲治頭大祭酒。皆教以誠信不欺詐，有病自首其過，大都與黃巾相似。諸祭酒皆作義舍，如今之亭傳。[12]又置義米肉，懸於義舍，行路者量腹取足；若過多，鬼道輒病之。[13]犯法者，[14]三原，然後乃行刑。不置長吏，[15]皆以祭酒爲治，民夷便樂之。雄據巴、漢垂三十年。[一][16]漢末，力不能征，遂就寵魯爲鎮民中郎將，[17]領漢寧太守，[18]通貢獻而已。民有地中得玉印者，羣下欲尊魯爲漢寧王。[19]魯功曹巴西閻圃諫魯曰：[20]"漢川之民，[21]戶出十萬，財富土沃，四面險固；上匡天子，則爲桓、文，[22]次及竇融，[23]不失富貴。今承制署置，[24]勢足斬斷，[25]不煩於王。願且不稱，勿爲禍先。"魯從之。韓遂、馬超之亂，關西民從子午谷奔之者數萬家。[26]

〔一〕《典略》曰：熹平中，[27]妖賊大起，三輔有駱曜。[28]光和中，[29]東方有張角，漢中有張脩。駱曜教民緬匿法，[30]角爲太平道，脩爲五斗米道。太平道者，師持九節杖爲符祝，[31]教病人叩頭思過，因以符水飲之，[32]得病或日淺而愈者，則云此人信道，其或不愈，則云不信道。[33]脩法略與角同，加施靜室，使病者處其中思過。又使人爲姦令祭酒，祭酒主以《老子》五千文，[34]使都習，[35]號爲姦令。爲鬼吏，主爲病者請禱。請禱之法，書病人姓名，[36]說服罪之意。作三通，[37]其一上之天，著山上，其一埋之地，其一沉之水，謂之三官手書。[38]使病者家出米五斗以爲常，故號曰五斗米師。實無益于治病，但爲淫妄，[39]然小人昏愚，競共事之。後角被誅，脩亦亡。及魯在漢中，因其民信行脩業，遂增飾之。教使作義舍，以米肉置其中以止行人；又教使自隱，[40]有小過者，當治道百步，則罪除；又依《月令》，[41]春夏禁殺；

又禁酒。流移寄在其地者，不敢不奉。

臣松之謂張脩應是張衡，[42]非《典略》之失，則傳寫之誤。

[1] 公祺：潘眉《考證》云："《後漢書·劉焉傳》云魯字公旗。"盧弼《集解》云："《華陽國志》及宋濂《天師世家叙》均作公祺。"趙幼文《校箋》又謂《廣弘明集》釋法琳《對傅奕廢佛僧事》引《魏志》"祺"字作"旗"，與《後漢書》合。

[2] 沛國：王國名。治所相縣，在今安徽濉溪縣西北。　豐：縣名。治所在今江蘇豐縣。

[3] 陵：葛洪《神仙傳》中稱爲張道陵，字輔漢。《後漢書》卷七五《劉焉傳》謂張陵於漢順帝時入蜀。

[4] 客：寄居。　蜀：郡名。治所成都縣，在今四川成都市舊東西城區。

[5] 鵠鳴山：山名。又作"鶴鳴山"（見《後漢書》《華陽國志》與《水經注》），在今四川大邑縣西北。趙幼文《校箋》云："'鶴鳴'即'鵠鳴'，古'鶴''鵠'通用。"

[6] 世號米賊：《華陽國志·漢中志》作"世謂之'米道'"，《水經·沔水注》作"世號'五斗米道'"。

[7] 衡：潘眉《考證》："《天師世家》衡字靈真，有長材，詔徵黃門侍郎，避隱居陽平山。"

[8] 督義司馬：官名。劉焉在益州自行設置之官。

[9] 別部司馬：官名。東漢時，大將軍領營五部，部有軍司馬一人，秩比千石，其別營領屬稱別部司馬。此時劉焉雖未爲大將軍，亦設置別部司馬。　漢中：郡名。治所南鄭縣，在今陝西漢中市東。

[10] 鬼道：奉鬼的宗教，指五斗米道。

[11] 祭酒：張魯在漢中傳五斗米道，創立政教合一的政權。其政權中最高統治者稱"師君"，以下皆稱"祭酒"或"治頭大祭

酒"。

［12］亭傳（zhuàn）：古時在途中設置供差使歇息之處所。

［13］鬼道：盧弼《集解》本作"鬼神"，百衲本、殿本、校點本作"鬼道"。今從百衲本等。此"鬼道"亦指鬼神。

［14］犯法者：盧弼《集解》本無"者"字，百衲本、殿本、校點本皆有。今從百衲本等。

［15］長吏：漢代稱秩六百石以上的官吏爲長吏，又稱秩四百石至二百石之縣丞、尉爲長吏。漢代縣令、長之秩爲千石至三百石。此處之"長吏"，即指縣令、長。

［16］巴漢：巴郡和漢中郡。巴郡治所江州縣，在今重慶市渝中區。

［17］鎮民中郎將：官名。東漢末置，即以張魯爲之。《後漢書·劉焉傳》作"鎮夷中郎將"。

［18］漢寧：郡名。即漢中郡，但未詳何時改。治所仍南鄭縣。

［19］尊魯爲漢寧王：趙一清《注補》謂建此言者，乃李勝之父李休。見本書卷九《曹爽傳》裴松之注。

［20］功曹：官名。漢代郡太守下設功曹史，簡稱功曹，爲郡太守之佐吏，除分掌人事外，並得參與一郡之政務。

［21］漢川：漢水流域之地。此指漢寧郡。

［22］桓文：指春秋五霸中的齊桓公和晉文公。

［23］竇融：東漢人，新莽末年曾據河西五郡，後歸降漢光武帝，以功封安豐侯，任大司空。（見《後漢書》卷二三《竇融傳》）

［24］承制：奉皇帝之命。

［25］斬斷：盡斷，專斷。

［26］關西：謂函谷關以西之地。　子午谷：秦嶺山中的一條谷道，爲古代關中與巴蜀的交通要道之一。北口在今陝西西安市南一百里，南口在陝西洋縣東一百六十里，全長六百六十里。此爲漢魏舊道。南朝梁將軍王念神以舊道艱險，另開南段乾路，出今洋縣東三十里龍亭。因北方稱"子"，南方稱"午"，故稱"子午谷"。

(本《元和郡縣志》與《長安志》)

［27］熹平：漢靈帝劉宏年號（172—178）。

［28］三輔：地區名。漢武帝太初元年（前104），分右內史置京兆、右扶風，改左內史爲左馮（píng）翊（yì），合稱三輔。東漢遷都洛陽，以三輔陵廟所在，不改其名，仍稱三輔。轄區在今陝西渭水流域一帶地區。

［29］光和：漢靈帝劉宏年號（178—184）。

［30］緬匿法：道教的隱身法。

［31］符：道教的符籙。　祝：同"咒"，道教的咒語。

［32］符水：道士以符籙燒灰攪於水稱符水。

［33］云：殿本、盧弼《集解》本、校點本作"爲"，百衲本作"云"。《後漢書·劉焉傳》李賢注引此亦作"云"。今從百衲本。

［34］主：等於說"專"。

［35］都習：全熟悉。

［36］姓名：《後漢書·劉焉傳》李賢注引此作"姓字"。

［37］三通：三份。

［38］三官：道教以天、地、水爲三官。後世道教即有三官大帝之奉祀。

［39］淫妄：盧弼《集解》引何焯云："謂淫祀妄言也。"

［40］自隱：自己審度，思量。《廣雅·釋詁一》："隱，度也。"

［41］月令：《禮記》中之一篇，記述農曆十二個月的時令、行政及相關事物。

［42］張脩應是張衡：清代學者對裴松之此說，多不贊同。梁章鉅《旁證》引陳景雲說，《後漢書》卷八《靈帝紀》李賢注引劉艾《紀》與《典略》之文合，且劉艾《紀》出《典略》之前，不應有誤。錢大昭《辨疑》謂張魯爲張衡之子，而張脩爲劉焉之別部司馬，與督義司馬張魯一同將兵擊漢中太守蘇固；《典略》所說的張脩，即劉焉之別部司馬張脩，也是習五斗米道者，亦即《後漢書

·靈帝紀》所說的"巴郡妖巫",怎麼可能是張魯之父?裴氏所言非是。趙幼文《校箋》則云:"錢説近是。然謂《靈紀》所云巴郡妖巫即劉焉所遣之別部司馬則非。據《典略》云'角被誅,脩亦亡。及魯在漢中,因其民信行脩業,遂增飾之'。故知所謂巴郡妖巫之張脩,與焉之別部司馬張脩,實爲二人,因二人同名,錢氏偶失檢,遂未加釐別而致誤也。"

建安二十年,太祖乃自散關出武都征之,[1]至陽平關。[2]魯欲舉漢中降,其弟衛不肯,率衆數萬人拒關堅守。太祖攻破之,遂入蜀。〔一〕魯聞陽平已陷,將稽顙,[3]閻又曰:"今以迫往,功必輕;不如依(杜灌)[杜濩]赴朴胡相拒,[4]然後委質,功必多。"於是乃奔南山入巴中。[5]左右欲悉燒寶貨倉庫,魯曰:"本欲歸命國家,而意未達。今之走,避鋭鋒,非有惡意。寶貨倉庫,國家之有。"遂封藏而去。太祖入南鄭,甚嘉之。又以魯本有善意,遣人慰喻。魯盡將家出,太祖逆拜魯鎮南將軍,[6]待以客禮,封閬中侯,[7]邑萬戶。封魯五子及閻圃等皆爲列侯。〔二〕爲子彭祖取魯女。[8]魯薨,諡之曰原侯。子富嗣。〔三〕

〔一〕《魏名臣奏》載董昭表曰:"武皇帝承涼州從事及武都降人之辭,[9]説張魯易攻,陽平城下南北山相遠,不可守也,信以爲然。及往臨履,[10]不如所聞,乃歎曰:'他人商度,少如人意。'攻陽平山上諸屯,既不時拔,士卒傷夷者多。武皇帝意沮,便欲拔軍截山而還,[11]遣故大將軍夏侯惇、將軍許褚呼山上兵還。[12]會前軍未還,夜迷惑,誤入賊營,賊便退散。侍中辛毗、劉曄等在兵後,語惇、褚,言'官兵已據得賊要屯,賊已散走',

猶不信之。惇前自見，乃還白武皇帝，進兵定之，幸而克獲。此近事，吏士所知。"又楊暨表曰：[13]"武皇帝始征張魯，以十萬之眾，身親臨履，指授方略，因就民麥以為軍糧。張衛之守，蓋不足言。地險守易，雖有精兵虎將，勢不能施。對兵三日，欲抽軍還，言'作軍三十年，一朝持與人，如何'。此計已定，天祚大魏，魯守自壞，因以定之。"

《世語》曰：魯遣五官掾降，[14]弟衛橫山築陽平城以拒，王師不得進。魯走巴中。軍糧盡，太祖將還。西曹掾東郡郭諶曰：[15]"不可。魯已降，留使既未反，衛雖不同，偏攜可攻。[16]縣軍深入，以進必克，退必不免。"太祖疑之。夜有野麋數千突壞衛營，軍大驚。夜，高祚等誤與衛眾遇，祚等多鳴鼓角會眾。衛懼，以為大軍見掩，遂降。

〔二〕臣松之以為張魯雖有善心，要為敗而後降，今乃寵以萬戶，五子皆封侯，過矣。

習鑿齒曰：魯欲稱王，而閻圃諫止之，今封圃為列侯。夫賞罰者，所以懲惡勸善也，苟其可以明軌訓於物，無遠近幽深矣。今閻圃諫魯勿王，而太祖追封之，將來之人孰不思順！塞其本源而末流自止，其此之謂與！若乃不明於此而重爓爛之功，[17]豐爵厚賞止於死戰之士，則民利於有亂，俗競於殺伐，阻兵仗力，干戈不戢矣。太祖之此封，可謂知賞罰之本，雖湯武居之，[18]無以加也。

《魏略》曰：黃初中，[19]增圃爵邑，在禮請中。[20]後十餘歲病死。

《晉書》云：西戎司馬閻纘，[21]圃孫也。

〔三〕《魏略》曰：劉雄鳴者，藍田人也。[22]少以采藥射獵為事，常居覆車山下，[23]每晨夜，出行雲霧中，以識道不迷，[24]而時人因謂之能為雲霧。[25]郭、李之亂，[26]人多就之。建安中，附屬州郡，州郡表薦為小將。馬超等反，不肯從，超破之。後詣太祖，太祖執其手謂之曰："孤方入關，夢得一神人，即卿邪！"[27]

乃厚禮之，[28]表拜爲將軍，遣令迎其部黨。部黨不欲降，遂劫以反，諸亡命皆往依之，有衆數千人，據武關道口。太祖遣夏侯淵討破之，雄鳴南奔漢中。漢中破，窮無所之，乃復歸降。太祖捉其鬚曰："老賊，真得汝矣！"復其官，徙勃海。時又有程銀、侯選、李堪，皆河東人也，興平之亂，[29]各有衆千餘家。建安十六年，並與馬超合。超破走，堪臨陣死。銀、選南入漢中，漢中破，詣太祖降，皆復官爵。

[1] 散關：關隘名。亦名大散關，在今陝西寶雞市西南的大散嶺上，形勢險要，古爲軍事重地。　武都：郡名。治所下辯縣，在今甘肅成縣西。

[2] 陽平關：關隘名。在今陝西勉縣西北白馬城。今寧強縣亦有陽平關，乃後代移置，非古陽平關。

[3] 稽顙：百衲本、殿本、盧弼《集解》本均作"稽顙"，校點本從沈家本說增"歸降"二字。吳金華《校詁》則謂，"稽顙"即拜伏投降之義，本書卷一五《梁習傳》、卷三二《先主傳》、卷四三《張嶷傳》注引《益部耆舊傳》等皆有，不煩補字。今仍從百衲本等。

[4] 杜濩：各本均作"杜灌"，而本書卷一《武帝紀》、《通鑑》卷六七漢獻帝建安二十年皆作"杜濩"，校點本即據《武帝紀》與《通鑑》改。今從之。杜濩、朴胡，均見本書《武帝紀》建安二十年。

[5] 南山：山名。在今陝西勉縣南、四川南江縣北（本謝鍾英《補三國疆域志補注》）。　巴中：地名。在今四川渠縣東北。胡三省云："今巴州，漢巴郡宕渠縣之北界也。三巴之地，此居其中，謂之中巴。"（《通鑑》卷六七漢獻帝建安二十年注）漢宕渠縣，在今四川渠縣東北。

[6] 鎮南將軍：官名。將軍名號之一。東漢末有鎮東、西、

南、北將軍各一人。

[7] 閬中：縣名。治所在今四川閬中市。

[8] 彭祖：曹宇字彭祖。魏明帝時封爲燕王。

[9] 承：吳金華《校詁》云："承猶聞也。"

[10] 臨履：謂親自察看。

[11] 截山：謂用兵把守歸回之山路，以防敵方尾隨追擊。

[12] 大將軍：官名。東漢時，常兼錄尚書事，與太傅、太尉等共同主持政務。漢末，位在三公上。曹魏時爲上公，第一品。按，此段文字爲後代之追述，所言官職亦非當時之官職。

[13] 楊暨：字休先，滎陽（今河南滎陽縣東北）人。事迹主要見本書卷一四《劉曄傳》裴注引《傅子》、卷二六《田豫傳》及裴松之按語。

[14] 五官掾：官名。漢代郡國之屬吏，地位僅次於功曹，祭祀時居諸吏之首，無固定職掌，凡功曹及諸曹事出缺，即代理其職務。

[15] 東郡：治所濮陽縣，在今河南濮陽縣西南。

[16] 偏攜：亦即"偏師"。

[17] 燋爛之功：《漢書》卷六八《霍光傳》載：霍光死後，其子弟恃貴奢侈，茂陵徐福數次上書朝廷，請抑制之，未被采納。後霍氏果謀反被誅，凡告霍氏反者均受封賞，而不及徐福。有人遂上書曰："臣聞：客有過主人者，見其竈直突，傍有積薪。客謂主人更爲曲突，遠徙其薪，不者且有火患。主人默然不應。俄而家果失火，鄰里共救之，幸而得息。於是殺牛置酒，謝其鄰人，灼爛者在於上行，餘各以功次坐，而不錄言曲突者。人謂主人曰：'鄉使聽客之言，不費牛酒，終亡火患。今論功而請賓，曲突徙薪亡恩澤，燋頭爛額爲上客邪？'主人乃寤而請之。"漢宣帝遂賜徐福帛十匹，後又以之爲郎。

[18] 湯武：商湯、周武王。

[19] 黃初：魏文帝曹丕年號（220—226）。

[20] 禮請：百衲本作"禮謂"，殿本、盧弼《集解》本、校

點本作"禮請"。殿本《考證》謂監本作"禮爲",毛本作"禮謂",而《蜀志·劉封傳》注"詔轉拜儀樓船將軍,在禮請中",請猶奉朝請之請,毛本、監本均失之。今改正。今從殿本等。

[21] 西戎司馬:官名。按,裴松之所引《晉書》,未知何家《晉書》,據今傳唐人《晉書》,此西戎司馬,乃西戎校尉司馬。西晉初西戎校尉駐長安,掌雍州少數族事務。司馬爲其僚佐。 閻纘:《晉書》卷四八有傳。

[22] 藍田:縣名。治所在今陝西藍田縣西灞河西岸。

[23] 覆車山:山名。在當時藍田縣東。《元和郡縣志·關內道一》:"藍田山,一名玉山,一名覆車山,在縣東二十八里。"

[24] 不迷:趙幼文《校箋》謂《藝文類聚》卷二、《太平御覽》卷一五引"迷"下有"惑"字。

[25] 而時人因謂之:趙幼文《校箋》謂《藝文類聚》《太平御覽》引"時"上無"而"字,"謂"下無"之"字。郝經《續後漢書》同。

[26] 郭李:指李傕、郭汜。見本書卷六《董卓傳》。

[27] 卿:趙幼文《校箋》謂《太平御覽》卷三七〇、卷三七四引作"汝"。

[28] 禮:趙幼文《校箋》謂《太平御覽》引作"賜"。

[29] 興平之亂:指漢獻帝興平年間李傕、郭汜之亂。

評曰:公孫瓚保京,[1]坐待夷滅。度殘暴而不節,淵仍業以載凶,[2]祇足覆其族也。陶謙昏亂而憂死,張楊授首於臣下,皆擁據州郡,曾匹夫之不若,固無可論者也。燕、繡、魯舍羣盜,列功臣,去危亡,保宗祀,則於彼爲愈焉。

[1] 京:易京。

[2] 載:通"再"。

三國志 卷九

魏書九

諸夏侯曹傳第九

夏侯惇字元讓,沛國譙人,[1]夏侯嬰之後也。[2]年十四,就師學,人有辱其師者,惇殺之,由是以烈氣聞。太祖初起,惇常為裨將,從征伐。太祖行奮武將軍,[3]以惇為司馬,[4]別屯白馬,[5]遷折衝校尉,[6]領東郡太守。[7]太祖征陶謙,留惇守濮陽。張邈叛迎呂布,太祖家在鄄城,[8]惇輕軍往赴,[9]適與布會,交戰。布退還,遂入濮陽,襲得惇軍輜重。遣將偽降,共執持惇,責以寶貨,惇軍中震恐。惇將韓浩乃勒兵屯惇營門,召軍吏諸將,皆案甲當部不得動,諸營乃定。遂詣惇所,叱持質者曰:[10]"汝等凶逆,乃敢執劫大將(軍),[11]復欲望生邪!且吾受命討賊,寧能以一將軍之故,而縱汝乎?"因涕泣謂惇曰:"當奈國法何!"促召兵擊持質者。持質者惶遽叩頭,言"我但欲乞資用去耳"!浩數責,皆斬之。惇既免,太祖聞之,謂浩

曰："卿此可爲萬世法。"乃著令："自今已後有持質者，皆當並擊，勿顧質。"由是劫質者遂絶。〔一〕

〔一〕孫盛曰：案《光武紀》，[12]建武九年，盜劫陰貴人母弟，吏以不得拘質迫盜，盜遂殺之也。然則合擊者，乃古制也。自安、順已降，[13]政教陵遲，[14]劫質不避王公，而有司莫能遵奉國憲者，[15]浩始復斬之，故魏武嘉焉。

[1] 沛國：王國名。治所相縣，在今安徽濉溪縣西北。 譙：縣名。治所在今安徽亳州市。

[2] 夏侯嬰：西漢初人。與漢高祖劉邦同爲沛縣（今江蘇沛縣）人。劉邦爲亭長時，即與嬰親善。劉邦起兵後，嬰長期爲劉邦駕車，後曾爲滕令，因稱爲滕公。劉邦即帝位後，封嬰爲汝陰侯，並剖符，世世勿絶。（見《漢書》卷四一《夏侯嬰傳》）

[3] 奮武將軍：官名。將軍名號之一，東漢末置。

[4] 司馬：官名。將軍軍府之屬官，掌參贊軍務，管理府内武職，位僅次於長史。

[5] 白馬：縣名。治所在今河南滑縣東南城關鎮東。在當時的黃河南岸，北岸是黎陽。

[6] 折衝校尉：官名。東漢末置，爲領兵武職。

[7] 東郡：治所濮陽縣，在今河南濮陽縣西南。

[8] 鄄城：縣名。治所在今山東鄄城縣北。曹操爲兗州牧，治所在此。

[9] 輕軍：殿本、盧弼《集解》本作"輕車"，百衲本、校點本作"輕軍"。今從百衲本等。

[10] 質：人質。指夏侯惇。

[11] 大將：各本皆作"大將軍"。錢大昭《辨疑》云："是時惇爲折衝校尉，非大將軍也。惇爲大將軍在文帝即王位之後，安得

先以大將軍稱之？'大'字疑衍。"盧弼《集解》又引沈家本云："下文'寧能以一將軍之故'亦稱將軍，錢說是。"趙幼文《校箋》則謂《白孔六帖》卷九一引無"軍"字是也。下文"一將軍之故"，"軍"字亦似蒙上而衍。錢、沈說疑未確。按，大將與將軍皆武將之泛稱，上文稱"大將"，下文稱"將軍"，未嘗不可，且《白孔六帖》之下文亦作"將軍"，故此傳"一將軍之故"之"軍"字，不必是衍文，今從趙說刪"大將軍"之"軍"字。

[12] 光武紀：盧弼《集解》謂孫盛所引此《光武紀》，未知出於何書，今傳袁宏《後漢紀》、范曄《後漢書》之《光武帝紀》，均未載此事。僅《後漢書·陰皇后紀》載建武九年（33）陰皇后尚爲貴人時，有盜劫殺其母鄧氏及弟訴，"帝甚傷之"。趙幼文《校箋》則謂孫盛在袁宏與范曄前，當不見《後漢紀》與范書也。其所紀述，蓋出自《東觀漢紀》及謝承書耶！

[13] 安、順：漢安帝、漢順帝。

[14] 政教陵遲：《後漢書》卷五一《橋玄傳》載：玄少子被劫執，促兵攻之，子亦死。"玄乃詣闕謝罪，乞下天下：'凡有劫質，皆並殺之，不得贖以財寶，開張奸路。'詔書下其章。初，自安帝以後，法禁稍弛，京師劫質，不避豪貴，自是遂絶。"

[15] 國憲：國家的法制刑律。《晉書·刑法志》謂漢科有"持質"。（詳程樹德《九朝律考》）

太祖自徐州還，[1]惇從征呂布，爲流矢所中，傷左目。[一]復領陳留、濟陰太守，[2]加建武將軍，[3]封高安鄉侯。時大旱，蝗蟲起，惇乃斷太壽水作陂，[4]身自負土，率將士勸種稻，[5]民賴其利。轉領河南尹。[6]太祖平河北，爲大（將）軍後拒。[7]鄴破，[8]遷伏波將軍，[9]領尹如故，使得以便宜從事，不拘科制。[10]建安十二年，[11]録惇前後功，增封邑千八百户，並前二千五百户。二十一年，從征孫權還，使惇都督二十六軍，[12]留居巢。[13]賜伎樂名倡，令曰："魏絳以和戎之功，[14]猶受金石之樂，況將軍乎！"二十四年，太祖軍（擊破呂布軍）于摩陂，[15]召惇常與同載，特見親重，出入臥內，諸將莫得比也。拜前將軍，〔二〕[16]督諸軍還壽春，[17]徙屯召陵。[18]文帝即王位，拜惇大將軍，[19]數月薨。[20]

〔一〕《魏略》曰：時夏侯淵與惇俱爲將軍，軍中號惇爲盲夏侯。惇惡之，每照鏡恚怒，輒撲鏡于地。[21]

〔二〕《魏書》曰：時諸將皆受魏官號，惇獨漢官，乃上疏自陳不當不臣之禮。太祖曰："吾聞太上師臣，其次友臣。夫臣者，貴德之人也，區區之魏，而臣足以屈君乎？"惇固請，乃拜爲前將軍。

[1] 徐州：州名。刺史治所本在郯縣（今山東郯城縣北），東漢末移至下邳（今江蘇睢寧縣西北）。

[2] 陳留：郡名。治所陳留縣，在今河南開封市東南。 濟陰：郡名。治所定陶縣，在今山東定陶縣西北。

[3] 建武將軍：官名。東漢末曹操置。

[4] 太壽：地名。趙一清《注補》云："太壽不見於兩漢志，大約在寧陵、襄邑之間。"寧陵，縣名。治所在今河南寧陵縣南。襄邑，縣名。治所在今河南睢縣。 陂（bēi）：趙幼文《校箋》謂《北堂書鈔》卷七四引"陂"下有"塘"字。按陂亦塘堰。謝鍾英云："陂在今睢州東。"（《補三國疆域志補注》）清代睢州，即今睢縣。

[5] 勸種稻：趙幼文《校箋》謂《北堂書鈔》引作"勸種稻田"。

[6] 河南尹：官名。秩二千石。東漢建都洛陽，將京都附近二

十一縣合爲一行政區,稱河南尹,相當於一郡。河南尹的長官亦稱河南尹,地區名與官名相同。曹魏因之,第三品。

[7] 大軍:各本作"大將軍"。趙一清《注補》:"'將'字衍。魏武時爲司空,不爲大將軍;惇親貴殊倫,又不當爲他將後距也。"今從趙説刪。

[8] 鄴:縣名。治所在今河北臨漳縣西南鄴鎮東一里半。

[9] 伏波將軍:官名。將軍名號之一,東漢末地位較高。

[10] 科制:法令條制。

[11] 建安:漢獻帝劉協年號(196—220)。

[12] 都督:此爲統領、總領之意,後遂成爲官名。

[13] 居巢:縣名。治所在今安徽巢湖市東北。

[14] 魏絳:即魏莊子。春秋時晉大夫,曾任中軍司馬、新軍之佐、下軍之將。力主與戎人和好,得晉悼公采納,使晉國聲威大增,晉悼公因而賜魏絳鄭國所送樂女、樂器之半。《左傳·襄公十一年》:"晉侯以樂之半賜魏絳,曰:'子教寡人和諸戎狄以正諸華,八年之中,九合諸侯,如樂之和,無所不諧,請與子樂之。'"

[15] 太祖軍:各本在"太祖軍"下有"擊破呂布軍"五字。盧弼《集解》引陳景雲、趙一清、錢大昭、趙翼、潘眉、李慈銘諸家之説,謂呂布已敗死於建安三年,距此時已二十一年,不可能又有"擊破呂布軍"之事。當時曹仁在樊城被關羽所圍,曹操遣徐晃往救之,又親自率軍接應。曹操尚未至,徐晃已敗關羽,曹操遂停軍於摩陂;"呂布"二字當爲"關羽"。盧弼又謂"擊破呂布軍"五字皆衍文,則上下文皆通。校點本即從盧説删此五字。今從之。

摩陂:地名。在今河南郟縣東南。

[16] 前將軍:官名。在漢代,與後、左、右將軍皆位如上卿,掌京師兵衛與邊防屯警。魏晉亦置,第三品。權位漸低,略高於一般雜號將軍,不典禁兵,不與朝政。

[17] 壽春:縣名。治所在今安徽壽縣。

[18] 召(shào)陵:縣名。治所在今河南郾城縣東。

[19] 大將軍：官名。東漢時，常兼錄尚書事，與太傅、太尉等共同主持政務。漢末，位在三公上。曹魏時爲上公，第一品。盧弼《集解》謂北宋本"大將軍"上有"爲"字。趙幼文《校箋》云："盧君未見北宋本，此出錢儀吉《三國志證聞》。"

[20] 數月薨：徐紹楨《質疑》云："按《文帝紀》，延康元年三月己卯以惇爲大將軍，夏四月庚午惇薨。自己卯至庚午纔五十二日，猶未及兩月，而本傳稱其數月始薨，殆未審也。"

[21] 于地：趙幼文《校箋》謂《太平御覽》卷四八三、卷七一七、卷七四〇引"于"字俱作"着"。

惇雖在軍旅，親迎師受業。性清儉，有餘財輒以分施，不足資之於官，不治產業。諡曰忠侯。子充嗣。帝追思惇功，欲使子孫畢侯，分惇邑千户，賜惇七子二孫爵皆關內侯。[1]惇弟廉及子楙素自封列侯。[2]初，太祖以女妻楙，即清河公主也。[3]楙歷位侍中尚書、安西鎮東將軍，[4]假節。〔一〕[5]充薨，子廙嗣。廙薨，子劭嗣。〔二〕

〔一〕《魏略》曰：楙字子林，惇中子也。文帝少與楙親，及即位，以爲安西將軍、持節，[6]承夏侯淵處都督關中。[7]楙性無武略，而好治生。至太和二年，[8]明帝西征，人有白楙者，遂召還爲尚書。楙在西時，多畜伎妾，公主由此與楙不和。其後羣弟不遵禮度，楙數切責，弟懼見治，乃共搆楙以誹謗，令主奏之，[9]有詔收楙。帝意欲殺之，以問長水校尉京兆段默，[10]默以爲"此必清河公主與楙不睦，[11]出于譖搆，冀不推實耳。[12]且伏波與先帝有定天下之功，[13]宜加三思"。帝意解，曰："吾亦以爲然。"乃發詔推問爲公主作表者，[14]果其羣弟子臧、子江所搆也。[15]

〔二〕《晋陽秋》曰：泰始二年，[16]高安鄉侯夏侯佐卒，惇之孫也，嗣絕。詔曰："惇，魏之元功，勳書竹帛。昔庭堅不祀，[17]猶或悼之，況朕受禪于魏，[18]而可以忘其功臣哉！宜擇惇近屬紹封之。"[19]

［1］關内侯：爵名。次於列侯，祇有封户收取租税而無封地。

［2］列侯：爵名。漢代二十級爵之最高者。金印紫綬，有封邑，食租税。功大者食縣、邑，小者食鄉、亭。曹魏初亦沿襲有列侯。

［3］清河：縣名。治所在今山東臨清市東北。清河公主爲曹操之劉夫人所生。見本書卷五《武宣卞皇后傳》注引《魏略》。

［4］侍中：官名。曹魏時，第三品。爲門下侍中寺長官。職掌門下衆事，侍從左右，顧問應對，拾遺補闕，與散騎常侍、黄門侍郎等共平書奏事。晋沿置，爲門下省長官。　尚書：官名。魏置吏部、左民、客曹、五兵、度支等五曹尚書，秩皆六百石，第三品。其中吏部職任要重，徑稱吏部尚書，其餘諸曹均稱尚書。　安西：即安西將軍。魏、晋時第三品。爲出鎮地方的軍事長官，或爲州刺史兼理軍務的加官。　鎮東將軍：官名。第二品，位次四征將軍，領兵如征東將軍。多爲持節都督，出鎮方面。

［5］假節：漢末三國時期，皇帝賜予臣下的一種權力。至晋代，此種權力明確爲因軍事可殺犯軍令者。

［6］持節：漢朝官吏奉使外出時，由皇帝授予節杖，以提高其威權。漢末三國，則爲皇帝授予出征或出鎮的軍事長官的一種權力。至晋代，此種權力明確爲可殺無官位人，若軍事，可殺二千石以下官員。如皇帝派遣大臣出巡或祭吊等事務時，加持節，則表示權力和尊崇。

［7］關中：地區名。指函谷關以内之地，包括今陝西和甘肅、寧夏、内蒙古的部分地區。

[8] 太和：魏明帝曹叡年號（227—233）。

[9] 令主：殿本、盧弼《集解》本作"公主"，百衲本、校點本作"令主"。殿本《考證》亦云"宋本作'令主'"。今從百衲本等。趙幼文《校箋》又謂《太平御覽》卷五一五引作"令公主"。考上下文俱作"公主"，不曰"主"，疑宋本脱"公"字也。

[10] 長水校尉：官名。魏時秩比二千石，第四品，掌宿衛兵。京兆：郡名。治所長安，在今陝西西安市西北。

[11] 默以爲：趙幼文《校箋》謂《太平御覽》卷五一五引"以爲"下有"誹謗之言，不與實相應"九字。

[12] 推：趙幼文《校箋》謂《太平御覽》引作"待"。

[13] 伏波：指夏侯惇。因惇曾爲伏波將軍。

[14] 發詔推問：趙幼文《校箋》謂《太平御覽》卷五一五引無"推"字，"問"下有"本"字。

[15] 子江所搆也：趙幼文《校箋》謂《太平御覽》引"江所搆也"作"佐欲疏使不見信"。按，《太平御覽》實作"佐欲搆疏揪使不見信"。

[16] 泰始：晋武帝司馬炎年號（265—274）。

[17] 庭堅：古人名。雷學淇《世本校輯》云："庭堅乃出顓頊，其後爲蓼（liǎo），姬姓。"（詳楊伯峻《春秋左傳注》文公五年引）春秋時蓼國在今河南固始縣東北。《左傳·文公五年》："楚公子燮滅蓼，臧文仲聞六與蓼滅，曰：'皋陶、庭堅不祀忽諸。德之不建，民之無援，哀哉！'"

[18] 受禪：趙幼文《校箋》謂《藝文類聚》卷五一引"禪"字作"終"。

[19] 宜：趙幼文《校箋》謂《藝文類聚》引作"其"，蓋漢魏詔令用語。　紹：百衲本作"紹"，殿本、盧弼《集解》本、校點本作"劭"。今從百衲本。

韓浩者，河內人。[1]（及）沛國史渙與浩俱以忠勇顯。[2]浩至中護軍，[3]渙至中領軍，[4]皆掌禁兵，封列侯。〔一〕

〔一〕《魏書》曰：韓浩字元嗣。漢末起兵，縣近山藪，多寇，浩聚徒衆爲縣藩衞。太守王匡以爲從事，[5]將兵拒董卓于盟津。[6]時浩舅杜陽爲河陰令，[7]卓執之，使招浩，浩不從。袁術聞而壯之，以爲騎都尉。[8]夏侯惇聞其名，請與相見，大奇之，使領兵從征伐。時大議損益，浩以爲當急田。太祖善之，遷護軍。太祖欲討柳城，[9]領軍史渙以爲道遠深入，非完計也，欲與浩共諫。浩曰："今兵勢彊盛，威加四海，戰勝攻取，無不如志，不以此時遂除天下之患，將爲後憂。且公神武，舉無遺策，吾與君爲中軍主，[10]不宜沮衆。"遂從破柳城，改其官爲中護軍，[11]置長史、司馬。[12]從討張魯，[13]魯降。議者以浩智略足以綏邊，欲留使都督諸軍，鎮漢中。[14]太祖曰："吾安可以無護軍？"乃與俱還。其見親任如此。[15]及薨，太祖愍惜之。無子，以養子榮嗣。史渙字公劉。少任俠，有雄氣。太祖初起，以客從，行中軍校尉，[16]從征伐，常監諸將，見親信，轉拜中領軍。十四年薨。[17]子靜嗣。

[1] 河內：郡名。治所懷縣，在今河南武陟縣西南。
[2] 沛國：各本"沛國"上有"及"字。盧弼《集解》云："或曰'與浩'二字可刪，否則當去'及'字。"校點本亦以"及"爲衍文刪之。今從校點本。
[3] 中護軍：官名。曹操爲丞相後，於相府置護軍，掌武官選舉，並與領軍同掌禁軍，出征時監護諸將，隸屬領軍，後改名中護軍，職掌不變。以後又以資輕者爲中護軍，資重者稱護軍將軍，亦可簡稱護軍。

［4］中領軍：官名。曹操爲丞相後，亦於相府置領軍，與護軍同掌禁軍，後改稱中領軍。以後亦以資輕者爲中領軍，資重者稱領軍將軍。

［5］從事：漢代州牧刺史的佐吏有別駕從事史、治中從事史等等，皆可簡稱從事；而郡太守無此佐吏，此"從事"，當爲處理事務之意，非官名。

［6］盟津：即孟津，津渡名。在今河南孟津縣東北的黄河上。東漢又於此置關，爲洛陽周圍八關之一。

［7］河陰：縣名。兩漢名平陰縣，東漢末改名河陰，治所在今河南孟縣東。（本王先謙《續漢書·郡國志集解》）

［8］騎都尉：官名。漢代屬光禄勳，秩比二千石，掌羽林騎兵。

［9］柳城：西漢縣名。西漢時屬遼西郡，東漢省。治所在今遼寧朝陽市西南十二臺營子。（本《〈中國歷史地圖集〉釋文匯編（東北卷）》）

［10］中軍：此指曹操所統之軍隊。以後中央直轄的軍隊稱中軍。

［11］中護軍：趙幼文《校箋》謂《太平御覽》卷二四〇引下有"掌禁兵"三字。按，此《太平御覽》所引，題曰《魏志》。

［12］長史：官名。將軍之屬官，爲衆屬官之長。

［13］從討張魯：趙幼文《校箋》謂《北堂書鈔》卷六四、《太平御覽》卷二四〇引"從"上（當作下）有"太祖"二字。

［14］漢中：郡名。治所南鄭，在今陝西漢中市東。

［15］其見親任如此：趙幼文《校箋》謂《北堂書鈔》卷六四引"親"字作"重"，無"任"字。《太平御覽》卷二四〇引亦無"任"字，疑當作"其見親如此"。

［16］中軍校尉：官名。漢靈帝中平五年（188）置西園八校尉，統領禁軍，中軍校尉爲其中之一。此爲曹操所置，以統領曹氏之警衛兵。

[17] 十四年：指建安十四年（209）。

夏侯淵字妙才，惇族弟也。太祖居家，曾有縣官事，淵代引重罪，太祖營救之，得免。〔一〕太祖起兵，[1]以別部司馬、騎都尉從，[2]遷陳留、潁川太守。[3]及與袁紹戰于官渡，[4]行督軍校尉。[5]紹破，使督兗、豫、徐州軍糧；[6]時軍食少，淵傳饋相繼，軍以復振。昌豨反，[7]遣于禁擊之，未拔，復遣淵與禁并力，遂擊豨，[8]降其十餘屯，豨詣禁降。淵還，拜典軍校尉。〔二〕[9]濟南、樂安黃巾徐和、司馬俱等攻城，[10]殺長吏，[11]淵將泰山、齊、平原郡兵擊，[12]大破之，斬和，平諸縣，收其糧穀以給軍士。〔建安〕十四年，[13]以淵爲行領軍。[14]太祖征孫權還，使淵督諸將擊廬江叛者雷緒，[15]緒破，又行征西護軍，[16]督徐晃擊太原賊，[17]攻下二十餘屯，斬賊帥商曜，屠其城。從征韓遂等，戰於渭南。[18]又督朱靈平隃糜、汧氐。[19]與太祖會安定，[20]降楊秋。

〔一〕《魏略》曰：時兗、豫大亂，淵以饑乏，棄其幼子，而活亡弟孤女。

〔二〕《魏書》曰：淵爲將，赴急疾，常出敵之不意，故軍中爲之語曰："典軍校尉夏侯淵，三日五百，六日一千。"

[1] 太祖起兵：趙幼文《校箋》謂《册府元龜》卷三七六引"祖"下有"初"字。前傳亦作"太祖初起"。

[2] 別部司馬：官名。東漢時，大將軍領營五部，部有軍司馬

一人，秩比千石。其別營領屬稱別部司馬。後雖非大將軍者，亦或有置。

［3］潁川：郡名。治所陽翟縣，在今河南禹州市。

［4］官渡：地名。在今河南中牟縣東北。

［5］督軍校尉：官名。漢獻帝時，孫堅、曹操皆置。統兵出征。

［6］兗：州名。治所昌邑縣，在今山東金鄉縣西北。　豫：州名。治所譙縣，在今安徽亳州市。

［7］豨：百衲本、校點本作"豨"，殿本、盧弼《集解》本作"豨"，本書卷一《武帝紀》建安三年亦作"豨"，今從殿本等。

［8］遂擊豨：趙幼文《校箋》謂《册府元龜》卷三四二引"遂"字在"豨"字下。

［9］典軍校尉：官名。周壽昌《注證遺》："典軍校尉即漢靈帝時所置西園八校尉之一，操曾領此官，今特以拜淵，所以示親異也。"

［10］濟南：王國名。治所東平陵，在今山東章丘市西北。樂安：郡名。東漢質帝時改樂安國置，治所高苑縣，在今山東鄒平縣東北苑城鎮。

［11］長吏：漢代稱秩六百石以上的官吏爲長吏，又稱秩四百石至二百石之縣丞、尉爲長吏。漢代縣令、長之秩爲千石至三百石。此處之"長吏"，即指縣令、長。

［12］泰山：郡名。治所奉高縣，在今山東泰安市東。　齊：王國名。治所臨菑縣，在今山東淄博市東北臨淄區北。　平原：郡名。治所平原縣，在今山東平原縣西南。

［13］十四年：錢大昭《辨疑》云："按此十四年，即建安十四年也。疑脱'建安'二字。"今從錢説補。

［14］行領軍：官名。曹操爲丞相時，自置領軍，後稱中領軍，出征則置行領軍以督率諸將。

［15］廬江：郡名。治所本在舒縣，在今安徽廬江縣西南；建

安四年（199）劉勳移治所於皖，在今安徽潛山縣；建安末又移於陽泉縣，在今安徽霍邱縣西北。

[16] 征西護軍：官名。此護軍，爲曹操所置的統兵武職，地位稍低於同號將軍。胡三省云："淵之族，操所自出也。付以征西先驅之任，以資序未得爲征西將軍，故以護軍爲名。"（《通鑑》卷六六漢獻帝建安十六年注）

[17] 太原：郡名。治所晉陽縣，在今山西太原市西南古城營西古城。

[18] 渭南：地區名。指渭水以南地區。

[19] 隃糜：《續漢書·郡國志》作"渝糜"，侯國名。治所在今陝西千陽縣東。　汧（qiān）：縣名。治所在今陝西隴縣東南。　氐：西北少數族名。

[20] 安定：郡名。治所臨涇縣，在今甘肅鎮原縣東南。

十七年，太祖乃還鄴，以淵行護軍將軍，督朱靈、路招等屯長安，擊破南山賊劉雄〔鳴〕，[1]降其衆。圍遂、超餘黨梁興於鄠，[2]拔之，斬興，封博昌亭侯。馬超圍涼州刺史韋康於冀，[3]淵救康，未到，康敗。去冀二百餘里，超來逆戰，軍不利。汧氐反，淵引軍還。十九年，趙衢、尹奉等謀討超，姜敘起兵鹵城以應之。[4]衢等譎説超，使出擊敘，於後盡殺超妻子。超奔漢中，還圍祁山。[5]敘等急求救，諸將議者欲須太祖節度。淵曰："公在鄴，反覆四千里，比報，敘等必敗，非救急也。"遂行，使張郃督步騎五千在前，從陳倉狹道入，[6]淵自督糧在後。郃至渭水上，超將氐、羌數千逆郃。未戰，超走，郃進軍收超軍器械。淵到，諸縣皆已降。韓遂在顯親，[7]淵欲襲取之，遂走。淵收遂軍糧，追至略陽城，[8]去遂二十餘里，諸將欲攻之，或言當攻興國氐。[9]淵以爲遂兵精，興國城固，攻不可卒拔，不如擊長離諸羌。[10]長離諸羌多在遂軍，必歸救其家。若〔捨〕羌獨守則孤，[11]救長離則官兵得與野戰，可必虜也。淵乃留督將守輜重，輕兵步騎到長離，攻燒羌屯，斬獲甚衆。諸羌在遂軍者，各還種落。遂果救長離，與淵軍對陣。諸將見遂衆，惡之，欲結營作塹乃與戰。淵曰："我轉鬭千里，今復作營塹，則士衆罷弊，[12]不可久。賊雖衆，易與耳。"乃鼓之，大破遂軍，得其旌麾，還略陽，進軍圍興國。氐王千萬逃奔馬超，餘衆降。轉擊高平屠各，[13]皆散走，收其糧穀牛馬。乃假淵節。

初，枹罕宋建因涼州亂，[14]自號河首平漢王。[15]太祖使淵帥諸將討建。[16]淵至，圍枹罕，月餘拔之，斬建及所置丞相已下。淵別遣張郃等平河關，[17]渡河入小湟中，[18]河西諸羌盡降，隴右平。[19]太祖下令曰："宋建造爲亂逆三十餘年，淵一舉滅之，虎步關右，[20]所向無前。仲尼有言：'吾與爾〔俱〕不如也'。"[21]二十（一）年，[22]增封三百戶，并前八百戶。還擊武都氐羌下辯，[23]收氐穀十餘萬斛。太祖西征張魯，淵等將涼州諸將侯王已下，與太祖會休亭。[24]太祖每引見羌、胡，以淵畏之。會魯降，漢中平，以淵行都護將軍，[25]督張郃、徐晃等平巴郡。[26]太祖還鄴，留淵守漢中，即拜淵征西將軍。[27]二十三年，劉備軍陽平關，[28]淵率諸將拒之，相守連年。二十四年正月，備夜燒圍鹿角。[29]淵使張郃護東圍，自將輕兵護南圍。備挑郃戰，郃軍不利。淵分所將兵半助郃，爲備所襲，淵遂戰死。[30]諡曰愍侯。

初，淵雖數戰勝，太祖常戒曰："爲將當有怯弱時，不可但恃勇也。將當以勇爲本，行之以智計；但知任勇，一匹夫敵耳。"

淵妻，太祖內妹。長子衡，尚太祖弟海陽哀侯女，[31]恩寵特隆。衡襲爵，轉封安寧亭侯。黃初中，[32]賜中子霸，太和中，[33]賜霸四弟，爵皆關內侯。霸，正始中爲討蜀護軍、右將軍，[34]進封博昌亭侯，素爲曹爽所厚。聞爽誅，自疑，亡入蜀。以淵舊勳赦霸子，徙樂浪郡。〔一〕[35]霸弟威，官至兗州刺史。〔二〕威弟惠，樂安太守。〔三〕惠弟和，河南尹。〔四〕衡薨，子績嗣，爲虎賁中郎將。[36]績薨，子褒嗣。

〔一〕《魏略》曰：霸字仲權。淵爲蜀所害，故霸常切齒，欲有報蜀意。黃初中爲偏將軍。[37]子午之役，[38]霸召爲前鋒，進至興勢圍，[39]安營在曲谷中。蜀人望知其是霸也，指下兵攻之。霸手戰鹿角間，賴救至，然後解。後爲右將軍，屯隴西，[40]其養士和戎，並得其歡心。至正始中，代夏侯儒爲征蜀護軍，統屬征西。[41]時征西將軍夏侯玄，於霸爲從子，而玄於曹爽爲外弟。[42]及司馬宣王誅曹爽，遂召玄，玄來東。霸聞曹爽被誅而玄又徵，以爲禍必轉相及，心既內恐；又霸先與雍州刺史郭淮不和，[43]而淮代玄爲征西，霸尤不安，[44]故遂奔蜀。南趣陰平而失道，[45]入窮谷中，糧盡，殺馬步行，足破，臥巖石下，使人求道，未知何之。[46]蜀聞之，乃使人迎霸。初，建安五年，時霸從妹年十三四，在本郡，出行樵採，爲張飛所得。飛知其良家女，遂以爲妻，產息女，[47]爲劉禪皇后。故淵之初亡，飛妻請而葬之。及霸入蜀，禪與相見，釋之曰："卿父自遇害於行閒耳，非我先人之手刃也。"指其兒子以示之曰："此夏侯氏之甥也。"厚加爵寵。

〔二〕《世語》曰：咸字季權，任俠。貢歷荆、兗二州刺史。[48]子駿，并州刺史。[49]次莊，淮南太守。[50]莊子湛，[51]字孝若，以才博文章，至南陽相、散騎常侍。[52]莊，晋景陽皇后姊夫也。[53]由此一門侈盛於時。

〔三〕《文章敍錄》曰：[54]惠字稚權，幼以才學見稱，善屬奏議。歷散騎、黃門侍郎，[55]與鍾毓數有辯駁，[56]事多見從。遷燕相、樂安太守。[57]年三十七卒。

〔四〕《世語》曰：和字義權，清辯有才論。歷河南尹、太常。[58]淵第三子稱，第五子榮。從孫湛爲其序曰："稱字叔權。自孺子而好合聚童兒，爲之渠帥，戲必爲軍旅戰陳之事，有違者輒嚴以鞭捶，衆莫敢逆。淵陰奇之，[59]使讀《項羽傳》及兵書，不肯，曰：'能則自爲耳，安能學人？'年十六，淵與之田，見奔虎，稱驅馬逐之，[60]禁之不可，一箭而倒。名聞太祖，太祖把其手喜曰：'我得汝矣！'[61]與文帝爲布衣之交，每讌會，氣陵一坐，辯士不能屈。[62]世之高名者多從之游。年十八卒。弟榮，字幼權。幼聰惠，七歲能屬文，誦書日千言，經目輒識之。文帝聞而請焉。賓客百餘人，人一奏刺，[63]悉書其鄉邑名氏，[64]世所謂爵里刺也，客示之，一寓目，使之遍談，[65]不謬一人。帝深奇之。漢中之敗，榮年十三，左右提之走，不肯，曰：'君親在難，焉所逃死！'乃奮劍而戰，遂没陣。"

[1] 南山：謂終南山，即秦嶺。　劉雄鳴：各本無"鳴"字。潘眉《考證》云："'雄'下脱'鳴'字。《魏略》曰劉雄鳴有衆數千人，太祖遣夏侯淵討破之，雄鳴南奔漢中。又《太平御覽》十五引《魏略》亦作'劉雄鳴'。是時人無雙名，劉雄鳴係賊號，如

‘飛燕’‘白騎’之類。"殿本《考證》、趙一清《注補》等亦有同說。今從諸家說補"鳴"字。

　　[2] 鄠（hù）：縣名。治所在今陝西户縣北。盧弼《集解》云："《鄭渾傳》梁興等餘衆聚鄜（fū）城。《徐晃傳》使晃與夏侯淵平鄜、夏陽餘賊，斬梁興。據此二傳，'鄠'應作'鄜'。《通鑑》亦作'鄜'。"鄜，縣名。謝鍾英《補三國疆域志補注》又謂鄜縣《漢書·地理志》屬左馮翊，後漢省，蓋漢末所立。治所在今陝西洛川縣東南鄜城。

　　[3] 涼州：漢靈帝中平後，迄於建安末，刺史治所在冀縣，在今甘肅甘谷縣東。（本王先謙《續漢書·郡國志集解》引馬與龍説）　韋康：人名。主要事迹見本書卷一〇《荀彧傳》裴注引《三輔決録注》。

　　[4] 姜敘：主要事迹見本書卷二五《楊阜傳》裴注引皇甫謐《列女傳》。　鹵城：梁章鉅《旁證》引何焯曰："西縣屬漢陽。'西'古作'卥'。此'卥'字與《楊阜傳》皆訛爲'鹵'。"西城即西縣城，西縣治所在今甘肅天水市西南。鹵城則在今天水市與甘谷縣之間。

　　[5] 祁山：山名。在今甘肅禮縣東。

　　[6] 陳倉：縣名。治所在今陝西寶雞市東渭水北岸。

　　[7] 顯親：縣名。治所在今甘肅秦安縣西北。

　　[8] 略陽：縣名。治所在今甘肅秦安縣東北。

　　[9] 興國：聚邑名。在今甘肅秦安縣東北。

　　[10] 長離：河名。謝鍾英《補三國疆域志補注》云："按《水經注》長離川在成紀南，當在今秦安縣北七十餘里。"

　　[11] 捨羌：各本均無"捨"字，《通鑑》卷六七漢獻帝建安十九年叙此事有"捨"字。校點本即據《通鑑》增。今從之。胡三省對"捨羌獨守"注云："謂（韓）遂若捨羌而不救，獨擁兵自守，則其勢孤。"

　　[12] 罷（pí）：同"疲"。

［13］高平：縣名。治所在今寧夏固原縣。 屠（chú）各：匈奴族之一種。

［14］枹（fū）罕：縣名。治所在今甘肅臨夏縣西南枹罕鎮。

［15］河首：《後漢書》卷七二《董卓傳》李賢注云："建以居河上流，故稱'河首'也。"趙一清《注補》卻說："河首，地名也。《水經·河水注》引司馬彪曰：西羌者，自析支以西，濱於河首左右居。"趙幼文《校箋》謂《册府元龜》卷一三二引"首"字作"西"。按，宋本《册府元龜》亦作"首"。

［16］諸將：趙幼文《校箋》謂《册府元龜》卷一三二引"將"字作"軍"。按，宋本《册府元龜》亦作"將"。

［17］河關：縣名。治所在今甘肅臨夏縣西北。

［18］小湟中：地區名。即今青海大通回族土族自治縣一帶。（本盧弼《集解》引吳熙載說）

［19］隴右：地區名。指隴山以西之地。約當今甘肅隴山、六盤山以西和黃河以東一帶。

［20］關右：地區名。指函谷關以西之地。

［21］吾與爾俱不如也：各本皆無"俱"字。《論語·公冶長》："子曰：弗如也，吾與女弗如也。"盧弼《集解》引周壽昌說，謂何晏注引包咸曰作"吾與汝俱不如"；《論衡·問孔篇》亦作"吾與汝俱弗如"；《鄭康成別傳》馬季長與盧子幹語，亦有"吾與汝皆不如"之說，則曹操引語應與之相合。趙幼文《校箋》謂《太平御覽》卷二〇〇引曹操引語"爾"下有"俱"字，應據增。今從諸家說增補。

［22］二十年：各本皆作"二十一年"。潘眉《考證》云："當爲二十年，衍'一'字。下載擊武都氐及征張魯事並在二十年。"今從潘說删"一"字。

［23］武都：郡名。治所下辯縣，在今甘肅成縣西。

［24］休亭：地名。未詳其地。

［25］都護將軍：官名。胡三省云："都護將軍，以盡護諸將而

立號，光武始命賈復。"（《通鑑》卷六七漢獻帝建安二十年注）

[26] 巴郡：治所江州縣，在今重慶市渝中區。

[27] 征西將軍：官名。東漢和帝時置。地位不高，與雜號將軍同。獻帝建安中曹操執政時，列爲四征將軍之一，地位提高，秩二千石。

[28] 陽平關：關隘名。在今陝西勉縣西北白馬城。今寧强縣亦有陽平關，乃後代移置，非古陽平關。

[29] 鹿角：營房四周埋插削尖的帶枝樹木，以之防備敵人的攻襲，因形似鹿角，故名。

[30] 淵遂戰死：此叙夏侯淵之死因，與本書卷三二《先主傳》、卷三六《黃忠傳》、卷三七《法正傳》不同。《通鑑》以此三傳所述爲確，故從三傳。

[31] 海陽哀侯：未詳。

[32] 黃初：魏文帝曹丕年號（220—226）。

[33] 太和：魏明帝曹叡年號（227—233）。

[34] 正始：魏少帝齊王曹芳年號（240—249）。　討蜀護軍：官名。魏晋時沿襲曹操之制，護軍又爲統軍武職，地位稍低於將軍，常隨征伐目的而置號，討蜀護軍爲征討蜀國之統兵將領。　右將軍：官名。東漢時位如上卿，與前、後、左將軍掌京師兵衛與邊防屯警。魏晋亦置，第三品。權位漸低，略高於一般雜號將軍，不典禁兵，不與朝政，僅領兵征戰。

[35] 樂浪郡：治所朝鮮縣，在今朝鮮平壤市西南。

[36] 虎賁中郎將：官名。秩比二千石，第五品，主虎賁宿衛。

[37] 偏將軍：官名。雜號將軍中地位較低者，第五品，無定員。趙幼文《校箋》謂《太平御覽》卷三三七引"偏將軍"下有"太和中在長安"七字。

[38] 子午之役：子午，秦嶺山中的一條谷道，爲古代關中與巴蜀的交通要道之一。北口在今陝西西安市南一百里，南口在陝西洋縣東一百六十里，全長六百六十里。此爲漢魏舊道。南朝梁將軍

王念神以舊道艱險，另開南段乾路，出今洋縣東三十里龍亭。因北方稱"子"，南方稱"午"，故稱"子午谷"。（本《元和郡縣志》與《長安志》）。子午之役，指魏太和四年曹真伐蜀，由子午道南入。

[39] 興勢：百衲本、殿本作"興世"，盧弼《集解》本、校點本作"興勢"。今從《集解》本等。興勢，山名。在今陝西洋縣北。

[40] 隴西：郡名。治所襄武縣，在今甘肅隴西縣東南。

[41] 征西：即征西將軍。

[42] 外弟：表弟。夏侯玄之母是曹爽之姑。

[43] 雍州：刺史治所長安縣，在今陝西西安市西北。

[44] 尤：殿本作"益"，百衲本、盧弼《集解》本、校點本作"尤"。今從百衲本等。

[45] 趣：校點本作"趨"，百衲本、殿本、盧弼《集解》本作"趣"。按，二字同。今從百衲本等。　陰平：道名（漢代，少數族聚居之縣稱道）。治所在今甘肅文縣西北。

[46] 何之：趙幼文《校箋》謂《太平御覽》卷四九〇引"何"字作"所"。按，《太平御覽》所引，題曰《魏志》。

[47] 息女：親生女。《史記》卷八《高祖本紀》"臣有息女"《正義》："息，生也。謂所生之女也。"

[48] 荊：州名。魏荊州刺史治所宛縣，在今河南南陽市。

[49] 并州：刺史治所晉陽縣，在今山西太原市西南古城營西古城。

[50] 淮南：郡名。治所壽春縣，在今安徽壽縣。

[51] 湛：夏侯湛事迹見《晉書》卷五五《夏侯湛傳》。

[52] 南陽：王國名。治所宛縣。　散騎常侍：官名。秩比二千石，第三品。爲門下重職，侍從皇帝左右，諫諍得失，應對顧問，與侍中等共平尚書奏事。有異議得駁奏。

[53] 晉景陽皇后：晉武帝司馬炎爲皇帝後，追尊司馬師爲景

皇帝。陽皇后，即司馬師妻羊氏。古"陽""羊"通。（本梁章鉅《旁證》引陳景雲説）

［54］文章敍録：沈家本《三國志注所引書目》謂《隋書·經籍志》有《雜撰文章家集叙》十卷，荀勗撰。《舊唐書·經籍志》作"五卷"，無"叙"字；《新唐書·藝文志》亦作"五卷"，有"叙"字，又"雜撰"作"新撰"，似即此書。

［55］散騎：即散騎侍郎，官名。曹魏置，第五品。與散騎常侍、侍中、黄門侍郎等侍從皇帝左右，顧問應對，諫諍拾遺，共平尚書奏事。西晉沿置。　黄門侍郎：官名。即給事黄門侍郎，東漢時，秩六百石。掌侍從左右，給事禁中，關通中外。初無員數，漢獻帝定爲六員，與侍中出入禁中，近侍帷幄，省尚書奏事。三國沿置，魏定爲五品。

［56］辯駁：殿本作"辨駁"，百衲本、盧弼《集解》本、校點本作"辯駁"。今從百衲本等。

［57］燕：王國名。治所薊縣，在今北京城西南。

［58］太常：官名。秩中二千石，第三品。掌禮儀祭祀，選試博士。

［59］淵陰奇之：趙幼文《校箋》謂《太平御覽》卷三八五引"淵"上有"父"字。

［60］驅馬：趙幼文《校箋》謂《太平御覽》卷八三一引"驅"上有"執楯"二字。按，《太平御覽》所引，題曰《魏志》，而《太平御覽》卷三八五引亦無"執楯"二字。

［61］汝：趙幼文《校箋》謂《太平御覽》卷八三一引作"將"。按，《太平御覽》卷三八五引亦作"汝"。

［62］屈：趙幼文《校箋》謂《太平御覽》卷三八五、卷四〇九引作"答"。

［63］刺：名帖。相當於今之名片。《文心雕龍·書記》云："刺者，達也。《詩》人諷刺，《周禮》'三刺'，叙事相達，若針之通結矣。"所謂叙事相達，主要叙述自己的姓名、爵里，故又稱爵

里刺。《釋名·釋書契》云："又曰爵里刺，書其官爵及郡縣鄉里也。"1984年6月安徽馬鞍山市郊發掘的孫吳朱然墓中有十四枚刺，其書寫內容即如此。（見《文物》1986年第3期所載發掘簡報）

　　[64] 名氏：趙幼文《校箋》謂《白孔六帖》卷二六、《太平御覽》卷六〇三引作"姓名"。按，《太平御覽》所引題曰《夏侯榮傳》。

　　[65] 一寓目使之遍談：趙幼文《校箋》謂《太平御覽》卷三八五、卷六〇六引作"一過而使之遍談"。按，《太平御覽》卷三八五引"使"下無"之"字。

　　曹仁字子孝，太祖從弟也。[一]少好弓馬弋獵。後豪傑並起，[1]仁亦陰結少年，得千餘人，周旋淮、泗之間，[2]遂從太祖爲別部司馬，行厲鋒校尉。[3]太祖之破袁術，仁所斬獲頗多。從征徐州，仁常督騎，爲軍前鋒。別攻陶謙將呂由，破之，還與大軍合彭城，[4]大破謙軍。從攻費、華、即（墨）〔丘〕、開陽，[5]謙遣別將救諸縣，仁以騎擊破之。太祖征呂布，仁別攻句陽，[6]拔之，生獲布將劉何。太祖平黃巾，迎天子都許，[7]仁數有功，拜廣陽太守。[8]太祖器其勇略，不使之郡，以議郎督騎。[9]太祖征張繡，仁別徇旁縣，虜其男女三千餘人。太祖軍還，爲繡所追，軍不利，士卒喪氣，仁率厲將士甚奮，太祖壯之，遂破繡。

　　〔一〕《魏書》曰：仁祖褒，潁川太守。父熾，侍中、長水校尉。

　　[1] 後豪傑並起：趙幼文《校箋》謂《太平御覽》卷二三九

作"俊豪並起"。

［2］周旋：校點本1982年7月第2版作"周旅"。百衲本、殿本、盧弼《集解》本作"周旋"。今從百衲本等。趙幼文《校箋》謂《太平御覽》卷二三九引作"周游"。　淮泗：淮水與泗水。泗水源於今山東泗水縣東蒙山南麓，西流經泗水、曲阜、兗州等縣市，折南經濟寧南魯鎮及魚臺縣東，轉東南流經江蘇沛縣及徐州市，此下略循廢黃河至淮陰市西南入淮河。

［3］厲鋒校尉：官名。曹操所置，即曹仁爲之，常督騎兵爲前鋒。

［4］彭城：縣名。治所在今江蘇徐州市。

［5］從攻：校點本1982年7月第2版誤作"後攻"。　費（bì）：侯國名。治所在今山東費縣西北。　華：縣名。治所在今山東費縣東北。　即丘：各本均作"即墨"。錢大昕《廿二史考異》卷一五云："即墨屬青州之北海郡，陶謙爲徐州牧，未得有其地，疑是'即丘'之訛。"盧弼《集解》亦贊成錢說，今從錢說改。即丘，縣名。治所在今山東臨沂市東南。　開陽：縣名。治所在今山東臨沂市北。

［6］句陽：縣名。治所在今山東菏澤市北。

［7］許：縣名。治所在今河南許昌縣東。

［8］廣陽：郡名。治所薊縣，在今北京城西南。謝鍾英云："（曹）仁爲太守在建安初，時袁紹始并公孫瓚，廣陽郡爲紹地，仁爲太守不過遙領而已。"（《補三國疆域志補注》）

［9］議郎：官名。郎官之一種，屬光禄勳，秩六百石，不入直宿衛，得參預朝政議論。

太祖與袁紹久相持於官渡，紹遣劉備徇隱彊諸縣，[1]多舉衆應之。自許以南，吏民不安，太祖以爲憂。仁曰："南方以大軍方有目前急，其勢不能相救，劉備以彊兵臨之，其背叛固宜也。備新將紹兵，未能得其用，擊之可破也。"太祖善其言，遂使將騎擊備，破走之，仁盡復收諸叛縣而還。紹遣別將韓荀鈔斷西道，[2]仁擊荀於雞洛山，[3]大破之。由是紹不敢復分兵出。復與史渙等鈔紹運車，燒其糧穀。

河北既定，從圍壺關。[4]太祖令曰："城拔，皆坑之。"連月不下。[5]仁言於太祖曰："圍城必示之活門，[6]所以開其生路也。今公告之必死，將人自爲守。且城固而糧多，攻之則士卒傷，守之則引日久；[7]今頓兵堅城之下，以攻必死之虜，非良計也。"太祖從之，城降。[8]於是錄仁前後功，封都亭侯。[9]

從平荊州，以仁行征南將軍，[10]留屯江陵，[11]拒吳將周瑜。[12]瑜將數萬衆來攻，[13]前鋒數千人始至，仁登城望之，乃募得三百人，遣部曲將牛金逆與挑戰。賊多，金衆少，[14]遂爲所圍。長史陳矯俱在城上，望見金等垂没，左右皆失色。仁意氣奮怒甚，[15]謂左右："取馬來！"矯等共援持之，[16]謂仁曰："賊衆盛，不可當也。假使棄數百人何苦，而將軍以身赴之！"仁不應，遂被甲上馬，將其麾下壯士數十騎出城。去賊百餘步，迫溝，矯等以爲仁當住溝上，爲金形勢也，仁徑渡溝直前，衝入賊圍，金等乃得解。餘衆未盡出，仁復直還突之，拔出金兵，亡其數人，賊衆乃退。矯等初見仁出，皆懼，及見仁還，乃歎曰："將軍真天人也！"三軍服其勇。太祖益壯之，轉封安平亭侯。

太祖討馬超，以仁行安西將軍，督諸將拒潼

關,[17]破超渭南。蘇伯、田銀反,以仁行驍騎將軍,[18]都督七軍討銀等,破之。復以仁行征南將軍,假節,屯樊,[19]鎮荊州。侯音以宛叛,[20]略傍縣衆數千人,仁率諸軍攻破音,斬其首,還屯樊,即拜征南將軍。關羽攻樊,時漢水暴溢,于禁等七軍皆没,禁降羽。仁人馬數千人守城,城不没者數板。羽乘船臨城,圍數重,外內斷絕,糧食欲盡,救兵不至。仁激厲將士,示以必死,將士感之皆無二。[21]徐晃救至,水亦稍減,晃從外擊羽,仁得潰圍出,羽退走。

仁少時不脩行檢,及長為將,嚴整奉法令,[22]常置科於左右,[23]案以從事。鄢陵侯彰北征烏丸,文帝在東宫,為書戒彰曰:"為將奉法,不當如征南邪!"[24]及即王位,拜仁車騎將軍,[25]都督荆、揚、益州諸軍事,[26]進封陳侯,[27]增邑二千,并前三千五百户。追賜仁父熾謚曰陳穆侯,置守冢十家。後召還屯宛。孫權遣將陳邵據襄陽,[28]詔仁討之。仁與徐晃攻破邵,遂入襄陽,使將軍高遷等徙漢南附化民於漢北,[29]文帝遣使即拜仁大將軍。又詔仁移屯臨潁,[30]遷大司馬,[31]復督諸軍據烏江,[32]還屯合肥。[33]黄初四年薨,謚曰忠侯。〔一〕子泰嗣,官至鎮東將軍,[34]假節,轉封甯陵侯。[35]泰薨,子初嗣。又分封泰弟楷、範,皆為列侯,而牛金官至後將軍。[36]

〔一〕《魏書》曰:仁時年五十六。
《傅子》曰:曹大司馬之勇,賁、育弗加也。[37]張遼其次焉。

［1］灈彊：縣名。治所在今河南臨潁縣東。

［2］韓荀：潘眉《考證》云："'韓荀'當爲'韓莫',見《荀攸傳》。"

［3］雞洛山：在今河南密縣北。(本趙一清《注補》)

［4］壺關：縣名。治所在今山西長治市北。

［5］不下：趙幼文《校箋》謂《通典·兵十三》引"下"上有"能"字。按《通典》之行文,乃杜佑所撰,非全鈔史文,故祇能做參考。

［6］圍城必示之活門：趙幼文《校箋》謂《通典》引作"夫圍城必開之。"

［7］引日久：趙幼文《校箋》謂《通典》引作"曠日持久"。

［8］城降：趙幼文《校箋》謂《通典》引作"遂降其城"。

［9］都亭侯：爵名。位在鄉侯下,食禄於亭。都亭,城郭附近之亭。

［10］征南將軍：官名。建安中曹操所置,爲四征將軍之一,秩二千石。

［11］江陵：縣名。治所在今湖北荆州市江陵區。

［12］拒吳將周瑜：據本書卷四七《吳主孫權傳》及卷五四《周瑜傳》,建安十三年(208),赤壁之戰後,曹操留曹仁、徐晃守江陵城,周瑜、程普則與之相持於北岸。此後,互鬥不斷,殺傷甚衆。建安十四年,曹仁失江陵北還；周瑜入據江陵城,領南郡太守。盧弼《集解》謂此爲曹仁"失江陵之證,本傳諱言之"。

［13］數萬衆：趙幼文《校箋》謂《太平御覽》卷四三四、《册府元龜》卷三四二引"衆"字作"人"。

［14］衆：殿本作"兵",百衲本、盧弼《集解》本、校點本作"衆"。今從百衲本等。

［15］意氣：趙幼文《校箋》謂《太平御覽》卷三一上、卷四三四引俱無"意"字。

［16］援持：阻攔。

[17] 諸將：錢大昭《質疑》云："諸將謂夏侯淵、鍾繇也。"潼關：關名。在今陝西潼關縣東北，黃河南岸。

[18] 驃騎將軍：官名。東漢爲雜號將軍，統兵出征，事迄即罷。魏置爲中軍將領，有營兵，遂常設，以功高者任之。第四品。

[19] 樊：城邑名。在襄陽縣北，與襄陽隔漢水相對，在今湖北襄陽市。

[20] 宛：縣名。治所在今河南南陽市。

[21] 無二：吳金華《校詁》云："'無二'即'無貳'，謂無二心也。古書'貳''二'通。"《國語·楚語下》"懼子孫之有貳者也"韋昭注："貳，二心也。"趙幼文《校箋》則謂《册府元龜》卷三九九引作"無二志"，此脱。按，宋本《册府元龜》亦作"無二"，"志"字顯係明本《册府元龜》所加。

[22] 法令：趙幼文《校箋》謂《藝文類聚》卷五九、《太平御覽》卷二九六引無"令"字。

[23] 科：法令，條律。

[24] 征南：指征南將軍曹仁。

[25] 車騎將軍：官名。東漢時位比三公，常以貴戚充任。出掌征伐，入參朝政，漢靈帝時常作贈官。魏、晉時位次驃騎將軍，在諸名號將軍上，多作爲軍府名號，加授大臣、重要州郡長官，無具體職掌，二品。開府者位從公，一品。

[26] 揚：州名。刺史治所壽春，在今安徽壽縣。 益州：刺史治所成都縣，在今四川成都市舊東西城區。當時益州屬蜀漢，此僅有名而已。

[27] 陳：縣名。治所在今河南淮陽縣。

[28] 襄陽：縣名。治所在今湖北襄陽市。

[29] 漢南：漢水以南之地。

[30] 臨潁：縣名。治所在今河南臨潁縣西北。

[31] 大司馬：官名。魏文帝黄初二年（221）置，爲上公，位在三公上，第一品，掌武事。

[32] 烏江：聚邑名。在今安徽和縣東北烏江鎮。

[33] 合肥：縣名。魏時治所在今安徽合肥市西北。

[34] 鎮東將軍：官名。第二品，位次四征將軍，領兵如征東將軍。多爲持節都督，出鎮方面。

[35] 甯陵：縣名。治所在今河南寧陵縣南。

[36] 後將軍：官名。東漢時位如上卿，與前、左、右將軍掌京師兵衛與邊防屯警。魏晉亦置，第三品。權位漸低，略高於一般雜號將軍，不典禁兵，不與朝政，僅領兵征戰。

[37] 賁（bēn）育：指孟賁、夏育，皆古代之勇士。《史記》卷一〇一《袁盎傳》："雖賁、育之勇不及陛下。"《集解》：孟康曰："孟賁、夏育，皆古勇者也。"《索隱》引《尸子》云："孟賁水行不避蛟龍，陸行不避虎兕。"又引《戰國策》曰："夏育叱呼駭三軍。"

　　仁弟純，〔一〕初以議郎參司空軍事，督虎豹騎從圍南皮。[1]袁譚出戰，士卒多死。太祖欲緩之，純曰："今千里蹈敵，進不能克，退必喪威；且縣師深入，難以持久。彼勝而驕，我敗而懼，以懼敵驕，必可克也。"太祖善其言，遂急攻之，譚敗。純麾下騎斬譚首。及北征三郡，[2]純部騎獲單于蹋頓。[3]以前後功封高陵亭侯，邑三百户。從征荊州，追劉備於長坂，[4]獲其二女、輜重，收其散卒。進降江陵，從還譙。建安十五年薨。文帝即位，追謚曰威侯。〔二〕子演嗣，官至領軍將軍，正元中進封平樂鄉侯。[5]演薨，子亮嗣。

　　〔一〕《英雄記》曰：純字子和。年十四而喪父，[6]與同產兄仁別居。承父業，富於財，僮僕人客以百數，純綱紀督御，不失其理，鄉里咸以爲能。好學問，[7]敬愛學士，學士多歸焉，由是爲遠近所稱。年十八，[8]爲黄門侍郎。二十，從太祖到襄邑募兵，[9]遂常從征戰。

〔二〕《魏書》曰：純所督虎豹騎，皆天下驍鋭，或從百人將補之，太祖難其帥。純以選爲督，撫循甚得人心。及卒，有司白選代，太祖曰："純之比，何可復得！吾獨不中督邪？"遂不選。[10]

[1] 虎豹騎：曹操最親近的帳下兵，出則征戰，入則宿衛。（本何茲全《魏晋的中軍》） 南皮：縣名。治所在今河北南皮縣東北。

[2] 三郡：指遼西、遼東、右北平三郡，即烏丸所居之地。

[3] 蹹頓：殿本及本書卷三〇《烏丸傳》作"蹋頓"，百衲本、盧弼《集解》本、校點本作"蹹頓"。按"蹹"通"蹋"。

[4] 長坂：地名。在今湖北荆門市西南。

[5] 正元：魏少帝高貴鄉公曹髦年號（254—256）。

[6] 年十四而喪父：趙幼文《校箋》謂《太平御覽》卷三八四引"四"下無"而"字。

[7] 好學問：趙幼文《校箋》謂《太平御覽》引"好"下有"樂"字。

[8] 十八：趙幼文《校箋》謂《藝文類聚》卷四六（當作四八）、《太平御覽》卷三八四引"八"字俱作"六"。

[9] 襄邑：縣名。在今河南睢縣。

[10] 不選：趙一清《注補》引姜宸英云："純、真、休皆將虎豹騎以宿衛，精兵非親子弟不可也。曹純死而自將之，以無子弟可任者，非無曹純其人也。"

曹洪字子廉，太祖從弟也。〔一〕太祖起義兵討董卓，至滎陽，[1]爲卓將徐榮所敗。太祖失馬，賊追甚急，洪下，以馬授太祖，太祖辭讓，洪曰："天下可無洪，不可無君。"遂步從到汴水，[2]水深不得渡，洪循水得船，與太祖俱濟，[3]還奔譙。揚州刺史陳溫素與洪善，洪將家兵千餘人，就溫募兵，得廬江上甲二千人，東到丹楊復得數千人，[4]與太祖會龍亢。[5]太祖征徐州，張邈舉兗州叛迎呂布。時大饑荒，洪將兵在前，先據東平、范，[6]聚糧穀以繼軍。太祖討邈、布於濮陽，[7]布破走，遂據東阿，[8]轉擊濟陰、山陽、中牟、陽武、京、密十餘縣，[9]皆拔之。以前後功拜鷹揚校尉，[10]遷揚武中郎將。[11]天子都許，拜洪諫議大夫。[12]別征劉表，破表別將於舞陽、〔舞〕陰、葉、堵陽、博望，[13]有功，[14]遷厲鋒將軍，[15]封國明亭侯。累從征伐，拜都護將軍。文帝即位，爲衞將軍，[16]遷驃騎將軍，[17]進封野王侯，[18]益邑千戶，并前二千一百戶，位特進；[19]後徙封都陽侯。[20]

〔一〕《魏書》曰：洪伯父鼎爲尚書令，[21]任洪爲蘄春長。[22]

[1] 滎陽：縣名。治所在今河南滎陽市東北。又按，"滎陽"，百衲本、殿本、盧弼《集解》本均作"熒陽"。盧氏引王先謙云："熒陽以澤名，熒澤古從火，作'滎'者後人誤改。"（此説見《續漢書·郡國志集解》）校點本作"滎陽"。今從之。

[2] 汴（biàn）水：即今河南滎陽市西索河。

[3] 俱：趙幼文《校箋》謂《初學記》卷一七、《册府元龜》卷二八五引作"共"。

［4］丹楊：郡名。治所宛陵縣，在今安徽宣州市。

［5］龍亢：縣名。治所在今安徽懷遠縣西。

［6］東平：王國名。治所無鹽縣，在今山東東平縣東。　范：縣名。治所在今河南范縣東南。

［7］濮陽：縣名。治所在今河南濮陽縣西南。

［8］東阿：縣名。治所在今山東陽谷縣東北阿城鎮。

［9］山陽：郡名。治所昌邑縣，在今山東金鄉縣西北。　中牟：縣名。治所在今河南中牟縣東。　陽武：縣名。治所在今河南原陽市東南。　京：縣名。治所在今河南滎陽市東南。　密：縣名。治所在今河南密縣東南。趙一清《注補》云："此錯舉郡縣以成文，濟陰則定陶也，山陽則昌邑也，二者皆郡也，'中牟'下四縣名……然下云'十餘縣'，則遺卻二郡，此臨文之語病耳"。

［10］鷹揚校尉：官名。漢獻帝興平（194—195）間曹操置，即以曹洪爲之。在揚武中郎將下。

［11］揚武中郎將：官名。亦曹操此時所置，曹洪由鷹揚校尉遷任。

［12］諫議大夫：官名。秩六百石，屬光祿勳，掌議論，無定員。

［13］舞陽：縣名。治所在今河南舞陽縣西北。　舞陰：各本均作"陰"。陰縣治所在今湖北老河口市西。盧弼《集解》云："陰縣距舞陽、葉、堵陽、博望甚遠，舞陰相距甚近，傳文連類而及，則'陰'當是'舞陰'之誤。"盧氏所言有理，今從增"舞"字。舞陰縣治所在今河南泌陽縣西北。　葉（shè）：縣名。治所在今河南葉縣西南。　堵陽：縣名。治所在今河南方城縣東。　博望：縣名。治所在今河南方城縣西南博望集。

［14］有功：康發祥《補義》謂"有功"上當有"劉備遣吳蘭屯下辯，遣洪征之"等字，方與《曹休傳》相合。

［15］厲鋒將軍：官名。漢末曹操置，以曹洪爲之。

［16］衛將軍：官名。東漢時位次大將軍、驃騎將軍、車騎將

軍，位亞三公。開府置官屬。魏、晋沿置，位在諸名號將軍之上，多作爲軍府名號，加授大臣、重要州郡長官，無具體職掌，二品。開府者位從公，一品。

[17] 驃騎將軍：官名。東漢時位比三公，地位尊崇。魏、晋沿置，居諸名號將軍之首，僅作爲將軍名號，加授大臣、重要州郡長官，無具體職掌。二品，開府者位從公，一品。

[18] 野王：縣名。治所在今河南沁陽市。

[19] 特進：官名。漢制，凡諸侯、大臣功德優盛，朝廷所敬異者，加位特進，朝會時位在三公下，車服俸禄仍從本官。魏、晋沿襲之。

[20] 都陽：西漢縣名。西漢東海郡有都陽侯國，治所在今山東棗莊市西南。東漢省。王先謙《續漢書・郡國志集解》云："後漢時多以廢縣爲封地，曹魏當復同之。"

[21] 尚書令：官名。東漢時爲尚書臺長官，秩千石。掌奏、下尚書曹文書衆事，選用署置官吏；總典臺中綱紀法度，無所不統。名義上仍隸少府。

[22] 蘄春：縣名。治所在今湖北蘄春縣西南。

始，洪家富而性吝嗇，文帝少時假求不稱，常恨之，遂以舍客犯法，下獄當死。羣臣並救莫能得，卞太后謂郭后曰："令曹洪今日死，吾明日敕帝廢后矣。"[1]於是泣涕屢請，[2]乃得免官削爵土。〔一〕洪先帝功臣，時人多爲觖望。[3]明帝即位，拜後將軍，更封樂城侯，[4]邑千户，位特進，復拜驃騎將軍。太和六年薨，謚曰恭侯。子馥，嗣侯。初，太祖分洪户封子震列侯。洪族父瑜，脩慎篤敬，官至衞將軍，封列侯。

〔一〕《魏略》曰：文帝收洪，時曹真在左右，請之曰："今誅洪，洪必以真爲譖也。"帝曰："我自治之，卿何豫也？"會卞太后責怒帝，言"梁、沛之間，[5]非子廉無有今日"。詔乃釋之。猶尚沒入其財產。太后又以爲言，後乃還之。初，太祖爲司空時，[6]以己率下，每歲發調，[7]使本縣平貲。于時譙令平洪貲財與公家等，太祖曰："我家貲那得如子廉耶！"文帝在東宮，[8]嘗從洪貸絹百匹，洪不稱意。及洪犯法，自分必死，既得原，喜，上書謝曰："臣少不由道，過在人倫，長竊非任，遂蒙含貸。性無檢度知足之分，而有豺狼無厭之質，老悖倍貪，觸突國網，罪迫三千，[9]不在赦宥，當就辜誅，棄諸市朝，猶蒙天恩，骨肉更生。臣仰視天日，愧負靈神，俯惟怨闕，慚愧怖悸，不能雉經以自裁割，[10]謹塗顏闕門，拜章陳情。"

[1] 后：趙幼文《校箋》謂郝經《續後漢書》、謝陛《季漢書》作"汝"。

[2] 於是：趙幼文《校箋》謂郝經《續後漢書》"於"上有"后"字，是也，當據補。

[3] 觖（jué）望：因不滿而怨恨。

[4] 樂城：縣名。治所在今河北獻縣東南。《續漢書·郡國志》作"樂成"，《晉書·地理志》作"樂城"。

[5] 梁沛：指梁國與沛國。梁國治所睢陽縣，在今河南商丘市睢陽區南。

[6] 司空：官名。東漢時，與太尉、司徒並爲三公，共同行使宰相職能，而位列三公之末。本職掌土木營建與水利工程。漢末曹操爲司空，權力擴大，成爲實際的宰相。

[7] 調：户調，按户徵收的絹綿稅。

[8] 文帝：趙幼文《校箋》謂《太平御覽》卷四三一引"帝"下有"前"字。

［9］三千：指所有的刑罰。《尚書·呂刑》："墨罰之屬千；劓罰之屬千；剕罰之屬五百；宮罰之屬三百；大辟之罰，其屬二百。五刑之屬三千。"

［10］雉經：自縊。《釋名·釋喪制》："屈頸閉氣曰雉經，如雉之爲也。"

曹休字文烈，太祖族子也。天下亂，宗族各散去鄉里。[1]休年十餘歲，喪父，獨與一客擔喪假葬，攜將老母，渡江至吳。〔一〕[2]以太祖舉義兵，易姓名轉至荆州，閒行北歸，見太祖。太祖謂左右曰：[3]"此吾家千里駒也。"使與文帝同止，[4]見待如子。常從征伐，[5]使領虎豹騎宿衛。劉備遣將吳蘭屯下辯，太祖遣曹洪征之，以休爲騎都尉，參洪軍事。太祖謂休曰："汝雖參軍，其實帥也。"洪聞此令，亦委事於休。[6]備遣張飛屯固山，[7]欲斷軍後。衆議狐疑，休曰："賊實斷道者，當伏兵潛行。今乃先張聲勢，此其不能也。宜及其未集，促擊蘭，蘭破則飛自走矣。"洪從之，進兵擊蘭，大破之，飛果走。太祖拔漢中諸軍還長安，[8]拜休中領軍。文帝即王位，爲領軍將軍，録前後功，封東陽亭侯。夏侯惇薨，以休爲鎮南將軍，[9]假節、都督諸軍事，[10]車駕臨送，上乃下輿執手而別。孫權遣將屯歷陽，[11]休到，擊破之，又別遣兵渡江，燒賊蕪湖營數千家。[12]遷征東將軍，[13]領揚州刺史，進封安陽鄉侯。〔二〕帝征孫權，以休爲征東大將軍，假黃鉞，[14]督張遼等及諸州郡二十餘軍，擊權大將吕範等於洞浦，[15]破之。拜揚州牧。[16]明帝即位，進封長平侯。[17]吳將審悳屯皖,[18]休擊破之,斬悳首,吳將韓綜、翟丹等前後率衆詣休降。增邑四百,并前二千五百户,遷大司馬,都督揚州如故。太和二年,帝爲二道征吳,遣司馬宣王從漢水下,[19]（督休）〔休督〕諸軍向尋陽。[20]賊將僞降,[21]休深入,戰不利,退還宿石亭。[22]軍夜驚,士卒亂,棄甲兵輜重甚多。休上書謝罪,帝遣屯騎校尉楊暨慰諭,[23]禮賜益隆。休因此癰發背薨,謚曰壯侯。子肇嗣。〔三〕

〔一〕《魏書》曰：休祖父嘗爲吳郡太守。[24]休於太守舍見壁上祖父畫像,下榻拜涕泣,[25]同坐者皆嘉歎焉。

〔二〕《魏書》曰：休喪母至孝。帝使侍中奪喪服,使飲酒食肉,休受詔而形體益憔悴。乞歸譙葬母,帝復遣越騎校尉薛喬奉詔節其憂哀,[26]使歸家治喪,一宿便葬,葬訖詣行在所。帝見,親自寬慰之。其見愛重如此。

〔三〕《世語》曰：肇字長思。

[1] 散去：盧弼《集解》引何焯云："北宋本'去'作'居'。"百衲本、殿本、盧弼《集解》本、校點本均作"去"。今從百衲本等。

[2] 吳：縣名。治所在今江蘇蘇州市。

[3] 太祖：趙幼文《校箋》謂《太平御覽》卷三〇〇引"祖"字下有"指休"二字。

[4] 同止：趙幼文《校箋》謂《太平御覽》引"同"下有"居"字。

[5] 征伐：趙幼文《校箋》謂《太平御覽》卷三八四引"伐"字作"討"。

〔6〕亦：趙幼文《校箋》謂《太平御覽》卷二九四引作"恒"。

〔7〕固山：山名。在今甘肅成縣西北。

〔8〕拔：引出，救出之義。指建安二十四年夏侯淵等在漢中與蜀漢軍作戰失敗，曹操救出受困諸軍。（參吳金華《校詁》）

〔9〕鎮南將軍：官名。第二品，位次四征將軍，領兵如征南將軍。多爲持節都督，出鎮方面。

〔10〕都督諸軍事：官名。魏文帝黃初中（220—226），置都督諸州軍事，或兼領刺史，或統領所督州之軍事，無固定品級，多帶將軍名號。曹休此時爲鎮南將軍，又都督諸軍事，則有權督率南方軍事。

〔11〕歷陽：縣名。治所在今安徽和縣。

〔12〕蕪湖：縣名。治所在今安徽蕪湖市。

〔13〕征東將軍：官名。秩二千石，第二品。黃初中位次三公，資深者爲大將軍。

〔14〕假黃鉞：黃鉞，以黃金爲飾之鉞，本用於天子之儀仗。魏晉時授予重臣，以示威重，令其專主征伐。

〔15〕洞浦：地名。在今安徽和縣東南長江岸邊。

〔16〕牧：官名。趙一清《注補》："據此，曹魏刺史尊者亦爲牧。"

〔17〕長平：縣名。治所在今河南西華縣東北。

〔18〕皖：縣名。治所在今安徽潛山縣。

〔19〕司馬宣王：司馬懿。

〔20〕休督：各本皆作"督休"。趙一清《注補》引陳景雲說，謂"督休"二字當對換，作"休督"。當時曹休與司馬懿並爲上將，分道而進；司馬懿從西道牽制吳之上游，則東軍之向尋陽者，不得兼督。校點本即從陳說改"督休"爲"休督"。今從之。　尋陽：縣名。治所在今湖北黃梅縣西南。

〔21〕僞降：本書卷四七《吳主孫權傳》謂黃武七年（228）

"夏五月,鄱陽太守周魴僞叛,誘魏將曹休"。

[22] 石亭:地名。在今安徽潛山縣東北。

[23] 屯騎校尉:官名。秩比二千石,第四品,掌宿衛兵。

[24] 吳郡:治所吳縣,在今江蘇蘇州市。

[25] 下榻拜涕泣:趙幼文《校箋》謂《白孔六帖》卷二九引"下"字上有"恭敬非息"四字。《太平御覽》卷七五〇引"拜"下有"而"字。

[26] 越騎校尉:官名。秩比二千石,第四品,掌宿衛兵。

肇有當世才度,爲散騎常侍、屯騎校尉。明帝寢疾,方與燕王宇等屬以後事。帝意尋變,詔肇以侯歸第。正始中薨,追贈衛將軍。子興嗣。初,文帝分休户三百封肇弟纂爲列侯,後爲殄吳將軍,[1]薨,追贈前將軍。〔一〕

〔一〕張(隱)〔騭〕《文士傳》曰:[2]肇孫攄,[3]字顏遠,少厲志操,博學有才藻。仕晉,辟公府,歷洛陽令,有能名。大司馬齊王冏輔政,攄與齊人左思俱爲記室督。[4]從中郎出爲襄陽太守、征南司馬。[5]值天下亂,攄討賊向吳,戰敗死。

[1] 殄吳將軍:官名。魏置,第五品。
[2] 張騭(zhì):各本皆作"張隱"。沈家本《三國志注所引書目》謂本書《王粲傳》注中,裴松之兩次説到張騭《文士傳》,作"隱"誤也。又按,《舊唐書·經籍志》《新唐書·藝文志》亦有張騭《文士傳》,唯原《隋書·經籍志》有張隱《文士傳》,而今校點本已校改爲張騭《文士傳》。現從沈説及校點本《隋書·經籍志》改"張隱"爲"張騭"。十六國時期後涼有"張騭、謝正禮爲左右司馬"。(見《晉書》卷一二九《沮渠蒙遜載記》)

〔3〕攄：《晉書》卷九〇有《曹攄傳》。

〔4〕左思：《晉書》卷九二有《左思傳》。 記室督：官名。西晉置。諸公及開府位從公加兵者置之，位在主簿下，掌記錄、文書繕寫。

〔5〕中郎：官名。秩比六百石，第八品。無定員，未知所屬何署。 征南司馬：官名。即征南將軍府司馬，爲高級幕僚。

曹真字子丹，太祖族子也。太祖起兵，真父邵募徒衆，爲州郡所殺。〔一〕太祖哀真少孤，收養與諸子同，[1]使與文帝共止。常獵，[2]爲虎所逐，顧射虎，應聲而倒。太祖壯其鷙勇，使將虎豹騎。討靈丘賊，[3]拔之，封靈壽亭侯。[4]以偏將軍將兵擊劉備別將於下辯，破之，拜中堅將軍。[5]從至長安，領中領軍。是時，夏侯淵没於陽平，[6]太祖憂之。以真爲征蜀護軍，[7]督徐晃等破劉備別將高詳於陽平。太祖自至漢中，拔出諸軍，使真至武都迎曹洪等還屯陳倉。文帝即王位，以真爲鎮西將軍，[8]假節，都督雍、涼州諸軍事。録前後功，進封東鄉侯。[9]張進等反於酒泉，[10]真遣費曜討破之，[11]斬進等。[12]黄初三年還京都，以真爲上軍大將軍，[13]都督中外諸軍事，[14]假節鉞。[15]與夏侯尚等征孫權，擊牛渚屯，[16]破之。轉拜中軍大將軍，[17]加給事中。[18]七年，文帝寢疾，真與陳羣、司馬宣王等受遺詔輔政。明帝即位，[19]進封邵陵侯，〔二〕[20]遷大將軍。

〔一〕《魏略》曰：真本姓秦，養曹氏。或云其父伯南夙與太祖善。興平末，袁術部黨與太祖攻劫，[21]太祖出，爲寇所追，走入秦氏，伯南開門受之。寇問太祖所在，答云："我是也。"[22]遂害之。由此太祖思其功，故變其姓。

《魏書》曰：邵以忠篤有才智，爲太祖所親信。初平中，[23]太祖興義兵，邵募徒衆，從太祖周旋。時豫州刺史黄琬欲害太祖，[24]太祖避之而邵獨遇害。

〔二〕臣松之案：真父名邵。封邵陵侯，若非書誤，則事不可論。[25]

［1］收：趙幼文《校箋》謂《太平御覽》卷三〇〇引作"占"，卷四三四引作"召"，"占""召"形近致誤。

［2］常獵：趙幼文《校箋》謂《太平御覽》"常"作"嘗"。按，二字可通。

［3］靈丘：西漢縣名。西漢代郡有靈丘縣，治所在今山西靈丘縣東。

［4］靈壽：縣名。治所在今河北靈壽縣西北。

［5］中堅將軍：官名。漢獻帝建安初曹操置，主領兵征伐。

［6］陽平：關名。即陽平關。

［7］征蜀護軍：官名。漢獻帝建安末曹操置，統兵、職掌同將軍。

［8］鎮西將軍：官名。魏爲第二品，位次四征將軍，領兵如征西將軍。多爲持節都督，出鎮方面。

［9］東鄉：西漢縣名。西漢沛郡有東鄉縣，治所當在今安徽鳳陽縣境。（本盧弼《集解》引李兆洛説）

［10］酒泉：郡名。治所福禄縣，在今甘肅酒泉市。

［11］費曜：百衲本、殿本、盧弼《集解》本均作"費耀"。趙一清《注補》云："《明帝紀》'耀'作'曜'，《晋書·宣帝紀》亦作'曜'。"校點本作"費曜"。今從之。

［12］斬進等：本書卷一六《蘇則傳》謂討斬張進等乃蘇則，

卷二《文帝紀》延康元年五月亦載："酒泉黃華、張掖張進等，各執太守以叛，金城太守蘇則討進，斬之。華降。"與《蘇則傳》所載吻合。徐紹楨《質疑》又云："《蘇則傳》亦未載真遣費曜討進之事，恐此傳有誤。"

[13] 上軍大將軍：官名。第二品，黃初三年置，後不常設。（本洪飴孫《三國職官表》）趙幼文《校箋》則謂《通典·職官十一》曰："魏黃初中又有上大將軍，以曹真爲之。吳亦以陸遜爲上大將軍。"此"上"字下之"軍"字疑衍。

[14] 都督中外諸軍事：官名。曹魏初始置，總統禁衛軍及地方軍在內的內外諸軍，爲全國最高軍事統帥，權力極大，不常設。

[15] 假節鉞：漢末三國時期，皇帝賜給重臣的一種權力，加此號者，可代行皇帝旨意，掌握生殺特權。

[16] 牛渚：山名。在今安徽馬鞍山市西南。此山突出江中，稱牛渚磯，又名采石磯。自古爲大江南北的重要渡津，爲軍事上的必爭之地。

[17] 中軍大將軍：官名。黃初三年置，第二品，後不常設。（本洪飴孫《三國職官表》）趙幼文《校箋》謂《太平御覽》卷二三九引"軍"下無"大"字。

[18] 給事中：官名。第五品，位在散騎常侍下，給事黃門侍郎上，或爲加官，或爲正官，無定員。

[19] 明帝：殿本作"明年"，百衲本、盧弼《集解》本、校點本作"明帝"。今從百衲本等。

[20] 邵陵：即"召陵"。

[21] 攻劫：趙幼文《校箋》謂《太平御覽》卷三九四引"攻"上有"相"字。

[22] 我是也：趙幼文《校箋》謂《太平御覽》引"也"字作"寇"。

[23] 初平：漢獻帝劉協年號（190—193）。

[24] 豫州刺史黃琬：徐紹楨《質疑》云："洪氏亮吉曰：琬

以中平六年（189）九月自豫州牧爲司徒，安得有初平（190—193）中琬尚爲刺史，欲殺操之事？又操起兵亦在中平六年十二月，俱非初平中，注復引《魏略》云'興平末袁術部黨與太祖攻劫'。按《操紀》，興平二年（195）圍雍邱，張邈詣袁術請救，未至見殺。未嘗聞術發兵，不得有與術部黨攻劫之事。邵之死當在中平六年起義兵之時無疑，《魏略》《魏書》所紀恐皆妄也。"

[25] 事不可論：康發祥《補義》云："封由人主，邵陵地名，何容避讓，豈非腐談！"

諸葛亮圍祁山，南安、天水、安定三郡反應亮。[1] 帝遣真督諸軍軍郿，[2] 遣張郃擊亮將馬謖，大破之。安定民楊條等略吏民保月支城，[3] 真進軍圍之。條謂其衆曰："大將軍自來，吾願早降耳。"遂自縛出。三郡皆平。真以亮懲於祁山，後出必從陳倉，乃使將軍郝昭、王生守陳倉，[4] 治其城。明年春，[5] 亮果圍陳倉，已有備而不能克。增邑，并前二千九百户。四年，朝洛陽，遷大司馬，賜劍履上殿，[6] 入朝不趨。真以"蜀連出侵邊境，宜遂伐之，數道並入，可大克也"。帝從其計。真當發西討，帝親臨送。真以八月發長安，從子午道南入。司馬宣王泝漢水，當會南鄭。[7] 諸軍或從斜谷道，[8] 或從武威入。[9] 會大霖雨三十餘日，（或）棧道斷絕，[10] 詔真還軍。

真少與宗人曹遵、鄉人朱讚並事太祖。[11] 遵、讚早亡，真愍之，乞分所食邑封遵、讚子。[12] 詔曰："大司馬有叔向撫孤之仁，[13] 篤晏平久要之分。[14] 君子成人之美，聽分真邑賜遵、讚子爵關內侯，各百户。"真每征行，與將士同勞苦，軍賞不足，輒以家財班賜，士卒皆願爲用。真病還洛陽，帝自幸其第省疾。真薨，謚曰元侯。子爽嗣。帝追思真功，詔曰："大司馬蹈履忠節，佐命二祖，內不恃親戚之寵，外不驕白屋之士，[15]可謂能持盈守位，[16]勞謙其德者也。[17]其悉封真五子義、訓、則、彥、愷皆爲列侯。"初，文帝分真邑二百戶，[18]封真弟彬爲列侯。

[1] 南安：郡名。治所獂（huán）道，在今甘肅隴西縣東南渭水東岸。 天水：郡名。治所冀縣，在今甘肅甘谷縣東。（本謝鍾英《補三國疆域志補注》）

[2] 郿：縣名。治所在今陝西眉縣東北。

[3] 月支城：《漢書·地理志》安定郡有月氏（zhī）道，治所在今寧夏隆德縣境。東漢廢。謝鍾英《補三國疆域志補注》云："月支城疑即月氏道。"

[4] 王生：徐紹楨《質疑》謂諸葛亮圍陳倉時，嘗斬魏將王雙；事見《後主傳》及《諸葛亮傳》，"疑即王生其人，傳寫作'雙'耳"。

[5] 明年春：徐紹楨《質疑》謂諸葛亮圍陳倉在魏太和二年（228）冬（即蜀漢建興六年），《明帝紀》《後主傳》《諸葛亮傳》皆同，"此云在春，殆字誤也"。

[6] 劍履上殿：帶劍穿鞋上殿。古時臣下不能穿鞋帶兵器上殿，皇帝優寵大臣，則賜予此種待遇。

[7] 南鄭：縣名。治所在今陝西漢中東。

[8] 斜（yé）谷：斜谷在今陝西眉縣西南，爲古褒斜道之北口。古褒斜道，北起斜谷，南至褒谷（在漢中市褒城鎮北），總計四百七十里，爲秦蜀間險要之道。

[9] 武威：郡名。治所姑臧縣，在今甘肅武威市。按，此郡遠

在河西走廊，不與蜀漢相近。胡三省云："'武威'恐當作'武都'，否則'建威'也。"（《通鑑》卷七一魏明帝太和四年注）

[10] 棧道："棧道"上各本皆有"或"字。盧弼《集解》云："此'或'字疑涉上文而衍，《通鑑》無'或'字。"趙幼文《校箋》謂《太平御覽》卷一〇、《册府元龜》卷四三八引無"或"字。蕭常《續後漢書》、郝經《續後漢書》亦無，當刪去。今從盧、趙說刪。棧道，在地方險絶之處依山架木而成的通道。

[11] 曹遵：各本皆如此。趙幼文《校箋》謂《太平御覽》卷二〇〇引無"曹"字。考上文已明曰宗人，則"曹"字未可重贅也，疑應據《太平御覽》刪。按，趙說雖有理，而《藝文類聚》卷五一引亦作"曹遵"，蓋原書已如此，故不刪。

[12] 封遵讚子：趙幼文《校箋》謂《藝文類聚》卷五〇（當作五一）、《太平御覽》卷二〇〇引作"封遵子等"，無"讚"字，下同。按，《藝文類聚》實作"封遵等子"。

[13] 叔向：春秋時晉大夫。晉悼公時，大夫司馬侯推薦叔向，悼公遂以叔向爲太子傅。叔向後與司馬侯在政事上配合甚好。司馬侯死後，叔向見其子，撫而泣之，曰："自此其父之死，吾蔑與比而事君矣！昔者此其父始之，我終之，我始之，夫子終之，無不可。"（《國語·晉語八》）

[14] 晏平：春秋時齊大夫。《史記》卷六二《管晏列傳》"晏平仲嬰"《索隱》："名嬰，平諡，仲字。" 久要：《論語·憲問》："久要不忘平生之言，亦可以爲成矣。"何晏《集解》："孔曰：久要，舊約也。平生，猶少時。"邢昺疏："言與人少時有舊約，雖年長貴達，不忘其言。"而晏嬰即善與人交朋友而不失信之人。《論語·公冶長》子曰："晏平仲善與人交，久而敬之。"

[15] 白屋：茅屋。《漢書》卷七八《蕭望之傳》"致白屋之意"顏師古注："白屋謂白蓋之屋，以茅覆之，賤人所居。"

[16] 守位：趙幼文《校箋》謂《册府元龜》卷二七五引"位"作"成"。按，宋本《册府元龜》亦作"位"。

[17] 勞謙：勤謹而謙虛。《易·謙》九三爻辭："勞謙君子，有終吉。"

[18] 二百户：趙幼文《校箋》謂郝經《續後漢書》"二"字作"三"。

爽字昭伯，少以宗室謹重，明帝在東宫，甚親愛之。及即位，爲散騎侍郎，累遷城門校尉，[1]加散騎常侍，轉武衛將軍，[2]寵待有殊。帝寢疾，乃引爽入卧内，拜大將軍，假節鉞，都督中外諸軍事，録尚書事，[3]與太尉司馬宣王並受遺詔輔少主。[4]明帝崩，齊王即位，加爽侍中，改封武安侯，[5]邑萬二千户，賜劍履上殿，入朝不趨，贊拜不名。[6]丁謐畫策，使爽白天子，發詔轉宣王爲太傅，[7]外以名號尊之，内欲令尚書奏事，先來由己，得制其輕重也。〔一〕爽弟羲爲中領軍，訓武衛將軍，彦散騎常侍、侍講，[8]其餘諸弟，皆以列侯侍從，出入禁闥，貴寵莫盛焉。南陽何晏、鄧颺、李勝、沛國丁謐、東平畢軌咸有聲名，[9]進趣於時，明帝以其浮華，[10]皆抑黜之；及爽秉政，乃復進敘，任爲腹心。颺等欲令爽立威名於天下，勸使伐蜀，爽從其言，宣王止之不能禁。正始五年，爽乃西至長安，大發卒六七萬人，從駱谷入。[11]是時，關中及氐、羌轉輸不能供，牛馬騾驢多死，民夷號泣道路。入谷行數百里，賊因山爲固，兵不得進。爽參軍楊偉爲爽陳形勢，[12]宜急還，不然將敗。〔二〕颺與偉争於爽前，偉曰："颺、勝將敗國家事，可斬也。"爽不悦，乃引軍還。〔三〕

〔一〕《魏書》曰：爽使弟羲爲表曰："臣亡父真，奉事三朝，[13]入備冢宰，[14]出爲上將。先帝以臣肺腑遺緒，獎飭拔擢，[15]典兵禁省，進無忠恪積累之行，退無羔羊自公之節。[16]先帝聖體不豫，臣雖奔走，侍疾嘗藥，曾無精誠翼日之應，[17]猥與太尉懿俱受遺詔，且慚且懼，靡所底告。[18]臣聞虞舜序賢，以稷、契爲先，[19]成湯褒功，以伊、呂爲首，[20]審選博舉，優劣得所，斯誠輔世長民之大經，録勳報功之令典，自古以來，未之或闕。今臣虛闇，位冠朝首，顧惟越次，中心愧惕，敢竭愚情，陳寫至實。夫天下之達（道）〔尊〕者三，[21]謂德、爵、齒也。懿本以高明中正，處上司之位，名足鎮衆，義足率下，一也。包懷大略，允文允武，[22]仍立征伐之勳，遐邇歸功，二也。萬里旋旆，親受遺詔，翼亮皇家，內外所向，三也。加之者艾，[23]紀綱邦國，體練朝政；論德則過於吉甫、樊仲；[24]課功則踰於方叔、召虎。[25]凡此數者，懿實兼之。臣抱空名而處其右，天下之人將謂臣以宗室見私，知進而不知退。陛下岐嶷，[26]克明克類，[27]如有以察臣之言，臣以爲宜以懿爲太傅、大司馬，上昭陛下進賢之明，中顯懿身文武之實，下使愚臣免於謗誚。"於是帝使中書監劉放、令孫資爲詔曰：[28]"昔吳漢佐光武，有征定四方之功，爲大司馬，名稱于今。太尉體履正直，[29]功蓋海內，先帝本以前後欲更其位者輒不彌久，是以遲遲不施行耳。今大將軍薦太尉宜爲大司馬，既合先帝本旨，又放推讓，進德尚勳，乃欲明賢良、辯等列、順長少也。雖旦、奭之屬，[30]宗師呂望，[31]念在引領以處其下，[32]何以過哉！朕甚嘉焉。朕惟先帝固知君子樂天知命，纖芥細疑，不足爲忌，當顧柏人、彭亡之文，[33]故用低佪，有意未遂耳！[34]斯亦先帝敬重大臣，恩愛深厚之至也。昔成王建保傅之官，[35]近漢顯宗以鄧禹爲太傅，[36]皆所以優崇儁乂，必有尊也。其以太尉爲太傅。"

〔二〕《世語》曰：偉字世英，馮翊人。[37]明帝治宮室，偉諫曰："今作宮室，斬伐生民墓上松柏，毀壞碑獸石柱，辜及亡人，傷孝子心，不可以爲後世之法則。"

〔三〕《漢晋春秋》曰：司馬宣王謂夏侯玄曰："《春秋》責大德重，昔武皇帝再入漢中，[38]幾至大敗，君所知也。今興（平路）勢〔山路〕至險，[39]蜀已先據；若進不獲戰，退見徼絶，覆軍必矣。將何以任其責！"玄懼，言於爽，引軍退。費禕進兵據三嶺以截爽，[40]爽争嶮苦戰，僅乃得過。所發牛馬運轉者，死失略盡，羌、胡怨嘆，而關右悉虛耗矣。

[1] 城門校尉：官名。秩比二千石，第四品，掌洛陽十二城門。（本洪飴孫《三國職官表》）

[2] 武衛將軍：官名。第四品，掌禁軍。曹操時始置武衛中郎將，曹丕代漢後改爲武衛將軍。（本洪飴孫《三國職官表》）

[3] 錄尚書事：職銜名義。錄爲總領之意。東漢以來，政歸尚書，錄尚書事，則總攬朝政，位上公，在三公上。自魏晋以後，公卿權重者亦爲之。（本《晋書・職官志》）按，魏晋時期，凡爲"假節鉞、都督中外諸軍事、錄尚書事"者，則總攬朝廷軍政大權。

[4] 太尉：官名。東漢時與司徒、司空並爲三公，共同行使宰相職能，而位列三公之首，名位甚重。或與太傅並錄尚書事，綜理全國軍政事務。曹魏前期基本如此，第一品。

[5] 武安：縣名。治所在今河北武安市西南。

[6] 贊拜：古時臣下拜天子，司儀在旁唱禮，唱禮時直呼朝拜者姓名。 不名：不直呼姓名，祇稱官職。

[7] 太傅：官名。第一品，爲上公，位在三公上，掌善導，無常職，不常設。

[8] 侍講：官名。胡三省云："以在少帝（齊王芳）左右，令侍講說，侍講之官起乎此也。"（《通鑑》卷七四魏明帝景初三年注）

[9] 南陽：郡名。治所宛縣，在今河南南陽市。又按，吴金華《易氏〈三國志補注〉今證》謂"南陽"上易氏校出《通志》卷七十九有"初"字，合史家行文常例。

[10] 浮華：謂標榜交結。

[11] 駱谷：秦嶺的一條谷道，全長四百多里，北口在今陝西周至縣西南，南口在洋縣北。

[12] 參軍：官名。曹魏時，大將軍、大司馬、太尉及諸開府將軍，均置參軍，爲重要幕僚。

[13] 三朝：指武帝曹操、文帝曹丕、明帝曹叡。

[14] 冢宰：本周代官名，爲百官之長。曹真在魏明帝時曾爲大將軍、大司馬，職位與冢宰同。

[15] 飭：百衲本作"飾"，殿本、盧弼《集解》本、校點本作"飭"。今從殿本等。

[16] 無羔羊自公之節：謂没有重臣大夫的氣概。《詩·召南·羔羊》："羔羊之皮，素絲五紽，退食自公，委蛇委蛇。"羔羊，羔羊皮所製皮裘，爲大夫閑居之服，故以羔羊指大夫。羔羊自公之節，謂大夫自公門走出時，顯出從容自得的樣子。

[17] 翼日：同"翌日"，即明日。周武王病，周公祈禱以己身代武王，祈禱畢，將禱辭藏於金縢櫃中，"王翼日乃瘳（chōu）"。（見《尚書·金縢》）

[18] 厎（zhǐ）：至。

[19] 稷：即后稷，周人始祖，堯、舜以之爲農官。（本《史記》卷四《周本紀》）　契（xiè）：殷人始祖，舜以之爲司徒，掌教化。（本《史記》卷三《殷本紀》）

[20] 伊吕：伊尹、吕尚。伊尹，助商湯滅夏桀，湯任以國政。吕尚，輔助周武王滅商，因功封於齊。梁章鉅《旁證》引何焯曰："上單言成湯，下兼言伊、吕，則臨文之病。"

[21] 尊：各本皆作"道"。趙一清《注補》云："'道'宜作'尊'。"梁章鉅《旁證》亦云："'道'字是'尊'字之誤。"趙幼

文《校箋》云:"梁說是也。《孟子·公孫丑》:'天下有達尊三,爵一、齒一、德一。'趙岐注:'三者天下之通尊也。'此本《孟子》,'道'實爲'尊'字之誤。"今從二趙、梁說改。

[22] 允文允武:謂文武兼備。《詩·魯頌·泮水》:"允文允武,昭格烈祖。"允,語氣辭。

[23] 耆(qí)艾:年老。《禮記·曲禮》:"五十曰艾,六十曰耆。"

[24] 吉甫:尹吉甫,周宣王大臣。《詩·小雅·六月》歌頌他:"文武吉甫,萬邦爲憲。" 樊仲:即仲山甫,周宣王大臣,因封於樊,故稱樊仲、樊穆仲。《詩·大雅·烝民》歌頌他:"仲山甫之德,柔嘉維則,令儀令色,小心翼翼。"

[25] 方叔:周宣王大臣,曾奉宣王命,率兵車三千乘南征荆楚,又曾帶兵攻伐玁狁,均獲戰功。(本《詩·小雅·采芑》) 召虎:即召穆公。周厲王暴虐,國人叛襲之。厲王出奔,太子靜藏匿召虎家,國人圍之,召虎以己子代靜死。後厲王死,召虎擁立靜,即周宣王。周宣王時,召虎又奉命率軍戰勝淮夷。(本《史記》卷四《周本紀》及《詩·大雅·江漢》)

[26] 岐嶷:《詩·大雅·生民》"克岐克嶷"朱熹《集傳》:"岐嶷,峻茂之狀。"

[27] 克明克類:《詩·大雅·皇矣》"克明克類"朱熹《集傳》:"克明,能察是非也;克類,能分善惡也。"

[28] 中書監:官名。秩千石,第三品。黃初中改秘書令爲中書令;又置中書監,並高於令,掌贊詔命,作文書,典尚書奏事。若密詔下州郡及邊將,則不由尚書。與中書令並掌機密。(本洪飴孫《三國職官表》) 令:即中書令。秩千石,第三品。與中書監並掌機密。

[29] 體履:謂行爲。本書卷四《齊王芳紀》作"體道"。

[30] 旦奭(shì):周公旦、召公奭。

[31] 吕望:太公吕尚。

［32］念在引領以處其下：引領，伸長頸項看望。此句意爲：想到周公旦、召公奭景仰、崇敬吕尚而甘居其下的謙遜態度。

［33］柏人彭亡：《漢書》卷一《高帝紀》："上（劉邦）東擊韓信餘寇於東垣，還過趙，趙相貫高等恥上不禮其主，陰謀欲弑上。上欲宿，心動，問縣何名，曰：'柏人。'上曰：'柏人者，迫於人也。'去，弗宿。"《後漢書》卷一七《岑彭傳》：漢光武帝命岑彭伐蜀，"去成都數十里，勢若風雨，所至皆奔散"，"彭所營地名彭亡，聞而惡之，欲徙，會日暮，蜀刺客詐爲亡奴降，夜刺殺彭"。

［34］有意未遂：潘眉《考證》云："是時曹爽薦司馬懿爲太傅、大司馬，詔言先帝本欲以懿爲大司馬，今爽薦之，合先帝本旨；又言先帝纖芥細疑，不足爲忌，當顧柏人、彭亡之文，故用低佪，有意未遂。玩此詔旨，蓋謂懿姓司馬氏，今若拜大司馬，則司馬氏加大名，嫌於逼上，近柏人、彭亡之讖，亦非所以安司馬氏也。故但拜太傅，不拜大司馬。"

［35］成王：周成王。

［36］漢顯宗：漢明帝劉莊。

［37］馮（píng）翊（yì）：郡名。治所臨晉縣，在今陝西大荔縣。

［38］再入漢中：指曹操與劉備争漢中事。見本書卷一《武帝紀》建安二十二年至二十四年。

［39］興勢山路：各本均作"興平路勢"。盧弼《集解》引趙一清《注補》云："此語疑有錯誤。是時魏軍入漢，蜀已先據興勢圍之，後主、王平兩傳極爲分明，於文當是'今興勢山路至險'。顧景範亦云爾。"盧氏又云："《通鑑》引此作'興勢'。"今依趙、盧説改。

［40］三嶺：胡三省謂三嶺是沈嶺、衙嶺、分水嶺（見《通鑑》卷七四魏邵陵厲公正始五年注）。謝鍾英《補三國疆域志補注》則云："按《一統志》，分水嶺在渭南縣南；衙嶺在褒城縣界，

斜水所出；分水嶺至衛嶺數百里，皆爲魏境，爽自駱谷入，而禕東出分水嶺，西趨衛嶺，與爽兵勢不相接。三嶺當在駱谷中，胡説非也。"

初，爽以宣王年德並高，恒父事之，不敢專行。及晏等進用，咸共推戴，説爽以權重不宜委之於人。乃以晏、颺、謐爲尚書，晏典選舉，軌司隸校尉，[1]勝河南尹，諸事希復由宣王。宣王遂稱疾避爽。〔一〕晏等專政，共分割洛陽、野王典農部桑田數百頃，[2]及壞湯沐地以爲產業，[3]承勢竊取官物，因緣求欲州郡。有司望風，莫敢忤旨。晏等與廷尉盧毓素有不平，[4]因毓吏微過，深文致毓法，使主者先收毓印綬，然後奏聞。其作威如此。爽飲食車服，擬於乘輿；尚方珍玩，[5]充牣其家；妻妾盈後庭，又私取先帝才人七八人，[6]及將吏、師工、鼓吹、良家子女三十三人，皆以爲伎樂。詐作詔書，發才人五十七人送鄴臺，使先帝倢伃教習爲伎。[7]擅取太樂樂器，[8]武庫禁兵。作窟室，綺疏四周，[9]數與晏等會其中，飲酒作樂。羲深以爲大憂，[10]數諫止之。又著書三篇，陳驕淫盈溢之致禍敗，辭旨甚切，不敢斥爽，託戒諸弟以示爽。爽知其爲己發也，甚不悦。羲或時以諫喻不納，涕泣而起。宣王密爲之備。九年冬，李勝出爲荊州刺史，往詣宣王。宣王稱疾困篤，示以羸形。勝不能覺，謂之信然。〔二〕

〔一〕初，[11]宣王以爽魏之肺腑，每推先之，爽以宣王名重，亦引身卑下，當時稱焉。丁謐、畢軌等既進用，數言于爽曰："宣王有大志而甚得民心,不可以推誠委之。"由是爽恒猜防焉。禮貌雖存,而諸所興造,皆不復由宣王。宣王力不能爭,且懼其禍,故避之。

〔二〕《魏末傳》曰:爽等令勝辭宣王,并伺察焉。宣王見勝,勝自陳無他功勞,[12]橫蒙時恩,[13]當為本州,[14]詣閤拜辭,不悟加恩,得蒙引見。宣王令兩婢侍邊,持衣,[15]衣落;復上指口,言渴求飲,[16]婢進粥,宣王持盃飲粥,[17]粥皆流出沾胸。勝愍然,為之涕泣,謂宣王曰:"今主上尚幼,天下恃賴明公。然衆情謂明公方舊風疾發,[18]何意尊體乃爾!"宣王徐更寬言,[19]才令氣息相屬,説:"年老沈疾,死在旦夕。君當屈并州,并州近胡,好善為之,恐不復相見,如何!"勝曰:"當還忝本州,非并州也。"宣王乃復陽為昏謬,曰:"君方到并州,努力自愛!"錯亂其辭,狀如荒語。勝復曰:"當忝荊州,非并州也。"宣王乃若微悟者,謂勝曰:"懿年老,意荒忽,[20]不解君言。今還為本州刺史,盛德壯烈,好建功勳。今當與君別,自顧氣力轉微,後必不更會,因欲自力,設薄主人,[21]生死共別。令師、昭兄弟結君為友,不可相舍去,副懿區區之心。"因流涕哽咽。勝亦長嘆,答曰:"輒當承教,須待敕命。"勝辭出,與爽等相見,説:"太傅語言錯誤,口不攝盃,指南為北。又云吾當作并州,吾答言當還為荊州,非并州也。徐徐與語,有識人時,乃知當還為荊州耳。又欲設主人祖送。[22]不可舍去,宜須待之。"更向爽等垂淚云:"太傅患不可復濟,令人愴然。"

[1] 司隸校尉:官名。秩比二千石,第三品。掌糾察京師違法者,並治所轄各郡,相當於州刺史。

[2] 洛陽、野王典農部:曹魏在洛陽西南陽市邑(今河南洛寧縣東北)設置洛陽典農中郎將,又在河內郡野王縣(今河南沁陽縣)亦設置典農中郎將,管理該地區的屯田。

[3] 湯沐地：漢制，皇帝、諸侯、皇后、公主皆有湯沐邑封地，收取其賦稅作爲個人之奉養。魏晉亦沿襲。

[4] 廷尉：官名。秩中二千石，第三品，掌司法刑獄。

[5] 尚方：官署名。有中、左、右三尚方，各置令一人，秩皆六百石，第七品。掌管製造供應皇帝所用器物。

[6] 才人：魏明帝嬪妃稱號之一，爵位不詳。

[7] 倢伃：嬪妃稱號之一，位視中二千石。 伎：百衲本、殿本作"技"，盧弼《集解》本、校點本作"伎"。今從《集解》本等。

[8] 太樂：官名。曹魏時，太常卿下設太樂令，掌國家典禮之樂。

[9] 綺疏：胡三省云："窟室，掘地爲室也。（李）賢曰：'綺疏，謂鏤爲綺文。'"（《通鑑》卷七五魏邵陵厲公正始九年注）

[10] 大憂：趙幼文《校箋》謂《太平御覽》卷四五八引無"大"字。

[11] 初：梁章鉅《旁證》云："此條不出書名，疑有脫文。"

[12] 功勞：趙幼文《校箋》謂《太平御覽》卷四九四引"勞"字作"效"。

[13] 時恩：校點本作"特恩"，百衲本、殿本、盧弼《集解》本作"時恩"。盧氏注云："何焯校本'時'作'特'。"吳金華《校詁》云："'時恩'猶言君恩、國恩，皆謂當時之特恩。"今從百衲本等。趙幼文《校箋》又謂《太平御覽》卷八五九引"時"字作"聖"。按，《太平御覽》卷四九四亦作"時"。

[14] 爲本州：爲本州刺史。李勝爲荆州人，即謂其爲荆州刺史。

[15] 侍邊持衣：《太平御覽》卷八五九引無"邊持"二字。

[16] 求飲：趙幼文《校箋》謂《北堂書鈔》卷一四四、《太平御覽》卷八五九引"求"字俱作"主"。按，《太平御覽》卷四九四又作"求"。

［17］持盃飲粥：吳金華《校詁》云："《晉書·宣帝紀》云'宣王不持杯飲粥'，文情似勝。此無'不'字，疑奪。"

［18］風疾：趙幼文《校箋》謂《太平御覽》卷四九九（當作四九四）引"疾"字作"病"。

［19］寬言：趙幼文《校箋》謂《太平御覽》引無"寬"字。

［20］荒忽：趙幼文《校箋》謂《太平御覽》引無"忽"字，《晉書》同。

［21］設薄主人：周一良《三國志札記》云："設主人蓋當時習語，猶今言作東道請客也。設字引申有招待飲食之意。"（見《魏晉南北朝史札記》）稱"薄"，乃司馬懿之謙詞，謂所招待之飲食不豐盛。

［22］祖送：祖餞送行。祖，祭路神。

十年正月，[1]車駕朝高平陵，[2]爽兄弟皆從。〔一〕宣王部勒兵馬，先據武庫，遂出屯洛水浮橋。[3]奏爽曰：[4]"臣昔從遼東還，先帝詔陛下、秦王及臣升御牀，[5]把臣臂，深以後事為念。臣言'二祖亦屬臣以後事，[6]（為念）此自陛下所見，無所憂苦；萬一有不如意，臣當以死奉明詔'。黃門令董箕等，[7]才人侍疾者，皆所聞知。今大將軍爽背棄顧命，[8]敗亂國典，內則僭擬，外專威權；破壞諸營，[9]盡據禁兵，羣官要職，皆置所親；殿中宿衞，歷世舊人皆復斥出，欲置新人以樹私計；根據槃互，[10]縱恣日甚。外既如此，又以黃門張當為都監，[11]專共交關，看察至尊，候伺神器，離間二宮，傷害骨肉。天下洶洶，人懷危懼，陛下但為寄坐，豈得久安！此非先帝詔陛下及臣升御牀之本意也。臣雖朽邁，敢忘往言？昔趙高極意，[12]

秦氏以滅；呂、霍早斷，[13]漢祚永世。此乃陛下之大鑒，[14]臣受命之時也。[15]太尉臣濟、尚書令臣孚等，[16]皆以爽爲有無君之心，兄弟不宜典兵宿衛，奏永寧宮。[17]皇太后令敕臣如奏施行。臣輒敕主者及黃門令罷爽、羲、訓吏兵，以侯就第，不得逗留以稽車駕；敢有稽留，便以軍法從事。臣輒力疾將兵屯洛水浮橋，[18]伺察非常。"〔二〕

〔一〕《世語》曰：爽兄弟先是數俱出游，桓範謂曰："總萬機，典禁兵，不宜並出，若有閉城門，誰復內入者？"[19]爽曰："誰敢爾邪！"由此不復並行。至是乃盡出也。

〔二〕《世語》曰：初，宣王勒兵從闕下趨武庫，當爽門，[20]人逼車住。爽妻劉怖，出至廳事，謂帳下守督曰：[21]"公在外。今兵起，如何？"督曰："夫人勿憂。"乃上門樓，引弩注箭欲發。將孫謙在後牽止之曰："天下事未可知！"如此者三，[22]宣王遂得過去。[23]

[1] 十年：正始十年（249），當年四月又改年號爲嘉平元年。
[2] 高平陵：魏明帝陵墓，在當時洛水南大石山，距洛陽城九十里（詳本書卷四《齊王芳紀》裴注引孫盛《魏世譜》）。
[3] 洛水浮橋：謝鍾英《補三國疆域志補注》云："浮橋在故洛陽城南二十五里，今河南府城（洛陽市舊城）南五里。"
[4] 奏爽：司馬懿此奏，《晉書》卷一《宣帝紀》亦載，而文字有所差異，不影響本義者，不作校勘。
[5] 秦王：名詢，亦魏明帝養子。
[6] 後事：各本"後事"下有"爲念"二字。盧弼《集解》引何焯曰："下'爲念'二字疑衍。"校點本因從何說刪。今從之。

[7] 黃門令：官名。秩六百石，第七品，主宮中諸宦者。（本洪飴孫《三國職官表》）

[8] 顧命：帝王臨終之詔命。《尚書·顧命序》"作顧命"孔傳："臨終之命曰顧命。"

[9] 破壞諸營：《晉書·宣帝紀》云："（正始）六年秋八月，曹爽毀中壘、中堅營，以兵屬其弟中領軍羲。帝以先帝舊制禁之，不可。"

[10] 槃互：同"盤互"，相互連結之意。按"互"，百衲本、殿本作"牙"，盧弼《集解》本作"㸦"。潘眉《考證》云："'牙'字誤，當作'㸦'，'㸦'即'互'字。"校點本作"互"，今從之。

[11] 黃門：此指小黃門，無定員，秩六百石，第七品。侍從皇帝左右，收受尚書奏事，傳宣帝命，掌宮廷內外、皇帝與後宮之間的聯絡。（參洪飴孫《三國職官表》）

[12] 趙高極意：秦二世胡亥因趙高、李斯矯詔而得帝位，故即位後，寵幸趙高。趙高遂恣意非爲，與二世大殺諸公子及群臣。既而又誣殺李斯，趙高遂爲丞相，獨秉朝政。後天下起兵反秦，趙高謀篡位，竟指鹿爲馬以威服群臣，後與其婿殺二世於望夷宮。不久，秦亦亡。（本《史記》卷六《秦始皇本紀》）

[13] 呂：指西漢初呂后之兄子等。漢惠帝死後，呂后臨朝專制，背漢高祖劉邦非劉氏不王之約，封兄子呂台、產、祿、台子通等四人爲王，封諸呂六人爲侯；後又以呂產爲相國，呂祿爲上將軍，控制朝政軍事大權。呂后死後，諸呂恐爲諸侯所誅，因謀作亂，旋被周勃、陳平等誅滅。（本《史記》卷九《呂太后本紀》）

霍：指霍光後代。霍光在漢昭帝、宣帝時，前後秉政近二十年，霍氏貴盛。光死後，其子禹、兄孫雲、山等，恃其門戶，驕奢放縱，宣帝欲抑之。霍禹等遂謀廢宣帝而立禹，會事發覺，霍氏被誅。（本《漢書》卷六八《霍光傳》）

[14] 大鑒：盧弼《集解》謂《晉書·宣帝紀》作"殷鑒"。

［15］受命：盧弼《集解》謂《晉書·宣帝紀》作"授命"。殿本《考證》亦謂"受"當作"授"。

［16］濟：指蔣濟。　孚：指司馬孚。

［17］永寧宮：齊王芳即帝位後，尊明帝郭皇后爲皇太后，稱永寧宮。

［18］輒：胡三省云："輒，專也。懿雖挾太后以臨爽，而其奏自言輒者至再，以天子在爽所也。"（《通鑑》卷七五魏邵陵厲公嘉平元年注）

［19］内入：百衲本作"内人"，殿本、盧弼《集解》本、校點本作"内入"。按"内"即"納"，今從殿本等。

［20］當爽門：潘眉《考證》云："考《晉書》，曹爽府第在武庫之南，故宣王欲趣武庫，正當爽門。"

［21］帳下守督：官名。曹魏時，開府將軍屬官有帳下督，第七品。又有帳下都督、帳下守督之名。

［22］三：趙幼文《校箋》謂《太平御覽》卷五二〇引作"一二"。按《太平御覽》所引，題曰《魏志》。

［23］遂得過去：趙幼文《校箋》謂《太平御覽》引無"得""去"二字。

爽得宣王奏事，不通，迫窘不知所爲。[一]大司農沛國桓範聞兵起，[1]不應太后召，矯詔開平昌門，[2]拔取劍戟，略將門候，[3]南奔爽。宣王知，曰："範畫策，爽必不能用範計。"範説爽使車駕幸許昌，[4]招外兵。爽兄弟猶豫未決，範重謂羲曰："當今日，卿門户求貧賤復可得乎？且匹夫持質一人，尚欲望活，今卿與天子相隨，令於天下，誰敢不應者？"羲猶不能納。侍中許允、尚書陳泰説爽，使早自歸罪。爽於是遣允、

泰詣宣王，歸罪請死，乃通宣王奏事。[二]遂免爽兄弟，以侯還第。[三]

〔一〕干寶《晉紀》曰：[5]爽留車駕宿伊水南，[6]伐木爲鹿角，發屯田兵數千人以爲衞。[7]

《魏末傳》曰：宣王語弟孚：[8]"陛下在外不可露宿，促送帳幔、太官食具詣行在所。"[9]

〔二〕干寶《晉（書）〔紀〕》曰：[10]桓範出赴爽，宣王謂蔣濟曰："智囊往矣。"濟曰："範則智矣，駑馬戀棧豆，[11]爽必不能用也。"

《世語》曰：宣王使許允、陳泰解語爽，蔣濟亦與書達宣王之旨，又使爽所信殿中校尉尹大目謂爽，[12]唯免官而已，以洛水爲誓。爽信之，罷兵。

《魏氏春秋》曰：爽既罷兵，曰："我不失作富家翁。"範哭曰："曹子丹佳人，生汝兄弟，犢耳！何圖今日坐汝等族滅矣！"

〔三〕《魏末傳》曰：爽兄弟歸家。敕洛陽縣發民八百人，使尉部圍爽第四角，[13]角作高樓，令人在上望視爽兄弟舉動。爽計窮愁悶，持彈到後園中，樓上人便唱言"故大將軍東南行！"[14]爽還廳事上，與兄弟共議，未知宣王意深淺，作書與宣王曰："賤子爽哀惶恐怖，無狀招禍，分受屠滅。前遣家人迎糧，于今未反，數日乏匱，當煩見餉，[15]以繼旦夕。"宣王得書大驚，即答書曰："初不知乏糧，[16]甚懷踧踖。令致米一百斛，并肉脯、鹽豉、大豆。"尋送。爽兄弟不達變數，即便喜歡，自謂不死。

[1] 大司農：官名。秩中二千石，第三品。管理國家的財政收支。曹魏時，郡縣管理屯田的諸典農官亦屬之。

[2] 平昌門：魏洛陽城十二門之一，《洛陽伽藍記序》謂洛陽城門依魏晉舊名。南面有三門，其東頭第一門曰開陽門，次西曰平

昌門。

［3］門候：官名。洛陽城每門置門候一人，掌按時開閉城門，屬城門校尉統領。

［4］許昌：縣名。治所在今河南許昌縣東。

［5］晉紀：百衲本、殿本、盧弼《集解》本均作"晉記"，盧氏注："記"應作"紀"。校點本即作"晉紀"。今從之。

［6］伊水：河名。伊水在當時洛陽縣南，北流入洛水。

［7］屯田兵：百衲本、殿本、校點本作"屯甲兵"，盧弼《集解》本作"屯田兵"，《通鑑》亦作"屯田兵"。胡三省注："魏武創業，令州郡例置田官，故洛陽亦有屯田兵。"（《通鑑》卷七五魏邵陵厲公嘉平元年注）今從《集解》本與《通鑑》。

［8］語弟孚：趙幼文《校箋》謂《太平御覽》卷六九九引"孚"下有"曰"字。

［9］太官：官署名。漢代有太官署，掌宮廷膳食，由令、丞主之，屬少府。魏沿置。

［10］晉紀：各本均作"晉書"，盧弼《集解》云："書"當作"紀"。趙幼文《校箋》謂《藝文類聚》卷九三、《事類賦》卷二一引"書"俱作"紀"，是。今從盧、趙說改。

［11］棧豆：馬房豆料。胡三省云："言爽顧戀室家，而慮不及遠，必不能用範計。"（《通鑑》卷七五魏邵陵厲公嘉平元年注）

［12］殿中校尉：官名。曹魏置，第七品。領兵侍衛殿內，位在殿中將軍、中郎將下。由皇帝及執政大臣的親信充任。

［13］尉：官名。魏晉時，縣有縣尉，掌一縣之兵政，秩二百石，第九品，大縣置二人，洛陽卻有五部尉。

［14］東南行：趙幼文《校箋》謂《太平御覽》卷三五〇"東"下有"行"字。按，《册府元龜》卷九五四引"東"下亦無"行"字。

［15］當：趙幼文《校箋》謂《册府元龜》卷九五四引作"尚"。

[16] 初：完全。

初，張當私以所擇才人張、何等與爽。疑其有姦，收當治罪。當陳爽與晏等陰謀反逆，並先習兵，須三月中欲發，於是收晏等下獄。會公卿朝臣廷議，以爲"《春秋》之義，'君親無將，將而必誅'。[1]爽以支屬，世蒙殊寵，親受先帝握手遺詔，託以天下，而包藏禍心，蔑棄顧命，乃與晏、颺及當等謀圖神器，範黨同罪人，皆爲大逆不道"。於是收爽、羲、訓、晏、颺、謐、軌、勝、範、當等，皆伏誅，夷三族。〔一〕[2]嘉平中，[3]紹功臣世，封真族孫熙爲新昌亭侯，邑三百户，以奉真後。〔二〕

〔一〕《魏略》曰：鄧颺字玄茂，鄧禹後也。[4]少得士名於京師。明帝時爲尚書郎，[5]除洛陽令，坐事免，拜中郎，又入兼中書郎。[6]初，颺與李勝等爲浮華友，及在中書，浮華事發，被斥出，遂不復用。正始初，乃出爲潁川太守，轉大將軍長史，[7]遷侍中、尚書。颺爲人好貨，前在內職，許臧艾授以顯官，艾以父妾與颺，故京師爲之語曰："以官易婦鄧玄茂。"[8]每所薦達，多如此比。故何晏選舉不得人，頗由颺之不公忠，遂同其罪，蓋由交友非其才。[9]

丁謐，[10]字彥靖。[11]父斐，字文侯。初，斐隨太祖，太祖以斐鄉里，特饒愛之。斐性好貨，數請求犯法，輒得原宥。爲典軍校尉，總攝內外，每所陳說，多見從之。建安末，從太祖征吴。斐隨行，自以家牛羸困，乃私易官牛，爲人所白，被收送獄，奪官。其後太祖問斐曰：[12]"文侯，印綬所在？"[13]斐亦知見戲，[14]對曰："以易餅耳。"太祖笑，[15]顧謂左右曰："東曹毛掾數白此家,[16]欲令我重治,我非不知此人不清,良有以也。我之有斐,譬如人家有盜狗而善捕鼠,盜雖有小損,而完我囊貯。"[17]遂復斐官,聽用如初。後數歲,病亡。謐少不肯交游,但博觀書傳。爲人沈毅,頗有才略。太和中,常住鄴,[18]借人空屋,居其中。而諸王亦欲借之,不知謐已得,直開門入。謐望見王,交腳臥而不起,而呼其奴客曰:"此何等人?促呵使去。"王怒其無禮,還具上言。[19]明帝收謐,繫鄴獄,以其功臣子,原出。後帝聞其有父風,召拜度支郎中。[20]曹爽宿與相親,時爽爲武衛將軍,數爲帝說其可大用。[21]會帝崩,爽輔政,乃拔謐爲散騎常侍,遂轉尚書。謐爲人外似疎略,而內多忌。其在臺閣,數有所彈駁,[22]臺中患之,事不得行。又其意輕貴,多所忽略,雖與何晏、鄧颺等同位,[23]而皆少之,唯以勢屈於爽。[24]爽亦敬之,言無不從。故于時謗書,謂"臺中有三狗,二狗崖柴不可當,[25]一狗憑(默)[點]作(疽)[狙]囊"。[26]三狗,謂何、鄧、丁也。(默)[點]者,爽小字也。其意言三狗皆欲嚙人,而謐尤甚也。奏使郭太后出居別宮,及遣樂安王使北詣鄴,[27]又遣文欽令還淮南,[28]皆謐之計。司馬宣王由是特深恨之。

畢軌,字昭先。父字子禮,建安中爲典農校尉。[29]軌以才能,少有名聲。明帝在東宮時,軌在文學中。[30]黃初末,出爲長史。[31]明帝即位,入爲黃門郎,[32]子尚公主,居處殷富。遷并州刺史。其在并州,名爲驕豪。時雜虜數爲暴,害吏民,軌輒出軍擊鮮卑軻比能,[33]失利。中護軍蔣濟表曰:"畢軌前失,既往不咎,但恐是後難可以再。凡人材有長短,不可彊成。[34]軌文雅智意,[35]自爲美器。今失并州,換置他州,若入居顯職,不毀其德,於國事實善。此安危之要,唯聖恩察之。"[36]至正始中,入爲中護軍,轉侍中、尚書,遷司隸校尉。素與曹爽善,每言於爽,多見從之。

李勝,字公昭。父休,字子朗,有智略。張魯前爲鎮北將軍,[37]休爲司馬,家南鄭。時漢中有甘露降,子朗見張魯精兵數萬人,有四塞之固,遂建言赤氣久衰,黃家當興,欲魯舉號,魯不聽。會魯破,太祖以其勸魯內附,賜爵關內侯,署散官騎從,[38]詣鄴。至黃初中,仕歷上黨、鉅鹿二郡太守,[39]後以年老還,拜議郎。勝少游京師,雅有才智,與曹爽善。明帝禁浮華,而人白勝堂有四窗八達,[40]各有主名。用是被收,以其所連引者多,故得原,禁錮數歲。帝崩,曹爽輔政,勝爲洛陽令。夏侯玄爲征西將軍,以勝爲長史。玄亦宿與勝厚。駱谷之役,議從勝出,由是司馬宣王不悅於勝。累遷滎陽太守、河南尹,[41]勝前後所宰守,未嘗不稱職,[42]爲尹歲餘,廳事前屠蘇壞,[43]令人更治之,小材一枚激墮,正摑受符吏石虎頭,[44]斷之。後旬日,遷爲荊州刺史,未及之官而敗也。

桓範字元則,世爲冠族。建安末,入丞相府。延康中,[45]爲羽林左監。[46]以有文學,與王象等典集《皇覽》。[47]明帝時爲中領軍、尚書,遷征虜將軍、東中郎將,[48]使持節都督青、徐諸軍事,[49]治下邳。[50]與徐州刺史鄭岐爭屋,引節欲斬岐,爲岐所奏,不直,坐免還。復爲兗州刺史,怏怏不得意。又聞當轉爲冀州牧,[51]是時冀州統屬鎮北,[52]而鎮北將軍呂昭才實仕進,[53]本在範後。範謂其妻仲長曰:"我寧作諸卿,向三公長跪耳,不能爲呂子展屈也。"其妻曰:"君前在東,坐欲擅斬徐州刺史,衆人謂君難爲作下,[54]今復羞爲呂屈,是復難爲作上也。"範忿其言觸實,乃以刀環撞其腹。妻時懷孕,遂墮胎死。範亦竟稱疾,不赴冀州。正始中拜大司農。範前在臺閣,號爲曉事,及爲司農,又以清省稱。範嘗抄撮《漢書》中諸雜事,自以意斟酌之,名曰《世要論》。[55]蔣濟爲太尉,嘗與範會社下,羣卿列坐有數人,範懷其所撰,欲以示濟,謂濟當虛心觀之。範出其書以示左右,左右傳之示濟,濟不肯視,範心恨之。因論他事,乃發怒謂濟曰:"我祖薄德,公輩何似邪?"濟性雖彊毅,亦知範剛毅,[56]睨而不應,各罷。範於沛郡，仕次在曹真後。于時曹爽輔政，以範鄉里老宿，於九卿中特敬之，然不甚親也。及宣王起兵，閉城門，以範爲曉事，乃指召之，欲使領中領軍。範欲應召，而其子諫之，以爲車駕在外，不如南出。範疑有頃，兒又促之。範欲去而司農丞吏皆止範。範不從，乃突出至平昌城門，城門已閉。門候司蕃，故範舉吏也，範呼之，舉手中版以示之，矯曰："有詔召我，卿促開門！"蕃欲求見詔書，範呵之，言："卿非我故吏邪，何以敢爾？"乃開之。範出城，顧謂蕃曰："太傅圖逆，卿從我去！"蕃徒行不能及，遂避側。範南見爽，勸爽兄弟以天子詣許昌，徵四方以自輔。爽疑，羲又無言。範自謂羲曰："〔此〕事昭然，[57]卿用讀書何爲邪！於今日卿等門戶倒矣！"俱不言。範又謂羲曰："卿別營近在闕南，[58]洛陽典農治在城外，[59]呼召如意。今詣許昌，不過中宿，[60]許昌別庫，[61]足相被假；[62]所憂當在穀食，而大司農印章在我身。"羲兄弟默然不從，甲夜至五鼓，[63]爽乃投刀于地，謂諸從駕羣臣曰："我度太傅意，亦不過欲令我兄弟向己也。我獨有以不合于遠近耳！"遂進謂帝曰："陛下作詔免臣官，報皇太后令。"範知爽首免而己必坐唱義也，[64]範乃曰："老子今茲坐卿兄弟族矣！"[65]爽等既免，帝還宮，遂令範隨從。到洛水浮橋北，望見宣王，下車叩頭而無言。宣王呼範姓曰："桓大夫何爲爾邪！"車駕入宮，有詔範還復位。範詣闕拜章謝，待報。會司蕃詣鴻臚自首，[66]具說範前臨出所道。宣王乃忿然曰："誣人以反，於法何應？"主者曰："科律，反受其罪。"乃收範於闕下。時人持範甚急，範謂部官曰："徐之，我亦義士耳。"遂送廷尉。

《世語》曰：[67]初，爽夢二虎銜雷公，雷公若二升椀，放著庭中。爽惡之，以問占者。[68]靈臺丞馬訓曰：[69]"憂兵。"訓退，告其妻曰："爽將以兵亡，不出旬日。"

《漢晉春秋》曰：安定皇甫謐以九年冬夢至洛陽，[70]自廟出，見車騎甚衆，以物呈廟云："誅大將軍曹爽。"寤而以告其邑人，邑人曰："君欲作曹人之夢乎![71]朝無公孫彊如何？且爽兄弟典重兵，又權尚書事，誰敢謀之？"謐曰："爽無叔振鐸之請，苟失天機則離矣，何恃于彊？昔漢之閻顯，[72]倚母后之尊，權國威命，可謂至重矣，閹人十九人一旦尸之，況爽兄弟乎？"

《世語》曰：初，爽出，司馬魯芝留在府，[73]聞有事，將營騎斫津門出赴爽。[74]爽誅，擢爲御史中丞。[75]及爽解印綬，將出，主簿楊綜止之曰：[76]"公挾主握權，捨此以至東市乎？"[77]爽不從。有司奏綜導爽反，宣王曰："各爲其主也。"宥之，以爲尚書郎。芝字世英，扶風人也。[78]以後仕進至特進、光禄大夫。[79]綜字初伯，後爲安東將軍司馬文王長史。[80]

臣松之案：夏侯湛爲芝銘及干寶《晋紀》並云爽既誅，宣王即擢芝爲并州刺史，以綜爲安東參軍。與《世語》不同。

〔二〕干寶《晋紀》曰：蔣濟以曹真之勳力，不宜絶祀，故以熙爲後。濟又病其言之失信于爽，發病卒。

[1] 將而必誅：語見《春秋公羊傳》莊公三十二年及昭公元年。

[2] 三族：一般指父族、母族、妻族。《史記》卷五《秦本紀》"法初有三族之罪"《集解》引如淳曰："父族、母族、妻族也。"

[3] 嘉平：魏少帝齊王曹芳年號（249—254）。

[4] 鄧禹：東漢初人。初隨劉秀於河北，擊敗銅馬、緑林等軍。劉秀即帝位後，禹爲大司徒，封鄷侯，後又改封高密侯。《後漢書》卷一六有傳。

[5] 尚書郎：官名。東漢之制，取孝廉之有才能者入尚書臺，初入臺稱守尚書郎中，滿一年稱尚書郎，三年稱侍郎，統稱尚書郎。曹魏襲之，而分曹有異。曹魏有殿中、吏部、駕部、度支等等二十五郎，秩皆四百石，第六品，主作文書起草。

[6] 中書郎：官名。魏文帝黃初初置中書監、令，其下遂置通事郎，掌詔草。後又增設中書郎，亦稱中書侍郎，主詔誥，第五品。

[7] 大將軍長史：官名。秩千石，第六品，爲大將軍府諸屬吏之長。

[8] 婦：百衲本、殿本作"富"，盧弼《集解》本、校點本作"婦"。盧弼《集解》謂各本均作"富"。殿本《考證》云："按《通志略》作'以官易婦'爲是。臧艾以父妾與颺，故爲此語。"今從《集解》本等。

[9] 其才：百衲本、殿本作"奇才"，盧弼《集解》本、校點本作"其才"。今從《集解》本等。

[10] 丁謐：百衲本、殿本、盧弼《集解》本"丁謐"上有"魏略曰"三字，盧氏注："此三字衍。"校點本即無此三字，今從之。

[11] 靖：殿本《考證》云："《太平御覽》'靖'作'静'。"

[12] 問：趙幼文《校箋》謂《藝文類聚》卷二五、《太平御覽》卷六八三（當作六八二）引作"啁"。

[13] 所在：周一良《札記》云："所在即在何所。"（見《魏晉南北朝史札記》）趙幼文《校箋》則謂《太平御覽》卷六八二引"所"字作"何"。

[14] 見戲：趙幼文《校箋》謂《太平御覽》卷六八二引"戲"下有"也"字

[15] 太祖笑：趙幼文《校箋》謂《太平御覽》卷五（當作二五）引"笑"上有"大"字。

[16] 東曹毛掾：即東曹掾毛玠。東曹掾，官名。東漢三公府及大將軍府均置有東曹掾，秩比四百石，主管二千石長吏之遷除及軍吏。曹操爲司空、丞相時，皆置。　家：周一良《札記》云："家猶人也，而有尊敬之意。"（見《魏晉南北朝史札記》）

[17] 盜雖有小損而完我囊貯：趙幼文《校箋》謂《太平御覽》卷四九二引作"盜狗雖有小損而鼠不切我囊貯"。"切"疑爲

"竊"之訛字。

　　[18] 住郟：趙幼文《校箋》謂《太平御覽》卷四九八引"住"字作"於"。《册府元龜》卷一二四引"住"字作"家"。

　　[19] 上言：趙幼文《校箋》謂《太平御覽》卷四九八引"言"字作"聞"。按，《册府元龜》"聞"下尚有"之"字。

　　[20] 度支郎中：官名。亦稱度支郎，隸屬度支尚書，秩四百石，第六品。

　　[21] 說：殿本、校點本作"稱"，百衲本、盧弼《集解》本作"說"。今從百衲本等。

　　[22] 數有：殿本無"數"字，百衲本、盧弼《集解》本、校點本皆有。今從百衲本等。

　　[23] 同位：趙幼文《校箋》謂《藝文類聚》卷九四引"位"字作"列"。

　　[24] 以勢：趙幼文《校箋》謂《藝文類聚》卷九七（當作九四）引"勢"上有"聲"字。

　　[25] 崖柴：潘眉《考證》云："'崖柴'與'喔喍'通"。喔喍，狗將咬人的凶狠樣子。《管子·戒篇》："東郭有狗喔喍，旦暮欲噬我。"房玄齡注："東郭之狗喻易牙，言其人殘忍，同於狗矣。"

　　[26] 一狗憑黠作狙囊：各本皆作"一狗憑默作疽囊"吳金華《校詁》謂陸龜蒙《小名錄·曹黠》引此句作"一狗憑黠作狙囊"；又釋之云："黠，爽小字。"則此"默"字當作"黠"，作"默"乃傳寫之誤。"疽囊"亦當依《小名錄》作"狙囊"。《說文》："狙，犬暫嚙人者。"《通俗文》曰："伏伺曰狙。"《校詁》又云："稱犬善嚙人者爲'狙囊'，猶稱人之善謀事者爲'智囊'也。"今從吳說改。

　　[27] 樂安王：盧弼《集解》云："或曰魏無樂安王，以其事考之，當是燕王之誤。燕王以景初三年夏還鄴，正曹爽專政之時，殆昭伯黨忌其屬尊地逼，故出之耳。"

　　[28] 文欽：事迹主要見本書卷二八《毌丘儉傳》注引《魏

書》。　淮南：地區名。泛指淮水以南地區。

[29] 典農校尉：官名。曹魏在郡國設置的屯田官，秩比二千石，第六品，管理該屯田區的農業生產、民政和田租。地位相當於郡太守，但直屬中央大司農。

[30] 文學：官名。即太子文學，曹操時始置，太子屬官，員數品秩不詳。

[31] 長史：盧弼《集解》云："史"疑作"吏"，蓋縣令、長之屬。

[32] 黃門郎：即黃門侍郎。趙幼文《校箋》謂《太平御覽》卷二四一引"黃門郎"下有"拜騎都尉"四字。

[33] 軻比能：鮮卑族首領。見本書卷三〇《鮮卑傳》。

[34] 彊成：趙幼文《校箋》謂郝經《續後漢書》"成"字作"爲"。

[35] 智意：殿本、校點本作"志意"，百衲本、盧弼《集解》本作"智意"。今從百衲本等。趙幼文《校箋》云："智意猶智慧也。"

[36] 恩：趙幼文《校箋》謂郝經《續後漢書》作"明"。

[37] 鎮北將軍：錢大昭《辨疑》云："按《魯傳》爲鎮南將軍，'北'字疑誤。"

[38] 散官騎從：散官，官名。指有官名而無固定職事的官，與職事官相對而言。漢朝無此專名。曹操時始置散官騎從，意謂無固定職守，隨騎聽從差遣。

[39] 上黨：郡名。治所壺關縣，在今山西長治市北。　鉅鹿：郡名。治所廮陶縣，在今河北寧晉縣西南。

[40] 四窗八達：殿本《考證》："按堂有四窗八達，未必能得罪，或'堂'字爲'黨'字之誤，《諸葛誕（傳）》注云'以元（玄）、疇四人爲四聰，誕、備八人爲八達'，是其證也。'窗'與'聰'古字通用。"

[41] 滎陽：郡名。魏齊王曹芳正始三年（242）分河南尹立，

治所滎陽縣，在今河南滎陽市東北。

［42］未嘗不稱職：《水經·濟水注一》謂李勝爲滎陽太守，又爲原武典農校尉，"政有遺惠，民爲立祠於城北五里，號曰李君祠。廟前有石躓，躓上有石的，石的銘具存，其略曰：百姓欣戴，咸推厥誠"。今猶祀禱焉。

［43］屠蘇：錢大昭《辨疑》："《風俗通義》云，平室曰屠蘇。亦作'廜㢉'，《廣雅》云，廜㢉，庵也。"

［44］搹：百衲本作"樀"，殿本、盧弼《集解》本、校點本作"搹"。今從殿本等。　受符吏：官名。蓋爲保管符節之小吏。

［45］延康：漢獻帝劉協年號，即公元220年。此年正月仍爲建安二十五年，曹操去世，曹丕繼魏王位，改年號爲延康元年；至十月，曹丕遂代漢稱帝，又再改年號爲黃初元年。

［46］羽林左監：官名。秩六百石，第五品，主羽林左騎。（本洪飴孫《三國職官表》）

［47］皇覽：魏文帝下令編纂的類書。

［48］征虜將軍：官名。第三品。　東中郎將：官名。東漢靈帝時所置四中郎將之一，主率軍征伐。魏晉沿置。

［49］使持節：漢末三國，皇帝授予出征或出鎮的軍事長官的一種權力。至晉代，此種權力明確爲可誅殺二千石以下官員。若皇帝派遣大臣出巡或祭吊等事務時，加使持節，則表示權力和尊崇。　青：州名。治所臨淄縣，在今山東淄博市臨淄北。

［50］下邳：縣名。治所在今江蘇睢寧縣西北。

［51］冀州：刺史治所信都縣，在今河北冀縣。

［52］鎮北：即鎮北將軍，第二品，位次四征將軍，領兵如征北將軍。

［53］吕昭：字子展，東平人。主要事迹見本書卷一六《杜恕傳》及裴注引《世語》。

［54］謂：百衲本作"爲"，殿本、盧弼《集解》本、校點本作"謂"。今從殿本等。　作下：下級。

[55] 世要論：《隋書·經籍志》著録《世要論》十二卷，魏大司農桓範撰。宋代已不作著録，此書殆佚於五代之際。清馬國翰、嚴可均皆有輯本。

[56] 剛毅：百衲本作"剛殼"，殿本、盧弼《集解》本、校點本作"剛毅"。今從殿本等。

[57] 此事昭然：各本無"此"字。吴金華《〈三國志集解〉筆記》云："'事昭然'上面，《資治通鑑》卷七五、《通志》卷七九都有'此'字，疑本文偶脱。"今從吴説補"此"字。

[58] 別營：胡三省云："中領軍營懿已遣王觀據之，惟別營在耳。"（《通鑑》卷七五魏邵陵厲公嘉平元年注）

[59] 洛陽典農治：胡三省云："洛陽典農中郎將、典農都尉所治也。"（《通鑑》卷七五魏邵陵厲公嘉平元年注）

[60] 中宿：《左傳·僖公二十四年》："命女三宿，女中宿至。"楊伯峻注："中宿，第二宿後第三日也。"（《春秋左傳注》）

[61] 許昌別庫：胡三省云："許昌別庫儲兵甲，洛陽有武庫，故曰別庫。"（《通鑑》卷七五魏邵陵厲公嘉平元年注）

[62] 被假：胡三省云："被假謂授兵也。"（《通鑑》卷七五魏邵陵厲公嘉平元年注）

[63] 甲夜：殿本、盧弼《集解》本、校點本作"中夜"，百衲本作"甲夜"，《通鑑》卷七五亦作"甲夜"。胡三省注："甲夜，初夜也。"今從百衲本。　五鼓：古人分一夜爲五段，稱爲五夜或五鼓、五更。《顏氏家訓·書證》云："漢魏以來，謂爲甲夜、乙夜、丙夜、丁夜、戊夜；又云五鼓，一鼓、二鼓、三鼓、四鼓、五鼓；亦云一更、二更、三更、四更、五更，皆以五爲節也。"此五鼓，謂第五鼓，即夜中最末一鼓。

[64] 範：百衲本作"上"，殿本、盧弼《集解》本、校點本作"範"。今從殿本等。　己必坐唱義：桓範謂自己必因"唱義"而得罪。"唱義"，指桓範勸曹爽奉天子詣許昌以討司馬懿。

[65] 老子：老頭子。《世説新語·容止》："諸君少住，老子

於此處興復不淺！"余嘉錫《箋疏》："漢、晉人之自稱老子，猶'老夫'也，有自謙之意焉。"

［66］鴻臚：官名。即大鴻臚。漢列卿之一，秩中二千石。掌少數族君長、諸侯王、列侯之迎送、接待、安排朝會、封授、襲爵及奪爵削土之典禮；諸侯王死，則奉詔護理喪事，宣讀誄策謚號；百官朝會，掌贊襄引導；兼管京都之郡國邸舍及郡國上計吏之接待；又兼管少數族之朝貢使節及侍子。三國沿之，魏爲三品。

［67］世語：梁章鉅《旁證》謂《太平御覽》卷一三引作"世說"。趙幼文《校箋》亦謂《北堂書鈔》卷一五二引亦作"世說"。

［68］占者：趙幼文《校箋》謂《北堂書鈔》引"占"下有"夢"字。

［69］靈臺丞：官名。秩二百石，第八品，掌候日月星氣，觀測天象，頒曆。屬太史令。

［70］皇甫謐：魏晉人，博覽群書，不願爲官，自號玄晏先生。著有《帝王世紀》《高士傳》《逸士傳》《列女傳》等。《晉書》卷五一有傳。 九年：正始九年（248）。

［71］曹人之夢：周武王滅商，封弟振鐸於曹，稱爲曹叔振鐸，爲曹國始祖。至曹伯陽即位前，曹國有人夢諸君子在社宮下圖謀亡曹之事，曹叔振鐸請待公孫彊執政再滅曹，諸君子應允。次日晨，夢者訪尋公孫彊，尚無。遂告其子曰："我死，爾聞公孫彊爲政，必去之。"曹鄙人公孫彊善射鳥，曹伯陽即位後，因好打獵射鳥，公孫彊曾獻白雁一隻，並進說打獵射鳥之道，遂得信任，因用公孫彊爲司城，委以政事。夢者之子聞之，出走。不久，宋國攻破曹國，曹伯陽、公孫彊被虜殺於宋，曹國亡。（本《左傳》哀公七年、八年）

［72］閻顯：東漢安帝閻皇后之兄，因閻皇后得封長社侯，弟兄並爲卿校，掌管禁兵，參與朝政。安帝死，閻皇后與顯等廢皇太子保爲濟陰王，更立北鄉侯懿爲帝，閻太后臨朝聽政，以顯爲車騎將軍、儀同三司，顯弟景等皆掌權要，威福自由。懿立二百餘日而

死，宦官孫程等十九人，立濟陰王爲順帝，顯等皆被誅殺。（本《後漢書》卷一〇下《安思閻皇后紀》、卷七八《孫程傳》）

[73] 司馬：此大將軍府司馬，秩千石，第六品，參贊軍務，管理府內武職，位僅次於長史。

[74] 營騎：胡三省云："營騎，大將軍營騎士也。"（《通鑑》卷七五魏邵陵厲公嘉平元年注） 津門：胡三省云："津門，洛（陽）城南出西頭第一門也，亦曰建城門。"（《通鑑》卷七五魏邵陵厲公嘉平元年注）

[75] 御史中丞：官名。秩千石，第四品。爲御史臺長官，掌監察、執法。

[76] 主簿：官名。此爲大將軍府主簿，第七品，主錄省衆事。

[77] 東市：刑場。西漢在長安東市處決死刑犯，後世因以東市指刑場。

[78] 扶風：郡名。治所槐里縣，在今陝西興平市東南。

[79] 光禄大夫：官名。秩比二千石，第三品，位次三公。無定員，無固定職守，相當於顧問。諸公告老及在朝重臣加此銜以示優重。

[80] 安東將軍：官名。爲出鎮地方的軍事長官，或爲州刺史兼理軍務的加官。魏、晉皆三品。 司馬文王：司馬昭。

　　晏，何進孫也。母尹氏，爲太祖夫人。晏長于宮省，又尚公主，少以才秀知名，好《老》《莊》言，作《道德論》及諸文賦著述凡數十篇。〔一〕[1]

〔一〕晏字平叔。《魏略》曰：太祖爲司空時，納晏母并收養晏，其時秦宜禄兒阿蘇亦隨母在公家，[2]並見寵如公子。蘇即朗也。蘇性謹慎，而晏無所顧憚，服飾擬於太子，故文帝特憎之，每不呼其姓字，常謂之爲"假子"。[3]晏尚主，又好色，故黃初時無所事任。及明帝立，頗爲冗官。至正始初，曲合于曹爽，亦以才能，故爽用爲散騎侍郞，遷侍中、尚書。晏前以尚主，得賜爵爲列侯，又其母在內，晏性自喜，動靜粉白不去手，行步顧影。晏爲尚書，主選舉，其宿與之有舊者，多被拔擢。

《魏末傳》曰：晏婦金鄉公主，即晏同母妹。公主賢〔明〕，[4]謂其母沛王太妃曰：[5]"晏爲惡日甚，將（何）〔不〕保身。"[6]母笑曰："汝得無妒晏邪！"俄而晏死。有一男，年五六歲，宣王遣人錄之。晏（母歸）〔婦〕藏其子王宮中，[7]向使者搏頰，[8]乞白活之，使者具以白宣王。宣王亦聞晏婦有先見之言，心常嘉之；且爲沛王故，特原不殺。

《魏氏春秋》曰：初，夏侯玄、何晏等名盛於時，司馬景王亦預焉。[9]晏嘗曰："唯深也，故能通天下之志，夏侯泰初是也；唯幾也，故能成天下之務，司馬子元是也；[10]惟神也，不疾而速，不行而至，吾聞其語，未見其人。"蓋欲以神況諸己也。初，宣王使晏與治爽等獄。[11]晏窮治黨與，冀以獲宥。[12]宣王曰："凡有八族。"晏疏丁、鄧等七姓。宣王曰："未也。"晏窮急，乃曰："豈謂晏乎！"宣王曰："是也。"乃收晏。

臣松之案：《魏末傳》云晏取其同母妹爲妻，此搢紳所不忍言，雖楚王之妻（嫂）〔媦〕，[13]不是甚也已。設令此言出于舊史，猶將莫之或信，況底下之書乎！案《諸王公傳》，[14]沛王出自杜夫人所生。晏母姓尹，公主若與沛王同生，焉得言與晏同母？

皇甫謐《列女傳》曰：[15]爽從弟文叔，妻譙郡夏侯文寧之女，[16]名令女。文叔早死，服闋，自以年少無子，恐家必嫁己，乃斷髮以爲信。[17]其後，家果欲嫁之，[18]令女聞，即復以刀截兩耳，居止常依爽。及爽被誅，曹氏盡死。令女叔父上書與曹氏絕婚，彊迎令女歸。時文寧爲梁相，憐其少，執義，又曹氏無遺類，冀其意沮，迺微使人諷之。令女歎且泣曰："吾亦惟之，許之是也。"家以爲信，防之少懈。令女於是竊入寢室，以刀斷鼻，蒙被而卧。其母呼與語，不應，發被視之，血流滿牀席。舉家驚惶，奔往視之，莫不酸鼻。或謂之曰："人生世間，如輕塵棲弱草耳，何至辛苦迺爾！且夫家夷滅已盡，守此欲誰爲哉？"令女曰："聞仁者不以盛衰改節，義者不以存亡易心，曹氏前盛之時，尚欲保終，況今衰亡，[19]何忍棄之！禽獸之行，[20]吾豈爲乎？"司馬宣王聞而嘉之，聽使乞子字養，爲曹氏後，名顯于世。

[1] 道德論：《世説新語·文學》："何平叔注《老子》，始成，詣王輔嗣。見王注精奇，乃神伏曰：'若斯人，可與論天人之際矣！'因以所注爲《道德二論》。"《隋書·經籍志》謂"梁有《老子道德論》二卷，何晏撰"。已佚。《隋書·經籍志》又謂：梁有《孝經》一卷，吏部尚書何晏注，亡；《集解論語》十卷，何晏集；《魏晋謚議》十三卷，何晏撰（按何晏死於魏，不當言晋）；魏尚書《何晏集》十一卷，梁十卷，録一卷。又清嚴可均《全三國文》輯有何晏《景福殿賦》《奏請大臣侍從遊幸》《韓白論》《冀州論》《無爲論》《無名論》《瑞頌》《斫猛獸刀銘》等共十四篇。

[2] 秦宜禄：秦朗之父，事迹見本書卷三《明帝紀》青龍元年裴注引《獻帝傳》。　阿蘇：秦朗小名。亦見本書《明帝紀》青龍元年裴注引《魏氏春秋》及《魏略》。

[3] 常：殿本、校點本作"嘗"，百衲本、盧弼《集解》本作"常"。按文義，應作"常"，今從百衲本等。

[4] 公主賢明：各本皆無"明"字。趙幼文《校箋》謂《藝文類聚》卷一六、《初學記》卷一〇、《太平御覽》卷一五二引"賢"下有"明"字。今從趙引補。

[5] 沛王：沛王名林，見本書卷二〇《武文世王公傳》。

[6] 不：各本皆作"何"。趙幼文《校箋》謂《北堂書鈔》卷一五二、《藝文類聚》卷一六、《初學記》卷一〇引俱作"不"。今從趙引改。

[7] 婦：各本皆作"母歸"。趙幼文云："《類聚》卷十六、《御覽》卷一百五十三（當作二）引俱無母字，歸字作婦。蓋婦訛爲歸，校者不察，徑於晏字下妄增母字。母、歸二字皆爲衍訛也。"（《三國志集解辨證》）今從趙說改。

[8] 搏頰：打嘴巴。古人以此爲哀求之方式。

[9] 司馬景王：司馬師，字子元。司馬昭封晉王後，追尊他爲景王。

[10] 司馬子元：司馬師字子元。

[11] 與：百衲本、殿本、盧弼《集解》本作"典"。盧氏云："典，馮本作'與'。沈家本曰：《盧毓傳》爽見收，毓治其獄。則非晏典治也，作'與'字爲是。"校點本即作"與"，今從之。

[12] 冀以獲宥：《通鑑考異》云："按宣王方治爽黨，安肯使晏典其獄，就令有之，晏豈不自知與爽最親而冀獨免乎？此殆孫盛承說者之妄耳。"（《通鑑》卷七五魏邵陵厲公嘉平元年）

[13] 媦（wèi）：各本均作"嫂"。陳景雲《辨誤》謂當作"媦"，校點本即從陳說改。今從之。《公羊傳·桓公二年》："若楚王之妻媦，無時焉可也。"何休注："媦，妹也。"

[14] 諸王公傳：即本書卷二〇《武文世王公傳》。

[15] 列女傳："列"百衲本作"烈"，殿本、盧弼《集解》本、校點本作"列"。今從殿本等。《隋書·經籍志》著錄《列女傳》六卷，皇甫謐撰。《舊唐書·經籍志》同。已佚。

[16] 譙郡：趙幼文《校箋》謂《太平御覽》卷三六六、卷四四〇引"郡"字俱作"國"。

[17] 斷髮以爲信：趙幼文《校箋》謂《太平御覽》俱引作"斷髮自誓"。

[18] 家果欲嫁之：趙幼文《校箋》謂《太平御覽》引俱無"果"字。

[19] 衰亡：趙幼文《校箋》謂《太平御覽》引"亡"字作"滅"。

[20] 之：百衲本作"不"。殿本、盧弼《集解》本、校點本作"之"。今從殿本等。

夏侯尚字伯仁，淵從子也。[1]文帝與之親友。[一]太祖定冀州，尚爲軍司馬，[2]將騎從征伐，後爲五官將文學。[3]魏國初建，遷黃門侍郎。代郡胡叛，[4]遣鄢陵侯彰征討之，以尚參彰軍事，定代地，還。太祖崩于洛陽，尚持節，奉梓宮還鄴。并錄前功，封平陵亭侯，[5]拜散騎常侍，遷中領軍。文帝踐阼，更封平陵鄉侯，遷征南將軍，領荊州刺史，假節都督南方諸軍事。尚奏："劉備別軍在上庸，[6]山道險難，彼不我虞，若以奇兵潛行，出其不意，則獨克之勢也。"遂勒諸軍擊破上庸，平三郡九縣，[7]遷征南大將軍。[8]孫權雖稱藩，尚益脩攻討之備，權後果有貳心。黃初三年，車駕幸宛，使尚率諸軍與曹真共圍江陵。權將諸葛瑾與尚軍對江，瑾渡入江中渚，[9]而分水軍于江中。尚夜多持油船，[10]將步騎萬餘人，於下流潛渡，攻瑾諸軍，夾江燒其舟船，水陸並攻，破之。[11]城未拔，會大疫，詔敕尚引諸軍還。益封六百户，并前千九百户，假鉞，進爲牧。荊州殘荒，外接蠻夷，而與吳阻漢水爲境，舊民多居江南。[12]尚自上庸通道，西行七百餘里，[13]山民蠻夷多服從者，五六年間，降附數千家。五年，徙封昌陵鄉侯。[14]尚有愛妾嬖幸，寵奪適室；[15]適室，曹氏女也，故文帝遣人絞殺之。尚悲感，發病恍惚，既葬埋妾，不勝思見，復出視之。文帝聞而恚之曰："杜襲之輕薄尚，良有以也。"然以舊臣，恩寵不衰。

六年，尚疾篤，還京都，帝數臨幸，執手涕泣。[16]尚薨，諡曰悼侯。〔二〕子玄嗣。又分尚戶三百，賜尚弟子奉爵關內侯。

〔一〕《魏書》曰：尚有籌畫智略，文帝器之，與爲布衣之交。

〔二〕《魏書》載詔曰："尚自少侍從，盡誠竭節，雖云異姓，其猶骨肉，是以入爲腹心，出當爪牙。智略深敏，謀謨過人，不幸早殞，命也奈何！贈征南大將軍、昌陵侯印綬。"

[1] 淵從子：劉咸炘《知意》云："《尚傳》不次淵而次此者，以玄終此篇也。"

[2] 軍司馬：官名。漢代校尉所領營部，置以佐之。不置校尉之部，則爲長官，領兵征伐。秩比千石。

[3] 五官將文學：官名。建安十六年（211），曹丕爲五官中郎將、副丞相，所置官屬有文學。（本洪飴孫《三國職官表》）

[4] 代郡：東漢治所高柳縣，在今山西陽高縣西北。魏移治所於代縣，在今河北蔚縣東北。

[5] 平陵：縣名。治所在今陝西咸陽市西北。

[6] 上庸：郡名。治所上庸縣，在今湖北竹山縣西南。

[7] 平三郡：沈家本《瑣言》云："以《蜀志·劉封傳》證之，上庸三郡之入魏，乃孟達降，魏使達與夏侯尚、徐晃共襲封，非由尚建策。與此傳異。"

[8] 征南大將軍：官名。秩二千石，第二品，位次三公。

[9] 渚（zhǔ）：胡三省云："渚，洲也。即江陵之中洲也。"（《通鑑》卷七〇魏文帝黃初四年注）

[10] 油船：胡三省云："油船，蓋以牛皮爲之，外施油以捍水。"（《通鑑》卷七〇魏文帝黃初四年注）

［11］破之：盧弼《集解》引本書卷一四《董昭傳》、卷五二《諸葛瑾傳》裴注引《吳錄》以及卷五五《潘璋傳》，謂三傳皆言夏侯尚入渚中失敗，與此傳所載相反，或有溢美之詞。

［12］江南：謝鍾英云："'江南'當作'漢南'，朱然、諸葛瑾屢襲柤中，皆漢南舊民也。"（《補三國疆域志補注》）

［13］七百餘里：謝鍾英云："自上庸西行七百里，已入蜀漢中郡界三百餘里，侈文，不足信。宜以《鍾會傳》爲據，會遣（劉）欽向子午道，是子午道迤東爲荆州界。"（《補三國疆域志補注》）

［14］昌陵：西漢縣名。西漢一度置，治所在今陝西臨潼縣東。

［15］適：通"嫡"。

［16］涕泣：殿本無"涕"字，百衲本、盧弼《集解》本、校點本皆有。今從百衲本等。

　　玄字太初。少知名，弱冠爲散騎黄門侍郎。[1]嘗進見，與皇后弟毛曾並坐，玄恥之，[2]不悦形之於色。[3]明帝恨之。左遷爲羽林監。[4]正始初，曹爽輔政。玄，爽之姑子也。累遷散騎常侍、中護軍。〔一〕

〔一〕《世語》曰：玄世名知人，爲中護軍，拔用武官，參戟牙門，[5]無非俊傑，多牧州典郡。立法垂教，于今皆爲後式。

［1］散騎黄門侍郎：趙幼文《校箋》謂《太平御覽》卷二四二引無"散騎"二字，《世説新語·容止篇》注引同。

［2］玄恥之：趙幼文《校箋》謂《世説新語·容止篇》注引"玄"下有"甚"字。按，魏晉時重門第，毛曾出身卑賤，父嘉爲典虞車工（見本書卷五《明悼毛皇后傳》），故夏侯玄恥與同坐。

［3］形之於色：趙幼文《校箋》謂《太平御覽》卷二四二引

無"之"字,《世説新語·容止篇》注引同。

[4] 左遷爲羽林監:趙幼文《校箋》謂《世説新語·容止篇》注引"遷"下有"玄"字,無"爲"字。按,余嘉錫《世説新語箋疏》本及徐震堮《世説新語校箋》本皆有"爲"字。羽林監,官名。秩六百石,第五品,掌羽林騎兵。宿衛宮禁,護從皇帝。又分爲羽林左、右監,分別主羽林左騎、右騎。

[5] 參戟牙門:以交戟爲户,牙旗爲門,指軍營;又代指軍營中之戰將。

太傅司馬宣王問以時事,玄議以爲:"夫官才用人,國之柄也,故銓衡專於臺閣,上之分也,孝行存乎閭巷,[1]優劣任之鄉人,下之敘也。夫欲清教審選,[2]在明其分敘,不使相涉而已。何者?上過其分,則恐所由之不本,而干勢馳騖之路開;下踰其敘,則恐天爵之外通,而機權之門多矣。夫天爵下通,是庶人議柄也;機權多門,是紛亂之原也。自州郡中正品度官才之來,有年載矣,緬緬紛紛,未聞整齊,豈非分敘參錯,各失其要之所由哉!若令中正但考行倫輩,(倫)輩當行均,[3]斯可官矣。何者?夫孝行著於家門,豈不忠恪於在官乎?仁恕稱於九族,豈不達於爲政乎?義斷行於鄉黨,[4]豈不堪於事任乎?三者之類,取於中正,雖不處其官名,斯任官可知矣。行有大小,比有高下,則所任之流,[5]亦渙然明別矣。奚必使中正干銓衡之機於下,而執機柄者有所委仗于上,上下交侵,以生紛錯哉?且臺閣臨下,考功校否,衆職之屬,各有官長,旦夕相考,莫究於此;閭閻之議,以意裁處，而使匠宰失位，[6]衆人驅駭，欲風俗清靜，其可得乎？天臺縣遠，[7]衆所絶意。所得至者，更在側近，孰不脩飾以要所求？所求有路，則脩己家門者，已不如自達于鄉黨矣。[8]自達鄉黨者，已不如自求之於州邦矣。苟開之有路，[9]而患其飾真離本，雖復嚴責中正，督以刑罰，猶無益也。豈若使各帥其分，官長則各以其屬能否獻之臺閣，臺閣則據官長能否之第，參以鄉閭德行之次，擬其倫比，[10]勿使偏頗。中正則唯考其行迹，別其高下，審定輩類，勿使升降。臺閣總之，如其所簡或有參錯，則其責負自在有司。官長所第，中正〔所〕輩[11]，擬比隨次，率而用之，如其不稱，責負在外。然則內外相參，得失有所，互相形檢，孰能相飾？斯則人心定而事理得，庶可以靜風俗而審官才矣。"又以爲："古之建官，所以濟育羣生，統理民物也。故爲之君長以司牧之。司牧之主，欲一而專，一則官任定而上下安，專則職業脩而事不煩。夫事簡業脩，上下相安而不治者，未之有也。先王建萬國，雖其詳未可得而究，然分疆畫界，各守土境，則非重累羈絆之體也。下考殷、周五等之敘，[12]徒有小大貴賤之差，亦無君官臣民而有二統互相牽制者也。夫官統不一，則職業不脩；職業不脩，則事何得而簡？事之不簡，則民何得而靜？民之不靜，則邪惡並興，而姦偽滋長矣。先王達其如此，故專其職司而一其統業。始自秦世，不師聖道，私以御職，姦以待下；懼宰官之不脩，[13]立監牧以董之，[14]畏督監之容曲，設司察以糾之；[15]宰牧相累，監察相司，人懷異心，上下殊務。漢承其緒，莫能匡改。魏室之隆，日不暇及，五等之典，雖難卒復，可麤立儀準以一治制。今之長吏，[16]皆君吏民，橫重以郡守，累以刺史。若郡所攝，唯在大較，則與州同，無爲再重。宜省郡守，但任刺史；刺史職存則監察不廢，郡吏萬數，還親農業，以省煩費，豐財殖穀，一也。大縣之才，皆堪郡守，是非之訟，每生意異，順從則安，直己則爭。夫和羹之美，在於合異，上下之益，在能相濟，順從乃安，此琴瑟一聲也，蕩而除之，則官省事簡，二也。又幹郡之吏，職監諸縣，營護黨親，鄉邑舊故，如有不副，而因公掣頓，[17]民之困弊，咎生于此，若皆并合，則亂原自塞，三也。今承衰弊，民人彫落，賢才鮮少，任事者寡，郡縣良吏，往往非一，郡受縣成，其劇在下，而吏之上選，郡當先足，此爲親民之吏，專得底下，[18]吏者民命，而常頑鄙，今如并之，吏多選清良者造職，大化宣流，民物獲寧，四也。制使萬户之縣，名之郡守，五千以上，名之都尉，千户以下，令長如故，自長以上，考課遷用，轉以能升，所牧亦增，此進才効功之敘也，若經制一定，[19]則官才有次，治功齊明，五也。若省郡守，縣皆徑達，事不擁隔，官無留滯，三代之風，[20]雖未可必，簡一之化，庶幾可致，便民省費，在於此矣。"又以爲："文質之迭興也，猶四時之迭興也，王者體天理物，必因弊而濟通之，時彌質則文之以禮，時泰侈則救之以質。今承百王之末，秦漢餘流，世俗彌文，宜大改之以易民望。今科制自公、列侯以下，位從大將軍以上，皆得服綾錦、羅綺、紈素、金銀飾鏤之物，[21]自是以下，雜綵之服，通于賤人，雖上下等級，各示有差，然朝臣之制，已得偋至尊矣，玄黃之采，[22]已得通於下矣。欲使市不鬻華麗之色，商不通難得之貨，工不作彫刻之物，不可得也。是故宜大理其本，準度古法，文質之宜，取其中則，以爲禮度。車輿服章，皆從質樸，禁除末俗華麗之事，使幹朝之家，[23]有位之室，不復有錦綺之飾，無兼采之服，纖巧之物，自上以下，至于樸素之差，示有等級而已，勿使過一二之覺。[24]若夫功德之賜，上恩所特加，皆表之有司，然後服用之。夫上之化下，猶風之靡草。樸素之教興於本朝，則彌侈之心自消於下矣。"

宣王報書曰："審官擇人，除重官，改服制，皆大善。禮鄉閭本行，朝廷考事，大指如所示。而中間一相承習，卒不能改。秦時無刺史，但有郡守長吏。漢家雖有刺史，奉六條而已，[25]故刺史稱傳車，[26]其吏言從事，[27]居無常治，吏不成臣，[28]其後轉更爲官司耳。[29]昔賈誼亦患服制，[30]漢文雖身服弋綈，[31]猶不能使上下如意。恐此三事，當待賢能然後了耳。"玄又書曰："漢文雖身衣弋綈，而不革正法度，內外有僭擬之服，寵臣受無限之賜，由是觀之，似指立在身之名，非篤齊治制之意也。今公侯命世作宰，[32]追蹤上古，將隆至治，抑末正本，若制定於上，則化行於衆矣。

夫當宜改之時，留殷勤之心，令發之日，下之應也猶響尋聲耳，猶垂謙謙，曰'待賢能'，此伊、周不正殷、姬之典也。[33]竊未喻焉。"

頃之，為征西將軍，假節都督雍、涼州諸軍事。〔一〕[34]與曹爽共興駱谷之役，時人譏之。爽誅，徵玄為大鴻臚，數年徙太常。玄以爽抑紲，[35]內不得意。中書令李豐雖宿為大將軍司馬景王所親待，然私心在玄，遂結皇后父光祿大夫張緝，[36]謀欲以玄輔政。豐既內握權柄，子尚公主，[37]又與緝俱馮翊人，故緝信之。豐陰令弟兗州刺史翼求入朝，欲使將兵入，并力起。會翼求朝，不聽。嘉平六年二月，當拜貴人，[38]豐等欲因御臨軒，諸門有陛兵，誅大將軍，以玄代之，以緝為驃騎將軍。豐密語黃門監蘇鑠、永寧署令樂敦、冗從僕射劉賢等曰：[39]"卿諸人居內，多有不法，大將軍嚴毅，累以為言，張當可以為誡。"鑠等皆許以從命。〔二〕大將軍微聞其謀，請豐相見，豐不知而往，即殺之。〔三〕事下有司，收玄、緝、鑠、敦、賢等送廷尉。〔四〕廷尉鍾毓奏："豐等謀迫脅至尊，擅誅冢宰，[40]大逆無道，請論如法。"於是會公卿朝臣廷尉議，[41]咸以為"豐等各受殊寵，典綜機密，緝承外戚椒房之尊，玄備世臣，並居列位，而包藏禍心，搆圖凶逆，交關閹豎，授以姦計，畏憚天威，不敢顯謀，乃欲要君脅上，肆其詐虐，謀誅良輔，擅相建立，將以傾覆京室，顛危社稷。毓所正皆如科律，報毓施行"。詔書："齊長公主，先帝遺愛，匄其三子死命。"[42]於是豐、玄、緝、敦、賢等皆夷三族,〔五〕其餘親屬徙樂浪郡。玄格量弘濟,臨斬東市,顏色不變,舉動自若,時年四十六。〔六〕正元中,紹功臣世,封尚從孫本爲昌陵亭侯,邑三百戶,以奉尚後。

〔一〕《魏略》曰:玄既遷,司馬景王代爲護軍。護軍總統諸將,任主武官選舉,前後當此官者,不能止貨賂。故蔣濟爲護軍時,有謠言"欲求牙門,[43]當(得)〔行〕千匹;[44]百人督,[45]五百匹"。宣王與濟善,聞以問濟,[46]濟無以解之,因戲曰:"洛中市買,一錢不足則不行。"遂相對歡笑。玄代濟,故不能止絕人事。及景王之代玄,整頓法令,人莫犯者。

〔二〕《魏書》曰:玄素貴,以爽故廢黜,居常怏怏不得意。中書令李豐與玄及后父光祿大夫張緝陰謀爲亂,緝與豐同郡,傾巧人也,以東莞太守召,[47]爲后家,亦不得意,故皆同謀。初,豐自以身處機密,息韜又以列侯給事中,尚齊長公主,有內外之重,心不自安。密謂韜曰:"玄既爲海內重人,加以當大任,年時方壯而永見廢,又親曹爽外弟,於大將軍有嫌。吾得玄書,深以爲憂。緝有才用,棄兵馬大郡,還坐家巷。各不得志,欲使汝以密計告之。"緝嘗病創臥,豐遣韜省病,韜屏人語緝曰:"韜尚公主,父子在機近,大將軍秉事,常恐不見明信,太常亦懷深憂。君侯雖有后父之尊,[48]安危未可知,皆與韜家同慮者也,韜父欲與君侯謀之。"緝默然良久曰:"同舟之難,吾焉所逃?此大事,不捷即禍及宗族。"韜於是往報豐。密語黃門監蘇鑠等,蘇鑠等答豐:"惟君侯計。"豐言曰:"今拜貴人,諸營兵皆屯門。陛下臨軒,因此便共迫脅,將羣寮人兵,就誅大將軍。卿等當共密白此意。"鑠等曰:"陛下儻不從人,奈何?"豐等曰:"事有權宜,臨時若不信聽,便當劫將去耳。那得不從?"鑠等許諾。豐曰:"此族滅事,卿等密之。事成,卿等皆當封侯常侍也。"[49]豐復密以告玄、緝。緝遣子邈與豐相結,[50]同謀起事。

《世語》曰:豐遣子韜以謀報玄,玄曰"宜詳之耳",而不以告也。

〔三〕《世語》曰:大將軍聞豐謀,舍人王羨請以命請豐。[51]"豐若無備,情屈勢迫,必來,若不來,羨一人足以制之;若知謀泄,以眾挾輪,長戟自衛,徑入雲龍門,[52]挾天子登陵雲臺,[53]臺上有三千人仗,鳴鼓會眾,如此,羨所不及也"。大將軍乃遣羨以車迎之。豐見劫迫,隨羨而至。

《魏氏春秋》曰:大將軍責豐,豐知禍及,遂正色曰:"卿父子懷姦,將傾社稷,惜吾力劣,不能相禽滅耳!"大將軍怒,使勇士以刀環築豐腰,[54]殺之。

《魏略》曰:豐字安國,故衛尉李義子也。[55]黃初中,以父任召隨軍。始為白衣時,年十七八,[56]在鄴下名為清白,識別人物,海內翕然,莫不注意。後隨軍在許昌,聲稱日隆。其父不願其然,遂令閉門,敕使斷客。初,明帝在東宮,豐在文學中。及即尊位,得吳降人,問"江東聞中國名士為誰",降人云:"聞有李安國者是。"時豐為黃門郎,明帝問左右安國所在,左右以豐對。帝曰:"豐名乃被于吳越邪?"[57]後轉騎都尉、給事中。帝崩後,為永寧太僕,[58]以名過其實,能用少也。正始中,遷侍中、尚書僕射。[59]豐在臺省,[60]常多託疾,時臺制,疾滿百日當解祿,豐疾未滿數十日,[61]輒暫起,已復臥,[62]如是數歲。初,豐子韜以選尚公主,豐雖外辭之,內不甚憚也。豐弟翼及偉,仕數歲間,並歷郡守。豐嘗於人中顯誡二弟,言當用榮位為![63]及司馬宣王久病,[64]偉為二千石,荒于酒,亂新平、扶風二郡而豐不召,[65]眾人以為恃寵。曹爽專政,[66]豐依違二公間,無有適莫,[67]故于時有謗書曰:[68]"曹爽之勢熱如湯,太傅父子冷如漿,李豐兄弟如游光。"其意以為豐雖外示清淨,而內圖事,有似於游光也。[69]及宣王奏誅爽,住車闕下,與豐相聞,豐怖遽,[70]氣索,[71]足委地不能起。至嘉平四年宣王終後，中書令缺，大將軍諮問朝臣："誰可補者？"或指向豐。豐雖知此非顯選，而自以連婚國家，思附至尊，因伏不辭，遂奏用之。豐爲中書二歲，帝比每獨召與語，不知所説。景王知其議己，請豐，豐不以實告，乃殺之。其事秘。豐前後仕歷二朝，[72]不以家計爲意，仰俸廩而已。韜雖尚公主，豐常約敕不得有所侵取，時得賜錢帛，輒以外施親族；及得賜宫人，多與子弟，而豐皆以與諸外甥。及死後，有司籍其家，家無餘積。

《魏氏春秋》曰：夜送豐尸付廷尉，廷尉鍾毓不受，曰："非法官所治也。"以其狀告，且敕之，乃受。帝怒，將問豐死意，太后懼，呼帝入，乃止。遣使收翼。

《世語》曰：翼後妻，散騎常侍荀廙姊，謂翼曰："中書事發，可及書未至赴吴，何爲坐取死亡！左右可共同赴水火者誰？"翼思未答，妻曰："君在大州，不知可與同死生者，去亦不免。"翼曰："二兒小，吾不去。今但從坐，[73]身死，二兒必免。"果如翼言。翼子斌，楊駿外甥也。晉惠帝初，爲河南尹，與駿俱死，見《晉書》。

〔四〕《世語》曰：玄至廷尉，不肯下辭。廷尉鍾毓自臨治玄。玄正色責毓曰："吾當何辭？卿爲令史責人也，[74]卿便爲吾作。"毓以其名士，節高不可屈，而獄當竟，夜爲作辭，令與事相附，[75]流涕以示玄。玄視，領之而已。毓弟會，年少於玄，玄不與交，是日於毓坐狎玄，玄不受。

孫盛《雜語》曰：玄在囹圄，會因欲狎而友玄，玄正色曰："鍾君何相偪如此也！"

〔五〕《魏書》曰：豐子韜，以尚主，賜死獄中。

〔六〕《魏略》曰：玄自從西還，不交人事，不蓄（華妍）〔筆研〕。[76]

《魏氏春秋》曰：初，夏侯霸將奔蜀，呼玄欲與之俱。[77]玄曰："吾豈苟存自客於寇虜乎？"[78]遂還京師。太傅薨，許允謂玄曰："無復憂矣。"[79]玄歎曰："士宗，[80]卿何不見事乎？此人猶能以通家年少遇我，[81]子元、子上不吾容也。"[82]玄嘗著樂毅、張良及本無肉刑《論》，[83]辭旨通遠，咸傳于世。玄之執也，衞將軍司馬文王流涕請之，大將軍曰："卿忘會趙司空葬乎？"先是，司空趙儼薨，大將軍兄弟會葬，賓客以百數，玄時後至，衆賓客咸越席而迎，大將軍由是惡之。

臣松之案：曹爽以正始五年伐蜀，時玄已爲關中都督，至十年，爽誅滅後，方還洛耳。案《少帝紀》，司空趙儼以六年亡，玄則無由得會儼葬，若云玄入朝，紀、傳又無其事。斯近妄不實。

[1] 存：趙幼文《校箋》謂《通典·選舉二》《通考·選舉一》引作"考"。按，《群書治要》卷二五引又作"存"。

[2] 清教審選：何焯云："清教謂中正，審選謂臺閣。"（《義門讀書記》卷二六《三國志·魏志》）按，曹魏施行九品中正制。中正一職，由本郡任職於中央的有聲望士人兼任。中正將本郡的士人，按照家世與才德寫出"品"與"狀"，劃分爲一品至九品九個等級，爲吏部委任官職的主要依據。最初，僅郡設中正，後來州亦設中正，稱爲大中正。

[3] 輩當行均：各本作"倫輩當行均"，周一良《晉書札記·相輩與清談》謂"倫"字衍，《通典》卷一四無"倫"字（見《魏晉南北朝史札記》）。按，《群書治要》卷二五引亦無"倫"字。今從周說删"倫"字。輩當，區分品類適當；行均，考察德行公平。

[4] 義斷：謂符合道義之決斷。

[5] 流：流品，亦即類別。

[6] 匠宰：指主持考核銓叙官員之高官。

[7] 天臺：朝廷之尚書臺。

[8] 已不如：趙幼文《校箋》謂《群書治要》卷二五引"不"

上無"已"字,下句"已不如自求之於州邦矣","已"字亦無。

[9] 開之有路:謂敞開求託爲官之路。

[10] 倫比:類別。何焯云:"前代吏部用人,略得此意,雖不設中正,猶參取鄉評也。"(《義門讀書記》卷二六《三國志·魏志》)

[11] 中正所輩:各本皆無"所"字。趙幼文《校箋》云:"此句語意不完。《通典》(即《通典·選舉二》)'輩'字上有'所'字,是也。'官長所第,中正所輩',語正平列。'擬比隨次'爲句,'擬比'即上文之'擬其倫比','隨次'即'勿使升降'也。今脱'所'字,而以'中正輩擬比'爲句,則失其讀矣。"又周一良《晋書札記》"相輩與清談"條亦據《通典》補"所"字,校點亦與趙同。而中華書局1988年12月出版的《通典》點校本,卻據此《夏侯玄傳》删去"所"字,不當。今從趙説,據《通典》補"所"字。

[12] 五等:公、侯、伯、子、男五等封爵。

[13] 宰官:泛指官吏。

[14] 監牧:監察官。

[15] 司察:亦監察官。

[16] 長吏:指縣令、長。

[17] 掣頓:牽制。

[18] 底下:謂才能低下者。

[19] 經制:治國的制度。

[20] 三代:指夏、商、周三代。

[21] 飾:校點本作"餙",百衲本、殿本、盧弼《集解》本均作"飾"。今從百衲本等。

[22] 玄黄:泛指彩色。

[23] 幹朝:在朝廷爲官。

[24] 覺:吳金華《校詁》謂"覺"字作差距解。"一二之覺"猶今云一級兩級之差。

[25] 六條：指六條詔書。漢武帝元封五年（前106）分全國爲十三部，每部置刺史一人，秩六百石，無治所，奉六條詔書巡察諸郡，有違者則舉劾，實爲監察官。六條詔書："一條，强宗豪右田宅逾制，以强淩弱，以衆暴寡。二條，二千石不奉詔書遵承典制，倍公向私，旁詔守利，侵漁百姓，聚斂爲姦。三條，二千石不恤疑獄，風厲殺人，怒則任刑，喜則淫賞，煩擾刻暴，剝截黎元，爲百姓所疾，山崩石裂，祅祥訛言。四條，二千石選署不平，苟阿所愛，蔽賢寵頑。五條，二千石子弟恃怙榮勢，請託所監。六條，二千石違公下比，阿附豪强，通行貨賂，割損正令也。"（《漢書·百官公卿表上》顔師古注引《漢官典職儀》）

[26] 傳（zhuàn）車：因刺史無固定治所，僅乘車巡察諸郡，故稱之爲"傳車"。

[27] 從事：此爲臨時辦事人員。

[28] 吏不成臣：初，刺史没有屬吏，僅至郡巡察時，以郡的屬吏爲從事，臨時協助刺史辦事，故刺史與從事無臣屬關係。《漢書》卷七六《王尊傳》："以令舉幽州刺史從事。"顔師古注引如淳曰："《漢儀注》刺史得擇所部二千石卒史與從事。"

[29] 官司：指刺史的正式屬吏。大約在西漢後期，刺史有了自己的正式屬吏。東漢時期，刺史可自行辟除屬吏。屬吏中有治中從事史、別駕從事史等等，皆有秩禄。

[30] 賈誼：西漢初人，漢文帝時曾爲太中大夫、長沙王太傅等。曾建議漢文帝"改正朔，易服色制度，定官名，興禮樂"等。（見《漢書》卷四八《賈誼傳》）

[31] 弋（yì）綈（tí）：黑色粗厚的絲織物。《漢書》卷四《文帝紀贊》謂漢文帝"身衣弋綈"。顔師古注："弋，黑色也。綈，厚繒。"

[32] 公侯：指司馬懿。何焯謂司馬懿"三公封侯，故兼稱之"。（《義門讀書記》卷二六《三國志·魏志》）

[33] 伊周：伊尹、周公。　殷姬：殷王朝與周王朝。周人姬

姓，故以姬稱周。

[34] 雍：州名。刺史治所長安縣，在今陝西西安市西北。

[35] 抑絀：按，征西將軍爲第二品，且又加假節都督雍、涼州諸軍事，有軍事實權。大鴻臚、太常雖爲列卿，而皆第三品，又無實權。故夏侯玄以爲貶降。

[36] 張緝：事迹見本書卷一五《張既傳》與裴注引《魏略》。

[37] 子尚公主：《通鑑》云："豐子韜以選尚齊長公主。"胡三省注："帝之姊妹曰長公主。齊主蓋明帝女。"（《通鑑》卷七六魏高貴鄉公正元元年）

[38] 貴人：妃嬪之稱號。位次皇后。

[39] 黃門監：官名。曹魏置，以宦者充任，員數品秩不詳。永寧署令：官名。秩六百石，第七品。宦者爲之，主永寧宮。（本洪飴孫《三國職官表》） 冗從僕射（yè）：官名。東漢有中黃門冗從僕射，以宦官任之，掌皇宮禁衛。曹魏因其名而改置，任用士人，統營兵，負責宮禁侍衛，屬光祿勳。第五品。

[40] 冢宰：古官名。亦稱太宰，居六卿之首，參掌大政，總領百官及財賦之政。此指執政大臣。

[41] 廷尉議：或謂"廷尉議"當作"廷議"。按，郝經《續後漢書》卷七〇中亦作"廷尉議"。又按，廷議之事固然史書中屢見，但不能以屢見推斷此特例。夏侯玄、李豐、張緝等案，雖然主者是司馬師，而廷尉鍾毓是司馬氏之黨，自始至終皆由其出面處理，廷議中點出廷尉，是可以理解的。廷議結論"毓所正皆如科律，報毓施行"，也不能說明鍾毓未參與廷議。《通鑑》卷七六叙此事，從司馬師殺李豐，"送尸付廷尉"後，全是鍾毓在處理，廷議祇是敷演的過場，《通鑑》略而不載。

[42] 匄（gài）：百衲本作"匄"，《中華再造善本》同。殿本、盧弼《集解》本、校點本作"原"。《宋本冊府元龜》卷一五二亦作"匄"，今從百衲本。匄，給與。《通鑑》卷五漢桓帝延熹九年謂竇武"得兩宮賞賜，悉散與太學諸生及匄施貧民"。胡三省

注："匂，居太翻，與也。"

［43］牙門：指牙門將軍，曹魏置，第五品。

［44］當行：各本皆作"當得"。趙幼文《校箋》謂郝經《續後漢書》"得"字作"行"。郁氏札記謂作"行"者是。按，《校箋》所言，見《續後漢書》卷七〇《夏侯玄傳》苟宗道注引《魏略》。又郁氏札記，見郁松年《續後漢書札記》卷三。《札記》云："'當行千匹'，'行'《志》注作'得'。案賄自受者言之曰得，自餽者言之曰行。上云'欲求牙門'，則此自指行賄說，與班書《韓安國傳》'恢行千金丞相蚡'之'行'同。下云'洛中市買，一錢不足則不行'。濟之戲語，正'行'字確證，《志》注誤。"按，郁說精當，今據苟宗道注引《魏略》改。

［45］百人督：統領百人的武官。

［46］聞：殿本、盧弼《集解》本、校點本作"閒"，百衲本作"聞"。趙幼文《校箋》謂郝經《續後漢書》亦作"聞"。今從百衲本。

［47］東莞：郡名。治所東莞縣，在今山東沂水縣東北。

［48］君侯：對列侯或尊貴者之敬稱。張緝父張既在魏文帝初封西鄉侯。張既死後，張緝繼承爵位。

［49］常侍：即散騎常侍。

［50］貌：本書卷一五《張既傳》裴注引《魏略》作"藐"。

［51］舍人：官名。魏大將軍府有舍人四人，第九品，主閣內事。魏元帝景元四年（263）增至十四人。（本洪飴孫《三國職官表》）　王業：吳金華《校詁》云："《晉書·文帝紀》'王業'作'王羨'，《文選》卷四十九干寶《晉紀總論》注引《晉紀》亦作'王羨'，蓋唐人所見如此。疑此'王業'及下文諸'業'字皆傳寫之誤。"

［52］雲龍門：洛陽宮殿門之一。《文選》張衡《東京賦》："飛雲龍於春路，屯神虎於秋方。"薛綜注："德陽殿東門稱雲龍門，德陽殿西門稱神虎門。"

［53］陵雲臺：校點本作"淩雲臺"，百衲本、殿本、盧弼《集解》本均作"陵雲臺"；又本書卷二《文帝紀》黄初二年"築陵雲臺"。今從百衲本等。陵云臺建於魏文帝黄初二年（221），胡三省云："據《水經注》，陵雲臺在洛陽城中金市東。"（《通鑑》卷六九魏文帝黄初二年注）

［54］刀環：趙幼文《校箋》謂《釋名·釋兵》："其本曰環，形似環也。"蓋刀柄末作環形，因謂之環。 築豐腰：百衲本、盧弼《集解》本無"豐"字，殿本、校點本有。今從殿本等。

［55］衛尉：官名。秩中二千石，第三品，掌宫門及宫中警衛。李義：事迹主要見本書卷二三《裴潛傳》裴注引《魏略列傳》。

［56］十七八：趙幼文《校箋》謂《太平御覽》卷二四一引無"八"字。

［57］吴越：孫吴所據之江東，爲古吴、越之地，因以吴越指江東。

［58］永寧太僕：官名。曹魏置，爲齊王芳時郭太后永寧宫三卿之一，掌太后宫車馬。

［59］尚書僕射：官名。秩六百石，第三品。掌拆封章奏文書，署尚書事，尚書令不在，則奏下衆事。

［60］臺省：趙幼文《校箋》謂《北堂書鈔》卷五九、《太平御覽》卷二一〇（當作二一一）、《册府元龜》卷四七八"省"字作"閣"。

［61］豐疾未滿數十日：趙幼文《校箋》謂《北堂書鈔》《太平御覽》引"豐"下無"疾"字，"數十日"作"百日"，《册府元龜》亦作"百日"。

［62］已：趙幼文《校箋》謂《太平御覽》《册府元龜》引"已"下有"而"字。

［63］當用榮位爲：盧弼《集解》疑"爲"下有脱字，校點本從盧説，於"爲"下標"〔□〕"。吴金華《校詁》謂"爲"下無脱字，"當用榮位爲"即"當安用榮位爲"，猶言"尚何用榮位

乎！"此乃當時口語。趙幼文《校箋》則謂郝經《續後漢書》"當"字作"何"。

[64] 司馬宣王久病：趙幼文《校箋》謂《北堂書鈔》卷五九、《太平御覽》卷二一一作"太傅久病"。按，《太平御覽》實作"太傅宣王久病"。

[65] 新平：郡名。治所漆縣，在今陝西彬縣。（本趙一清《注補》卷二）

[66] 專政：趙幼文《校箋》謂《北堂書鈔》卷五九、《太平御覽》卷二一一引"專"字作"攝"。

[67] 適（dí）莫：謂親疏厚薄。《論語·里仁》："君子之於天下也，無適也，無莫也，義之與比。"皇侃《義疏》："范甯曰：適莫，猶厚薄也。"

[68] 故于時有謗書：趙幼文《校箋》謂《北堂書鈔》卷五九、《太平御覽》卷二一一引"故"下無"于"字，"時"下有"人"字。

[69] 有似於：趙幼文《校箋》謂《北堂書鈔》《太平御覽》引"似"下俱無"於"字。

[70] 怖遽：即怖懼，恐懼（本吳金華《校詁》）。

[71] 氣索：《漢書》卷七七《孫寶傳》："（侯）文怪寶氣索知其有故。"顏師古注："索，盡也。"

[72] 二朝：殿本作"三朝"，百衲本、盧弼《集解》本、校點本作"二朝"。今從百衲本等。

[73] 從坐：胡三省云："謂從兄坐，罪止一身，若奔吳不達，禍及妻子也。"（《通鑑》卷七六魏高貴鄉公正元元年注）

[74] 令史：官名。胡三省云："自漢以來，公府有令史，廷尉則有獄史耳。蓋賁毓以身爲九卿，乃承公府指自臨治我，是爲公府令史而責人也。"（《通鑑》卷七六魏高貴鄉公正元元年注） 責人：殿本作"貴人"，百衲本、盧弼《集解》本、校點本作"責人"。今從百衲本等。

[75] 令與事相附：胡三省云："爲作獄辭，使與所案之事相附合也。"（《通鑑》卷七六魏高貴鄉公正元元年注）

[76] 不蓄筆研：百衲本、盧弼《集解》本作"不畜華妍"，殿本、校點本作"不蓄華妍"。梁章鉅《旁證》云："《藝文類聚》卷五十八引《魏末傳》云：'夏侯太初見召還洛陽，絕人道，不畜筆研。'按'華妍'恐是'筆研'之誤。"侯康《補注續》亦謂《世説新語》卷三（即《方正篇》）注引《魏氏春秋》亦作"不畜筆研"。吳金華《校詁》亦謂"當以梁說爲是"。今從諸家所說改。筆研，即筆硯。不蓄筆研者，以避嫌疑也。

[77] 呼玄欲與之俱：徐紹楨《質疑》引洪亮吉說，謂夏侯霸奔蜀時，夏侯玄已久還京師。又《魏略》言夏侯霸爲征蜀護軍，統於征西將軍夏侯玄。至曹爽被誅，又征玄入京，霸恐禍及；又與代玄爲征西將軍的郭淮不和，遂奔蜀。則知夏侯玄在西時，霸尚無奔蜀之意；若玄已至京師，霸又無緣呼玄共奔。《魏氏春秋》所說蓋妄。

[78] 客：殿本作"容"，百衲本、盧弼《集解》本、校點要作"客"。今從百衲本等。客謂客居，寄居。

[79] 無復：《世説新語·方正篇》注引《魏氏春秋》"無"上有"子"字。

[80] 士宗：許允字士宗。

[81] 通家：謂世代有交誼之家。

[82] 子上：司馬昭字子上。

[83] 玄嘗著：《隋書·經籍志》著錄《夏侯玄集》三卷。《樂毅論》等嚴可均《全三國文》有輯錄。

初，中領軍高陽許允與豐、玄親善。[1]先是有詐作尺一詔書，[2]以玄爲大將軍，允爲太尉，共錄尚書事。（有何人）〔無何，有人〕天未明乘馬以詔版付允門吏，[3]曰"有詔"，因便馳走。[4]允即投書燒之，不以

（開）〔關〕呈司馬景王。[5]後豐等事覺，徙允爲鎮北將軍，[6]假節督河北諸軍事。[7]未發，以放散官物，收付廷尉，徙樂浪，道死。〔一〕

〔一〕《魏略》曰：允字士宗，世冠族。父據，仕歷典農校尉、郡守。允少與同郡崔贊俱發名於冀州，召入軍。明帝時爲尚書選曹郎，[8]與陳國袁侃對，[9]同坐職事，皆收送獄，詔旨嚴切，當有死者，正直者爲重。允謂侃曰："卿，功臣之子，法應八議，[10]不憂死也。"侃知其指，乃爲受重。允刑竟復吏，出爲郡守，稍遷爲侍中、尚書、中領軍。允聞李豐等被收，欲往見大將軍，已出門，回遑不定，中道還取袴，豐等已收訖。大將軍聞允前遽，怪之曰："我自收豐等，不知士大夫何爲忽忽乎？"是時朝臣遽者多耳，[11]而衆人咸以爲意在允也。會鎮北將軍劉靜卒，[12]朝廷以允代靜。已受節傳，[13]出止外舍。大將軍與允書曰："鎮北雖少事，而都典一方，念足下震華鼓，建朱節，歷本州，[14]此所謂著繡畫行也。"允心甚悦，與臺中相聞，欲易其鼓吹旌旗。其兄子素頗聞衆人説允前見嫌意，戒允"但當趣耳，用是爲邪"！允曰："卿俗士不解，我以榮國耳，故求之。"[15]帝以允當出，乃詔會羣臣，羣臣皆集，帝特引允以自近；允前爲侍中，顧當與帝別，涕泣獻欷。會訖，罷出，詔促允令去。會有司奏允前擅以廚錢穀乞諸俳及其官屬，故遂收送廷尉，考問竟，（故）減死徙邊。[16]允以嘉平六年秋徙，妻子不得自隨，行道未到，以其年冬死。

《魏氏春秋》曰：允爲吏部郎，選郡守。明帝疑其所用非次，召入，將加罪。允妻阮氏跣出，謂曰："明主可以理奪，難以情求。"允領之而入。帝怒詰之，允對曰："某郡太守雖限滿文書先至，年限在後，〔某守雖後〕，[17]日限在前。"帝前取事視之，[18]乃釋遣出。望其衣敗，曰："清吏也。"賜之。[19]允之出爲鎮北也，喜謂其妻曰："吾知免矣！"妻曰："禍見於此，何免之有？"

允善相印，[20]將拜，以印不善，使更刻之，[21]如此者三。允曰："印雖始成而已被辱。"問送印者，果懷之而墜于廁。《相印書》曰："相印法本出陳長文，[22]長文以語韋仲將，[23]印工楊利從仲將受法，以語許士宗。利以法術占吉凶，十可中八九。仲將問長文'從誰得法'，長文曰：'本出漢世，有《相印》《相笏經》，[24]又有《鷹經》《牛經》《馬經》。[25]印工宗養以法語程申伯，[26]是故有一十二家相法傳于世。'"允妻阮氏賢明而醜，[28]允始見愕然，交禮畢，無復入意。妻遣婢覘之，云"有客姓桓"，妻曰："是必桓範，將勸使入也。"既而範果勸之。允入，須臾便起，妻捉裾留之。[29]允顧謂婦曰："婦有四德，卿有其幾？"婦曰："新婦所乏唯容。[30]士有百行，君有其幾？"（許）〔允〕曰：[31]"皆備。"婦曰："士有百行，以德為首，君好色不好德，何謂皆備？"允有慚色，知其非凡，遂雅相親重。生二子，奇、猛，少有令聞。[32]允後為景王所誅，門生走入告其婦，婦正在機，神色不變，曰："早知爾耳。"門生欲藏其子，婦曰："無預諸兒事。"後移居墓所，景王遣鍾會看之，若才藝德能及父，當收。兒以語母，[33]母答：[34]"汝等雖佳，才具不多，率胸懷與會語，便自無憂，[35]不須極哀，會止便止。又可多少問朝事。"[36]兒從之。會反命，具以狀對，卒免其禍，皆母之教也。雖會之識鑒，而輸賢婦之智也。果慶及後嗣，追封子孫而已。

《世語》曰：允二子：奇字子泰，猛字子豹，並有治理才學。晉元康中，[37]奇為司隸校尉，猛幽州刺史。

傅暢《晉諸公贊》曰：猛禮樂儒雅，[38]當時最優。奇子遯，字思祖，以清尚稱，位至侍中。猛子式，字儀祖，有才幹，至濮陽內史、平原太守。[39]

[1] 高陽：郡名。漢桓帝時置，治所高陽縣，在今河北高陽縣東舊城。

[2] 尺一詔書：漢代用一尺一寸長的木板所寫的詔書，稱"尺一詔書"，或"尺一"。《後漢書》卷六六《陳蕃傳》："尺一選舉，委尚書三公。"李賢注"尺一，謂板長尺一，以寫詔書也。"

[3] 無何有人：各本皆作"有何人"。趙幼文《校箋》云："《世說新語·賢媛篇》注引作'無何有人'，語意完整，疑此脫'無'字，而'有何'二字又誤乙。'無何'猶言無幾時，'有人'謂有不知姓名之人，似應據《世說新語》注補。"按，《世說新語》注引即《魏志》，故從趙說改。

[4] 馳走：趙幼文《校箋》謂《世說新語》注引"馳"字作"驅"。

[5] 關：各本皆作"開"。盧弼《集解》謂《世說新語》注引作"關"。趙幼文《校箋》云："作'關'字是。'開'字於此無義，或涉形近而訛。"今從盧、趙說改。

[6] 鎮北將軍：官名。第二品，位次四征將軍，領兵如征北將軍。多為持節都督，出鎮方面。

[7] 督：趙幼文《校箋》謂《北堂書鈔》卷六〇引"督"上有"都"字。

[8] 尚書選曹郎：尚書吏部郎之別稱。曹魏吏部尚書下置吏部郎，秩四百石，第六品。主管官吏選任銓叙調動事務。

[9] 陳國：王國名。治所陳縣，在今河南淮陽縣。

[10] 八議：古代統治者内部犯罪，可以考慮減刑或免刑的八種條件，即議親、議故、議賢、議能、議功、議貴、議勤、議賓。（見《周禮·秋官·小司寇》）魏晋時正式載入法律。

[11] 遽：趙幼文《校箋》謂郝經《續後漢書》"遽"下有"忽"字。

[12] 劉靜：本書卷一五《劉馥傳》謂子靖為河南尹，又遷鎮北將軍。即此所說的"劉靜"；本書卷二一《傅嘏傳》裴注引《傅子》亦作"劉靜"。盧弼《集解》云："應從本傳作'靖'。"

[13] 節傳（zhuàn）：符信，節為代表權力之憑信，傳亦憑信

之物。

［14］本州：指冀州。許允爲冀州人。

［15］故：趙幼文《校箋》謂郝經《續後漢書》作"固"。

［16］減死：各本"減死"上有"故"字，校點本從何焯説删。今從之。趙幼文《校箋》又謂《世説新語·賢媛篇》注引無"故"字。

［17］某守雖後：各本無此四字。趙一清《注補》謂《太平御覽》卷二一六引《魏氏春秋》有此四字。何焯亦有同説，校點本即從何説增。今從之。

［18］帝前取：趙幼文《校箋》謂《太平御覽》卷二一六、卷五二〇、卷六八九引"帝"字下俱無"前"字。

［19］賜之：趙幼文《校箋》謂《太平御覽》卷二一〇引"之"下有"衣"字。

［20］允善相印：趙幼文《校箋》謂《北堂書鈔》卷三八、《太平御覽》卷六三八（當作六八三）引句下有"出爲鎮北將軍"六字。

［21］使更刻之：趙一清《注補》："姜云：晋以前，一官之任，即鑄一印。故朱買臣在京邸，而即懷其會稽太守印也。"

［22］陳長文：陳群字長文。

［23］韋仲將：韋誕字仲將。主要事迹見本書卷二一《劉劭傳》及裴注引《文章叙録》。

［24］相印相笏經：《隋書·經籍志》謂梁有韋氏《相板印法指略抄》一卷，亡。又著録《相手板經》六卷。潘眉《考證》云："《相印經》今失傳，《相笏經》（按，《御覽》作《相手板經》）載《御覽》六百九十二。其書叙出自蕭何，東方朔見而喜之，魏陳長文以示許士宗云云。當亦六朝人手定，非漢世舊經也。"

［25］鷹經牛經馬經：《鷹經》未詳。《隋書·經籍志》著録《相馬經》一卷，又謂梁有《伯樂相馬經》《闕中銅馬經》《周穆王八馬圖》《齊侯大夫寧戚相牛經》《王良相牛經》《高堂隆相牛經》

各二卷，皆亡。

［26］程申伯：《隋書·經籍志》謂梁有魏征東將軍程申伯《相印法》一卷，亡。

［27］一十二家相法：百衲本作"一十三家相法"，殿本、盧弼《集解》本、校點本俱作"一十二家相法"。今從殿本等。《隋書·經籍志》除載上述相法外，還著錄《相宅圖》八卷，《相書》四十六卷，《相經要錄》二卷蕭吉撰；又載《相經》三十卷鍾武隸撰，《相書》十一卷，樊、許、唐氏《武王相書》一卷，《雜相書》九卷，《相書圖》七卷，皆亡；又載《淮南八公相鵠經》《浮丘公相鶴經》《相鴨經》《相鷄經》《相鵝經》《相貝經》等，皆亡。

［28］允妻阮氏：趙幼文《校箋》謂《初學記》卷一八、《太平御覽》卷三八二引俱作《郭子》語。

［29］裾（jū）：衣袖。《方言》四："袿謂之裾。"郭璞注："《廣雅》云：衣袖。"

［30］唯容：趙幼文《校箋》謂郝經《續後漢書》"容"下有"耳"字，《世說新語·賢媛篇》同，疑此脫。按，《世說新語》"耳"作"爾"。

［31］允曰：各本均作"許曰"，盧弼《集解》云："應作'允曰'。"今從盧說改。

［32］聞：百衲本作"問"，殿本、盧弼《集解》本、校點本作"聞"。按，二字通，今從殿本等。

［33］語母：《世說新語·賢媛篇》作"咨母"。

［34］答：趙幼文《校箋》謂《世說新語·賢媛篇》作"曰"。

［35］便自無憂：趙幼文《校箋》謂《世說新語》作"便無所憂"。

［36］多少：趙幼文《校箋》謂《世說新語》無"多"字。

［37］元康：晉惠帝司馬衷年號（291—299）。

［38］禮樂儒雅：趙幼文《校箋》謂《世說新語·賢媛篇》注引作"禮學儒博"。

[39] 濮陽：王國名。西晉初分東郡置，治所濮陽縣，在今河南濮陽縣西南。　內史：官名。即王國相，晉武帝太康十年（289）改稱內史，職仍如郡太守，掌民政。

清河王經亦與允俱稱冀州名士。甘露中爲尚書，[1]坐高貴鄉公事誅。始經爲郡守，經母謂經曰："汝田家子，今仕至二千石，物太過不祥，可以止矣。"經不能從，歷二州刺史，司隷校尉，終以致敗。〔一〕允友人同郡崔贊，亦嘗以處世太盛戒允云。〔二〕

〔一〕《世語》曰：經字（彥偉）〔彥緯〕，[2]初爲江夏太守，[3]大將軍曹爽附絹二十匹令交市于吴，[4]經不發書，棄官歸。母問歸狀，[5]經以實對。母以經典兵馬而擅去，[6]對送吏杖經五十，爽聞，不復罪。經爲司隷校尉，辟河內向雄爲都官從事，[7]王業之出，不申經（竟）〔意〕以及難。[8]經刑於東市，雄哭之，感動一市。刑及經母，雍州故吏皇甫晏以家財收葬焉。

《漢晉春秋》曰：經被收，辭母。母顏色不變，笑而應曰：[9]"人誰不死？往所以（不）止汝者，[10]恐不得其所也。以此并命，何恨之有哉？"晉武帝太始元年詔曰：[11]"故尚書王經，雖身陷法辟，然守志可嘉。門户堙没，意常愍之，其賜經孫郎中。"[12]

〔二〕荀綽《冀州記》曰：[13]贊子洪，字良伯，清恪有匪躬之志，[14]爲晉吏部尚書、大司農。[15]

[1] 甘露：魏少帝高貴鄉公曹髦年號（256—260）。

[2] 彥緯：各本均作"彥偉"。錢大昕《廿二史考異》卷一五云："《管輅傳》注'字彥緯'，當從糸旁。"校點本即從錢説改。今從之。

[3] 江夏：郡名。曹魏初，治所石陽縣，在今湖北漢川縣西

北。齊王芳嘉平中，王基徙治所於安陸縣上昶城。魏安陸縣治所在今湖北安陸市西北。上昶城在安陸市西南。

[4] 二十匹：趙幼文《校箋》謂郝經《續後漢書》"十"字作"千"。《白孔六帖》卷四一引"二"字作"三"。

[5] 狀：吳金華《校詁》云："'狀'猶今語'原因''緣故'。"

[6] 擅去：趙幼文《校箋》謂《白孔六帖》卷四一引"去"下有"官"字。

[7] 都官從事：官名。司隸校尉之屬官，秩僅百石，權勢頗重，掌監察舉劾百官。

[8] 意：各本作"竟"。趙一清《注補》云："《三少帝紀》及《世說》注'竟'作'意'是也。"何焯亦有同說，校點本從何說改。今從之。

[9] 笑而應曰：趙幼文《校箋》謂《白孔六帖》卷二六引句下有"爲子則孝，爲臣則忠"二句。

[10] 止汝：各本皆作"不止汝"。盧弼《集解》謂《世說新語·賢媛篇》注引無"不"字。趙幼文《校箋》又云：考傳文："經母謂經曰：'汝田家子，今仕至二千石，物太過不祥，可以止矣。'""往所以止汝"即指此事，"不"字應刪去。今從盧、趙說刪。

[11] 太始：即"泰始"。晋武帝司馬炎年號（265—274）。詔曰：何焯云："按此詔，可見'因沈、業申意'之言亦誣。"（《義門讀書記》卷二六《三國志·魏志》）何氏此語，係針對《高貴鄉公紀》裴注引《世語》，謂高貴鄉公已決意出討司馬昭，於是"王沈、王業馳告文王，尚書王經以正直不出，因沈、業申意"。

[12] 郎中：官名。東漢時，秩比三百石，分隸五官、左、右三署中郎將，名義上備宿衛，實爲後備官吏人才。魏晋雖罷五官、左、右三署中郎將，仍置郎中，州郡所舉秀才、孝廉，多先授郎中，再出補長吏。

[13] 荀綽：字彥舒。晋懷帝永嘉（307—313）末，爲司空從事中郎，後被石勒所俘，任爲參軍。撰有《晋後書》十五篇。（見《晋

書》卷三九《荀勖傳》） 冀州記：除此注引外，本書卷一一《邴原傳》、卷一一《崔琰傳》、卷一九《陳思王植傳》、卷二三《裴潛傳》、卷二六《滿寵傳》《牽招傳》、卷二八《鄧艾傳》皆注引，又本書卷一六《杜恕傳》、卷二八《鍾會傳》注引有荀綽《兗州記》，又本書卷一一《袁渙傳》注引有荀綽《九州記》。盧弼《集解》謂《冀州記》《兗州記》當爲《九州記》之二篇。趙幼文《校箋》則謂《袁渙傳》注引之《九州記》，據《世說新語·文學篇》注、《藝文類聚》卷四八、《初學記》卷一二俱作《兗州記》，作"九"者，蓋由"兗"字之殘缺而誤，誠非荀綽有《九州記》也。

[14] 匪躬：謂盡忠而不顧身。《易·蹇》："王臣蹇蹇，匪躬之故。"孔穎達疏："盡忠於君，匪以私身之故而不往濟君，故曰匪躬之故。"

[15] 吏部尚書：官名。爲尚書省吏部曹長官，主管官吏銓選考課等，第三品，位居列曹尚書之上。 大司農：官名。西晉時，領太倉、籍田、導官三令、襄國都水長、東西南北護漕掾等，第三品。

評曰：夏侯、曹氏，世爲婚姻，故惇、淵、仁、洪、休、尚、真等並以親舊肺腑，貴重于時，左右勳業，咸有效勞。[1]爽德薄位尊，沈溺盈溢，此固《大易》所著，[2]道家所忌也。玄以規格局度，世稱其名，然與曹爽中外繾綣；[3]榮位如斯，曾未聞匡弼其非，援致良才。舉茲以論，焉能免之乎！

[1] 效勞：趙幼文《校箋》謂《太平御覽》卷五四〇（當作五四一）引作"勞效"。

[2] 大易：即《易》。《易·乾》上九象傳曰："亢龍有悔，盈不可久也。"又《謙》："謙亨，君子有終。"彖傳曰："天道虧盈而

益謙，地道變盈而流謙，鬼神害盈而福謙，人道惡盈而好謙。"

〔3〕中外：中表親。夏侯玄爲曹爽之姑子，故爲中表親。　繾綣：形容關係密切，感情深厚。

三國志 卷一〇

魏書十

荀彧荀攸賈詡傳第十

　　荀彧字文若，潁川潁陰人也。[1]祖父淑，字季和，朗陵令。[2]當漢順、桓之間，知名當世。有子八人，號曰八龍。彧父緄，濟南相。[3]叔父爽，司空。[4]〔一〕

　〔一〕《續漢書》曰：淑有高才，王暢、李膺皆以爲師，[5]爲朗陵侯相，號稱神君。
　　張璠《漢紀》曰：淑博學有高行，與李固、李膺同志友善，[6]拔李昭於小吏，友黃叔度于幼童。[7]以賢良方正徵，[8]對策譏切梁氏，[9]出補朗陵侯相，卒官。八子：儉、緄、靖、燾、(詵)〔汪〕、爽、肅、旉。音數。[10]爽字慈明，幼好學，年十二，通《春秋》《論語》，耽思經典，不應徵命，積十數年。董卓秉政，復徵爽，爽欲遁去，吏持之急。詔下郡，即拜平原相。[11]行至苑陵，[12]又追拜光禄勳。[13]視事三日，策拜司空。爽起自布衣，九十五日而至三公。[14]淑舊居西豪里，縣令苑康曰昔高陽氏有才子八人，[15]署其里爲高陽里。靖字叔慈，亦有至德，名幾亞爽，隱居終身。

皇甫謐《逸士傳》:[16] 或問許子將，靖與爽孰賢，子將曰："二人皆玉也，慈明外朗，叔慈內潤。"[17]

[1] 潁川：郡名。治所陽翟縣，在今河南禹州市。 潁陰：縣名。治所在今河南許昌市。

[2] 朗陵：侯國名。治所在今河南確山縣西南。按，漢制，縣爲侯國者，設置侯相一人，治理該國政事，職權與縣令、長相同，故亦可稱爲令。而裴松之注引司馬彪《續漢書》、張璠《後漢紀》均謂荀淑爲"朗陵侯相"。錢大昕云："當從司馬彪《書》、張璠《紀》作'朗陵侯相'。"（《廿二史考異》卷一五）

[3] 濟南：王國名。治所東平陵，在今山東濟南市歷城區東。 相：官名。王國相，由朝廷直接委派，執掌王國行政大權，相當於郡太守。

[4] 司空：官名。東漢時與太尉、司徒並爲三公，共同行使宰相職能，而位列三公之末。本職掌國家的土木營建和水利工程等。

[5] 王暢：山陽高平（今山東微山縣西北）人，漢桓帝時曾爲尚書，又爲南陽太守。漢靈帝初，官至司空。（見《後漢書》卷五六《王龔附暢傳》）。 李膺：潁川襄城（今河南襄城縣）人，漢桓帝時曾爲司隸校尉，打擊宦官黨羽之貪殘者，深爲士人所尊崇，後遭黨錮之禍，免官歸鄉里。漢靈帝初立，外戚竇武執政，又起用李膺爲長樂少府。後因竇武、陳蕃謀誅宦官失敗，李膺再次免官，後又因黨事入獄，死於獄中。（見《後漢書》卷六七《李膺傳》）

[6] 李固：漢中南鄭（今陝西漢中市東）人，漢順帝時曾爲將作大匠、大司農。沖帝即位後，爲太尉，與梁冀參錄尚書事。沖帝與質帝死，李固皆主張立清河王，梁冀不從。桓帝即位後，爲梁冀所誣，被殺。（見《後漢書》卷六三《李固傳》）

[7]黃叔度：名憲，東漢末汝南慎陽（今河南正陽縣北）人。家世貧賤，係牛醫之子。道德高尚，爲士林所敬重；終身未仕宦，世人稱之"徵君"。（見《後漢書》卷五三《黃憲傳》）

[8]賢良方正：漢代選舉制科目之一。由公卿大臣、諸侯王、郡守推薦，皇帝親自策問，中選者授予官職。

[9]梁氏：指外戚大將軍梁冀等。

[10]汪：各本皆作"詵"。《後漢書》卷六二《荀淑傳》謂荀淑"有子八人：儉、緄、靖、燾、汪、爽、肅、專"。盧弼《集解》云："按荀淑八子，'詵'應從范書作'汪'，或子亦名詵，若淑子名詵，或子決不名詵，可證淑子名'詵'之誤。"今從盧說據《後漢書》改。

[11]平原：王國名，治所平原縣，在今山東平原縣西南。

[12]苑陵：縣名。又作"菀陵"。治所在今河南新鄭市東北。

[13]光祿勳：官名。漢代列卿之一，秩中二千石，掌衛宮殿門户。

[14]九十五日：《後漢書·荀淑附爽傳》亦作"九十五日"，惠棟《後漢書補注》云："《荀氏譜》曰九十三日。"《通鑑》卷五九漢靈帝中平六年亦作"九十三日"。

[15]高陽氏：即顓（zhuān）頊（xū），傳説中之上古帝王。《左傳·文公十八年》："昔高陽氏有才子八人：蒼舒、隤敳、檮戭、大臨、尨降、庭堅、仲容、叔達。"

[16]皇甫謐：西晉初安定朝那（今寧夏固原縣東南）人，博學善著述，撰有《帝王世紀》《高士傳》《逸士傳》《列女傳》《玄晏春秋》等。（見《晋書》卷五一《皇甫謐傳》）　逸士傳：沈家本《三國志注所引書目》云："《後漢書·荀淑傳》注及《御覽》並引作'高士傳'，而《御覽》三百八十及《世説》五注引作'逸士傳'，未詳孰是。"

[17]叔慈：荀靖字叔慈。

彧年少時，南陽何顒異之，[1]曰："王佐才也。"〔一〕永漢元年，[2]舉孝廉，[3]拜守宮令。[4]董卓之亂，[5]求出補吏。[6]除亢父令，[7]遂棄官歸，謂父老曰："潁川，四戰之地也，[8]天下有變，常爲兵衝，宜亟去之，[9]無久留。"鄉人多懷土猶豫，會冀州牧同郡韓馥遣騎迎之，[10]莫有隨者，彧獨將宗族至冀州。而袁紹已奪馥位，待彧以上賓之禮。彧弟諶及同郡辛評、郭圖，[11]皆爲紹所任。彧度紹終不能成大事，時太祖爲奮武將軍，[12]在東郡，[13]初平二年，[14]彧去紹從太祖。太祖大悅曰：[15]"吾之子房也。"[16]以爲司馬，[17]時年二十九。是時，董卓威陵天下，太祖以問彧，彧曰："卓暴虐已甚，必以亂終，無能爲也。"卓遣李傕等出關東，[18]所過虜略，至潁川、陳留而還。[19]鄉人留者多見殺略。明年，太祖領兗州牧，[20]後爲鎮東將軍，[21]彧常以司馬從。興平元年，[22]太祖征陶謙，任彧留事。[23]會張邈、陳宮以兗州反，潛迎呂布。布既至，邈乃使劉翊告彧曰："呂將軍來助曹使君擊陶謙，[24]宜亟供其軍食。"衆疑惑。彧知邈爲亂，即勒兵設備，馳召東郡太守夏侯惇，而兗州諸城皆應布矣。時太祖悉軍攻謙，留守兵少，而督將大吏多與邈、宮通謀。惇至，其夜誅謀叛者數十人，衆乃定。豫州刺史郭貢帥衆數萬來至城下，[25]或言與呂布同謀，衆甚懼。貢求見彧，彧將往。惇等曰："君，一州鎮也，往必危，不可。"彧曰："貢與邈等，分非素結也，今來速，計必未定；及其未定說之，縱不爲用，可使中立，若先疑之，彼將怒而成計。"貢見彧無懼意，謂鄄城未易攻，[26]遂引兵去。又與程昱計，使說范、東阿，[27]卒全三城，以待太祖。太祖自徐州還擊布濮陽，[28]布東走。二年夏，太祖軍乘氏，[29]大饑，人相食。

〔一〕《典略》曰：中常侍唐衡欲以女妻汝南傅公明，[30]公明不娶，轉以與彧。父緄慕衡勢，爲彧娶之。彧爲論者所譏。臣松之案：《漢紀》云唐衡以桓帝延熹七年死，[31]計彧于時年始二歲，則彧婚之日，衡之沒久矣。慕勢之言爲不然也。臣松之又以爲緄八龍之一，必非苟得者也，將有逼而然，何云慕勢哉？昔鄭忽以違齊致譏，[32]雋生以拒霍見美，[33]致譏在於失援，見美嘉其慮遠，並無交至之害，故得各全其志耳。至於閹豎用事，四海屏氣；左悺、唐衡，[34]殺生在口。故于時諺云"左迴天，[35]唐獨坐"，[36]言威權莫二也。順之則六親以安，忤違則大禍立至；斯誠以存易亡，蒙恥期全之日。昔蔣詡姻于王氏，[37]無損清高之操，緄之此婚，庸何傷乎！

［1］南陽：郡名。治所宛縣，在今河南南陽市。　何顒：早年與郭林宗等交好，顯名於太學。漢桓帝末靈帝初，因黨禁亡匿；黨禁解，任職於司空府。（見《後漢書》卷六七《何顒傳》）

［2］永漢元年：即中平六年（189），此年四月漢靈帝死，皇子劉辯即位，改年號爲光熹，八月又改爲昭寧，九月董卓廢劉辯立獻帝劉協，又改爲永漢，十二月復稱中平六年。

［3］孝廉：漢代選拔官吏的主要科目。孝指孝子，廉指廉潔之士。原本爲二科，後混同爲一科，也不再限於孝子和廉吏。東漢後期定制爲不滿四十歲者不得察舉；被舉者先詣公府課試，以觀其能。郡國每年要向中央推舉一至二人。

［4］守宮令：官名。屬少府，掌皇帝的紙、筆、墨及尚書財用

諸物。漢桓帝時以宦官充任，此時復用士人。

[5] 董卓之亂：趙幼文《校箋》謂《太平御覽》卷四四九引此句在"除亢父令"句下。

[6] 吏：此指長吏，即縣令、長。

[7] 亢父：縣名。治所在今山東濟寧市南。

[8] 四戰之地：胡三省云："言其地平，四面受敵。"（《通鑑》卷六〇漢獻帝初平二年注）按，《後漢書》卷七〇《荀彧傳》亦載有不少荀彧之言論，如無內容差異，一般不作字句校勘。

[9] 去之：趙幼文《校箋》謂《太平御覽》卷一五九引"去"下無"之"字。

[10] 冀州：東漢末，州牧刺史治所常設鄴縣，在今河北臨漳縣西南鄴鎮東一里半。

[11] 弟諶：潘眉《考證》云："後注引《荀氏家傳》云彧第四兄諶，此云弟，當誤。"

[12] 奮武將軍：官名。漢雜號將軍之一。

[13] 東郡：治所濮陽縣，在今河南濮陽縣西南。

[14] 初平：漢獻帝劉協年號（190—193）。

[15] 大悅：殿本無"大"字，百衲本、盧弼《集解》本、校點本皆有。今從百衲本等。

[16] 子房：張良字子房，漢高祖劉邦之重要謀臣。（見《漢書》卷四〇《張良傳》）

[17] 司馬：官名。將軍府之屬官，掌參贊軍務，管理府內武職，位僅次於長史。

[18] 關東：地區名。指函谷關以東之地。

[19] 陳留：郡名。治所陳留縣，在今河南開封市東南。

[20] 兗州：州牧刺史治所昌邑縣，在今山東金鄉縣西北。

[21] 鎮東將軍：官名。將軍名號之一，東漢末有鎮東、西、南、北將軍各一人。

[22] 興平：漢獻帝劉協年號（194—195）。

［23］留事：當時荀彧與程昱同守鄄城，曹操令荀彧主持留守事。

［24］使君：對州長官之尊稱。時曹操領兗州牧，故劉翊稱之爲曹使君。

［25］豫州：刺史治所譙縣，在今安徽亳州市。

［26］鄄城：縣名。治所在今山東鄄城縣北。鄄城是當時黄河邊上一軍事重地。《水經·河水注》說它是"河上之邑，最爲峻固"。漢兗州刺史本治昌邑，曹操爲州牧，故移治於此。

［27］范：縣名。治所在今山東梁山縣西北范城。　東阿：縣名。治所在今山東陽谷縣東北阿城鎮。

［28］徐州：刺史治所本在郯縣（今山東郯城縣北），東漢末移於下邳，在今江蘇睢寧縣西北。（本吴增僅《三國郡縣表附考證》）

［29］乘氏：侯國名。治所在今山東巨野縣西南。

［30］中常侍：官名。東漢後期，以宦官充任，秩比二千石。掌侍從皇帝左右，顧問應對，贊導宫内諸事。權力極大。　唐衡：漢桓帝時之宦官，以誅梁冀功，爲中常侍，封侯。（見《後漢書》卷七八《宦者列傳》）　汝南：郡名。治所平輿縣，在今河南平輿縣北。

［31］漢紀：百衲本、殿本、盧弼《集解》本作"漢記"，校點本作"漢紀"。今從校點本。　延熹：漢桓帝劉志年號（158—167）。

［32］鄭忽：春秋時鄭莊公太子。齊侯欲以女文姜嫁之。鄭忽辭謝，人問其故，鄭忽曰："人各有耦，齊大非吾耦也。"及北戎伐齊，齊求援於鄭，鄭派太子忽率師救之，大敗戎師。齊侯爲謝鄭忽，再請嫁女給他。鄭忽固辭，人問其故，鄭忽曰："無事于齊，吾猶不敢。今以君命奔齊之急，而受室以歸，是以昏師也，民其謂我何？"祭仲遂勸忽曰："必取之，君多内寵，子無大援將不立，三公子皆君也。"（見《左傳》桓公六年、十一年）

［33］雋生：指雋不疑。西漢昭帝時雋不疑爲京兆尹，名重於朝廷。大將軍霍光欲以女嫁之，不疑固辭不肯。班固稱贊他説："不疑膚敏，應變當理，辭霍不婚，逡遁致仕。"（見《漢書》卷七一《雋不疑傳》及卷一〇〇下《叙傳》）

［34］左悺（guǎn）：漢桓帝時宦官，以誅梁冀功，與唐衡同爲中常侍，封侯。（見《後漢書》卷七八《宦者列傳》）

［35］迴天：胡三省云："迴天，言權力能迴天也。"（《通鑑》卷五四漢桓帝延熹三年注）

［36］獨坐：《後漢書·宦者列傳》李賢注："獨坐，言驕貴無偶也。"而《後漢書》《通鑑》均作"具獨坐"，具謂具瑗。

［37］蔣詡：西漢末蔣詡爲兗州刺史，因廉直知名。王莽擅權，蔣詡辭職歸家。大司空王邑爲從弟奇求娶蔣詡女，盛服送之。女辭不取，唯衣青布衣，曰："受公命不敢違。"王邑感嘆曰："所以與賢者婚，欲爲此也。"（參盧弼《集解》引《漢書》卷七二《鮑宣傳》及《北堂書鈔》引《三輔決録》）

陶謙死，[1]太祖欲遂取徐州，還乃定布。或曰："昔高祖保關中，[2]光武據河內，[3]皆深根固本以制天下，進足以勝敵，[4]退足以堅守，[5]故雖有困敗而終濟大業。將軍本以兗州首事，平山東之難，[6]百姓無不歸心悅服。且河、濟，[7]天下之要地也，今雖殘壞，猶易以自保，是亦將軍之關中、河内也，不可以不先定。今以破李封、薛蘭，[8]若分兵東擊陳宮，宮必不敢西顧，以其閒勒兵收熟麥，約食畜穀，一舉而布可破也。破布，然後南結揚州，[9]共討袁術，以臨淮、泗。[10]若舍布而東，多留兵則不足用，少留兵則民皆保城，不得樵採。布乘虛寇暴，民心益危，唯鄄城、范、衛可全,[11]其餘非己之有,是無兗州也。若徐州不定,將軍當安所歸乎?且陶謙雖死,徐州未易亡也。彼懲往年之敗,將懼而結親,[12]相爲表裏。今東方皆以收麥,必堅壁清野以待將軍,將軍攻之不拔,略之無獲,不出十日,則十萬之衆未戰而自困耳。〔一〕前討徐州,威罰實行,〔二〕[13]其子弟念父兄之恥,必人自為守,無降心,就能破之,尚不可有也。夫事固有棄此取彼者,以大易小可也,以安易危可也,權一時之勢,不患本之不固可也。今三者莫利,願將軍熟慮之。"太祖乃止。大收麥,復與布戰,分兵平諸縣。布敗走,兗州遂平。

〔一〕臣松之以爲于時徐州未平,兗州又叛,而云十萬之衆,雖是抑抗之言,[14]要非寡弱之稱。益知官渡之役,不得云兵不滿萬也。

〔二〕《曹瞞傳》云:自京師遭董卓之亂,人民流移東出,多依彭城閒。[15]遇太祖至,坑殺男女數萬口於泗水,水爲不流。陶謙帥其衆軍武原,[16]太祖不得進。引軍從泗南攻取慮、睢陵、夏丘諸縣,[17]皆屠之;雞犬亦盡,墟邑無復行人。

[1] 陶謙死:謂陶謙已死。陶謙病死於興平元年(194)。
[2] 高祖保關中:漢高祖劉邦與項羽爭天下時,令蕭何保守關中。(參《通鑑》卷六一漢獻帝興平二年胡三省注)
[3] 光武據河內:漢光武帝劉秀經營河北時,令寇恂據守河內。(參《通鑑》卷六一漢獻帝興平二年胡三省注)
[4] 足以:趙幼文《校箋》謂《太平御覽》卷四五三引作"可以",下句"足以"亦同。按,《太平御覽》卷一六〇、宋本

《册府元龜》卷七二〇引又皆作"足以"。

〔5〕堅守：趙幼文《校箋》謂《太平御覽》卷一六〇、卷四五三引"堅"字俱作"自"。按，宋本《册府元龜》卷七二〇引又作"堅"。

〔6〕平山東之難：指曹操在兗州破降青州黃巾軍。

〔7〕河濟：指兗州。因古九州之兗州，東南有濟水，西北至黃河。《尚書·禹貢》："濟、河爲兗州。"孔安國傳："東南據濟，西北距河。"孔穎達疏："據，謂跨之；距，至也。"

〔8〕以：同"已"。破李封、薛蘭事見本書卷一《武帝紀》興平二年（195）。

〔9〕結揚州：謂聯合劉繇。當時袁術雖已據有揚州（治所壽春，在今安徽壽縣），而漢朝廷卻任命劉繇爲揚州刺史（移治所於曲阿，在今江蘇丹陽市）。

〔10〕淮泗：河流名。古泗水發源於今山東泗水縣東蒙山南麓，西流經泗水、曲阜、兗州等縣市，折南經濟寧市南魯鎮及魚臺縣東，轉東南經江蘇沛縣及徐州市，此下略循廢黃河至淮陰市西南入淮河。

〔11〕衛：指濮陽，因濮陽古屬衛國地。（參《通鑑》卷六一漢獻帝興平二年胡三省注）

〔12〕結親：謂徐州各郡縣親密結合。（參《通鑑》卷六一漢獻帝興平二年胡三省注）

〔13〕威罰實行：指興平元年曹操攻打徐州，進行大肆屠殺。

〔14〕抑抗：盧弼《集解》本作"抑抗"，百衲本、殿本、校點本作"抑抗"。今從百衲本等。抑抗，猶言抑揚，爲偏義復詞，詞義重在"抗""揚"，誇大之義。

〔15〕彭城：縣名。治所在今江蘇徐州市。

〔16〕武原：縣名。治所在今江蘇邳州市西北。

〔17〕取（qiū）慮（lǘ）：縣名。治所在今江蘇睢寧縣西南。睢陵：縣名。治所在今江蘇睢寧縣。　夏丘：縣名。治所在今安

徽泗縣。

　　建安元年,[1]太祖擊破黃巾。漢獻帝自河東還洛陽。[2]太祖議奉迎都許,[3]或以山東未平,[4]韓暹、楊奉新將天子到洛陽,北連張楊,未可卒制。或勸太祖曰:"昔〔晉文納周襄王而諸侯景從〕,[5]高祖東伐爲義帝縞素而天下歸心。[6]自天子播越,[7]將軍首唱義兵,徒以山東擾亂,未能遠赴關右,[8]然猶分遣將帥,蒙險通使,雖禦難于外,乃心無不在王室,[9]是將軍匡天下之素志也。今車駕旋軫,〔東京榛蕪〕,[10]義士有存本之思,百姓感舊而增哀。[11]誠因此時,奉主上以從民望,[12]大順也;秉至公以服雄傑,大略也;扶弘義以致英俊,[13]大德也。天下雖有逆節,必不能爲累,明矣。韓暹、楊奉其敢爲害!若不時定,四方生心,後雖慮之,無及。"太祖遂至洛陽,奉迎天子都許。天子拜太祖大將軍,[14]進彧爲漢侍中,[15]守尚書令。[16]常居中持重,〔一〕太祖雖征伐在外,軍國事皆與彧籌焉。〔二〕[17]太祖問彧:"誰能代卿爲我謀者?"彧言"荀攸、鍾繇"。先是,彧言策謀士,進戲志才。志才卒,又進郭嘉。太祖以彧爲知人,諸所進達皆稱職,唯嚴象爲揚州,韋康爲涼州,[18]後敗亡。〔三〕

　　〔一〕《典略》曰:彧折節下士,坐不累席。其在臺閣,[19]不以私欲撓意。彧有群從一人,才行實薄,或謂彧:[20]"以君當事,不可(不)以某爲議郎邪?"[21]彧笑曰:"官者所以表才也,若如來言,衆人其謂我何邪!"其持心平正皆類此。

〔二〕《典略》曰：或爲人偉美。又《平原禰衡傳》曰：[22]衡字正平，建安初，自荆州北游許都，[23]恃才傲逸，臧否過差，見不如己者不與語，人皆以是憎之。唯少府孔融高貴其才，[24]上書薦之曰：[25]"淑質貞亮，英才卓犖。[26]初涉藝文，升堂覩奧；目所一見，輒誦於口，耳所暫聞，[27]不忘於心。性與道合，思若有神。弘羊心計，[28]安世默識，[29]以衡準之，誠不足怪。"衡時年二十四。是時許都雖新建，尚饒人士。衡嘗書一刺懷之，[30]字漫滅而無所適。或問之曰："何不從陳長文、司馬伯達乎？"[31]衡曰："卿欲使我從屠沽兒輩也！"[32]又問曰："當今許中，誰最可者？"衡曰："大兒有孔文舉，[33]小兒有楊德祖。"[34]又問："曹公、荀令君、趙蕩寇皆足蓋世乎？"[35]衡稱曹公不甚多；又見荀有儀容，趙有腹尺，[36]因答曰："文若可借面弔喪，稚長可使監廚請客。"[37]其意以爲荀但有貌，趙健啖肉也。於是衆人皆切齒。衡知衆不悦，將南還荆州。裝束臨發，衆人爲祖道，[38]先設供帳於城南，自共相誡曰："衡數不遜，今因其後到，以不起報之。"及衡至，衆人皆坐不起，衡乃號咷大哭。衆人問其故，[39]衡曰："行屍柩之間，能不悲乎？"衡南見劉表，表甚禮之。將軍黃祖屯夏口，祖子射與衡善，隨到夏口。祖嘉其才，每在坐，席有異賓，介使與衡談。後衡驕蹇，[40]答祖言俳優饒言，[41]祖以爲罵己也，大怒，顧伍伯捉頭出。[42]左右遂扶以去，拉而殺之。

臣松之以本傳不稱彧容貌，故載《典略》與《衡傳》以見之。又潘勗爲彧碑文，[43]稱彧"瓌姿奇表"。張（衡）〔騭〕《文士傳》曰：[44]孔融數薦衡于太祖，欲與相見，而衡疾惡之，意常憤懣。因狂疾不肯往，[45]而數有言論。太祖聞其名，圖欲辱之，乃録爲鼓吏。[46]後至八月朝，大宴，賓客並會。時鼓吏擊鼓過，皆當脱其故服，易着新衣。次衡，衡擊爲漁陽參撾，[47]容態不常，[48]音節殊妙。坐上賓客聽之，莫不慷慨。過不易衣，吏呵之，衡乃當太祖前，以次脱衣，裸身而立，徐徐乃着褌帽畢，復擊鼓参挝，而顔色不怍。[49]太祖大笑，告四坐曰："本欲辱衡，衡反辱孤。"至今有漁陽参挝，自衡造也。融深責數衡，并宣太祖意，欲令與太祖相見。衡許之，曰："當爲卿往。"至十月朝，融先見太祖，説"衡欲求見"。至日晏，衡着布單衣，（疏巾）〔練布〕履，[50]坐太祖營門外，以杖捶地，數罵太祖。太祖敕外廄急具精馬三匹，[51]并騎二人，謂融曰："禰衡豎子，乃敢爾！孤殺之無異於雀鼠，顧此人素有虚名，[52]遠近所聞，今日殺之，人將謂孤不能容。今送與劉表，視卒當何如？"乃令騎以衡置馬上，兩騎扶送至南陽。[53]

《傅子》曰：衡辯于言而刻于論，見荆州牧劉表曰，所以自結于表者甚至，表悦之以爲上賓。衡稱表之美盈口，而論表左右不廢繩墨。於是左右因形而譖之，曰："衡稱將軍之仁，西伯不過也，[54]唯以爲不能斷；終不濟者，[55]必由此也。"是言實指表智短，而非衡所言也。表不詳察，遂疏衡而逐之。衡以交絶于劉表，智窮于黄祖，身死名滅，爲天下笑者，譖之者有形也。

〔三〕《三輔決録〔注〕》曰：[56]象字文則，京兆人。[57]少聰博，有膽智。[58]以督軍御史中丞詣揚州討袁術，[59]會術病卒，因以爲揚州刺史。建安五年，爲孫策廬江太守李術所殺，[60]時年三十八。象同郡趙岐作《三輔決録》，恐時人不盡其意，故隱其書，唯以示象。

康字元將，亦京兆人。孔融與康父端書曰："前日元將來，淵才亮茂，雅度弘毅，偉世之器也。昨日仲將又來，懿性貞實，文敏篤誠，[61]保家之主也。不意雙珠，近出老蚌，甚珍貴之。"端從涼州牧徵爲太僕，康代爲涼州刺史，時人榮之。後爲馬超所圍，堅守歷時，救軍不至，遂爲超所殺。仲將名誕，見《劉邵傳》。

[1] 建安：漢獻帝劉協年號（196—220）。

[2] 河東：郡名。治所安邑縣，在今山西夏縣西北禹王城。本

書卷一《武帝紀》、《後漢書》卷九《獻帝紀》皆謂漢獻帝從安邑至洛陽，則此"河東"爲郡名無疑。

［3］許：縣名。治所在今河南許昌縣東。

［4］山東：地區名。指崤山以東之地。

［5］晉文納周襄王而諸侯景從：各本皆無此句，《後漢書》卷七〇《荀彧傳》及《通鑑》卷六二漢獻帝建安元年均有，校點本即據以增補。今從之。趙幼文《校箋》謂《册府元龜》卷七二〇引亦有此句。"景"，同"影"。春秋時，周襄王與母弟王子帶有矛盾，襄王出奔鄭。狐偃謂晉文公曰："求諸侯莫如勤王，諸侯信之，且大義也。"文公遂迎襄王返王城，並殺王子帶於隰城。由是諸侯服從，遂定霸業。（本《左傳》僖公二十四年、二十五年）

［6］高祖東伐爲義帝縞素：趙幼文《校箋》謂《册府元龜》卷七二〇引作"漢高爲義帝縞素"，無"祖東伐"三字。按，宋本《册府元龜》正作"高祖東伐爲義帝縞素"。由此可見明本《册府元龜》之隨意改字。當時荀彧與曹操皆漢臣，不當稱劉邦爲"漢高"。　縞素：喪服。古時喪服爲白色，故以縞素稱喪服。漢高祖劉邦入關滅秦後，依楚懷王之約當王關中，項羽因此不滿懷王，名尊懷王爲義帝，實不奉行其命，不久又派人殺義帝。劉邦既定關中，遂東渡黄河，三老董公説劉邦爲義帝發喪。劉邦遂縞素東伐，終取天下（本《漢書》卷一《高帝紀》）。

［7］播越：天子流亡在外稱播越。

［8］關右：地區名。指函谷關以西之地，故又稱關西。

［9］乃心無不在王室：《尚書·康王之誥》："雖爾身在外，乃心罔不在王室。"孔安國傳訓"乃"爲"汝"，但後世引用此語時，"乃"字無義。

［10］東京榛蕪：各本無此句，《後漢書·荀彧傳》及《通鑑》卷六二漢獻帝建安元年均有，校點本即據以增補。今從之。趙幼文《校箋》謂《册府元龜》卷四四九、卷七二〇引亦有此句。

［11］百姓感舊而增哀：趙幼文《校箋》謂《太平御覽》卷四

四九引作"兆人懷感舊之哀"。按，宋本《册府元龜》卷七二〇引亦作"百姓感舊而增哀"。

［12］主上：殿本無"上"字，百衲本、盧弼《集解》本、校點本皆有。今從百衲本等。

［13］扶弘義：趙幼文《校箋》謂《太平御覽》卷四四九引"扶"字作"仗"。按，《册府元龜》卷七二〇引亦作"扶"。

［14］大將軍：官名。東漢時，常兼錄尚書事，與太傅、太尉等共同主持政務。漢末，位在三公上。

［15］漢侍中：侍中，官名。秩比二千石。職掌門下衆事，侍從左右，顧問應對。漢靈帝時置侍中寺，不再隸屬少府。獻帝時定員六人，與給事黃門侍郎出入禁中，近侍帷幄，省尚書事。殿本《考證》李清植云："按：史於或官獨書'漢'，蓋原其本志，非魏純臣，與攸、詡等異。"潘眉《考證》亦云："大書'漢侍中'，是特筆。"

［16］尚書令：官名。東漢時爲尚書臺長官，秩千石。掌奏、下尚書曹文書衆事，選用署置官吏；總典臺中綱紀法度，無所不統。名義上仍隸少府。

［17］軍國事：趙幼文《校箋》謂《北堂書鈔》卷五九引"事"上有"大"字。

［18］爲涼州：即爲涼州刺史。漢靈帝中平後，迄於建安末，涼州刺史治所在冀縣，在今甘肅甘谷縣東。（本王先謙《續漢書·郡國志集解》引馬與龍説）

［19］臺閣：《後漢書》卷四九《仲長統傳》李賢注："臺閣，謂尚書也。"

［20］謂或：趙幼文《校箋》謂《北堂書鈔》卷三七引"或"下有"曰"字。

［21］不可以：各本作"不可不以"。趙幼文《校箋》謂《北堂書鈔》卷三七引"可"下無"不"字。郝經《續後漢書》同。今從趙引删"不"字。議郎：官名。郎官之一種，屬光禄勳，秩六

百石，不入直宿衞，得參預朝政議論。

［22］平原禰衡傳：沈家本《三國志注所引書目》云："隋、唐《志》皆不著録。"侯康《補後漢書藝文志》云："《禰衡別傳》，《魏志·荀彧傳》注引《平原禰衡傳》，當即《別傳》也。餘見《藝文》《御覽》，引者多與本傳同。"又按，《後漢書》卷八○下有《禰衡傳》，所載較此詳，可參閲。

［23］荆州：東漢末劉表爲州牧時，治所襄陽，在今湖北襄樊市。

［24］少府：官名。漢列卿之一，秩中二千石。東漢時，掌宫中御衣、寶貨、珍膳等。

［25］上書：《後漢書·禰衡傳》載孔融此書甚長，不作校補。

［26］卓犖：盧弼《集解》謂《後漢書·禰衡傳》"犖"作"躒"，《文選》亦作"躒"。趙幼文《校箋》謂《文選》孔融《薦禰衡表》作"卓躒"。李善注："卓躒，絶異也。"

［27］暫聞：盧弼《集解》謂《後漢書·禰衡傳》"暫"作"瞥"。趙幼文《校箋》謂葛洪《抱朴子·彈禰篇》亦云"耳所瞥聞"。在《後漢書》之前。《説文·目部》："瞥，一曰財見也。"作"瞥"字是。按，作"暫"亦通。《説文·日部》："暫，不久也。"段玉裁注："今俗云'霎時間'即此字也。"又《説文·目部》："瞥，過目也。"徐鍇《繫傳》："瞥然暫見也。"

［28］弘羊心計：漢武帝時，洛陽商人之子桑弘羊善於心算，爲武帝所重，十三歲即爲侍中。（見《漢書·食貨志》）

［29］安世默識（zhì）：漢武帝時，張安世爲郎官，曾隨武帝至河東。武帝失書三篋，詢問臣下，皆不知，唯安世能記憶。後購求得書，用以校對安世所記，竟無遺漏。（見《漢書》卷五九《張湯附安世傳》）

［30］刺：名帖，名片。詳解見本書卷九《夏侯淵傳》裴注引《世語》之注。

［31］陳長文：陳群字長文。建安初，曹操辟爲司空西曹掾屬。

司馬伯達：司馬朗字伯達。建安初，曹操辟爲司空掾屬。

[32] 屠沽：本指屠户和賣酒者，此泛指市井人。 也：趙幼文《校箋》謂《藝文類聚》卷二二、《太平御覽》卷四四五引作"邪"。按，二書皆作"耶"。

[33] 孔文舉：孔融字文舉。主要事迹見本書卷一二《崔琰傳》裴注引《續漢書》。

[34] 楊德祖：楊修字德祖。建安中爲郎中。主要事迹見本書卷一九《陳思王植傳》裴注引《典略》。

[35] 荀令君：建安初荀彧守尚書令，故稱令君。 趙蕩寇：《後漢書·禰衡傳》作"趙稚長"，李賢注："趙爲蕩寇將軍，見《魏志》。"梁章鉅《旁證》引沈欽韓曰："稚長史失其名，按《金石萃編》隋《趙芬碑》載，十一世祖融字稚長，所謂荀令君、趙蕩寇云云，可證稚長名融。"

[36] 腹尺：謂大肚腹。趙幼文《校箋》謂"尺"爲"斥"字之借。《文選》曹植《七啓》"山鷄斥鷃"李善注："斥與尺古字通。"斥有廣大之義。《史記》卷一一七《司馬相如列傳》"關益斥"《索隱》引張揖曰："斥，廣也。"

[37] 可使：趙幼文《校箋》謂《太平御覽》卷四四五引無"使"字。按，《藝文類聚》卷二二引又有"使"字。

[38] 祖道：餞行。

[39] 衆人：殿本作"衆又"，百衲本、盧弼《集解》本、校點本作"衆人"。今從百衲本等。

[40] 驕蹇：恣意放縱。

[41] 俳優饒言：周壽昌《注證遺》云："大約即俗言，《後漢書》衡更熟視曰：'死公，云等道。'祖大怒。蓋即此等語也。"

[42] 伍伯：又作"五百"。漢代官署的侍從小吏，官員外出時，作導引；後將行刑役卒也稱爲伍伯。（本《後漢書》卷七八《曹節傳》李賢注）

[43] 潘勗：主要事迹見本書卷二一《衛覬傳》注引《文章

志》。又按,《荀彧碑》文,《藝文類聚》卷四八有載。

[44] 張騭:各本皆作"張衡"。陳景雲《辨誤》謂本書卷九《曹休傳》注作"張隱",卷一〇《荀彧傳》注作"張衡",卷二一《王粲傳》注作"張騭",一人之名而三異。據《王粲傳》注中,裴松之三次説到"張騭";又《後漢書》注及《文選》李善注引《文士傳》皆作"張騭",似當作"騭"爲正。又按,原《隋書·經籍志》的張隱《文士傳》,今校點本已校改爲張騭《文士傳》。現從陳景雲説及校點本《隋書·經籍志》,改"張衡"爲"張騭"。

[45] 狂疾:《世説新語·言語篇》注引此段《文士傳》作"稱疾",較合文意。

[46] 乃:趙幼文《校箋》謂《世説新語·言語篇》注引"乃"下有"令"字。 鼓吏:各本皆作"鼓吏",校點本據何焯説改爲"史"。不知何焯何據。雖然《後漢書·禰衡傳》作"鼓史",而《世説新語·言語篇》及劉孝標注引《文士傳》皆作"鼓吏",又《抱朴子·彈禰篇》亦作"鼓吏",故仍從百衲本等。下同。

[47] 擊爲漁陽參撾(zhuā):趙幼文《校箋》謂《太平御覽》卷三〇引"擊"下有"鼓"字。《世説新語·言語篇》注引同。漁陽參撾,鼓曲名。

[48] 容態不常:趙幼文《校箋》謂《太平御覽》卷三〇引上句有"蹋地來躡足歧腳",《世説新語·言語篇》注引"來"下有"前"字,餘均同。按,《世説新語》注引實作"蹋地來前躡毀腳足"。

[49] 而:趙幼文《校箋》謂《太平御覽》卷三〇引"而"下有"去"字,《世説新語·言語篇》注引同。

[50] 練(shū)布履:各本作"疏巾履",殿本《考證》云:"北宋本作'疏布履'。"校點本從何焯、錢儀吉説,改爲"練布履"。今從之。練,粗葛。吴金華《校詁》則以爲"疏巾"二字似不誤,疑"履"原文作"屐",《廣雅·釋詁》:"屐,踞也。"屐坐即箕踞,乃傲慢姿態。蓋後世"屐"字罕見,傳寫者遂改作

"履"。趙幼文《校箋》亦云：《後漢書·禰衡傳》云："衡乃著布單衣疏巾。"《太平御覽》卷四六六引同。考本書卷三五《諸葛亮傳》注引《魏略》云："更疏巾單衣。"蓋疏巾單衣爲漢魏貧賤者之服。北宋本疑誤。今本"巾"下當删"履"字。"疏巾"《後漢書》作"疎巾"，鄭珍《説文新附考》曰："《類篇》'練'下引《後漢書》'禰衡著練巾'。傳文本作'疎巾'，疎巾者，以疎布作巾也。'疎'是'疏'之俗字，改正爲糸更俗，'練'當出六朝以降。"鄭説是也。

[51] 三匹：盧弼《集解》作"二匹"，百衲本、殿本、校點本作"三匹"。今從百衲本等。

[52] 素：盧弼《集解》本作"數"，百衲本、殿本、校點本皆作"素"。今從百衲本等。

[53] 南陽：郡名。治所宛縣，在今河南南陽市。

[54] 西伯：周文王。

[55] 終：殿本作"功"，百衲本、盧弼《集解》本、校點本均作"終"。今從百衲本等。

[56] 三輔決録注：各本均無"注"字。梁章鉅《旁證》引陳景雲説，謂應有"注"字。《三輔決録》乃趙岐所著，而嚴象敗沒，在《決録》成書之後；韋康之遇害，趙岐卒已久。故爲摯虞《三輔決録注》無疑。校點本亦从陳説增"注"字。今從之。

[57] 京兆：即京兆尹，治所長安縣，在今陝西西安市西北。

[58] 膽：盧弼《集解》本作"贍"，百衲本、殿本、校點本均作"膽"。今從之。

[59] 督軍御史中丞：官名。盧弼《集解》云："督軍御史中丞似爲兩官。《晋書》卷一《宣帝紀》云'黃初二年罷督軍官'，祇云省督軍，不云省督軍御史中丞也。《晋書·職官志》：'光武建武初，征伐四方，始權置督軍御史，事竟罷。'然亦非督軍御史中丞也。李祖楙曰：'中興初，征伐四方，權置御史監軍，曰督軍御史；以他官監軍，曰監軍使者，事訖罷。至桓靈後，兵事日多，復

置之。'"如此，則督軍御史中丞，乃以御史中丞之職督軍者。

［60］廬江：郡名。治所本在舒縣，在今廬江縣西南。建安四年劉勳移治所於皖縣，在今安徽潛山縣。

［61］敏：百衲本、殿本、盧弼《集解》本均作"愍"，殿本《考證》盧明楷曰："按'愍'訓傷，此係孔融贊仲將之言，於義無取，疑是'慜'字，'慜'即'敏'，又與'愍'通，輾轉而訛也。"盧弼《集解》云："《御覽》引此作'敏'。"校點本正作"敏"。今從校點本。

自太祖之迎天子也，袁紹内懷不服。紹既并河朔，[1]天下畏其彊。太祖方東憂呂布，南拒張繡，而繡敗太祖軍於宛。[2]紹益驕，與太祖書，[3]其辭悖慢。太祖大怒，出入動靜變於常，衆皆謂以失利於張繡故也。鍾繇以問彧，彧曰："公之聰明，必不追咎往事，殆有他慮。"則見太祖問之，太祖乃以紹書示彧，曰："今將討不義，而力不敵，何如？"彧曰："古之成敗者，誠有其才，雖弱必彊，苟非其人，雖彊易弱，劉、項之存亡，[4]足以觀矣。今與公爭天下者，唯袁紹爾。紹貌外寬而内忌，任人而疑其心，公明達不拘，唯才所宜，此度勝也。紹遲重少決，失在後機，公能斷大事，應變無方，此謀勝也。紹御軍寬緩，法令不立，士卒雖衆，其實難用，公法令既明，賞罰必行，士卒雖寡，皆爭致死，此武勝也。紹憑世資，從容飾智，以收名譽，故士之寡能好問者多歸之，公以至仁待人，推誠心不爲虛美，行己謹儉，而與有功者無所悋惜，故天下忠正效實之士咸願爲用，此德勝也。夫以四勝輔天子，扶義征伐，誰敢不從？紹之彊其何能爲？"太祖悅。或曰："不先取呂布，河北亦未易圖也。"太祖曰："然。吾所惑者，又恐紹侵擾關中，[5]亂羌、胡，南誘蜀、漢，[6]是我獨以兗、豫抗天下六分之五也。爲將奈何？"或曰："關中將帥以十數，莫能相一，唯韓遂、馬超最彊。[7]彼見山東方爭，必各擁衆自保。今若撫以恩德，遣使連和，相持雖不能久安，比公安定山東，足以不動。鍾繇可屬以西事。則公無憂矣。"

　　三年，太祖既破張繡，東禽呂布，定徐州，遂與袁紹相拒。孔融謂彧曰："紹地廣兵彊；田豐、許攸，智計之士也，爲之謀；審配、逢紀，盡忠之臣也，任其事；顏良、文醜，勇冠三軍，統其兵：殆難克乎！"或曰："紹兵雖多而法不整。田豐剛而犯上，許攸貪而不治。審配專而無謀，逢紀果而自用，[8]此二人留知後事，若攸家犯其法，必不能縱也，不縱，攸必爲變。顏良、文醜，一夫之勇耳，[9]可一戰而禽也。"五年，與紹連戰。太祖保官渡，[10]紹圍之。太祖軍糧方盡，書與彧，議欲還許以引紹。彧曰："今軍食雖少，未若楚、漢在滎陽、成臯閒也。[11]是時劉、項莫肯先退，先退者勢屈也。[12]公以十分居一之衆，畫地而守之。扼其喉而不得進，已半年矣。情見勢竭，必將有變，此用奇之時，不可失也。"太祖乃住。遂以奇兵襲紹別屯，斬其將淳于瓊等，紹退走。審配以許攸家不法，收其妻子，攸怒叛紹；顏良、文醜臨陣授首；田豐以諫見誅：皆如彧所策。

六年，太祖就穀東平之安民，[13]糧少，不足與河北相支，欲因紹新破，以其閒擊討劉表。或曰："今紹敗，其衆離心，宜乘其困，遂定之；而背兗、豫，遠師江、漢，[14]若紹收其餘燼，承虛以出人後，則公事去矣。"太祖復次于河上。紹病死。太祖渡河，擊紹子譚、尚，而高幹、郭援侵略河東，關右震動，鍾繇帥馬騰等擊破之。語在《繇傳》。八年，太祖録彧前後功，表封彧爲萬歲亭侯。〔一〕[15]九年，太祖拔鄴，[16]領冀州牧。或説太祖"宜復古置九州，則冀州所制者廣大，天下服矣。"太祖將從之，或言曰："若是，則冀州當得河東、馮翊、扶風、西河、幽、并之地，[17]所奪者衆。前日公破袁尚，禽審配，海內震駭，必人人自恐不得保其土地，守其兵衆也；今使分屬冀州，將皆動心。且人多説關右諸將以閉關之計；今聞此，以爲必以次見奪。一旦生變，雖有（善守）〔守善〕者，[18]轉相脅爲非，則袁尚得寬其死，而袁譚懷貳，劉表遂保江、漢之間，天下未易圖也。願公急引兵先定河北，然後修復舊京，南臨荊州，責貢之不入，則天下咸知公意，人人自安。天下大定，乃議古制，此社稷長久之利也。"太祖遂寑九州議。

〔一〕《彧別傳》載太祖表曰：[19]"臣聞慮爲功首，謀爲賞本，野績不越廟堂，[20]戰多不踰國勳。[21]是故曲阜之錫，不後營丘，[22]蕭何之土，先於平陽。[23]珍策重計，古今所尚。侍中守尚書令彧，積德累行，少長無悔，遭世紛擾，懷忠念治。臣自始舉義兵，周游征伐，[24]與彧勠力同心，左右王略，[25]發言授策，無施不效。或之功業，臣由以濟，用披浮雲，顯光日月。陛下幸許，或左右機近，忠恪祗順，如履薄冰，研精極銳，以撫庶事。天下之定，或之功也。宜享高爵，以彰元勳。"[26]或固辭無野戰之勞，不通太祖表。太祖與或書曰：[27]"與君共事已來，立朝廷，君之相爲匡弼，君之相爲舉人，君之相爲建計，君之相爲密謀，亦以多矣。夫功未必皆野戰也，[28]願君勿讓。"或乃受。

［1］并河朔：趙幼文《校箋》謂《太平御覽》卷四四九引作"兼河北"。

［2］宛：縣名。治所在今河南南陽市。張繡敗曹操事見本書卷一《武帝紀》建安二年。

［3］書：《後漢書》卷七〇《荀或傳》李賢注謂此書即陳琳爲袁紹所作之檄書，沈家本《瑣言》則謂陳琳之書乃檄州郡，非與操者；且檄書作於建安四年（199），而此書在建安二年操敗於張繡之時，今已不傳。

［4］劉項之存亡：趙幼文《校箋》謂《太平御覽》卷四四九引無"之"字。

［5］關中：地區名。指函谷關以內之地。包括今陝西和甘肅、寧夏、內蒙古的部分地區。

［6］蜀漢：蜀郡與漢中郡，指當時統治此二郡的劉璋。蜀郡治所成都，在今四川成都市舊東西城區。漢中郡治所南鄭，在今陝西漢中市東。

［7］馬超：《通鑑》卷六二漢獻帝建安二年作"馬騰"，盧弼《集解》謂《通鑑》正確。趙幼文《校箋》謂《後漢紀》亦作"馬騰"。

［8］果而自用：猶言剛愎自用。

［9］一夫：趙幼文《校箋》謂《太平御覽》卷二七二引"一"字作"匹"。

［10］官渡：地名。在今河南中牟縣東北。

［11］滎陽：縣名。治所在今河南滎陽市東北。　成皋：縣名。治所在今河南滎陽市西北汜水鎮。

［12］先退者勢屈：劉邦與項羽爭天下時，曾在滎陽、成皋間相持很久，後項羽與劉邦約，中分天下，鴻溝以西爲漢地，以東爲楚地，項羽因而退兵，劉邦遂乘機而進，終敗項羽。（見《漢書》卷一《高帝紀》）

［13］東平：王國名。治所無鹽縣，在今山東東平縣東。　安民：亭名。在今山東鄆城縣東。（本謝鍾英《補三國疆域志補注》）

［14］江漢：指荆州，因其境内有江水、漢水。

［15］萬歲：亭名。在今河南新鄭市内。　亭侯：爵名。漢制，列侯大者食縣邑，小者食鄉、亭。東漢後期遂以食鄉、亭者稱爲鄉侯、亭侯。徐紹楨《質疑》云："據《後漢書》，或封侯在建安五年，與此不同，然《後漢紀》亦作八年也。"

［16］鄴：縣名。治所在今河北臨漳縣西南鄴鎮東一里半。

［17］馮（píng）翊（yì）：郡名。即左馮翊，漢代所謂"三輔"之一。馮翊原治所在高陵縣，在今陝西高陵縣西南。東漢獻帝"建安初，關中始開，詔分馮翊西數縣爲左内史郡，治高陵；以東數縣爲本郡，治臨晋"。（見本書卷二三《裴潛傳》裴注引《魏略》）臨晋縣在今陝西大荔縣。　扶風：郡名。即右扶風，漢代"三輔"之一，治所槐里縣，在今陝西興平市東南。　西河：郡名。東漢永和五年（140）後，治所在離石縣，在今山西離石縣。　幽：州名。治所薊縣，在今北京城西南部分。　并：州名。治所晋陽縣，在今山西太原市西南古城營西古城。

［18］守善：各本皆作"善守"，校點本從何焯説改。今從之。

［19］彧别傳：即《荀彧别傳》。姚振宗《三國藝文志》云："章宗源《隋志考證》曰《荀彧别傳》見《三國志注》，亦見《太平御覽》。"

［20］野績不越廟堂：謂野戰之功績不得超過廟堂策劃之功績。

［21］戰多不踰國勳：謂戰多之功勳不得越逾出謀建國之勳。

［22］不後營丘：周武王即位，以"太公望（吕尚）爲師，周公旦爲輔"。至武王滅商，遍封功臣謀士，封吕尚於營丘，曰齊；封周公旦於曲阜，曰魯。（見《史記》卷四《周本紀》）

［23］先於平陽：漢高祖劉邦建立漢朝後，以蕭何功最大，故先封爲酇侯，再封曹參爲平陽侯。（見《漢書》卷三九《蕭何曹參傳》）

［24］周游：吴金華《校詁》謂當從《後漢紀》作"周旋"。

［25］左右：輔佐。

［26］以彰元勳：曹操此表，袁宏《後漢紀》亦載。嚴可均所輯《全三國文》，二書之表皆輯録。嚴氏於《後漢紀》表後云："此與《别傳》之表相當，而文全異。"

［27］太祖與彧書：趙幼文《校箋》謂《藝文類聚》卷五一引"祖"下有"又"字。

［28］夫功：趙幼文《校箋》謂《藝文類聚》引"夫"字作"大"，郝經《續後漢書》同。

是時荀攸常爲謀主。彧兄衍以監軍校尉守鄴，[1]都督河北事。太祖之征袁尚也，高幹密遣兵謀襲鄴，衍逆覺，盡誅之，以功封列侯。〔一〕[2]太祖以女妻彧長子惲，後稱安陽公主。[3]彧及攸並貴重，皆謙沖節儉，禄賜散之宗族知舊，家無餘財。十二年，復增彧邑千户，合二千户。〔二〕

〔一〕《荀氏家傳》曰：[4]衍字休若，彧第三兄。彧第四兄諶，字友若，事見《袁紹傳》。陳羣與孔融論汝、潁人物，羣曰："荀文若、公達、休若、友若、仲豫，當今並無對。"衍子紹，位至太僕。[5]紹子融，字伯雅，與王弼、鍾會俱知名，爲洛陽令，參大將軍軍事，與彧、會論《易》《老》義，傳於世。諶子閎，字仲茂，爲太子文學掾。[6]時有甲乙疑論，閎與鍾繇、王朗、袁渙議各不同。文帝與繇書曰："袁、王國士，更爲脣齒，荀閎勁悍，往來銳師，眞君侯之勍敵，[7]左右之深憂也。"終黃門侍郎。[8]閎從孫（煇）〔輝〕字景文，[9]太子中庶子，[10]亦知名。與賈充共定（音）〔晉〕律，[11]又作《易集解》。[12]仲豫名悅，朗陵長儉之少子，或從父兄也。

張璠《漢紀》稱悅清虛沈靜，善於著述。建安初爲秘書監、侍中，[13]被詔刪《漢書》作《漢紀》三十篇，因事以明臧否，致有典要；其書大行于世。

〔二〕《彧別傳》曰：太祖又表曰："昔袁紹侵入郊甸，[14]戰於官渡。時兵少糧盡，圖欲還許，書與彧議，彧不聽臣。建宜住之便，恢進討之規，更起臣心，易其愚慮，遂摧大逆，覆取其衆。此彧覩勝敗之機，略不世出也。及紹破敗，臣糧亦盡，以爲河北未易圖也，欲南討劉表。彧復止臣，陳其得失，臣用反斾，[15]遂呑凶族，克平四州。[16]向使臣退於官渡，紹必鼓行而前，有傾覆之形，無克捷之勢。後若南征，委棄兗、豫，利旣難要，將失本據。彧之二策，以亡爲存，以禍致福，謀殊功異，臣所不及也。是以先帝貴指縱之功，[17]薄搏獲之賞；古人尚帷幄之規，[18]下攻拔之捷。前所賞錄，未副彧巍巍之勳，乞重平議，疇其戶邑。"[19]彧深辭讓，太祖報之曰："君之策謀，非但所表二事。前後謙沖，欲慕魯連先生乎？[20]此聖人達節者所不貴也。[21]昔介子推有言'竊人之財，猶謂之盜'。[22]況君密謀安衆，光顯於孤者以百數乎！以二事相還而復辭之，何取謙亮之多邪！"太祖欲表彧爲三公，[23]彧使荀攸深讓，至于十數，太祖乃止。

[1] 監軍校尉：官名。曹操所置，此時荀衍以此職鎭鄴，並督河北事。

［2］列侯：爵名。漢代二十級爵之最高者，金印紫綬，有封邑，食租税。功大者食縣，小者食鄉、亭。

［3］安陽：縣名。治所在今陝西城固縣東北。

［4］荀氏家傳：殿本作"零陵先賢傳"，百衲本、盧弼《集解》本、校點本皆作"荀氏家傳"。今從百衲本等。沈家本《三國志注所引書目》謂《隋書·經籍志》未著録，《舊唐書·經籍志》著録爲《荀子家傳》十卷，荀伯子撰；《新唐書·藝文志》同，而無撰人。伯子《宋書》有傳，爲官東陽太守。

［5］太僕：官名。秩中二千石。掌皇帝車馬，兼管官府畜牧業。東漢尚兼掌兵器製作、織綬等。曹魏因之，第三品。

［6］太子文學掾：官名。曹魏置，太子屬官，亦稱太子文學，員數品佚不詳。

［7］君侯：漢代對封侯者之尊稱。漢獻帝曾封鍾繇爲東武亭侯。

［8］黄門侍郎：官名。即給事黄門侍郎，東漢時，秩六百石。掌侍從左右，給事禁中，關通中外。初無員數，漢獻帝定爲六員，與侍中出入禁中，近侍帷幄，省尚書奏事。三國沿置，魏定爲五品。

［9］煇（huī）：各本皆作"惲"。殿本《考證》李龍官曰："閡，荀彧第四兄諶之子也，其從孫似不應與彧子惲同名，疑有誤。"梁章鉅《旁證》引陳景雲説，謂"惲"當作"煇"，《晋書》卷四〇《賈充傳》載賈充定新律後加禄賞之詔中有荀煇。校點本即從陳景雲《辨誤》改。今從之。

［10］太子中庶子：官名。太子屬官，秩六百石，第五品，職如侍中。晋時置四員，與中舍人共掌文翰。

［11］晋律：各本皆作"音律"。陳景雲《辨誤》謂"音"當作"晋"，見《晋書·賈充傳》。按，《晋書》之《賈充傳》與《刑法志》均謂賈充受命定法律，他與鄭沖、杜友等人撰定後，稱之爲新律。陳説有理。今從改。

［12］易集解：《隋書·經籍志》謂梁有魏散騎常侍荀煇注

《易》十卷。侯康《補三國藝文志》云："考《釋文叙録》引張璠《集解序》稱煇爲晋太子中庶子，而《隋志》稱魏散騎常侍者，豈注《易》在仕魏時耶！"

[13] 秘書監：漢桓帝延熹二年（159）初置，秩六百石，掌典圖書秘記，校定文字，屬太常。

[14] 郊甸：國都郊外之地。

[15] 斾（pèi）：即"斾"字，旗子。反斾，指回師北伐。

[16] 四州：即指冀、青、幽、并四州。

[17] 先帝：指漢高祖劉邦。劉邦滅項羽後，論功封賞群臣，以蕭何功最大，先封爲鄼侯，食邑八千户，而臣下多不服。劉邦問道："諸君知獵乎？"答："知之。"又問："知獵狗乎？"答："知之。"劉邦曰："夫獵，追殺獸者，狗也。而發縱指示獸處者，人也。今諸君徒能走得獸耳，功，狗也。至如蕭何，發縱指示，功，人也。"（《漢書》卷三九《蕭何傳》）縱：百衲本、殿本、盧弼《集解》本皆作"蹤"，校點本作"縱"。《後漢書》卷七〇《荀彧傳》亦作"縱"。李賢注："'縱'或作'蹤'，兩通。"今從校點本。

[18] 尚帷幄之規：漢高祖劉邦既定天下，封賞功臣。張良未嘗有戰功，劉邦曰："運籌策帷幄中，決勝千里外，子房功也。自擇齊三萬户。"張良辭讓，乃封爲留侯。（《漢書》卷四〇《張良傳》）

[19] 疇其户邑：謂封賜給荀彧之户邑，應與其功勛相稱。

[20] 魯連：即魯仲連，戰國齊人。秦圍趙都邯鄲，趙求救於魏。魏畏秦，出兵不敢進，並派辛垣衍入趙，欲使趙尊秦爲帝。適逢魯仲連遊趙，魯連遂説服辛垣衍，不尊秦爲帝。秦軍退後，趙欲封賞魯連，魯連再三辭謝。又齊將田單攻聊城歲餘，士卒多死而聊城不下，魯仲連乃以書遺燕將，燕將愧而自殺，聊城破。齊欲封賞魯連，魯連逃隱於海上。（見《史記》卷八三《魯仲連列傳》）

[21] 達節：《左傳·成公十五年》：前志有之曰："聖達節，

次守節，下失節。"楊伯峻注："最高道德爲能進能退，能上能下，而俱合於節義。"

[22] 介子推：春秋時晋文公臣，其言見《左傳·僖公二十四年》。

[23] 三公：《後漢書·荀彧傳》作曹操欲授荀彧以"正司"，李賢注："彧先守尚書令，今欲正除也。"潘眉《考證》云："三公，當依《後漢書》作'正司'，彧方守尚書令，位在九卿下，不得遽表爲三公。"

太祖將伐劉表，問彧策安出，彧曰："今華夏已平，南土知困矣。可顯出宛、葉而間行輕進，[1]以掩其不意。"太祖遂行。會表病死，太祖直趨宛、葉如彧計，表子琮以州逆降。

十七年，董昭等謂太祖宜進爵國公，[2]九錫備物，[3]以彰殊勳，密以諮彧。彧以爲太祖本興義兵以匡朝寧國，秉忠貞之誠，守退讓之實；君子愛人以德，[4]不宜如此。太祖由是心不能平。會征孫權，表請彧勞軍于譙，[5]因輒留彧，[6]以侍中、光禄大夫持節，[7]參丞相軍事。太祖軍至濡須，[8]彧疾留壽春，[9]以憂薨，[10]時年五十。[11]謚曰敬侯。[12]明年，太祖遂爲魏公矣。〔一〕

〔一〕《魏氏春秋》曰：太祖饋彧食，發之乃空器也，於是飲藥而卒。咸熙二年，[13]贈彧太尉。[14]

《彧別傳》曰：彧自爲尚書令，常以書陳事，臨薨，皆焚毁之，故奇策密謀不得盡聞也。是時征役草創，制度多所興復，彧嘗言于太祖曰："昔舜分命禹、稷、契、皋陶以揆庶績，[15]教化征伐,並時而用。及高祖之初,[16]金革方殷,[17]猶舉民能善教訓者,叔孫通習禮儀於戎旅之間,[18]世祖有投戈講藝、息馬論道之事,[19]君子無終食之閒違仁。[20]今公外定武功,內興文學,使干戈戢睦,[21]大道流行,國難方弭,六禮俱治,[22]此姬旦宰周之所以速平也。[23]既立德立功,而又兼立言,誠仲尼述作之意;[24]顯制度於當時,揚名於後世,豈不盛哉!若須武事畢而後制作,以稽治化,於事未敏。宜集天下大才通儒,考論六經,刊定傳記,存古今之學,[25]除其煩重,以一聖真,並隆禮學,漸敦教化,則王道兩濟。"或從容與太祖論治道,如此之類甚衆,太祖常嘉納之。或德行周備,[26]非正道不用心,名重天下,莫不以爲儀表,海內英雋咸宗焉。司馬宣王常稱書傳遠事,[27]吾自耳目所從聞見,逮百數十年間,賢才未有及荀令君者也。前後所舉者,命世大才,[28]邦邑則荀攸、鍾繇、陳羣,海內則司馬宣王,及引致當世知名郗慮、華歆、王朗、荀悅、杜襲、辛毗、趙儼之儔,終爲卿相,以十數人。取士不以一揆,戲志才、郭嘉等有負俗之譏,杜畿簡傲少文,皆以智策舉之,終各顯名。荀攸後爲魏尚書令,亦推賢進士。太祖曰:"二荀令之論人,久而益信,吾沒世不忘。"[29]鍾繇以爲顏子既沒,[30]能備九德,[31]不貳其過,[32]唯荀或然。或問繇曰:"君雅重荀君,比之顏子,自以不及,可得聞乎?"[33]曰:"夫明君師臣,其次友之。以太祖之聰明,每有大事,常先諮之荀君,是則古師友之義也。吾等受命而行,猶或不盡,相去顧不遠邪!"[34]

《獻帝春秋》曰:董承之誅,伏后與父完書,言司空殺董承,[35]帝方爲報怨。完得書以示或,或惡之,久隱而不言。完以示妻弟樊普,普封以呈太祖,太祖陰爲之備。或後恐事覺,欲自發之,因求使至鄴,勸太祖以女配帝。太祖曰:"今朝廷有伏后,吾女何得以配上,吾以微功見錄,位爲宰相,豈復賴女寵乎!"或曰:"伏后無子,性又凶邪,往常與父書,言辭醜惡,可因此廢也。"太祖曰:"卿昔何不道之?"彧陽驚曰:"昔已嘗爲公言也。"太祖曰:"此豈小事而吾忘之!"彧又驚曰:"誠未語公邪!昔公在官渡與袁紹相持,恐增內顧之念,故不言爾。"太祖曰:"官渡事後何以不言?"彧無對,謝闕而已。太祖以此恨彧,而外含容之,故世莫得知。至董昭建立魏公之議,彧意不同,欲言之於太祖。及齎璽書犒軍,飲饗禮畢,彧留請閒。太祖知彧欲言封事,[36]揖而遣之,彧遂不得言。彧卒於壽春,壽春亡者告孫權,言太祖使彧殺伏后,彧不從,故自殺。權以露布於蜀,劉備聞之,曰:"老賊不死,禍亂未已。"

臣松之案《獻帝春秋》云彧欲發伏后事而求使至鄴,而方誣太祖云"昔已嘗言"。言既無徵,迴託以官渡之虞,俛仰之閒,辭情頓屈,雖在庸人,猶不至此,何以玷累賢哲哉!凡諸云云,皆出自鄙俚,可謂以吾儕之言而厚誣君子者矣。袁暐虛罔之類,此最爲甚也。

[1] 葉(shè):縣名。治所在今河南葉縣西南。

[2] 國公:爵名。諸侯封爵中,最高爲國王,次爲國公,次爲列侯。

[3] 九錫:古代天子賜給大臣的最高禮遇。《漢書》卷六《武帝紀》注引應劭說:"九錫者,一曰車馬,二曰衣服,三曰樂器,四曰朱戶,五曰納陛,六曰虎賁百人,七曰鈇鉞,八曰弓矢,九曰秬鬯。"

[4] 君子愛人以德:《禮記·檀弓》:曾子曰:"君子愛人也以德,細人之愛人也以姑息。"

[5] 譙:縣名。治所在今安徽亳州市。

[6] 因輒:趙幼文《校箋》謂《太平御覽》卷二四九引"因"字作"國",無"輒"字。胡三省云:"輒,言專輒也。"(《通鑑》卷六六漢獻帝建安十七年注)

[7]光禄大夫：官名。秩比二千石，掌顧問應對，無常事，屬光禄勳。　持節：漢末三國時，皇帝授予出征或出鎮的軍事長官的一種權力。至晋代，此種權力明確爲可殺無官位人，若軍事，可殺二千石以下官員。如皇帝派遣大臣出巡或祭吊等，加持節，則表示權力和尊崇。

[8]濡須：地名。在今安徽無爲縣東北。

[9]壽春：縣名。治所在今安徽壽縣。

[10]以憂薨：趙幼文《校箋》謂《文選集注·三國名臣傳》引《鈔》作"以夏憂薨"。

[11]年五十：潘眉《考證》謂荀彧初平二年（191）年二十九，卒年五十，則在建安十七年（212），而曹操至濡須及爲魏公，皆在建安十八年，則此傳所云"太祖軍至濡須"，乃將往，非實至。

[12]敬侯：殿本無"侯"字，百衲本、盧弼《集解》本、校點本皆有。今從百衲本等。

[13]咸熙：魏元帝曹奂年號（264—265）。

[14]太尉：官名。東漢時，與司徒、司空並爲三公，共同行使宰相職能，而位列三公之首，名位甚重，或與太傅並録尚書事，綜理全國軍政事務。

[15]舜：虞舜，傳説中之上古帝王。　禹稷契（xiè）皋陶（yáo）：四人皆輔助虞舜治理天下。禹分管水利，后稷管農業，契管教化，皋陶管刑獄。（見《史記》卷一《五帝本紀》）　揆：度量。此爲掌管、執掌之義。

[16]高祖：漢高祖劉邦。

[17]金革：指戰争。金，兵器。革，甲胄。

[18]叔孫通：秦時爲博士，後投劉邦。劉邦初定天下，叔孫通説劉邦徵魯諸生共定朝儀，劉邦許之。魯有兩生曰："今天下初定，死者未葬，傷者未起，又欲起禮樂？禮樂所由起，百年積德而後可興也。"通笑曰："若真鄙儒，不知時變。"遂與所徵三十人西入關，定禮儀。（見《漢書》卷四三《叔孫通傳》）

［19］世祖：漢光武帝劉秀。《後漢書》卷一下《光武帝紀》謂光武帝"在兵間久，厭武事，且知天下疲耗，思樂息肩，自隴、蜀平後，非儆急，未嘗復言軍旅。……每旦視朝，日側乃罷，數引公卿郎將，講論經理，夜分乃寐。……退功臣而進文吏，戢弓矢而散馬牛，雖道未方古，斯亦止戈之武焉"。

［20］君子無終食之間違仁：此語見《論語·里仁》。

［21］戢睦：停止。

［22］六禮：指衆禮制。《禮記·王制》："六禮：冠、昏、喪、祭、鄉、相見。"

［23］姬旦：周公旦，周武王之弟，曾助武王滅商。武王死後，成王年幼，周公攝政，平定了武庚及商舊屬之叛亂，鞏固了周王朝統治。（見《史記》卷三三《魯周公世家》）又按，西周、春秋時期，貴族階層，女子稱姓，男子稱氏，區别井然。（參見顧炎武《亭林文集》卷二《原姓》）周人是姬姓，但周公旦是男子，不能稱爲"姬旦"，先秦古書中從未有稱周公爲"姬旦"者。秦漢以後，不復存在姓氏之别，後人囿於當時稱謂之習慣，而不明古制，遂有"姬旦"之誤稱。

［24］誠：百衲本作"成"，殿本、盧弼《集解》本、校點本作"誠"。今從殿本等。　仲尼：孔子名丘，字仲尼。

［25］古今之學：謂漢代的古文經學與今文經學。

［26］或德行周備：趙幼文《校箋》謂《藝文類聚》卷二一、《太平御覽》卷四〇三引此爲《荀氏家傳》文。

［27］司馬宣王：即司馬懿。其子司馬昭爲晋王後，追尊他爲宣王。

［28］前後所舉者命世大才：趙幼文《校箋》謂《群書治要》卷二五引作"前後所舉佐命大才"。

［29］不忘：趙幼文《校箋》謂《群書治要》引"忘"下有"也"字，《北堂書鈔》卷五九此同。

［30］顔子：即顔回，孔子弟子，以德行著稱。

[31] 備九德：謂具備很高的德行。

　　[32] 不貳其過：《論語·雍也》：哀公問："弟子孰爲好學？"孔子對曰："有顏回者好學，不遷怒，不貳過。"貳，重複。趙幼文《校箋》謂《太平御覽》卷四〇三引作"不貳過者"，又下句"然"字作"乎"。

　　[33] 可得聞乎：趙幼文《校箋》謂《太平御覽》引"可"上有"其"字，下句"曰"上有"繇"字。

　　[34] 相去顧不遠邪：趙幼文《校箋》謂《太平御覽》引"顧"字作"固"。按《太平御覽》此句引作"去固遠耶"。

　　[35] 司空：指曹操。曹操時爲司空。

　　[36] 封事：指曹操封魏公加九錫之事。

　　子惲，嗣侯，官至虎賁中郎將。[1]初，文帝與平原侯植並有擬論，[2]文帝曲禮事彧。及彧卒，惲又與植善，而與夏侯尚不穆，[3]文帝深恨惲。惲早卒，子甝、霬，音翼。以外甥故猶寵待。惲弟俁，御史中丞，[4]俁弟詵，大將軍從事中郎，[5]皆知名，早卒。[一]詵弟顗，咸熙中爲司空。[二]惲子甝嗣，爲散騎常侍，[6]進爵廣陽鄉侯，[7]年三十薨，子頵嗣。[三]霬官至中領軍，[8]薨，諡曰貞侯，追贈驃騎將軍。[9]子愷嗣。霬妻，司馬景王、文王之妹也，[10]二王皆與親善。咸熙中，開建五等，[11]霬以著勳前朝，改封愷南頓子。[四][12]

　　[一]《荀氏家傳》曰：惲字長倩，俁字叔倩，詵字曼倩，俁子（寓）〔寓〕，[13]字景伯。《世語》曰：（寓）〔寓〕少與裴楷、王戎、杜默俱有名京邑，[14]仕晉，位至尚書，[15]名見顯著。[16]子羽嗣，位至尚書。

〔二〕《晉陽秋》曰：顗字景倩，幼爲姊夫陳羣所異。博學洽聞，意思慎密。司馬宣王見顗，奇之，曰："荀令君之子也。近見袁侃，[17]亦曜卿之子也。"[18]擢拜散騎侍郎。[19]顗佐命晉室，位至太尉，封臨淮康公。[20]嘗難鍾會"《易》無互體"，[21]見稱於世。顗弟粲，字奉倩。何劭爲粲傳曰：[22]粲字奉倩。粲諸兄並以儒術論議，而粲獨好言道，常以爲子貢稱夫子之言性與天道，[23]不可得聞，然則六籍雖存，固聖人之糠秕。粲兄俣難曰："《易》亦云聖人立象以盡意，繫辭焉以盡言，則微言胡爲不可得而聞見哉？"粲答曰："蓋理之微者，非物象之所舉也。今稱立象以盡意，此非通于意外者也，繫辭焉以盡言，此非言乎繫表者也；斯則象外之意，繫表之言，固蘊而不出矣。"及當時能言者不能屈也。又論父彧不如從兄攸。彧立德高整，軌儀以訓物，而攸不治外形，慎密自居而已。粲以此言善攸，諸兄怒而不能迴也。太和初，[24]到京邑與傅嘏談。嘏善名理而粲尚玄遠，宗致雖同，倉卒時或有格而不相得意。裴徽通彼我之懷，爲二家騎驛，[25]頃之，粲與嘏善。夏侯玄亦親。常謂嘏、玄曰："子等在世塗間，功名必勝我，但識劣我耳！"嘏難曰："能盛功名者，識也。天下孰有本不足而末有餘者邪？"粲曰："功名者，志局之所獎也。[26]然則志局自一物耳，固非識之所獨濟也。我以能使子等爲貴，然未必齊子等所爲也。"粲常以婦人者，[27]才智不足論，自宜以色爲主。驃騎將軍曹洪女有美色，[28]粲於是娉焉，容服帷帳甚麗，專房歡宴。[29]歷年後，婦病亡，未殯，傅嘏往喭粲；[30]粲不哭而神傷。嘏問曰："婦人才色並茂爲難。子之娶也，遺才而好色。[31]此自易遇，今何哀之甚？"粲曰："佳人難再得！顧逝者不能有傾國之色，然未可謂之易遇。"痛悼不能已，歲餘亦亡，時年二十九。粲簡貴，[32]不能與常人交接，所交皆一時俊傑。[33]至葬夕，赴者裁十餘人，皆同時知名士也，哭之，感慟路人。[34]

〔三〕《荀氏家傳》曰：頵字溫伯，爲羽林右監，[35]早卒。頵子崧，字景猷。《晉陽秋》稱崧少有志操，雅好文學，孝義和愛，在朝恪勤，位至左右光祿大夫、開府儀同三司。[36]崧子羨，字令則，清和有才。尚公主，少歷顯位，年二十八爲北中郎將，[37]徐、兗二州刺史，假節都督徐、兗、青三州諸軍事。[38]在任十年，遇疾解職，卒於家，追贈驃騎將軍。羨孫伯子，今御史中丞也。

〔四〕《荀氏家傳》曰：顗，晉武帝時爲侍中。

干寶《晉紀》曰：武帝使侍中荀顗、和嶠俱至東宮，觀察太子。顗還稱太子德識進茂，而嶠云聖質如初。孫盛曰"遣荀勖"，其餘語則同。

臣松之案和嶠爲侍中，荀顗亡没久矣。荀勖位亞台司，[39]不與嶠同班，無緣方稱侍中。二書所云，皆爲非也。考其時位，愷寔當之。愷位至征西大將軍。[40]愷兄憺，少府。弟惲，護軍將軍，[41]追贈車騎大將軍。[42]

[1] 虎賁中郎將：官名。屬光祿勳，秩比二千石，掌虎賁宿衛。魏晉沿之，第五品。

[2] 平原：侯國名。治所在今山東平原縣西南。曹植曾封爲平原侯。　並有擬論：謂曹丕、曹植都有資格作世子之議論。

[3] 夏侯尚：夏侯淵從子，與曹丕親善。　穆：通"睦"，和睦。

[4] 御史中丞：官名。秩千石，第四品，爲御史臺長官，掌監察、執法。

[5] 大將軍從事中郎：官名。大將軍之屬官，職掌參謀議論。

[6] 散騎常侍：官名。秩比二千石，第三品，爲門下重職，侍從皇帝左右，諫諍得失，應對顧問，與侍中等共平尚書奏事，有異議得駁奏。

[7] 廣陽：縣名。治所在今北京房山區東北。　鄉侯：爵名。漢制，列侯大者食縣、邑，小者食鄉、亭。東漢後期，遂以食鄉、

亭者稱爲鄉侯、亭侯。曹魏因之。

〔8〕中領軍：官名。第三品。掌禁兵，主五校、中壘、武衛三營。

〔9〕驃（piào）騎將軍：官名。第二品。東漢時位比三公，地位尊崇。魏、晋沿置，居諸名號將軍之首，僅作爲軍府名號，加授大臣、重要州郡長官，無具體職掌，二品。開府者位從公，一品。

〔10〕司馬景王、文王：司馬師與司馬昭。

〔11〕五等：公、侯、伯、子、男五等封爵。

〔12〕南頓：縣名。治所在今河南項城市西南南頓集。

〔13〕寓：各本皆作"寓"。《世説新語·排調篇》劉孝標注引《世語》作"寓"。劉孝標又注引《荀氏譜》"寓字景伯"，與裴松之注引《荀氏家傳》"俁子寓，字景伯"合。而余嘉錫《世説新語箋疏》引李慈銘曰："《三國志·荀彧傳》'子俁御史中丞'注引《荀氏家傳》曰'俁字叔倩，子寓，字景伯，又引《世語》云云，與此同。"然則李慈銘所見之《三國志》皆作"寓"。又《晋書·刑法志》載裴頠上表，謂元康四年"免太常荀寓"。《通鑑》卷八三晋惠帝元康九年載裴頠上表亦作"荀寓"。是西晋有"荀寓"無"荀寓"，故均從劉孝標注改。

〔14〕裴楷：冀州刺史裴徽之子，見本書卷二三《裴潛傳》裴注引荀綽《冀州記》，又見《晋書》卷三五《裴秀附楷傳》。　王戎：凉州刺史王渾之子，見本書卷二四《崔林傳》裴注引《王氏譜》，又見《晋書》卷四三《王戎傳》。　杜默：侍御史杜友之子，見本書卷二八《毌丘儉傳》裴注引《世語》。

〔15〕尚書：官名。西晋初，置吏部、三公、客曹、駕部、屯田、度支六曹尚書，秩皆六百石，第三品。其中吏部職要任重，徑稱吏部尚書，其餘諸曹均稱尚書。

〔16〕名見：趙幼文《校箋》謂《册府元龜》卷七八三引"見"字作"甚"。按，宋本《册府元龜》亦作"見"。

〔17〕倡：同"倪"。

［18］曜卿：袁煥字曜卿。

［19］散騎侍郎：官名。曹魏置，第五品。與散騎常侍、侍中、黃門侍郎等侍從皇帝左右，顧問應對，諫諍拾遺，共平尚書奏事。西晉沿置。

［20］臨淮：國名。治所盱眙縣，在今江蘇盱眙縣東北。又按荀顗之封爵為臨淮公，"康"乃謚號。

［21］易無互體：鍾會曾撰《周易無互體論》三卷。見《隋書·經籍志》。

［22］何劭：何夔之孫，見本書卷一二《何夔傳》裴注引《晉諸公贊》，又見《晉書》卷三三《何曾附劭傳》。此傳謂何劭撰有《荀粲傳》與《王弼傳》，而《隋書·經籍志》等未著錄。

［23］常：趙幼文《校箋》謂《册府元龜》卷八二九引作"嘗"。按，宋本《册府元龜》亦作"常"。古"常"通"嘗"。夫子之言性與天道：《論語·公冶長》子貢曰："夫子之文章，可得而聞也。夫子之言性與天道，不可得而聞也。"

［24］太和：魏明帝曹叡年號（227—233）。

［25］爲二家騎驛：《世說新語·文學篇》劉孝標注引《粲別傳》"騎驛"作"釋"。按，傅嘏與荀粲都是崇尚老、莊的玄學家，所以説"宗致雖同"，但傅嘏側重用辨名析理的方法闡述自己的論點（即"善名理"），而荀粲則喜歡用抽象凌空的方式說理（即"尚玄遠"），所以他們二人談論時，常發生隔閡。裴徽則能體會二人之説加以溝通，故謂"爲二家騎驛"。

［26］志局：謂人的志向、器量。 獎：成。

［27］婦人者：趙幼文《校箋》謂《世說新語·溺惑篇》注引"人"下無"者"字。按，《世説》注引爲《粲別傳》。

［28］美色：趙幼文《校箋》謂《世說新語》注引《粲別傳》無"美"字。

［29］歡宴：趙幼文《校箋》謂《世說新語》注引《粲別傳》作"燕婉"。

［30］嗒：殿本作"啍"，百衲本、盧弼《集解》本、校點本作"嗒"。潘眉《考證》謂"嗒"與"啍"通。今從百衲本等。

［31］好色：趙幼文《校箋》謂《世說新語·溺惑篇》注引《粲別傳》"好"字作"存"。

［32］簡貴：趙幼文《校箋》謂《太平御覽》卷五五四引"貴"字作"實"。

［33］皆：趙幼文《校箋》謂毛氏汲古閣本作"者"，《太平御覽》卷四〇九、卷五五四引同。《世說新語·溺惑篇》注引亦同。按，《太平御覽》卷四〇九引"者"下有"皆"字。

［34］慟：盧弼《集解》本、校點本作"動"，百衲本、殿本作"慟"。今從百衲本等。

［35］羽林右監：官名。秩六百石，第五品，主羽林右騎。（本洪飴孫《三國職官表》）

［36］左右光禄大夫：官名。秩比二千石，第三品，西晋初置，位在諸卿上，無具體職掌，多授予年老有病的致仕官員。又按，《晋書》卷七五《荀崧傳》謂崧爲右光禄大夫。　開府：開設府署，辟置僚屬。漢代，祇許三公、大將軍開府。魏晋以後範圍擴大，同一官銜而開府者，地位較高。　儀同三司：官非三公，而授予儀制同於三司（三公）的待遇。

［37］北中郎將：官名。東漢靈帝時所置四中郎將之一，主率軍征伐。魏晋沿置。多有較固定的轄區和治所。西晋時多鎮鄴。

［38］假節：漢末三國時期，皇帝賜予臣下的一種權力，至晋代，此種權力明確爲因軍事可殺犯軍令者。　都督：官名。魏文帝黄初中（220—226），置都督諸州軍事，或兼領刺史，或統領所督州之軍事，無固定品級，多帶將軍名號。晋代沿置。　青：青州，刺史治所臨菑縣，在今山東淄博市東北臨淄鎮北。

［39］台司：指三公之位。

［40］征西大將軍：官名。魏征西將軍秩二千石，第二品。位次三公，多授予都督雍、涼二州諸軍事，領兵屯駐長安。資深者爲

［41］護軍將軍：官名。掌禁兵，主武官選舉，隸屬領軍。資重者稱護軍將軍，資輕者稱中護軍。（本《宋書·百官志》）

［42］車騎大將軍：官名。魏、晉時，驃騎、車騎、衛將軍皆爲重號將軍，高於諸名號將軍，本不須加"大"。其後將軍名號愈授愈濫，遂增置此號，多加權臣元老，以示尊崇。一品，開府置僚屬，不領兵。

荀攸字公達，彧從子也。祖父曇，廣陵太守。〔一〕[1]攸少孤。及曇卒，故吏張權求守曇墓。攸年十三，疑之，謂叔父衢曰："此吏有非常之色，殆將有姦！"衢寤，乃推問，果殺人亡命。由是異之。〔二〕何進秉政，[2]徵海內名士攸等二十餘人。攸到，拜黃門侍郎。[3]董卓之亂，關東兵起，卓徙都長安。攸與議郎鄭泰、何顒、侍中种輯、越騎校尉伍瓊等謀曰：[4]"董卓無道，甚於桀、紂，天下皆怨之，雖資彊兵，實一匹夫耳。今直刺殺之以謝百姓，然後據殽、函，[5]輔王命，以號令天下，此桓、文之舉也。"[6]事垂就而覺，收顒、攸繫獄，顒憂懼自殺，〔三〕攸言語飲食自若，[7]會卓死，得免。〔四〕棄官歸，復辟公府，舉高第，[8]遷任城相，[9]不行。攸以蜀、漢險固，人民殷盛，乃求爲蜀郡太守，道絕不得至，駐荆州。

〔一〕《荀氏家傳》曰：曇字元智。兄昱，字伯脩。[10]張璠《漢紀》稱昱、曇並傑俊有殊才。昱與李膺、王暢、杜密等號爲八俊，位至沛相。[11]攸父彝，州從事。[12]彝於彧爲從祖兄弟。

〔二〕《魏書》曰：攸年七八歲，衢曾醉，[13]誤傷攸耳，而攸出入遊戲，常避護不欲令衢見。衢後聞之，乃驚其夙智如此。

《荀氏家傳》曰：衢子祈，[14]字伯旗，與族父愔俱著名。祈與孔融論肉刑，[15]愔與孔融論聖人優劣，[16]並在《融集》。[17]祈位至濟陰太守；[18]愔後徵有道，[19]至丞相祭酒。[20]

〔三〕張璠《漢紀》曰：顒字伯求，少與郭泰、賈彪等遊學洛陽，[21]泰等與同風好。顒顯名太學，於是中朝名臣太傅陳蕃、司隸李膺等皆深接之。[22]及黨事起，顒亦名在其中，乃變名姓亡匿汝南間，[23]所至皆交結其豪桀。顒既奇太祖而知荀彧，袁紹慕之，與爲奔走之友。是時天下士大夫多遇黨難，顒常歲再三私入洛陽，從紹計議，爲諸窮窘之士解釋患禍。而袁術亦豪俠，與紹爭名。顒未嘗造術，術深恨之。

《漢末名士錄》曰：術嘗於衆坐數顒三罪，[24]曰："王德彌先覺雋老，[25]名德高亮，而伯求疎之，是一罪也。許子遠凶淫之人，[26]性行不純，而伯求親之，是二罪也。郭、賈寒窶，[27]無他資業，而伯求肥馬輕裘，光曜道路，[28]是三罪也。"陶丘洪曰：[29]"王德彌大賢而短於濟時，許子遠雖不純而赴難不憚濡足。伯求舉善則以德彌爲首，濟難則以子遠爲宗。且伯求嘗爲虞偉高手刃復仇，[30]義名奮發。其怨家積財巨萬，文馬百駟，[31]而欲使伯求羸牛疲馬，頓伏道路，此爲披其胸而假仇敵之刃也。"術意猶不平。後與南陽宗承會於闕下，[32]術發怒曰："何伯求，凶德也，吾當殺之。"承曰："何生英俊之士，足下善遇之，使延令名於天下。"術乃止。後黨禁除解，辟司空府。每三府掾屬會議，[33]顒策謀有餘，議者皆自以爲不及。遷北軍中候，[34]董卓以爲長史。[35]後荀彧爲尚書令，遣人迎叔父司空爽喪，使并置顒尸，而葬之於爽冢傍。

〔四〕《魏書》云攸使人說卓得免，與此不同。

[1] 廣陵：郡名。東漢時治所廣陵縣，在今江蘇揚州市西北蜀

岡上。

　　[2] 何進：漢靈帝何皇后之兄，中平（184—189）初爲大將軍。中平六年靈帝去世，皇子劉辯即位，何太后臨朝，何進秉政。（見《後漢書》卷六九《何進傳》）

　　[3] 黄門侍郎：官名。即給事黄門侍郎。東漢時，秩六百石。掌侍從左右，給事禁中，關通中外。初無員數，漢獻帝定爲六員，與侍中出入禁中，近侍帷幄，省尚書奏事。三國沿置，魏定爲五品。

　　[4] 越騎校尉：官名。秩比二千石，掌京師宿衛兵。　伍瓊等謀：《通鑑考異》云："《魏志》云攸與何顒、伍瓊同謀。按顒、瓊死已久，恐誤。"（見《通鑑》卷六〇漢獻帝初平三年）按，本書卷六《董卓傳》與《後漢書》卷七二《董卓傳》，伍瓊之被董卓殺害，在遷都長安之前，此謂遷都之後與荀攸同謀者有伍瓊，《通鑑考異》之疑誤有理。而何顒之死，當在遷都之後。《後漢書》卷六七《何顒傳》云："董卓秉政，逼顒爲長史，託疾不就，乃與司空荀爽、司徒王允等共謀卓。會爽薨，顒以它事爲卓所繫，憂憤而卒。"而荀爽之卒，在遷都長安之後。《後漢書》卷六二《荀淑附爽傳》云："爽自被徵命及登台司，九十五日，因從遷都長安。爽見董卓忍暴滋甚，必危社稷，其所辟舉皆才略之士，將共圖之，亦與司徒王允及卓長史何顒等爲内謀。會病薨。"則何顒實參與謀刺董卓之事。又本傳下云"事垂就而覺"，恐當從上引之《何顒傳》與《荀爽傳》，因荀爽之死，其謀遂止；何顒之被收繫，亦由它事，非因謀被發覺。盧弼《集解》引黄山說，以董卓之殘暴，如謀被發覺，諸人立被殺無疑，何暇下獄乎！

　　[5] 殽函：殽山與函谷關的合稱。相當於今陝西潼關以東至河南新安縣一帶。此處高峰絕谷，峻阪迂迴，形勢險要。

　　[6] 桓文：指春秋時期的齊桓公、晋文公，爲春秋五霸之二。

　　[7] 言語：殿本作"言論"，百衲本、盧弼《集解》本、校點本作"言語"。今從百衲本等。

　　[8] 高第：官吏考課成績第一者，稱高第。《後漢書》卷一五

《鄧晨傳》:"晨好樂郡職,由是復拜爲中山太守,吏民稱之,常爲冀州高第。"李賢注:"中山屬冀州,於冀州所部課常爲第一也。"

[9] 任城:王國名。治所任城縣,在今山東微山縣西北。相:官名。王國之相,由朝廷直接委派,執掌王國行政大權,相當於郡太守。

[10] 伯脩:《後漢書·荀淑傳》云:"淑兄子昱字伯條。"惠棟《後漢書補注》謂《荀氏家傳》作"伯脩",亦應改作"伯條"。

[11] 沛:王國名。治所相縣,在今安徽濉溪縣西北。

[12] 從事:官名。漢代州牧刺史的佐吏,有別駕從事史、治中從事史、兵曹從事史、部從事史等,均可簡稱爲從事。

[13] 衢:趙幼文《校箋》謂《藝文類聚》卷一七、《太平御覽》卷五一二引"衢"上有"父"字。按,《太平御覽》所引乃《魏志》,引文即本傳攸"謂叔父衢曰"一段。

[14] 祈:趙一清《注補》云:"'祈'當作'旂',晋有樂安孫旂,亦字伯旗,可證。"

[15] 論肉刑:孔融《肉刑論》亦載《後漢書》卷七〇《孔融傳》。

[16] 論聖人優劣:盧弼《集解》謂孔融《聖人優劣論》,亦載《藝文類聚》卷二〇、《初學記》卷一七。

[17] 融集:《隋書·經籍志》著録後漢少府《孔融集》九卷,梁十卷,録一卷。今流傳有《孔少府集》《孔北海集》《孔文舉集》各一卷。

[18] 濟陰:郡名。治所定陶縣,在今山東定陶縣西北。

[19] 有道:漢代選舉人才科目之一。

[20] 丞相祭酒:官名。即丞相軍師祭酒,丞相府之僚屬,曹操於建安十三年(208)爲丞相時置。參掌戎律,位在左、右軍師之下。後來晋人避諱,稱爲"軍祭酒""軍謀祭酒",或簡稱"祭酒"。

[21] 郭泰:范曄《後漢書》避家諱,作"郭太",字林宗,東

漢末人，有高名，未仕宦。傳見《後漢書》卷六八。　賈彪：東漢末人，少與荀爽齊名。爲縣長，甚有治績。傳見《後漢書》卷六七。

［22］太傅：官名。東漢太傅位上公，掌善導，無常職，多爲加銜。　司隸：即司隸校尉，官名。秩比二千石，掌糾察京師百官違法者；並治所轄各郡，相當於州刺史。

［23］汝南：郡名。治所平輿縣，在今河南平輿縣北。《後漢書·何顒傳》亦與此同，謂"亡匿汝南間，所至皆親其豪傑"，其下多一句"有聲荆豫之域"。王先謙《後漢書集解》引劉攽曰："按文，'間'字下又云'有聲荆豫之域'，若秖在汝南，則無用'間'字，不當云'荆'，蓋漏'南郡'兩字也，南郡則屬荆州。"

［24］嘗：校點本作"常"，百衲本、殿本、盧弼《集解》本作"嘗"。今從百衲本等。

［25］王德彌：漢末名士。事迹未詳。

［26］許子遠：許攸字子遠。主要事迹見本書卷一二《崔琰傳》裴注引《魏略》。

［27］郭賈：郭泰、賈彪。

［28］曜：校點本作"耀"，百衲本、殿本、盧弼《集解》本作"曜"。今從百衲本等。

［29］陶丘洪：見本書卷一三《華歆傳》、卷四九《劉繇傳》、卷一二《崔琰傳》注引《續漢書》。

［30］虞偉高：《後漢書·何顒傳》云："友人虞偉高有父讎未報，而篤病將終，顒往候之，偉高泣而訴。顒感其義，爲復讎，以頭醊其墓。"

［31］百駟：四百匹馬。古代一車駕四馬，後世因稱四匹馬爲一駟。

［32］宗承：漢末名士。他事未詳。

［33］三府：三公府。

［34］北軍中候：官名。東漢置，秩六百石。掌監警衛京師的屯騎、越騎、步兵、長水、射聲等校尉所領的北軍五營。

[35] 長史：官名。漢代三公府設有長史，以輔佐三公。秩千石。董卓入京後，曾爲司空、太尉、相國，故設有長史。

太祖迎天子都許，遺攸書曰："方今天下大亂，智士勞心之時也，而顧觀變蜀、漢，不已久乎！"於是徵攸爲汝南太守，入爲尚書。太祖素聞攸名，與語大悅，謂荀彧、鍾繇曰："公達，非常人也，吾得與之計事，天下當何憂哉！"以爲軍師。[1] 建安三年，[2] 從征張繡。攸言於太祖曰："繡與劉表相恃爲彊，然繡以遊軍仰食於表，表不能供也，勢必離。不如緩軍以待之，可誘而致也；若急之，其勢必相救。"太祖不從，遂進軍之穰，[3] 與戰。繡急，表果救之。軍不利，太祖謂攸曰："不用君言至是。"乃設奇兵復戰，大破之。

是歲，太祖自宛征呂布，〔一〕至下邳，[4] 布敗退固守，攻之不拔，連戰，士卒疲，太祖欲還。攸與郭嘉說曰："呂布勇而無謀，今三戰皆北，其銳氣衰矣。[5] 三軍以將爲主，主衰則軍無奮意。夫陳宮有智而遲，今及布氣之未復，宮謀之未定，進急攻之，布可拔也。"乃引沂、泗灌城，[6] 城潰，生禽布。

〔一〕《魏書》曰：議者云表、繡在後而遠襲呂布，[7] 其危必也。攸以爲表、繡新破，勢不敢動。布驍猛，又恃袁術，若縱橫淮、泗間，豪傑必應之。今乘其初叛，衆心未一，[8] 往可破也。太祖曰："善。"比行，布以敗劉備，而臧霸等應之。

[1] 軍師：官名。建安三年（198）曹操爲司空時置，職掌參

與主持軍事謀議等。

[2] 三年：殿本作"二年"，百衲本、盧弼《集解》本、校點本作"三年"。趙一清《注補》云："按《武紀》，'二'當作'三'。"今從百衲本等。

[3] 穰（ráng）：縣名。治所在今河南鄧州市。

[4] 下邳：縣名。治所在今江蘇睢寧縣西北。

[5] 衰：趙幼文《校箋》謂《冊府元龜》卷三〇八引作"索"。

[6] 沂泗：二河流名。沂水即今山東南部、江蘇北部之沂河，惟下游古今略有變遷。古沂水在今江蘇邳州市西南入泗水。曹操引沂、泗水灌下邳城，即指流經今江蘇睢寧縣西北古邳鎮附近的沂、泗故道之水。

[7] 遠襲：殿本、盧弼《集解》本、校點本均作"還襲"，百衲本作"遠襲"。盧弼《集解》云："馮本'還'作'遠'，《通鑑》引此亦作'遠'。"吳金華《校詁》亦謂由宛至下邳，不下千二百里，實為遠距離，當據馮本、《通鑑》作"遠"。今從百衲本。

[8] 一：殿本作"附"，百衲本、盧弼《集解》本、校點本作"一"。今從百衲本等。

　　後從救劉延於白馬，[1]攸畫策斬顏良。語在《武紀》。太祖拔白馬還，遣輜重循河而西。袁紹渡河追，卒與太祖遇。諸將皆恐，說太祖還保營，攸曰："此所以禽敵，奈何去之！"太祖目攸而笑。遂以輜重餌賊，賊競奔之，陳亂。乃縱步騎擊，大破之，斬其騎將文醜，太祖遂與紹相拒於官渡。軍食方盡，攸言於太祖曰："紹運車旦暮至，其將韓猛銳而輕敵，[2]擊可破也。"〔一〕太祖曰："誰可使？"攸曰："徐晃可。"乃遣晃及史渙邀擊，破走之，燒其輜重。會許攸來降，言紹遣淳于瓊等將萬餘兵迎運糧，將驕卒惰，可要擊也。衆皆疑，唯攸與賈詡勸太祖。太祖乃留攸及曹洪守。太祖自將攻破之，盡斬瓊等。紹將張郃、高覽燒攻櫓降，[3]紹遂棄軍走。郃之來，洪疑不敢受，攸謂洪曰："郃計不用，怒而來，君何疑？"乃受之。

〔一〕臣松之案諸書，韓莫或作韓猛，或云韓若，未詳孰是。

[1] 白馬：縣名。治所在今河南滑縣東南城關鎮東。
[2] 韓莫（xún）：本書卷九《曹仁傳》袁紹又有別將"韓荀"。洪頤煊《諸史考異》卷一云："莫"即"荀"字異文。
[3] 櫓：頂部沒有覆蓋的望樓，用以探望射擊敵營。

七年，從討袁譚、尚於黎陽。[1]明年，太祖方征劉表，譚、尚爭冀州。譚遣辛毗乞降請救，太祖將許之，以問羣下。羣下多以爲表彊，宜先平之，譚、尚不足憂也。攸曰："天下方有事，而劉表坐保江、漢之間，其無四方志可知矣。袁氏據四州之地，帶甲十萬，[2]紹以寬厚得衆，借使二子和睦以守其成業，則天下之難未息也。今兄弟遘惡，[3]其勢不兩全。[4]若有所并則力專，力專則難圖也。及其亂而取之，天下定矣，此時不可失也。"太祖曰："善"。乃許譚和親，遂還擊破尚。其後譚叛，從斬譚於南皮。[5]冀州平，太祖表封攸曰："軍師荀攸，自初佐臣，無征不從，前後克敵，皆攸之謀也。"於是封陵樹亭侯。[6]十二年，下令大論功行封，太祖曰："忠正密謀，撫寧內外，文若是也。公達其次也。"增邑四百，并前七百戶，〔一〕轉爲中軍師。[7]魏國初建，爲尚書令。

〔一〕《魏書》曰：太祖自柳城還，[8]過攸舍，稱述攸前後謀謀勞勳，曰："今天下事略已定矣，孤願與賢士大夫共饗其勞。昔高祖使張子房自擇邑三萬戶，[9]今孤亦欲君自擇所封焉。"

[1] 黎陽：縣名。治所在今河南浚縣東北。

[2] 十萬：殿本作"數萬"，百衲本、盧弼《集解》本、校點本作"十萬"。殿本《考證》云："毛本作'百萬'，何焯校本作'十萬'。"今從百衲本等。

[3] 遘：通"構"，構成。

[4] 其：百衲本、盧弼《集解》本作"其"，郝經《續後漢書》卷三一《荀攸傳》亦作"其"。殿本、校點本作"此"。盧弼《集解》云："元本、馮本、監本'其'作'此'。"今從百衲本等。

[5] 南皮：縣名。治所在今河北南皮縣東北。

[6] 陵樹：亭名。在今河南尉氏縣東北三十五里。（本盧弼《集解》引《讀史方輿紀要》）

[7] 中軍師：官名。曹操所置，後爲丞相府之重要僚屬，位在前、左、右軍師之上。參謀軍國大事，並典刑獄。

[8] 柳城：西漢縣名。西漢時屬遼西郡，東漢省。治所在今遼寧朝陽市西南十二臺營子。（本《〈中國歷史地圖集〉釋文匯編（東北卷）》）

[9] 邑：趙幼文《校箋》謂《北堂書鈔》卷四七、《藝文類聚》卷五一、《太平御覽》卷二〇〇引俱作"齊"，疑是。

攸深密有智防，[1]自從太祖征伐，常謀謨帷幄，時人及子弟莫知其所言。[一]太祖每稱曰:"公達外愚內智,外怯內勇,外弱內彊,不伐善,無施勞,[2]智可及,愚不可及,雖顏子、甯武不能過也。"[3]文帝在東宮,太祖謂曰:"荀公達,人之師表也,汝當盡禮敬之。"攸曾病,[4]世子問病,獨拜牀下,其見尊異如此。攸與鍾繇善,繇言:"我每有所行,反覆思惟,自謂無以易;以咨公達,輒復過人意。"公達前後凡畫奇策十二,唯繇知之,繇撰集未就,會薨,故世不得盡聞也。[二]攸從征孫權,道薨。太祖言則流涕。[三]

[一]《魏書》曰:攸姑子辛韜曾問攸說太祖取冀州時事。攸曰:"佐治爲袁譚乞降,[5]王師自往平之,吾何知焉?"自是韜及內外莫敢復問軍國事也。

[二]臣松之案:攸亡後十六年,鍾繇乃卒,撰攸奇策,亦有何難?而年造八十,猶云未就,遂使攸從征機策之謀不傳於世,惜哉!

[三]《魏書》曰:時建安十九年,攸年五十八。計其年大或六歲。

《魏書》載太祖令曰:"孤與荀公達周(游)〔旋〕二十餘年,[6]無毫毛可非者。"又曰:"荀公達真賢人也,所謂'溫良恭儉讓以得之'。[7]孔子稱'晏平仲善與人交,[8]久而敬之',公達即其人也。"

《傅子》曰:或問近世大賢君子,答曰:"荀令君之仁,荀軍師之智,斯可謂近世大賢君子矣。荀令君仁以立德,明以舉賢,行無諂黷,謀能應機。孟軻稱'五百年而有王者興,其間必有命世者',[9]其荀令君乎!太祖稱'荀令君之進善,不進不休,荀軍師之去惡,不去不止'也。"

［1］智防：吳金華《校詁》云："此謂防患之智計也。"

［2］施勞：表白功勞。《論語·公冶長》顏淵曰："願無伐善，無施勞。"楊伯峻注："《禮記·祭統注》云：'施猶著也。'即表白的意思。"（《論語譯注》）

［3］甯武：春秋時衛國大夫。《論語·公冶長》子曰："甯武子，邦有道，則知；邦無道，則愚。其知可及也，其愚不可及也。"楊伯峻注："愚，孔安國以爲這'愚'是'佯愚似實'，故譯爲'裝傻'。"（《論語譯注》）

［4］曾：趙幼文《校箋》謂《初學記》卷一八引作"嘗"，郝經《續後漢書》同。

［5］佐治：辛毗字佐治。袁尚攻袁譚，袁譚遣辛毗向曹操求和。見本書卷二五《辛毗傳》。

［6］周旋：各本作"周游"。吳金華《校詁》云："'周游'疑爲'周旋'之訛。'周旋'亦魏晋常語，指交往共事而言。"趙幼文《校箋》謂《太平御覽》卷四〇六引"游"字作"旋"。按，本書《郭嘉傳》裴注引《傅子》載曹操追傷郭嘉與荀彧書亦有"相與周旋十一年"之語。今據《太平御覽》改。

［7］溫良恭儉讓以得之：《論語·學而》：子禽問於子貢曰："夫子至于是邦也，必聞其政，求之與？抑與之與？"子貢曰："夫子溫良恭儉讓以得之。"

［8］晏平仲：春秋時齊國的賢大夫，名嬰。《論語·公冶長》子曰："晏平仲善與人交，久而敬之。"

［9］其間必有命世者：此語見《孟子·公孫丑下》。命世，趙一清《注補》云："'命'當作'名'。"吳金華《校詁》引黃生《義府》下，謂"名""命"二字古通用。

　　長子緝，有攸風，早没。次子適嗣，無子，絶。

黃初中，紹封攸孫彪爲陵樹亭侯，邑三百户，後轉封丘陽亭侯。[1]正始中，[2]追謚攸曰敬侯。

[1] 丘陽：趙一清《注補》云："疑是陽丘，《漢書·王子侯表》有陽丘恭侯安。《方輿紀要》三十一，陽丘城在濟南府章丘縣東南十里。"章丘縣，即今山東章丘市。

[2] 正始：魏少帝齊王曹芳年號（240—249）。

賈詡字文和，武威姑臧人也。[1]少時人莫知，唯漢陽閻忠異之，[2]謂詡有良、平之奇。[一][3]察孝廉爲郎，[4]疾病去官，西還至汧，[5]道遇叛氐，同行數十人皆爲所執。詡曰："我段公外孫也。[6]汝別埋我，我家必厚贖之。"時太尉段熲，[7]昔久爲邊將，威震西土，故詡假以懼氐。氐果不敢害，與盟而送之，其餘悉死。詡實非段甥，權以濟事，咸此類也。

〔一〕《九州春秋》曰：中平元年，[8]車騎將軍皇甫嵩既破黃巾，威震天下。閻忠時罷信都令，[9]説嵩曰："夫難得而易失者時也，時至而不旋踵者機也，故聖人常順時而動，智者必因機以發。今將軍遭難得之運，蹈易解之機，[10]而踐運不撫，臨機不發，將何以享大名乎？"[11]嵩曰："何謂也？"忠曰："天道無親，百姓與能，故有高人之功者，不受庸主之賞。今將軍授鉞於初春，[12]收功於末冬，兵動若神，謀不再計，旬月之間，[13]神兵電掃，攻堅易於折枯，摧敵甚於湯雪，[14]七州席卷，[15]屠三十六（萬）方，[16]夷黄巾之師，除邪害之患，或封户刻石，[17]南向以報德，威震本朝，風馳海外。[18]是以羣雄迴首，百姓企踵，雖湯武之舉，未有高於將軍者。身建高人之功，北面以事庸主，將何以圖安？"

嵩曰："心不忘忠，何爲不安？"忠曰："不然。昔韓信不忍一餐之遇，而棄三分之利，拒蒯通之忠，[19]忽鼎跱之勢，利劍已揣其喉，乃歎息而悔，所以見烹於兒女也。今主勢弱於劉、項，將軍權重於淮陰，指麾可以振風雲，叱咤足以興雷電，赫然奮發，因危抵頹，崇恩以綏前附，振武以臨後服；微冀方之士，動七州之衆，羽檄先馳於前，大軍震響於後，蹈蹟漳河，[20]飲馬孟津，[21]舉天綱以網羅京都，[22]誅閹宦之罪，[23]除羣怨之積忿，解久危之倒懸。如此則攻守無堅城，[24]不招必影從，雖兒童可使奮空拳以致力，女子可使其褰裳以用命，況厲智能之士，因迅風之勢，則大功不足合，八方不足同也。功業已就，天下已順，乃燎于上帝，告以天命，混齊六合，南面以制，移神器于己家，推亡漢以定祚，實神機之至決，風發之良時也。夫木朽不彫，世衰難佐，將軍雖欲委忠難佐之朝，彫畫朽敗之木，猶逆坂而走丸，必不可也。方今權宦羣居，同惡如市，主上不自由，詔命出左右。如有至聰不察，[25]機事不先，必嬰後悔，亦無及矣。"嵩不從，忠乃亡去。

《英雄記》曰：涼州賊王國等起兵，共劫忠爲主，統三十六部，號車騎將軍。忠感慨發病而死。

[1] 武威：郡名。治所姑臧縣，在今甘肅武威市。

[2] 漢陽：郡名。治所冀縣，在今甘肅甘谷縣東南。

[3] 良平之奇：殿本《考證》云："《太平御覽》作'良、平之計'。"良、平，張良與陳平。

[4] 郎：郎官的泛稱。西漢光祿勳的屬官郎中、中郎、侍郎、議郎等皆可稱爲郎，無定員，多至千餘人；東漢於光祿勳下又設有五官、左、右中郎將署，合稱三署，主管諸中郎、侍郎、郎中等，亦無定員，多達二千餘人；又尚書、黃門等機構亦設專職郎官。光祿勳下之郎官，掌守衛皇宮殿廊門戶，出充車騎扈從，備顧問應對，守衛陵園寢廟等，任滿一定期限，即可遷補內外官職，故郎官

機構，實爲儲備官吏的機構。東漢時，舉孝廉者多爲郎官。

[5] 汧（qiān）：縣名。治所在今陝西隴縣南。

[6] 叚：百衲本、殿本作"叚"，盧弼《集解》本、校點本作"段"。今從《集解》本等。

[7] 段熲（jiǒng）：武威姑臧人，漢桓帝時長期任護羌校尉，以武力威服羌人。漢靈帝初，爲破羌將軍，後又兩度爲太尉。（見《後漢書》卷六五《段熲傳》）

[8] 中平：漢靈帝劉宏年號（184—189）。

[9] 信都：縣名。治所在今河北冀州市。

[10] 蹈易解之機：潘眉《考證》云："《後漢書·皇甫嵩傳》作'蹈易駭之機'。"

[11] 享：《後漢書》卷七一《皇甫嵩傳》作"保"。

[12] 授鉞於初春：潘眉《考證》云："當從《皇甫嵩傳》作'受鉞於暮春'。考黃巾以中平元年二月起兵，嵩以三月討之，此作'初春'者誤也。"

[13] 月：殿本作"日"，百衲本、盧弼《集解》本、校點本作"月"。今從百衲本等。

[14] 湯雪：用沸水澆雪。比喻事情容易解決。

[15] 七州：《後漢書·皇甫嵩傳》謂當時黃巾軍席捲青、徐、幽、冀、荆、揚、兖、豫等八州。

[16] 三十六方：各本均作"三十六萬方"，殿本《考證》云："何焯曰：'萬'字疑衍，想因下'方'字而妄增也。"潘眉《考證》亦云："'萬'字當衍，黃巾置三十六方，猶將軍號也，大方萬餘人，小方六七千人。"校點本即從何焯說刪"萬"字。今從之。

[17] 封户：《後漢書·皇甫嵩傳》作"封尸"。盧弼《集解》引黃山曰："封尸本《左傳》'築武軍而封晋尸'，若以封侯爲封户，語殊費解。"

[18] 風馳海外：上三句《後漢書·皇甫嵩傳》作"南向以報，威德震本朝，風聲馳海外"。

[19] 拒蒯通之忠：《史記》卷九二《淮陰侯列傳》謂當漢王劉邦與楚王項羽對峙於滎陽時，韓信已平齊地，並得立爲齊王。齊人蒯通見當時形勢，韓信實處舉足輕重之地位，遂往説韓信，建議他既不爲漢，也不助楚，保持中立，則可三分天下，鼎足而立。韓信不采納，説："漢王遇我甚厚，載我以其車，衣我以其衣，食我以其食。吾聞之，乘人之車者載人之患，衣人之衣者懷人之憂，食人之食者死人之事，吾豈可以鄉（向）利倍義乎！"蒯通又舉了一些爲了利益不顧情分的事例，韓信終不從蒯説。後來劉邦消滅項羽，建立了漢王朝。韓信終被懷疑，削了王位，封爲淮陰侯。韓信因而不滿，後結陳豨謀反，又被吕后所擒。他將被斬殺時乃慨歎曰："吾悔不用蒯通之計，乃爲兒女子所詐，豈非天哉！"

[20] 漳河：古漳河流經今河北臨漳縣東北。

[21] 孟津：津渡名。在今河南孟津縣東北的黄河上。東漢末又於此地置關隘，爲河南八關之一。

[22] 天網：百衲本作"天綱"，殿本、盧弼《集解》本、校點本作"天網"。今從殿本等。

[23] 宦：百衲本作"官"，殿本、盧弼《集解》本、校點本作"宦"。今從殿本等。

[24] 攻守：吴金華《校詁》云："進擊敵方城壘，謂之'攻'，因未能急下而守候之，謂之'守'。"

[25] 至：殿本作"主"，百衲本、盧弼《集解》本、校點本作"至"。今從百衲本等。

董卓之入洛陽，詡以太尉掾爲平津都尉，[1]遷討虜校尉。[2]卓壻中郎將牛輔屯陝，[3]詡在輔軍。卓敗，輔又死，衆恐懼，校尉李傕、郭汜、張濟等欲解散，間行歸鄉里。詡曰："聞長安中議欲盡誅凉州人，而諸君棄衆單行，即一亭長能束君矣。[4]不如率衆而西，所在收兵，以攻長安，爲董公報仇，幸而事濟，奉國家以征天下，[5]若不濟，走未後也。"衆以爲然。傕乃西攻長安。語在《卓傳》。〔一〕後詡爲左馮翊，傕等欲以功侯之。詡曰："此救命之計，何功之有！"固辭不受。又以爲尚書僕射，[6]詡曰："尚書僕射，官之師長，天下所望，詡名不素重，非所以服人也。縱詡昧于榮利，奈國朝何！"乃更拜詡尚書，典選舉，多所匡濟，傕等親而憚之。〔二〕會母喪去官，拜光禄大夫。傕、汜等鬬長安中，〔三〕傕復請詡爲宣義將軍。〔四〕[7]傕等和，出天子，祐護大臣，詡有力焉。〔五〕天子既出，詡上還印綬。是時將軍段煨屯華陰，〔六〕[8]與詡同郡，遂去傕託煨。詡素知名，爲煨軍所望。煨内恐其見奪，而外奉詡禮甚備，詡愈不自安。

〔一〕臣松之以爲《傳》稱"仁人之言，其利博哉"！[9]然則不仁之言，理必反是。夫仁功難著，而亂源易成，是故有禍機一發而殃流百世者矣。當是時，元惡既梟，天地始開，致使屬階重結，大梗殷流，邦國遘殄悴之哀，黎民嬰周餘之酷，豈不由賈詡片言乎？詡之罪也，一何大哉！自古兆亂，未有如此之甚。

〔二〕《獻帝紀》曰：[10]郭汜、樊稠與傕互相違戾，[11]欲鬬者數矣。詡輒以道理責之，[12]頗受詡言。

《魏書》曰：詡典選舉，多選舊名以爲令僕，[13]論者以此多詡。

〔三〕《獻帝紀》曰：傕等與詡議，迎天子置其營中。詡曰："不可。脅天子，非義也。"傕不聽。張繡謂詡曰："此中不可久處，君胡不去？"詡曰："吾受國恩，義不可背。卿自行，我不能也。"

〔四〕《獻帝紀》曰：傕時召羌、胡數千人，先以御物繒綵與之，又許以宮人婦女，欲令攻郭汜。羌、胡數來闚省門，曰："天子在中邪！李將軍許我宮人美女，今皆安在？"帝患之，使詡爲之方計。詡乃密呼羌、胡大帥飲食之，許以封爵重寶，[14]於是皆引去。傕由此衰弱。

〔五〕《獻帝紀》曰：天子既東，而李傕來追，王師敗績。司徒趙溫、太常王偉、衛尉周忠、司隸榮邵皆爲傕所嫌，[15]欲殺之。詡謂傕曰："此皆天子大臣，卿奈何害之？"傕乃止。

〔六〕《典略》稱煨在華陰時，脩農事，不虜略。天子東還，煨迎道貢遺周急。

《獻帝紀》曰：後以煨爲大鴻臚、光祿大夫，[16]建安十四年，以壽終。

[1] 掾：官名。屬官之統稱。漢代三公府及其他重要官府皆置掾，分曹治事，掾爲曹長。　平津：即小平津，爲古黃河的重要渡口，在今河南鞏義市西北的黃河上。漢靈帝中平元年（184）爲了阻擋黃巾軍進攻洛陽，在津上置關戍守，爲河南八關之一。　都尉：官名。西漢時郡置都尉，輔佐郡守並掌本郡軍事。東漢廢除，僅在邊郡或關塞之地置都尉及屬國都尉，並漸漸分縣治民，職如太守。漢靈帝中平元年，"自函谷、大谷、廣城、伊闕、轘轅、旋門、孟津、小平津諸關，並置都尉"。（見《後漢書》卷七一《皇甫嵩傳》）

[2] 討虜校尉：官名。校尉，軍職之稱，東漢末，位次中郎將，討虜爲其稱號。賈詡爲此官，隸中郎將牛輔。

[3] 中郎將：官名。東漢統兵將領之一，位次將軍，秩比二千石。　陝：縣名。治所在今河南陝縣。

[4] 亭長：地方官名。漢代地方十里設一亭，置亭長一人，由縣令、長任命，掌地方治安，巡捕盜賊。

［5］國家：皇帝之代稱。

［6］尚書僕射（yè）：官名。東漢爲尚書臺次官，秩六百石，職權重，若公爲之，增秩至二千石。職掌拆閱封緘章奏文書，参議政事，諫諍駁議，監察百官。令不在，則代理其職。漢獻帝建安四年（199）分置左右。

［7］宣義將軍：官名。李傕於此時所置。

［8］華陰：縣名。治所在今陝西華陰市東南。

［9］博：百衲本、盧弼《集解》本作"博"，殿本、校點本作"溥"。按，裴松之所引此二語，見《左傳·昭公三年》："君子曰：'仁人之言，其利博哉！'"今從百衲本等。

［10］獻帝紀：百衲本、殿本作"獻帝記"，下三條亦同；盧弼《集解》此作"獻帝紀"，下有兩條作"獻帝記"，一條作"獻帝紀"。校點本皆作"獻帝紀"。今從之。

［11］互：殿本作"等"，百衲本、盧弼《集解》本、校點本作"互"。今從百衲本等。

［12］詡：殿本無"詡"字，百衲本、盧弼《集解》本、校點本皆有。今從百衲本等。

［13］名：趙幼文《校箋》謂謂郝經《續後漢書》作"臣"。

［14］寶：趙幼文《校箋》謂郝經《續後漢書》作"賞"。

［15］司徒：官名。東漢時，號稱萬石。與太尉、司空並爲三公，共同行使宰相職能，位次太尉。本職掌民政。　太常：官名。漢列卿之一，秩中二千石，掌禮儀祭祀，選試博士。　衛尉：官名。漢列卿之一，秩中二千石，掌宮門警衛。

［16］大鴻臚：官名。漢列卿之一，秩中二千石。掌少數族君長、諸侯王、列侯之迎送、接待、安排朝會、封授、襲爵及奪爵削土之典禮；諸侯王死，則奉詔護理喪事，宣讀誄策謚號；百官朝會，掌贊襄引導；兼管京都之郡國邸舍及郡國上計吏之接待；又兼管少數族之朝貢使節及侍子。

張繡在南陽，詡陰結繡，繡遣人迎詡。詡將行，或謂詡曰："煨待君厚矣，君安去之？"詡曰："煨性多疑，有忌詡意，禮雖厚，不可恃，久將爲所圖。我去必喜，又望吾結大援於外，必厚吾妻子。繡無謀主，亦願得詡，則家與身必俱全矣。"詡遂往，繡執子孫禮，煨果善視其家。詡説繡與劉表連和。[一]太祖比征之，一朝引軍退，繡自追之。詡謂繡曰："不可追也，追必敗。"繡不從，進兵交戰，大敗而還。詡謂繡曰："促更追之，更戰必勝。"繡謝曰："不用公言，以至於此。今已敗，奈何復追？"詡曰："兵勢有變，亟往必利。"繡信之，遂收散卒赴追，大戰，果以勝還。問詡曰："繡以精兵追退軍，而公曰必敗；退以敗卒擊勝兵，[1]而公曰必剋。[2]悉如公言，何其反而皆驗也？"[3]詡曰："此易知耳。將軍雖善用兵，非曹公敵也。軍雖新退，[4]曹公必自斷後；追兵雖精，將既不敵，彼士亦銳，故知必敗。曹公攻將軍無失策，力未盡而退，必國內有故；已破將軍，必輕軍速進，縱留諸將斷後，[5]諸將雖勇，亦非將軍敵，故雖用敗兵而戰必勝也。"繡乃服。[6]是後，太祖拒袁紹於官渡，紹遣人招繡，并與詡書結援。繡欲許之，詡顯於繡坐上謂紹使曰："歸謝袁本初，兄弟不能相容，[7]而能容天下國士乎？"繡驚懼曰："何至於此！"竊謂詡曰："若此，當何歸？"詡曰："不如從曹公。"繡曰："袁彊曹弱，又與曹爲讎，[8]從之如何？"詡曰："此乃所以宜從也。夫曹公奉天子以令天下，其宜從一也。紹彊盛，我以少衆從之，必不以我爲重，曹公衆弱，其得我必喜，其宜從二也；夫有霸王之志者，固將釋私怨以明德於四海，其宜從三也。願將軍無疑！"繡從之，率衆歸太祖。太祖見之，喜，執詡手曰："使我信重於天下者，子也。"表詡爲執金吾，[9]封都亭侯，[10]遷冀州牧。冀州未平，留參司空軍事。袁紹圍太祖於官渡，太祖糧方盡，問詡計焉出，詡曰："公明勝紹，勇勝紹，用人勝紹，決機勝紹，有此四勝而半年不定者，但顧萬全故也。必決其機，須臾可定也。"太祖曰："善。"乃并兵出，圍擊紹三十餘里營，破之。紹軍大潰，河北平。太祖領冀州牧，徙詡爲太中大夫。[11]建安十三年，太祖破荆州，欲順江東下。詡諫曰："明公昔破袁氏，今收漢南，[12]威名遠著，軍勢既大；若乘舊楚之饒，[13]以饗吏士，撫安百姓，使安土樂業，則可不勞衆而江東稽服矣。"[14]太祖不從，軍遂無利。〔二〕太祖後與韓遂、馬超戰於渭南，[15]超等索割地以和，并求任子。詡以爲可僞許之。又問詡計策，詡曰："離之而已。"太祖曰："解。"一承用詡謀。語在《武紀》。卒破遂、超，詡本謀也。

〔一〕《傅子》曰：詡南見劉表，表以客禮待之。詡曰：[16]"表，平世三公才也；不見事變，多疑無決，無能爲也。"

〔二〕臣松之以爲詡之此謀，[17]未合當時之宜。于時韓、馬之徒尚狼顧關右，[18]魏武不得安坐鄴都以威懷吳、會，[19]亦已明矣。彼荆州者，孫、劉之所必爭也。荆人服劉主之雄姿，憚孫權之武略，爲日既久，誠非曹氏諸將所能抗禦。故曹仁守江陵，敗不旋踵，何撫安之得行，稽服之可期？將此既新平江漢，威懾揚越，[20]資劉表水戰之具，藉荊楚楸櫂之手，實震蕩之良會，廓定之大機。不乘此取吳，將安俟哉？至於赤壁之敗，[21]蓋有運數。實由疾疫大興，以損淩厲之鋒，[22]凱風自南，[23]用成焚如之勢。[24]天實爲之，豈人事哉？然則魏武之東下，非失算也。翊之此規，爲無當矣。魏武後克平張魯，蜀中一日數十驚，劉備雖斬之而不能止，[25]由不用劉曄之計，以失席卷之會，斤石既差，悔無所及，即亦此事之類也。世咸謂劉計爲是，即愈見賈言之非也。

[1] 退：趙幼文《校箋》謂《通典·兵七》引作"及"。

[2] 剋：趙幼文《校箋》謂《通典》引作"勝"。

[3] 反而皆驗：趙幼文《校箋》謂《通典》引無"反而"二字。

[4] 軍雖新退：趙幼文《校箋》謂《通典》引無"雖"字。

[5] 縱留諸將：趙幼文《校箋》謂《通典》引無"縱"字。

[6] 乃服：趙幼文《校箋》謂《通典》引"乃"字作"大"。

[7] 兄弟不能相容：胡三省云："謂與袁術有隙，各結黨與以相圖也。"（《通鑑》卷六三漢獻帝建安四年注）

[8] 與曹爲讎：胡三省云："謂淯水之戰，殺其子也。"（《通鑑》卷六三漢獻帝建安四年注）

[9] 執金吾：官名。秩中二千石，掌宮外及京都警衛，皇帝出行，則充護衛及儀仗。

[10] 都亭侯：爵名。位在鄉侯下，食禄於都亭。都亭，城郭附近之亭。

[11] 太中大夫：秩千石，掌顧問應對，參謀議政。

[12] 漢南：地區名。泛指漢水以南地區。

[13] 舊楚：荊州在周代爲楚國之地，故稱荊州爲舊楚。

[14] 江東：地區名。長江自西向東流，流至今安徽境，則偏

北斜流，至江蘇省鎮江市又東流而下，古稱這段江路東岸之地爲江東（即今長江以南的蘇、浙、皖一帶），西岸之地爲江西（即今皖北和淮河下游一帶）。

[15] 渭南：地區名。指渭水以南之地。

[16] 詡曰：趙幼文《校箋》謂郝經《續後漢書》作"詡歸與繡曰"。

[17] 此謀：殿本無"此"字，百衲本、盧弼《集解》本、校點本皆有。今從百衲本等。

[18] 韓馬：指韓遂、馬超。

[19] 郢都：指江陵，春秋時楚國曾建都於此，稱郢。在今湖北荆州市江陵區。　吴、會：指江東。吴郡與會稽郡爲江東之主要二郡。吴郡治所吴縣，在今江蘇蘇州市。會稽郡治所山陰縣，在今浙江紹興市。

[20] 揚越：亦指江東。江東爲古揚州越人所居之地。

[21] 赤壁：山名。在今湖北赤壁市西北長江邊。詳解見本書《武帝紀》建安十三年注。

[22] 淩厲：謂勇往直前，氣勢猛烈。

[23] 凱風：南風。《詩·邶風·凱風》："凱風自南，吹彼棘心。"後世因稱南風爲凱風。潘眉《考證》云："松之此句，足證唐人東風之誤。"

[24] 焚如：謂火焰熾盛。

[25] 而不能止：殿本無"而"字，百衲本、盧弼《集解》本、校點本皆有。今從百衲本等。

是時，文帝爲五官將，[1]而臨菑侯植才名方盛，各有黨與，有奪宗之議。[2]文帝使人問詡自固之術，詡曰："願將軍恢崇德度，躬素士之業，朝夕孜孜，不違子道。如此而已。"文帝從之，深自砥礪。太祖又嘗屏除左右問詡，詡嘿然不對。太祖曰："與卿言而不答，何也？"詡曰："屬適有所思，故不即對耳。"太祖曰："何思？"詡曰："思袁本初、劉景升父子也。"[3]太祖大笑，於是太子遂定。詡自以非太祖舊臣，而策謀深長，懼見猜嫌，[4]闔門自守，退無私交，男女嫁娶，不結高門，天下之論智計者歸之。

文帝即位，以詡爲太尉，[一]進爵魏壽鄉侯，[5]增邑三百，并前八百户。又分邑二百，封小子訪爲列侯。以長子穆爲駙馬都尉。[6]帝問詡曰："吾欲伐不從命以一天下，吳、蜀何先？"對曰："攻取者先兵權，建本者尚德化。陛下應期受禪，撫臨率土，若綏之以文德而俟其變，則平之不難矣。吳、蜀雖蕞爾小國，依阻山水，劉備有雄才，諸葛亮善治國，孫權識虛實，陸議見兵勢，[7]據險守要，汎舟江湖，皆難卒謀也。用兵之道，先勝後戰，量敵論將，故舉無遺策。臣竊料羣臣，無備、權對，雖以天威臨之，未見萬全之勢也。昔舜舞干戚而有苗服，[8]臣以爲當今宜先文後武。"文帝不納。後興江陵之役，士卒多死。詡年七十七，薨，謚曰肅侯。子穆嗣，歷位郡守。穆薨，子模嗣。[二]

〔一〕《魏略》曰：文帝得詡之對太祖，[9]故即位首登上司。[10]

《荀勖別傳》曰：晉司徒闕，武帝問其人於勖。答曰："三公，具瞻所歸，[11]不可用非其人。昔魏文帝用賈詡爲三公，[12]孫權笑之。"

〔二〕《世語》曰：模，晉惠帝時爲散騎常侍、護軍將軍，模子胤，胤弟龕，從弟疋，皆至大官，並顯於晋也。

［1］五官將：官名。即五官中郎將，在漢代主管五官郎，屬光祿勳，不置官屬，秩比二千石。漢末曹丕爲此官，置官屬，並爲丞相之副。

［2］議：趙幼文《校箋》謂《册府元龜》卷五二六引作"思"。按，宋本《册府元龜》亦作"議"。

［3］劉景升：劉表字景升。

［4］嫌：校點本作"疑"，百衲本、殿本、盧弼《集解》本作"嫌"，郝經《續後漢書》卷三一《賈詡傳》同。今從百衲本等。

［5］魏壽：縣名。趙一清《注補》謂曹魏改"漢壽"爲"魏壽"，在今湖南常德市東北。

［6］駙馬都尉：官名。秩比二千石，第六品，掌皇帝副車之馬，無定員，或爲加官。

［7］陸議：陸遜本名議。

［8］舜舞干戚而有苗服：干，盾。戚，斧。《韓非子·五蠹》云："當舜之時，有苗不服，禹將伐之。舜曰：'不可。上德不厚而行武，非道也。'乃修教三年，執干戚舞，有苗乃服。"意謂舜偃武修文，將干戚用爲舞具而不用於戰爭，以修德教而感化有苗，有苗乃服。

［9］得：殿本作"德"，今從百衲本、盧弼《集解》本、校點本作"得"。趙一清《注補》云："得即德也，古通也。"

［10］上司：漢朝稱大司馬爲上司。大司馬掌軍事，東漢改稱太尉，故太尉亦稱上司。

［11］具瞻：爲衆人所瞻仰。《詩·小雅·節南山》："赫赫師尹，民具爾瞻。"毛傳："具，俱。瞻，視。"鄭箋："此言尹氏，女居三公之位，天下之民俱視女之所爲。"

［12］三公：趙幼文《校箋》謂《太平御覽》卷二〇八、卷三九一引無"三"字。

評曰："荀彧清秀通雅，有王佐之風，然機鑒先識，未能充其志也。〔一〕荀攸、賈詡，庶乎算無遺策，經達權變，其良、平之亞歟！〔二〕

〔一〕世之論者，[1]多譏彧協規魏氏，以傾漢祚；君臣易位，實彧之由。雖晚節立異，無救運移；功既違義，識亦疚焉。陳氏此評，蓋亦同乎世識。臣松之以爲斯言之作，誠未得其遠大者也。或豈不知魏武之志氣，非衰漢之貞臣哉？良以于時王道既微，橫流已及，[2]雄豪虎視，人懷異心，不有撥亂之資，杖順之略，[3]則漢室之亡忽諸，[4]黔首之類殄矣。夫欲翼讚時英，一匡屯運，[5]非斯人之與而誰與哉？是故經綸急病，若救身首，用能動于嶮中，至于大亨，蒼生蒙舟航之接，[6]劉宗延二紀之祚，[7]豈非荀生之本圖，仁恕之遠致乎？及至霸業既隆，翦漢迹著，然後亡身殉節，以申素情，[8]全大正於當年，布誠心於百代，可謂任重道遠，志行義立。謂之未充，其殆誣歟！

〔二〕臣松之以爲列傳之體，以事類相從。張子房青雲之士，誠非陳平之倫。然漢之謀臣，良、平而已。若不共列，則餘無所附，故前史合之，蓋其宜也。魏氏如詡之儔，其比幸多。詡不編程、郭之篇，[9]而與二荀并列，失其類矣。且攸、詡之爲人，其猶夜光之與蒸燭乎！[10]其照雖均，質則異焉。今荀、賈之評，共同一稱，尤失區別之宜也。

[1] 世之論者：陳景雲《辨疑》謂 "世之論者" 上當有書名或人名，今脱落。趙幼文《校箋》謂郝經《續後漢書》荀宗道注引句上有 "裴松之曰" 四字，疑此脱 "臣松之案" 四字。

[2] 橫流：比喻動蕩的局勢。 及：百衲本、盧弼《集解》本作 "及"，殿本、校點本作 "極"。中華再造善本影宋本亦作

"及",今從百衲本等。

〔3〕杖:盧弼《集解》本、校點本作"仗",百衲本、殿本作"杖"。按二字通。今從百衲本等。

〔4〕忽諸:忽然,言其很快。

〔5〕屯運:艱難之時運。屯,《易》卦名,有萬物始生,艱險難進之象。《易·屯》象傳云:"屯,剛柔始交而難生,動乎險中。"

〔6〕航:趙幼文《校箋》謂郝經《續後漢書》苟宗道注引作"船"。

〔7〕紀:十二年爲一紀。建安整二十四年,故云二紀。

〔8〕情:趙幼文《校箋》謂郝經《續後漢書》苟宗道注引作"志"。

〔9〕程郭:指程昱、郭嘉。

〔10〕蒸燭:以麻、竹等所製之燭。《廣雅·釋器》:"蒸,炬也。"王念孫《疏證》:"凡析麻稭及竹木爲炬,皆謂之蒸。"

三國志 卷一一

魏書十一

袁張涼國田王邴管傳第十一

袁渙字曜卿，[1]陳郡扶樂人也。[2]父滂，爲漢司徒。[一][3]當時諸公子多越法度，而渙清靜，舉動必以禮。郡命爲功曹，[4]郡中姦吏皆自引去。後辟公府，舉高第，[5]遷侍御史。[6]除譙令，[7]不就。劉備之爲豫州，[8]舉渙茂才。[9]後避地江、淮間，爲袁術所命。術每有所咨訪，渙常正議，術不能抗，[10]然敬之不敢不禮也。頃之，呂布擊術於阜陵，[11]渙往從之，遂復爲布所拘留。布初與劉備和親，後離隙。布欲使渙作書詈辱備，[12]渙不可，再三彊之，不許。布大怒，以兵脅渙曰："爲之則生，不爲則死。"渙顏色不變，笑而應之曰："渙聞唯德可以辱人，不聞以罵。使彼固君子邪，且不恥將軍之言；[13]彼誠小人邪，將復將軍之意，則辱在此不在於彼。且渙他日之事劉將軍，猶今日之事將軍也，如一旦去此，復罵將軍，可乎？"布慚而止。[14]

〔一〕袁宏《漢紀》曰：滂字公熙，[15]純素寡欲，終不言人之短。當權寵之盛，或以同異致禍，滂獨中立於朝，故愛憎不及焉。

[1] 渙：王鳴盛云："義門何氏（焯）校云'渙當作煥，今太康縣有魏袁煥碑'。案：北平黄叔璥玉圃輯《中州金石考》，陳州府扶溝縣有魏袁渙碑，此縣又有漢國三老袁良碑。《方輿紀要》云'《金石林》載入太康縣'，何氏因此遂以爲在太康，但作'渙'甚明，不知何以云當作'煥'。惟是《蜀書·許靖傳》云靖'與陳郡袁煥親善'，且其字曰曜卿，則又似從火爲合；且其父名滂，不應渙亦從水，未知其審。"（《十七史商榷》卷四〇"袁渙"）按，本書卷三八《許靖傳》殿本作"袁煥"，而百衲本作"袁渙"。趙幼文《校箋》又謂《文選集注·三國名臣贊》引《鈔》"渙"作"煥"。《太平御覽》卷六三三、《册府元龜》卷六七六引同。又《鈔》引"曜"字作"耀"。《太平御覽》卷一九〇、卷六三三、《册府元龜》卷六二〇、《通志》引同。按，宋本《册府元龜》卷六二〇、卷六七六、《太平御覽》卷一九〇引"渙"字俱作"渙"。

[2] 陳郡：東漢中爲陳國，漢末陳王寵被袁紹所殺，國除爲郡。（本《元和郡縣志》）治所陳縣，在今河南淮陽縣。　扶樂：縣名。治所在今河南太康縣西北。

[3] 司徒：官名。東漢時，與太尉、司空並爲三公，共同行使宰相職能，位次太尉。本職掌民政。

[4] 功曹：官名。漢代郡太守下設功曹史，簡稱功曹，爲郡太守之佐吏，除分掌人事外，並得參與一郡之政務。

[5] 高第：官吏考課成績爲第一，稱高第。《後漢書》卷一五《鄧晨傳》："晨好樂郡職，由是復拜爲中山太守，吏民稱之，常爲

冀州高第。"李賢注:"中山屬冀州,於冀州所部課常爲第一也。"

[6] 侍御史:官名。秩六百石,掌察舉非法,受公卿群吏奏事,有違失者則舉劾。

[7] 譙:縣名。治所在今安徽亳州市。

[8] 爲豫州:爲豫州刺史。治所即譙縣。

[9] 茂才:即秀才,東漢人避光武帝劉秀諱改,爲漢代選舉人才科目之一。東漢之制,州牧刺史歲舉一人。三國沿之,或稱秀才。

[10] 抗:盧弼《集解》云:"錢儀吉曰'抗疑悦之訛'。弼按'抗'對'正議'言,不誤。"趙幼文《校箋》則云:"本志《鮑勳傳》云:'勳前在東宫,守正不撓,太子固不悦。'上言守正,下云不能悦,與此語正相類,足徵字誤也。盧君說疑未審,當從錢氏爲得。"

[11] 阜陵:縣名。治所在今安徽全椒縣東南。

[12] 詈辱:吳金華《校詁》謂"詈辱"疑原作"罵辱"。袁宏《後漢紀》卷二九、《文選》卷四七袁宏《三國名臣序贊》注引《魏志》、《群書治要》卷二五、《通典》卷五四均作"罵辱"。

[13] 且:趙幼文《校箋》謂《册府元龜》卷八二〇引作"正"。

[14] 布慚而止:殿本作"布乃止",百衲本、盧弼《集解》本、校點本作"布慚而止"。今從百衲本等。

[15] 公熙:潘眉《考證》云:"袁滂以光和元年爲司徒,二年免。章懷云:滂字公喜。"按,此見《後漢書》卷八《靈帝紀》光和元年李賢注。趙幼文《校箋》云:"考'熙''喜'古通,《尚書·堯典》'庶績咸熙'漢膠東令王君碑作'庶績咸喜',是其證。"

布誅,[1]乃得歸太祖。[一][2]渙言曰:[3]"夫兵者,凶器也,不得已而用之。鼓之以道德,征之以仁義,[4]

兼撫其民而除其害。夫然，故可與之死而可與之生。自大亂以來十數年矣，民之欲安，甚於倒懸，然而暴亂未息者，何也？意者政失其道歟！渙聞明君善于救世，故世亂則齊之以義，時僞則鎮之以樸；世異事變，治國不同，不可不察也。夫制度損益，此古今之不必同者也。若夫兼愛天下而反之於正，雖以武平亂而濟之以德，誠百王不易之道也。公明哲超世，古之所以得其民者，公既勤之矣，今之所以失其民者，公既戒之矣，海內賴公，得免於危亡之禍，然而民未知義，其惟公所以訓之，則天下幸甚！"太祖深納焉。拜爲沛南部都尉。[5]

〔一〕《袁氏世紀》曰：[6]布之破也，陳羣父子時亦在布之軍，[7]見太祖皆拜。渙獨高揖不爲禮，太祖甚嚴憚之。時太祖又給衆官車各數乘，使取布軍中物，唯其所欲。衆人皆重載，唯渙取書數百卷，資糧而已。衆人聞之，大慚。渙謂所親曰："脫我以行陳，[8]令軍發足以爲行糧而已，不以此爲我有。由是屬名也，大悔恨之。"太祖益以此重焉。

[1] 誅：殿本作"破"，百衲本、盧弼《集解》本、校點本作"誅"。今從百衲本等。

[2] 乃：百衲本作"乃"，殿本、盧弼《集解》本、校點本作"渙"。今從百衲本。

[3] 渙言曰：趙幼文《校箋》云："此句語義不完。考《後漢紀》作'渙說操曰'。《通志》作'渙言於太祖曰'，《季漢書》同。則此脱'於太祖'三字，似應據補。"

[4] 征：趙幼文《校箋》謂《文選集注》引《鈔》作"正"。

[5]沛：王國名。治所相縣，在今安徽濉溪縣西北。　都尉：官名。西漢時郡置都尉，輔佐郡守並掌本郡軍事。東漢廢除，僅在邊郡或關塞之地置都尉及屬國都尉，並漸漸分縣治民，職如太守。沛國雖非邊郡，蓋爲大國，於漢末動亂之際，特在南部置都尉以加強統治。

　　[6]袁氏世紀：書名。沈家本《三國志注所引書目》謂隋、唐《志》皆未著録，《世説新語・文學篇》亦引之。

　　[7]布之軍：趙一清《注補》云："之"字衍。趙幼文《校箋》謂《册府元龜》卷七八一引無"之"字，"軍"下有"中"字，《通志》亦無"之"字，趙一清説是。

　　[8]脱：倘若，如果。

　　是時新募民開屯田，民不樂，多逃亡，涣白太祖曰："夫民安土重遷，不可卒變，易以順行，難以逆動，宜順其意，樂之者乃取，不欲者勿彊。"太祖從之，百姓大悦。[1]遷爲梁相。[2]涣每敕諸縣："務存鰥寡高年，表異孝子貞婦。[3]常談曰'世治則禮詳，世亂則禮簡'，全在斟酌之間耳。方今雖擾攘，難以禮化，然在吾所以爲之。"爲政崇教訓，恕思而後行，外溫柔而内能斷。〔一〕以病去官，百姓思之。後徵爲諫議大夫、丞相軍祭酒。[4]前後得賜甚多，皆散盡之，家無所儲，終不問產業，乏則取之於人，不爲皦察之行，[5]然時人服其清。

　　〔一〕《魏書》曰：穀熟長吕岐善朱淵、爰津，[6]遣使行學還，召用之，與相見，出署淵師友祭酒，[7]津決疑祭酒。淵等因各歸家，不受署。岐大怒，將吏民收淵等，皆杖殺之，議者多非焉。

涣教勿劾，主簿孫徽等以爲"淵等罪不足死，[8]長吏無專殺之義，[9]孔子稱'唯器與名，[10]不可以假人'。謂之師友而加大戮，刑名相伐，不可以訓"。涣教曰："主簿以不請爲罪，此則然矣。謂淵等罪不足死，則非也。夫師友之名，古今有之。然有君之師友，有士大夫之師友。夫君置師友之官者，所以敬其臣也；有罪加於刑焉，國之法也。今不論其罪而謂之戮師友，斯失之矣。主簿取弟子戮師之名，而加君誅臣之實，非其類也。夫聖哲之治，觀時而動，故不必循常，將有權也。閒者世亂，民陵其上，雖務尊君卑臣，猶或未也，而反長世之過，不亦謬乎！"遂不劾。

[1]大：百衲本作"太"，殿本、盧弼《集解》本、校點本作"大"。今從殿本等。

[2]梁：王國名。治所睢陽縣，在今河南商丘市睢陽區南。相：官名。王國的相，由朝廷直接委派，執掌王國行政大權，相當於郡太守。

[3]表異孝子貞婦：趙幼文《校箋》謂《北堂書鈔》卷七四引作"旌表異行孝子貞婦"。

[4]諫議大夫：官名。秩六百石，屬光禄勳，掌議論，無定員。 丞相軍祭酒：官名。即丞相軍師祭酒，丞相府之僚屬，曹操建安十三年爲丞相時置。參掌戎律，位在左、右軍師之下。後來晋人避諱，稱爲"軍祭酒""軍謀祭酒"，或簡稱"祭酒"。

[5]皦：趙幼文《校箋》謂《文選集注》引《鈔》作"激"，陸善經注引同。玄應《一切經音義》卷二引《埤蒼》："皦，明也，净也。"皦察，謂極端明察，亦即苛求之義。

[6]穀熟：縣名。治所在今河南商丘市睢陽區東南。 爰：百衲本、校點本作"爰"，殿本、盧弼《集解》本作"袁"。今從百衲本等。

[7]師友祭酒：官名。漢代郡、縣，除選拔一些人才擔任具體

職務外，還對郡縣內一些德行高尚或才能出衆而又不願擔任具體職務的人，以無具體職事的散吏名義聘養在府中，待以師友之禮。其中地位最高者稱爲祭酒，師友祭酒即其中之一；再如決疑祭酒、東閣祭酒等亦是。後世或沿襲。

[8] 主簿：官名。漢代中央及州郡縣官府皆置此官，以典領文書、辦理事務。

[9] 長吏：指縣令、長。

[10] 孔子稱：孔子此語，見《左傳·成公二年》。器，指禮器等。名，指爵號。

　　魏國初建，爲郎中令，[1]行御史大夫事。[2]渙言於太祖曰：“今天下大難已除，文武並用，長久之道也。以爲可大收篇籍，明先聖之教，以易民視聽，使海內斐然向風，則遠人不服可以文德來之。”太祖善其言。時有傳劉備死者，羣臣皆賀；渙以嘗爲備舉吏，獨不賀。居官數年卒，太祖爲之流涕，賜穀二千斛，[3]一教“以太倉穀千斛賜郎中令（之）家”，[4]一教“以垣下穀千斛與曜卿家”，[5]外不解其意。教曰：“以太倉穀者，官法也；以垣下穀者，親舊也。”文帝聞渙昔拒吕布之事，[6]問渙從弟敏：“渙勇怯何如？”敏對曰：“渙貌似和柔，然其臨大節，處危難，雖賁、育不過也。”[7]渙子侃，亦清粹閒素，有父風，歷位郡守、尚書。〔一〕[8]

　　〔一〕《袁氏世紀》曰：渙有四子，侃、寓、奥、準。[9]侃字公然，論議清當，柔而不犯，善與人交。在廢興之間，[10]人之所趣務者，常謙退不爲也。時人以是稱之。歷位黃門、選部郎，[11]

號爲清平。稍遷至尚書，早卒。寓字宣厚，精辯有機理，好道家之言，少被病，未官而卒。奧字公榮，行足以屬俗，言約而理當，終於光祿勳。準字孝尼，忠信公正，不恥下問，唯恐人之不勝己。[12]以世事多險，故常治退而不敢求進。[13]著書十餘萬言，[14]論治世之務，爲《易》《周官》《詩》傳，及論五經滯義，聖人之微言，以傳於世。此準之自序也。

荀綽《九州記》稱準有儁才，[15]泰始中爲給事中。[16]袁氏子孫世有名位，貴達至今。

[1] 郎中令：官名。秦朝置郎中令，漢初沿置，漢武帝時改稱光祿勳，爲列卿之一，秩中二千石，掌宿衛宮殿門户及侍從左右。建安十八年（213）曹操爲魏公建魏國，又置郎中令，黄初元年（220）又改稱光祿勳，第三品。

[2] 御史大夫：官名。建安十八年魏國初建時置御史大夫，黄初元年改稱司空，掌水土事，與太尉、司徒並爲三公，第一品。

[3] 斛：量器名。十斗爲一斛。

[4] 太倉：京城中的國家糧倉。　郎中令家：各本皆作"郎中令之家"。趙幼文《校箋》謂《藝文類聚》卷八五、《太平御覽》卷二四八、卷六三三、卷八二七（當作八三七）、《册府元龜》卷七一一引"令"下俱無"之"字，《通志》同。今從趙引删"之"字。

[5] 垣下：趙一清《注補》云："《水經·阪水注》：倉垣城即大梁之倉垣亭也。"則"垣"指倉垣城，在今河南開封市境内。趙幼文《校箋》則謂《南史》卷四九《劉善明傳》："高帝聞其清貧，賜滁家葛塘屯穀五百斛。曰'葛屯亦吾之垣下也'。令其後世知其見異。"疑垣下蓋曹操之私業也。以親舊，故以私粟饋遺之，以示其見異耳。

[6] 文帝：百衲本、殿本、校點本均作"又帝"，盧弼《集解》本作"文帝"；盧氏注云："各本'文'作'又'誤，何焯曰'北宋

本作文'。"按，本書中陳壽未稱曹操爲"帝"，今從《集解》本。

[7] 賁（bēn）育：指孟賁、夏育，皆古代之勇士。

[8] 尚書：官名。曹魏置吏部、左民、客曹、五兵、度支等五曹尚書，秩皆六百石，第三品。其中吏部職要任重，徑稱爲吏部尚書，其餘諸曹均稱尚書。

[9] 寓：盧弼《集解》本、校點本作"寓"，百衲本、殿本作"寓"（百衲本下文又作"寓"）。盧弼云："《唐書·宰相世系表》'寓'作'寓'"。今從百衲本等，下文同此。

[10] 廢興：盧弼《集解》本作"興廢"，百衲本、殿本、校點本作"廢興"。今從百衲本等。

[11] 黃門：指黃門郎，亦即給事黃門侍郎之省稱。秩六百石，第五品。掌侍從左右，關通中外，與侍中俱出入宮中，近侍帷幄，省尚書奏事。　選部郎：趙幼文《校箋》謂《册府元龜》卷六三七引"郎"下有"中"字。按，郎亦稱郎中。選部郎，係魏晉間尚書吏部郎之別稱。曹魏吏部尚書下置吏部郎，秩四百石，第六品。主管官吏選任銓叙調動事務。

[12] 人之不勝己：趙幼文《校箋》謂《世說新語·文學篇》注引"人"下無"之"字，"己"下有"也"字。又按，"己"，百衲本作"已"，殿本、校點本作"己"，盧弼《集解》本作"己"。今從《集解》本。

[13] 治：百衲本作"治"，殿本、盧弼《集解》本、校點本作"恬"。趙幼文《校箋》謂《世說新語·文學篇》注引作"治"。治退與求進義相承。《墨子·經上》："治，求得也。"按，趙說是，今從百衲本。

[14] 著書十餘萬言：《隋書·經籍志》著錄《袁子正論》十九卷，袁準撰；梁又有《袁子正書》二十五卷，袁準撰。《舊唐書·經籍志》著錄爲《袁子正論》二十卷，袁準撰；《袁子正書》二十五卷，袁準撰。

[15] 荀綽：字彥舒。晉懷帝永嘉（307—313）末，爲司空從

事中郎，後被石勒所俘，任爲參軍。撰有《晋後書》十五篇。（見《晋書》卷三九《荀勖傳》）　　九州記：沈家本《三國志注所引書目》謂《隋書》《舊唐書》之《經籍志》、《新唐書·藝文志》皆不著録。稱九州者，有如司馬彪之《九州春秋》，本於建安十八年曾詔并十四州爲九州。見於《三國志》裴注引者，還有荀綽《冀州記》《兖州記》，是其又分州爲記。又本書卷四二《譙周傳》中裴注引有荀綽《評》，而所評者譙周之事，其爲《九州記》之評可知，但不知益州當屬何州，以《禹貢》言當屬梁州。惜可考見者衹二州。趙幼文《〈三國志集解〉辨證》則謂此"九州記"，"九"字當作"兖"字。《世説新語·文學》劉孝標注引與裴注所引正同，作"兖州記"。《初學記》卷一二、《藝文類聚》卷四八亦作"兖州記"，足證"九"字爲"兖"字之殘誤。

[16] 泰始：晋武帝司馬炎年號（265—274）。　　給事中：官名。第五品。位在散騎常侍下，給事黄門侍郎上，或爲加官，或爲正官，無定員。

　　初，涣從弟霸，公恪有功幹，魏初爲大司農，[1]及同郡何夔並知名於時。而霸子亮，夔子曾，與侃復齊聲友善。亮貞固有學行，疾何晏、鄧颺等，著論以譏切之，位至河南尹、尚書。〔一〕[2]霸弟徽，以儒素稱。遭天下亂，避難交州。[3]司徒辟，不至。〔二〕徽弟敏，有武藝而好水功，官至河隄謁者。[4]

〔一〕《晋諸公贊》曰：亮子粲，字儀祖，文學博識，累爲儒官，至尚書。

〔二〕袁宏《漢紀》曰：初，天下將亂，涣慨然歎曰："漢室陵遲，亂無日矣。苟天下擾攘，逃將安之？若天未喪道，民以義存，唯彊而有禮，可以庇身乎！"徽曰："古人有言，'知機其神乎'！[5] 見機而作，君子所以元吉也。天理盛衰，漢其亡矣！夫有大功必有大事，此又君子之所深識，退藏於密者也。且兵革既興，外患必衆，徽將遠迹山海，以求免身。"及亂作，各行其志。

[1] 大司農：官名。秩中二千石，第三品。掌國家的財政收支及諸郡縣管理屯田之典農官。

[2] 河南尹：官名。秩二千石。東漢建都洛陽，將京都附近二十一縣合爲一行政區，稱河南尹。相當於一郡；河南尹的長官亦稱河南尹，地區名與官名相同。曹魏因之，第三品。

[3] 交州：建安十五年（210），刺史治所番禺縣，在今廣東廣州市。

[4] 河隄謁者：官名。曹魏時，爲都水使者屬官，隸都水臺，置五員，分部巡視天下河渠，第七品。

[5] 機：百衲本、校點本作"機"，殿本、盧弼《集解》本作"幾"。按，二字通，今從百衲本等。《易·繫辭下》子曰："知幾其神乎！君子上交不諂，下交不瀆。其知幾乎！幾者，動之微，吉之先見者也。"

張範，字公儀，河內脩武人也。[1] 祖父歆，爲漢司徒。父延，爲太尉。[2] 太傅袁隗欲以女妻範，[3] 範辭不受。性恬靜樂道，忽於榮利，徵命無所就。弟承，字公先，亦知名，[4] 以方正徵，[5] 拜議郎，[6] 遷伊闕都尉。[7] 董卓作亂，承欲合徒衆與天下共誅卓。承弟昭時爲議郎，適從長安來，謂承曰："今欲誅卓，衆寡不敵，且起一朝之謀，戰阡陌之民，士不素撫，兵不練習，難以成功。卓阻兵而無義，固不能久；不若擇所歸附，[8] 待時而動，然後可以如志。"承然之，乃解印綏間行歸家，與範避地揚州。[9]袁術備禮招請，範稱疾不往，術不彊屈也。遣承與相見，術問曰："昔周室陵遲，則有桓、文之霸；秦失其政，漢接而用之。[10]今孤以土地之廣，士民之衆，欲徼福齊桓，[11]擬迹高祖，何如？"承對曰："在德不在彊。夫能用德以同天下之欲，[12]雖由匹夫之資，而興霸王之功，不足爲難。若苟僭擬，[13]干時而動，衆之所棄，誰能興之？"[14]術不悦。是時，太祖將征冀州，[15]術復問曰："今曹公欲以弊兵數千，敵十萬之衆，可謂不量力矣！子以爲何如？"承乃曰："漢德雖衰，天命未改，今曹公挾天子以令天下，雖敵百萬之衆可也。"術作色不懌，承去之。

太祖平冀州，遣使迎範。範以疾留彭城，[16]遣承詣太祖，太祖表以爲諫議大夫。範子陵及承子戩爲山東賊所得，[17]範直詣賊請二子，賊以陵還範。範謝曰："諸君相還兒厚矣。夫人情雖愛其子，然吾憐戩之小，請以陵易之。"賊義其言，[18]悉以還範。太祖自荆州還，範得見於陳，以爲議郎，參丞相軍事，甚見敬重。太祖征伐，常令範及邴原留，與世子居守。[19]太祖謂文帝：[20]"舉動必諮此二人。"世子執子孫禮。救恤窮乏，家無所餘，中外孤寡皆歸焉。贈遺無所逆，亦終不用，及去，皆以還之。建安十七年卒。[21]魏國初建，承以丞相參軍祭酒領趙郡太守，[22]政化大行。太祖將西征，徵承參軍事，至長安，病卒。[一]

〔一〕《魏書》曰：文帝即位，以範子參爲郎中。[23]承孫邵，晋中護軍，[24]與舅楊駿俱被誅。事見《晋書》。[25]

［1］河内：郡名。治所懷縣，在今河南武陟縣西南。　脩武：縣名。治所在今河南獲嘉縣。

［2］太尉：官名。東漢時，與司徒、司空並爲三公，共同行使宰相職能，而位列三公之首，名位甚重，或與太傅並録尚書事，綜理全國軍政事務。

［3］太傅：官名。東漢太傅位上公，掌善導，無常職，多爲加銜。

［4］亦：趙幼文《校箋》謂《北堂書鈔》卷五六引作"少"。

［5］方正：漢代選舉人才科目之一，多與賢良並稱爲賢良方正。

［6］議郎：官名。郎官之一種，屬光禄勳，秩六百石，不入直宿衛，得參與朝政議論。

［7］伊闕都尉：官名。漢靈帝中平元年（184），爲阻擋黄巾軍進攻洛陽，所設八關都尉之一。伊闕，關塞名。在今河南洛陽市南伊闕山上。

［8］歸附：趙幼文《校箋》謂《册府元龜》卷七八九引無"附"字。按，宋本《册府元龜》有"附"字。

［9］揚州：東漢末刺史治所在壽春，在今安徽壽縣。

［10］漢接而用之：趙幼文《校箋》謂《太平御覽》卷四二七引作"則高祖接而用之"，無"漢"字。下文"擬迹高祖，何如"，正承此而言，當據删。按，趙説有理，但嫌其孤證，又郝經《續後漢書》卷九《袁術傳》亦作"漢接而用之"，故暫不改。

［11］徼（yāo）福：求福。

［12］同：趙幼文《校箋》謂《太平御覽》卷四二七作"從"。

［13］僭（jiàn）擬：超越本分。此謂超越本分，自比於皇帝。

［14］興之：百衲本作"異之"，殿本、盧弼《集解》本、校點本作"興之"，《太平御覽》卷四二七引亦作"興之"。今從殿本等。

[15] 冀州：東漢末，刺史治所常設在鄴縣，在今河北臨漳縣西南鄴鎮東一里半。

[16] 彭城：縣名。治所在今江蘇徐州市。

[17] 山東賊：趙幼文《校箋》謂《太平御覽》卷五一二引"山"下無"東"字。

[18] 言：趙幼文《校箋》謂《太平御覽》引作"志"。

[19] 世子：諸侯王之嫡子。此指曹丕。

[20] 太祖謂文帝：趙幼文《校箋》謂《太平御覽》卷二四九引作"太祖常謂文帝曰"。

[21] 建安：漢獻帝劉協年號（196—220）。

[22] 丞相參軍祭酒：官名。曹操爲丞相時丞相府所置的僚屬，以參軍久者爲之。　趙郡：治所邯鄲縣，在今河北邯鄲市西南。

[23] 郎中：官名。東漢時，秩比三百石，分隸五官、左、右三署中郎將，名義上備宿衛，實爲後備官吏人材。魏、晉雖罷五官、左、右三署中郎將，仍置郎中，州郡所舉秀才、孝廉，多先授郎中，再出補長吏。

[24] 中護軍：官名。第四品。掌禁兵，總統諸將任，主武官選舉，隸領軍。資重者爲護軍將軍，資輕者爲中護軍。

[25] 晉書：此《晉書》或指晉王隱《晉書》、虞預《晉書》、朱鳳《晉書》等等，今傳本唐人《晉書》卷四〇《楊駿傳》亦載有駿甥張邵事。

涼茂字伯方，山陽昌邑人也。[1]少好學，論議常據經典，[2]以處是非。太祖辟爲司空掾，[3]舉高第，補侍御史。時泰山多盜賊，以茂爲泰山太守，[4]旬月之間，襁負而至者千餘家。[一]轉爲樂浪太守。[5]公孫度在遼東，[6]擅留茂，不遣之官，然茂終不爲屈。度謂茂及諸將曰："聞曹公遠征，鄴無守備，今吾欲以步卒三萬，騎萬匹，直指鄴，誰能禦之？"諸將皆曰："然。"〔二〕又顧謂茂曰："於君意何如？"茂答曰："比者海内大亂，社稷將傾，將軍擁十萬之衆，安坐而觀成敗，夫爲人臣者，固若是邪！曹公憂國家之危敗，愍百姓之苦毒，率義兵爲天下誅殘賊，功高而德廣，可謂無二矣。以海内初定，民始安集，故未責將軍之罪耳！而將軍乃欲稱兵西向，則存亡之效，不崇朝而決。[7]將軍其勉之！"諸將聞茂言，皆震動。良久，度曰："涼君言是也。"後徵還爲魏郡太守、甘陵相，[8]所在有績。文帝爲五官將，[9]茂以選爲長史，[10]遷左軍師。[11]魏國初建，遷尚書僕射，[12]後爲中尉、奉常。[13]文帝在東宮，茂復爲太子太傅，[14]甚見敬禮。卒官。〔三〕

〔一〕《博物記》曰：襁，織縷爲之，廣八寸，長尺二，以約小兒於背上，負之而行。

〔二〕臣松之案此傳云公孫度聞曹公遠征，鄴無守備，則太祖定鄴後也。案《度傳》，度以建安九年卒，太祖亦以此年定鄴，自後遠征，唯有北征柳城耳。征柳城之年，度已不復在矣。

〔三〕《英雄記》曰：茂名在八友中。[15]

[1] 山陽：郡名。治所昌邑縣，在今山東金鄉縣西北。

[2] 常據：百衲本、殿本、盧弼《集解》本、校點本皆作"常據"。殿本《考證》云："常據"，北宋本作"多據"。

[3] 司空掾：官名。司空府之屬吏。東漢司空府掾屬二十九人。

[4] 泰山：郡名。治所奉高縣，在今山東泰安市東。

[5] 樂浪：郡名。治所朝鮮縣，在今朝鮮平壤市西南。

[6] 遼東：郡名。治所襄平縣，在今遼寧遼陽市老城區。

[7] 崇朝：從黎明到早飯之間。言其時間短暫。

[8] 還：校點本作"遷"，百衲本、殿本、盧弼《集解》本作"還"。今從百衲本等。　魏郡：治所鄴縣，在今河北臨漳縣西南鄴鎮東一里半。　甘陵：王國名。治所甘陵縣，在今山東臨漳市東。

[9] 五官將：官名。即五官中郎將。在東漢，五官中郎將主管五官郎，屬光祿勳，不置官屬，秩比二千石。曹丕爲五官中郎將，置官屬，並爲丞相之副。

[10] 長史：官名。漢代，三公府設有長史，以輔助三公。將軍府之屬官亦有長史，以總理幕府。曹丕爲五官中郎將，置官屬，故亦有長史。

[11] 左軍師：官名。曹操爲丞相後，丞相府屬官有左軍師一人，參議軍國大事。

[12] 尚書僕射（yè）：官名。魏、晉時爲尚書省次官，秩六百石，第三品。或單置，或並置左、右。左、右並置時，左僕射居右僕射上。輔助尚書令執行政務，參議大政，諫諍得失，監察糾彈百官，可封還詔旨，常受命主管官吏選舉。

[13] 中尉：官名。漢代諸侯王國的軍事長官，秩二千石。掌王國治安，督察軍吏，典領軍隊。建安十八年（213）魏國亦置。

奉常：官名。秦朝置奉常，漢代改稱太常，建安二十一年又復稱奉常，爲列卿之首，秩中二千石，掌禮儀祭祀。

[14] 太子太傅：官名。東漢時，秩中二千石，掌輔導太子，不領東宮官屬及庶務，諸屬官由太子少傅主之。太子對太傅執弟子之禮，太傅不稱臣。曹魏時，二傅並攝東宮事務，與尚書東曹並掌太子、諸侯官屬之選舉。爲第三品。

[15] 八友：周壽昌《注證遺》云："按《後漢書》及本志《劉表傳》注引《漢末名士錄》，八友中俱無涼茂名。"沈家本《瑣言》説亦同。

國淵字子尼，樂安蓋人也。[1]師事鄭玄。〔一〕[2]後與邴原、管寧等避亂遼東。〔二〕既還舊土，太祖辟爲司空掾屬，每於公朝論議，常直言正色，退無私焉。太祖欲廣置屯田，使淵典其事。淵屢陳損益，相土處民，計民置吏，明功課之法，五年中倉廩豐實，百姓競勸樂業。太祖征關中，[3]以淵爲居府長史，統留事。田銀、蘇伯反河間，[4]銀等既破，後有餘黨，皆應伏法。淵以爲非首惡，請不行刑。太祖從之，賴淵得生者千餘人。破賊文書，舊以一爲十，及淵上首級，如其實數。太祖問其故，淵曰："夫征討外寇，多其斬獲之數者，欲以大武功，且示民聽也。河間在封域之內，銀等叛逆，雖克捷有功，淵竊恥之。"太祖大悅，遷魏郡太守。

〔一〕《玄別傳》曰：淵始未知名，玄稱之曰："國子尼，美才也，吾觀其人，必爲國器。"

〔二〕《魏書》曰：淵篤學好古，在遼東，常講學於山巖，士人多推慕之，由此知名。

[1] 樂安：郡名。東漢質帝時改樂安國置，治所高苑縣，在今山東鄒平縣東北苑城鎮。　蓋：縣名。錢大昕云："'蓋'縣屬泰山，不屬樂安，'蓋'當爲'益'字之訛。"（《廿二史考異》卷一五）謝鍾英《補三國疆域志補注》亦有同說。吳增僅《三國郡縣表附考證》亦謂漢獻帝建安中，樂安郡中祇有益縣，而至曹魏時，則將泰山郡之蓋縣劃屬樂安郡。據此，國淵之籍貫，陳壽蓋以魏郡言之。故不改原文。蓋縣治所，在今山東沂源縣東南。益侯國治所，在今山東壽光市南。

[2] 鄭玄：字康成，漢末之大經學家。傳見《後漢書》卷三五。

　　[3] 關中：地區名。指函谷關以内之地，包括今陝西和甘肅、寧夏、内蒙的部分地區。曹操征關中，在建安十六年（211）。見本書卷一《武帝紀》。

　　[4] 河間：王國名。治所樂成縣，在今河北獻縣東南。　田銀、蘇伯事，見本書卷二三《常林傳》、卷一四《程昱傳》裴注引《魏書》。

　　時有投書誹謗者，[1]太祖疾之，欲必知其主。淵請留其本書，而不宣露。其書多引《二京賦》，[2]淵勑功曹曰："此郡既大，今在都輦，而少學問者。其簡開解年少，欲遣就師。"功曹差三人，臨遣引見，訓以"所學未及，《二京賦》，博物之書也，世人忽略，少有其師，可求能讀者從受之。"又密喻旨。旬日得能讀者，遂往受業。吏因請使作箋，比方其書，與投書人同手。收攝案問，具得情理。遷太僕。[3]居列卿位，布衣蔬食，[4]禄賜散之舊故宗族，以恭儉自守，[5]卒官。〔一〕

　　〔一〕《魏書》曰：太祖以其子泰爲郎。[6]

　　[1] 誹謗者：殿本無"者"字，百衲本、盧弼《集解》本、校點本有。今從百衲本等。
　　[2] 二京賦：指張衡《西京賦》與《東京賦》。
　　[3] 太僕：官名。秩中二千石。掌皇帝車馬，兼管官府畜牧業，東漢尚兼掌兵器製作、織綬等。曹魏因之，三品。

［4］布衣：趙幼文《校箋》謂《北堂書鈔》卷三八引"布"上有"常"字，疑此脱。

［5］以恭儉：殿本無"以"字，百衲本、盧弼《集解》本、校點本皆有。今從百衲本等。

［6］郎：郎官的泛稱。西漢光祿勳的屬官郎中、中郎、侍郎、議郎等皆可稱爲郎，無定員，多至千餘人；東漢於光祿勳下又設有五官、左、右中郎將署，合稱三署，主管諸中郎、侍郎、郎中等，亦無定員，多達二千餘人；又尚書、黄門等機構亦設專職郎官。光禄勳下之郎官，掌守衛皇宫殿廊門户，出充車騎扈從，備顧問應對，守衛陵園寢廟等，任滿一定期限，即可遷補內外官職，故郎官機構，實爲儲備官吏的機構。東漢時，舉孝廉者多爲郎官。

田疇字子泰，[1]右北平無終人也。[2]好讀書，善擊劍。[3]初平元年，[4]義兵起，董卓遷帝于長安。幽州牧劉虞歎曰：[5]"賊臣作亂，朝廷播蕩，四海俄然，[6]莫有固志。身備宗室遺老，不得自同於衆。今欲奉使展效臣節，安得不辱命之士乎？"衆議咸曰："田疇雖年少，多稱其奇。"疇時年二十二矣。虞乃備禮請與相見，[7]大悦之，遂署爲從事，[8]具其車騎。將行，疇曰："今道路阻絶，寇虜縱横，稱官奉使，爲衆所指名。願以私行，期於得達而已。"虞從之。疇乃歸，自選其家客與年少之勇壯慕從者二十騎俱往。[9]虞自出祖而遣之。[一][10]既取道，疇乃更上西關，[11]出塞，傍北山，[12]直趣朔方，[13]循閒徑去，遂至長安致命。詔拜騎都尉。[14]疇以爲天子方蒙塵未安，不可以荷佩榮寵，固辭不受。朝廷高其義。三府並辟，皆不就。得報，馳還，未至，虞已爲公孫瓚所害。疇至，謁祭虞墓，陳發章表，[15]哭泣而去。瓚聞之大怒，購求獲疇，謂曰："汝何自哭劉虞墓，而不送章報於我也？"疇答曰："漢室衰穨，人懷異心，唯劉公不失忠節。章報所言，於將軍未美，恐非所樂聞，故不進也。且將軍方舉大事以求所欲，既滅無罪之君，又讎守義之臣，誠行此事，則燕、趙之士將皆蹈東海而死耳，[16]豈忍有從將軍者乎！"[17]瓚壯其對，釋不誅也。拘之軍下，禁其故人莫得與通。或說瓚曰："田疇義士，君弗能禮，而又囚之，恐失衆心。"瓚乃縱遣疇。

〔一〕《先賢行狀》曰：疇將行，引虞密與議。疇因說虞曰："今帝主幼弱，姦臣擅命，表上須報，懼失事機。且公孫瓚阻兵安忍，[18]不早圖之，必有後悔。"虞不聽。

［1］子泰：各本皆作"子泰"。趙一清《注補》云："《後漢書·劉虞傳》注引《魏志》云'字子春'。"王鳴盛則云："陶潛《擬古詩》云：'辭家夙嚴駕，當往至無終。聞有田子春，節義爲士雄。''春'字下注云'一作泰'。予所據者，從友人朱奐文遊，借得宋紹熙壬子冬贛川曾集刻本，觀此則知或作'子泰'，或作'子春'，宋人已不能定，然畢竟以'春'爲正也。"（《十七史商榷》卷四〇）但本傳中所載曹操令，又稱之爲"子泰"，疑不能決，故仍作"子泰"不改。

［2］右北平：郡名。東漢時治所土垠縣，在今河北豐潤縣東南。　無終：縣名。治所在今天津市薊縣。

［3］善擊劍：百衲本無"善"字，殿本、盧弼《集解》本、校點本有。殿本《考證》云："宋本無'善'字。"盧弼《集解》又云："何焯校本，北宋本有'善'字。"今從殿本等。

〔4〕初平：漢獻帝劉協年號（190—193）。

〔5〕幽州：刺史治所薊縣，在今北京城西南部分。

〔6〕四海俄然：徐紹楨《質疑》云：《詩・賓之初延》"側弁之俄"鄭箋："俄，傾貌。"此云"四海俄然"，蓋謂四海傾動，莫能自安也。

〔7〕相見：百衲本無"相"字，殿本、盧弼《集解》本、校點本有。殿本《考證》云："宋本無'相'字。"盧弼《集解》云："何校云北宋本有之。"今從殿本等。

〔8〕從事：官名。漢代州牧刺史的佐吏，有別駕從事史、治中從事史、兵曹從事史、部從事史等，均可簡稱爲從事。

〔9〕家客：依附豪強者。　慕：殿本作"募"，百衲本、盧弼《集解》本、校點本作"慕"。今從百衲本等。

〔10〕祖：祖道，餞行。

〔11〕西關：即居庸關，在今北京昌平區西北。

〔12〕北山：即陰山。

〔13〕朔方：郡名。治所臨戎縣，在今内蒙古磴口縣北之黄河東岸。

〔14〕騎都尉：官名。秩比二千石，屬光禄勳，掌監羽林騎兵。

〔15〕章表：胡三省云："當依下文作'章報'。"（《通鑑》卷六〇漢獻帝初平四年注）

〔16〕燕趙：指幽州。幽州爲古燕、趙二國之地。

〔17〕忍有：趙幼文《校箋》謂《後漢紀》作"有思"。

〔18〕阻兵安忍：語出《左傳・隱公四年》。阻兵，謂依仗兵力以求勝。安忍，謂安於殘殺之事。

疇得北歸，率舉宗族他附從數百人，[1]掃地而盟曰："君仇不報，吾不可以立於世！"遂入徐無山中，[2]營深險平敞地而居，躬耕以養父母。百姓歸之，數年閒至五千餘家。疇謂其父老曰：“諸君不以疇不肖，遠來相就。衆成都邑，而莫相統一，恐非久安之道，願推擇其賢長者以爲之主。”[3]皆曰：“善。”同僉推疇。疇曰：“今來在此，非苟安而已，將圖大事，復怨雪恥。竊恐未得其志，而輕薄之徒自相侵侮，偷快一時，無深計遠慮。疇有愚計，願與諸君共施之，可乎？”皆曰：“可。”疇乃爲約束相殺傷、犯盜、諍訟之法，法重者至死，其次抵罪，二十餘條。又制爲婚姻嫁娶之禮，興舉學校講授之業，班行其衆，衆皆便之，至道不拾遺。北邊翕然服其威信，烏丸、鮮卑並各遣譯使致貢遺，疇悉撫納，令不爲寇。袁紹數遣使招命，又即授將軍印，因安輯所統，疇皆拒不當。[4]紹死，其子尚又辟焉，疇終不行。

疇常忿烏丸昔多賊殺其郡冠蓋，[5]有欲討之意而力未能。建安十二年，太祖北征烏丸，未至，先遣使辟疇，又命田豫喻指。[6]疇戒其門下趣治嚴。[7]門人謂曰：[8]“昔袁公慕君，禮命五至，君義不屈；今曹公使一來而君若恐弗及者，何也？”疇笑而應之曰：“此非君所識也。”遂隨使者到軍，署司空戶曹掾，[9]引見諮議。明日出令曰：“田子泰非吾所宜吏者。”即舉茂才，拜爲蓨令，[10]不之官，隨軍次無終。時方夏水雨，[11]而濱海洿下，[12]潦滯不通，虜亦遮守蹊要，軍不得進。太祖患之，以問疇。疇曰：“此道，秋夏每常有水，淺不通車馬，深不載舟船，爲難久矣。舊北平郡治在平岡，[13]道出盧龍，[14]達于柳城；[15]自建武以來,[16]陷壞斷絕,[17]垂二百載,而尚有微徑可從。今虜將以大軍當由無終,不得進而退,懈弛無備。若嘿回軍,從盧龍口越白檀之險,[18]出空虛之地,路近而便,掩其不備,蹋頓之首可不戰而禽也。"[19]太祖曰:"善。"乃引軍還,而署大木表于水側路傍曰:"方今暑夏,[20]道路不通,且俟秋冬,乃復進軍。"虜候騎見之,誠以爲大軍去也。太祖令疇將其衆爲鄉導,上徐無山,出盧龍,歷平岡,登白狼堆,[21]去柳城二百餘里,虜乃驚覺。單于身自臨陣,太祖與交戰,遂大斬獲,追奔逐北,至柳城。軍還入塞,論功行封,封疇亭侯,[22]邑五百户。〔一〕疇自以始爲(居)〔君〕難,[23]率衆遁逃,志義不立,反以爲利,非本意也,固讓。太祖知其至心,[24]許而不奪。〔二〕

〔一〕《先賢行狀》載太祖表論疇功曰:"文雅優備,忠武又著,和於撫下,慎於事上,量時度理,進退合義。幽州始擾,胡、漢交萃,[25]蕩析離居,靡所依懷。疇率宗人避難於無終山,[26]北拒盧龍,南守要害,清静隱約,耕而後食,人民化從,咸共資奉。及袁紹父子威力加於朔野,遠結烏丸,與爲首尾,前後召疇,終不陷撓。[27]後臣奉命,軍次易縣,[28]疇長驅自到,陳討胡之勢,猶廣武之建燕策,[29]薛公之度淮南。[30]又使部曲持臣露布,[31]出誘胡衆,漢民或因亡來,烏丸聞之震蕩。王旅出塞,塗由山中九百餘里,疇帥兵五百,啓導山谷,遂滅烏丸,蕩平塞表。疇文武有効,節義可嘉,誠應寵賞,以旌其美。"

〔二〕《魏書》載太祖令曰:"昔伯成棄國,[32]夏后不奪,將欲使高尚之士,優賢之主,不止於一世也。其聽疇所執。"

[1] 舉宗族：趙幼文《校箋》謂《册府元龜》卷八〇二、卷八四九引無"舉"字。按《册府元龜》卷八〇六引又有"舉"字。

[2] 徐無山：在今河北玉田縣東北。

[3] 推擇：殿本無"推"字，百衲本、盧弼《集解》本、校點本皆有。今從百衲本等。

[4] 不當：百衲本、盧弼《集解》作"不當"；殿本作"不留"，其《考證》謂毛本作"不當"，元本作"不受"。校點本則從何焯説作"不受"。趙幼文《校箋》謂疑作"當"字是。《吕氏春秋·無義篇》"魏使公子卬將而當之"高誘注："當，應也。"按趙説是，今從百衲本等。

[5] 冠蓋：指士大夫。

[6] 田豫：百衲本、殿本、盧弼《集解》本作"田預"；殿本《考證》云："'預'北宋本作'豫'。"盧弼《集解》謂《通鑑》作"田豫"，本書卷二六《田豫傳》亦同。校點本即作"田豫"。今從之。

[7] 趣（cù）：急速。　治嚴：即治裝，整理行裝，收拾行李。東漢人避漢明帝劉莊諱改"裝"爲"嚴"。

[8] 門人：門客，依附者。

[9] 司空户曹掾：官名。曹操所置司空府之屬吏，秩比三百石，主田户、祠祀、農桑等。曹魏時第三品。

[10] 蓨（tiáo）：縣名。治所在今河北景縣南。

[11] 水雨：盧弼《集解》引劉家立曰："應作'雨水'。"趙幼文《校箋》謂《册府元龜》卷八四九引"水雨"二字乙，劉説是也。按，宋本《册府元龜》亦作"水雨"。

[12] 洿（wū）下：低下。

[13] 平岡：即"平剛"，西漢縣名。西漢時，爲右北平郡治所，東漢省。在今遼寧凌源市西南。

[14] 盧龍：即盧龍塞。在今河北遷西縣北喜峰口附近一帶。土色黑，山形似龍，故名盧龍。古時有塞道，自今天津薊縣東北，

經遵化，循灤河（古名濡水）河谷出塞，折東趨大凌河流域。是河北平原通向東北塞外之交通要道。

［15］柳城：西漢縣名。西漢時屬遼西郡，東漢省。治所在今遼寧朝陽市西南十二臺營子。（本《〈中國歷史地圖集〉釋文匯編（東北卷）》）

［16］建武：漢光武帝劉秀年號（25—56）。

［17］陷壞斷絶：潘眉《考證》云："平岡縣後漢廢，故云陷壞斷絶。"

［18］白檀：西漢縣名。西漢屬漁陽郡，東漢省。治所在今河北灤平縣東北。

［19］蹋頓：三郡烏丸王。見本書卷三〇《烏丸鮮卑東夷傳》。

［20］暑夏：盧弼《集解》云："《通鑑》作'夏暑'。郝經《續後漢書》作'暑雨'。"趙幼文《校箋》謂蕭常《續後漢書》作"夏暑"，與《通鑑》同，疑是。

［21］白狼堆：即白狼山。亦即今遼寧喀喇沁左翼東三十里之白鹿山。（本盧弼《集解》説）

［22］亭侯：爵名。漢制，列侯大者食縣邑，小者食鄉、亭。東漢後期遂以食鄉、亭者稱爲鄉侯、亭侯。

［23］君難：各本皆作"居難"。錢大昕云："'居'當作'君'。"（《廿二史考異》卷一五）此君即前文"掃地而盟曰君仇不報"之君，即指劉虞。趙幼文《校箋》亦謂《通志》作"自以爲始救君難"。郝經《續後漢書》作"始爲劉公報仇"。據二書則君即劉公，謂劉虞也。作"君"字是。"居""君"蓋形近而誤。錢説是也。今從錢、趙説改。

［24］至心：趙幼文《校箋》謂《册府元龜》卷八四九引"至"字作"志"，是也。按，宋本《册府元龜》亦作"至"。"至""志"古通。《論語·泰伯》子曰："三年學，不至於穀，不易得也。"楊伯峻注：這"至"字"指意念之所至"。（《論語譯注》）又《荀子·儒效》："行法至堅，不以私欲亂所聞。"王先謙

《集解》:"荀書'至''志'通借。"

[25] 悴:通"悴",憂傷,困苦。

[26] 無終山:盧弼《集解》云:按傳文,疇居徐無山,非無終山也。無終山在今天津薊縣北。

[27] 終不陷撓:意謂,田疇終不屈於袁紹之召,而免使自己陷於不義。

[28] 易縣:治所在今河北雄縣西北。

[29] 廣武之建燕策:漢高祖劉邦三年(前204),韓信破趙後,欲北攻燕,問計於廣武君李左車。廣武君建議按甲休兵,遣使至燕,燕必不敢不聽。韓信遂用廣武君策,發使至燕,燕從風而靡。(見《漢書》卷三四《韓信傳》)

[30] 薛公之度淮南:漢高祖劉邦十一年秋七月,淮南王黥布反,劉邦問計於諸將。滕公言故楚令尹薛公有籌策。劉邦遂召見薛公,薛公言黥布形勢,劉邦甚贊賞,封薛公千户。終破黥布。(詳《漢書》卷一下《高帝紀》)

[31] 露布:布告、通告之類文書。

[32] 伯成棄國:《莊子·天地》云:"堯治天下,伯成子高立爲諸侯。堯授舜,舜授禹,伯成子高辭爲諸侯而耕。禹往見之……曰:'昔堯治天下,吾子立爲諸侯。堯授舜,舜授予,而吾子辭爲諸侯而耕,敢問,何故也?'子高曰:'昔堯治天下,不賞而民勸,不罰而民畏。今子賞罰而民且不仁,德自此衰,刑自此立,後世之亂,自此始矣。夫子闔行邪?無落吾事!'俋俋耕而不顧。"

　　遼東斬送袁尚首,令"三軍敢有哭之者斬"。疇以嘗爲尚所辟,乃往弔祭。太祖亦不問。[一]疇盡將其家屬及宗人三百餘家居鄴。太祖賜疇車馬穀帛,皆散之宗族知舊。從征荆州還,太祖追念疇功殊美,恨前聽疇之讓,曰:"是成一人之志,而虧王法大制也。"於是乃復以前爵封疇。〔二〕疇上疏陳誠，以死自誓。太祖不聽，欲引拜之，至于數四，終不受。有司劾疇狷介違道，[1]苟立小節，宜免官加刑。太祖重其事，依違者久之。乃下世子及大臣博議，[2]世子以疇同於子文辭祿，[3]申胥逃賞，[4]宜勿奪以優其節。尚書令荀彧、司隸校尉鍾繇亦以爲可聽。〔三〕[5]太祖猶欲侯之。疇素與夏侯惇善，太祖語惇曰："且往以情喻之，自從君所言，無告吾意也。"惇就疇宿，如太祖所戒。疇揣知其指，不復發言。惇臨去，乃拊疇背曰："田君，主意殷勤，曾不能顧乎！"疇答曰："是何言之過也！疇，負義逃竄之人耳，蒙恩全活，爲幸多矣。豈可賣盧龍之塞，以易賞祿哉？縱國私疇，[6]疇獨不愧於心乎？將軍雅知疇者，猶復如此，若必不得已，請願效死刎首於前。"言未卒，涕泣橫流。惇具答太祖。太祖喟然知不可屈，乃拜爲議郎。年四十六卒。子又早死。文帝踐阼，高疇德義，賜疇從孫續爵關內侯，[7]以奉其嗣。

〔一〕臣松之以爲田疇不應袁紹父子之命，以其非正也。故盡規魏祖，建盧龍之策。致使袁尚奔迸，授首遼東，皆疇之由也。既以明其爲賊，胡爲復弔祭其首乎？若以嘗被辟命，義在其中，則不應爲人設謀，使其至此也。疇此舉止，良爲進退無當，與王脩哭袁譚，[8]貌同而心異也。

〔二〕《先賢行狀》載太祖令曰：[9]"蓨令田疇，志節高尚，[10]遭值州里戎夏交亂，引身深山，研精味道，百姓從之，以成都邑。袁賊之盛，命召不屈。慷慨守志，以徼真主。及孤奉詔征定河北，遂服幽都，將定胡寇，時加禮命。[11]疇即受署，陳建攻胡蹊路所由，率齊山民，一時向化，開塞導道，[12]供承使役，路近而便，令虜不意。斬蹋頓于白狼，遂長驅于柳城，疇有力焉。及軍入塞，將圖其功，表封亭侯，食邑五百，而疇懇惻，前後辭賞。出入三載，歷年未賜，此爲成一人之高，甚違王典，失之多矣。宜從表封，無久留吾過。"

〔三〕《魏書》載世子議曰："昔蓬敖逃禄，[13]傳載其美，所以激濁世，勵貪夫，賢於尸禄素餐之人也。[14]故可得而小，不可得而毀。至于田疇，方斯近矣。免官加刑，於法爲重。"

《魏略》載教曰："昔夷、齊棄爵而譏武王，[15]可謂愚闇，孔子猶以爲'求仁得仁'。[16]疇之所守，雖不合道，但欲清高耳。使天下悉如疇志，即墨翟兼愛尚同之事，[17]而老聃使民結繩之道也。[18]外議雖善，爲復使令司隸以決之。"[19]

《魏書》載荀彧議，以爲"君子之道，或出或處，期於爲善而已。故匹夫守志，聖人各因而成之"。鍾繇以爲"原思辭粟，[20]仲尼不與，子路拒牛，謂之止善，雖可以激清勵濁，猶不足多也。疇雖不合大義，有益推讓之風，宜如世子議。"

臣松之案《吕氏春秋》：[21]"魯國之法，魯人有爲臣妾於諸侯，有能贖之者取其金於府。子貢贖人而辭不取金，[22]孔子曰：'賜失之矣。自今以來魯人不贖矣。'子路拯溺者，其人拜之以牛，子路受之。孔子曰：'魯人必拯溺矣。'"案此語不與繇所引者相應，未詳爲繇之事誤邪，而事將别有所出〔耳〕？[23]

［1］狷介：此謂狹隘自守，不明大道。

［2］世子及大臣：殿本無"及"字，百衲本、盧弼《集解》本、校點本皆有。今從百衲本等。

［3］子文辭禄：《國語·楚語下》："昔鬭子文三舍令尹，無一日之積，恤民之故也。成王聞子文之朝不及夕也，於是乎每朝設脯一束，糗一筐，以羞子文。至於今秩之。成王每出子文之禄，必

逃，王止而後復。人謂子文曰：'人生求富，而子逃之，何也？'對曰：'夫從政者，以庇民也。民多曠者，而我富焉，是勤民以自封也，死無日也矣。我逃死，非逃富也。'"（參趙幼文《〈三國志集解〉辨證》）

[4] 申胥：即申包胥，春秋楚人。吳國伐楚，攻入郢都，楚昭王出奔，申包胥入秦乞師。秦哀公不肯出兵，申包胥遂立於秦庭哭泣，七日七夜不絕聲。秦哀公爲之感動，出兵救楚。吳兵退後，楚昭王返郢都，封賞有功者，申包胥曰："吾爲君也，非爲身也。"遂逃賞。（見《左傳》定公三、四、五年）

[5] 尚書令：官名。東漢時爲尚書臺長官，秩千石。掌奏、下尚書曹文書衆事，選用署置官吏；總典臺中綱紀法度，無所不統。名義上仍隸少府。　司隸校尉：官名。秩比二千石。掌糾察京師百官違法者，並治所轄各郡，相當於州刺史。

[6] 私：謂獨加恩寵。

[7] 關內侯：爵名。漢制二十級爵之第十九級，次於列侯，祗有封户收取租稅而無封地。魏文帝定爵制爲十等，關內侯在亭侯下，仍爲虛封，無食邑。

[8] 王脩哭袁譚：此事見本卷《王脩傳》。

[9] 令：殿本、校點本作"命"，百衲本、盧弼《集解》本作"令"。今從百衲本等。

[10] 志節：殿本、校點本作"至節"；百衲本、盧弼《集解》本作"志節"。今從百衲本等。

[11] 時：百衲本作"特"，殿本、盧弼《集解》本、校點本作"時"。今從殿本等。

[12] 導道：殿本、校點本作"導送"，百衲本、盧弼《集解》本作"導道"。今從百衲本等。

[13] 蒍（wěi）敖逃禄："蒍"即"蔿"，楚國貴族之姓。蒍敖，即楚臣屈建，字子木。曾爲莫敖（掌軍政領兵官）。《左傳·襄公二十五年》："楚子以滅舒鳩賞子木。辭曰：'先大夫蔿子之功

也.'以與蒍掩。"杜預注："往年楚子將伐舒鳩,蒍子馮請退師以須其叛,楚子從之,卒獲舒鳩。故子木辭賞,以與其子。"趙幼文《校箋》則謂蒍敖即傳文中之子文。但子文乃鬬穀於菟,因其爲令尹,又稱之爲令尹子文,未見有蒍敖之説。

[14] 尸禄:祇食禄不盡職。　素餐:無功而食禄。

[15] 夷齊:即伯夷、叔齊,殷商末孤竹君之子。孤竹君將死,欲立叔齊,及死,叔齊遜讓伯夷。伯夷曰:"父命也。"遂逃去。叔齊亦不肯立而走。國人乃立其中子。伯夷、叔齊聞西伯善養老,遂往歸附。及至,西伯死,武王載木主東伐紂。伯夷、叔齊叩馬而諫曰:"父死不葬,爰及干戈,可謂孝乎?以臣弑君,可謂仁乎?"(《史記》卷六一《伯夷列傳》)

[16] 求仁得仁:孔子此語見《論語·述而》。

[17] 墨翟(dí):即墨子。在《墨子》書中,有《兼愛》《尚同》兩篇闡述兼愛尚同的學説。

[18] 老耼:"耼"同"聃",即老子。《老子》有云:"小國寡民,使民有什伯之器而不用,使民重死而遠徙。雖有舟輿,無所乘之;雖有甲兵,無所陳之。使人復結繩而用之。"

[19] 外議雖善爲復使令司隸以決之:殿本、盧弼《集解》本、校點本皆如此,百衲本作"外議欲爲復使令司隸決之"。張元濟《校勘記》云:"'雖善'二字殊不似當時口吻。"按,百衲本"欲"字下又缺一字。故暫從殿本等。

[20] 原思:即原憲,孔子弟子,字子思。《論語·雍也》:"原思爲之宰,與之粟九百,辭。子曰:'毋!以與爾鄰里鄉黨乎!'"朱熹注:"孔子爲魯國司寇時,以思爲宰。粟,宰之禄也。"

[21] 吕氏春秋:裴松之所引此段《吕氏春秋》,見《先識覽·察微》篇,文字略有出入。

[22] 不取金:百衲本作"不受金",殿本、盧弼《集解》本、校點本作"不取金",《吕氏春秋》亦作"不取金"。今從殿本等。

[23] 出耳:各本皆無"耳"字。盧弼《集解》云:"何焯校

本云‘北宋本出下有耳字’。”校點本即據何焯說增“耳”字。今從之。

　　王脩字叔治，北海營陵人也。[1]年七歲喪母。母以社日亡。[2]來歲鄰里社，脩感念母，哀甚。[3]鄰里聞之，爲之罷社。年二十，游學南陽，[4]止張奉舍。奉舉家得疾病，無相視者，脩親隱恤之，[5]病愈乃去。初平中，北海〔相〕孔融召以爲主簿，[6]守高密令。[7]高密孫氏素豪俠，人客數犯法。民有相劫者，[8]賊入孫氏，吏不能執。[9]脩將吏民圍之，孫氏拒守，吏民畏憚不敢近。脩令吏民：“敢有不攻者，與同罪！”孫氏懼，乃出賊。由是豪強懾服。舉孝廉，[10]脩讓邴原，融不聽。〔一〕時天下亂，[11]遂不行。頃之，郡中有反者。脩聞融有難，夜往奔融。賊初發，融謂左右曰：“能冒難來〔者〕，[12]唯王脩耳！”言終而脩至。復署功曹。時膠東多賊寇，[13]復令脩守膠東令。膠東人公沙盧宗彊，自爲營塹，不肯應發調。[14]脩獨將數騎徑入其門，斬盧兄弟，公沙氏驚愕莫敢動。脩撫慰其餘，由是寇少止。融每有難，脩雖休歸在家，[15]無不至。融常賴脩以免。

　　〔一〕《融集》有融答脩教曰：[16]“原之賢也，吾已知之矣。昔高陽氏有才子八人，[17]堯不能用，[18]舜實舉之。原可謂不患無位之士。[19]以遺後賢，不亦可乎！”脩重辭，融答曰：“掾清身絜己，歷試諸難，謀而鮮過，惠訓不倦。余嘉乃勳，應乃懿德，用升爾于王庭，其可辭乎！”

[1] 北海：王國名。治所劇縣，在今山東昌樂縣西。　營陵：縣名。治所在今山東昌樂縣東南。

[2] 社日：祭祀社神（土地神）之日。古代地方皆祭祀社神，漢代以後，一般有春社與秋社，即春秋二季各祭祀一次，間或也有四時祭祀者。

[3] 哀甚：趙幼文《校箋》謂《藝文類聚》卷五、《太平御覽》卷三〇引"哀"上有"悲"字，"甚"作"其"。

[4] 南陽：郡名。治所宛縣，在今河南南陽市。

[5] 隱恤：哀憐照顧。

[6] 北海相：各本皆無"相"字。趙幼文《校箋》謂《册府元龜》卷七二六引有"相"字，《通志》同。按，孔融爲北海相，非北海人。今據趙引增"相"字。　主簿：官名。漢代中央及州郡縣官府皆置此官，以典領文書，辦理事務。當時孔融爲北海相，故亦設主簿。

[7] 高密：侯國名。治所在今山東高密市西南。　令：高密爲侯國，本應稱相，而相與令職務相同，故可稱令。

[8] 相劫：趙幼文《校箋》謂蕭常《續後漢書》"相"字作"被"，是也。按，"相"亦有被義。如《史記·鄒陽列傳》有云："臣聞明月之珠，夜光之璧，以闇投人於道路，人無不按劍相眄者。"

[9] 吏不能執：各本皆如此。殿本《考證》云："《太平御覽》作'吏不能得'。"

[10] 孝廉：漢代選拔官吏的主要科目。孝指孝子，廉指廉潔之士。原本爲二科，後混同爲一科，也不再限於孝子和廉吏。東漢後期定制爲不滿四十歲者不得察舉；被舉者先詣公府課試，以觀其能。郡國每年要向中央推舉一至二人。

[11] 天下亂：百衲本、殿本、盧弼《集解》本、校點本皆作"天下亂"，盧氏注謂北宋本作"天下大亂"。

[12] 來者：各本皆無"者"字。趙幼文《校箋》謂《册府元

龜》卷八〇二引"來"下有"者"字，此脱，當據補，語意乃足。今從趙説補。

［13］膠東：侯國名。治所在今山東平度市。

［14］發調：謂調民爲兵，亦即徵兵。

［15］在家：殿本無"在"字，百衲本、盧弼《集解》本、校點本皆有。今從百衲本等。

［16］融集：《後漢書》卷七〇《孔融傳》謂孔融"所著詩、頌、碑文、論議、六言、策文、表、檄、教令、書記凡二十五篇"。《隋書·經籍志》著録《孔融集》九卷，並謂梁有十卷，録一卷。《舊唐書·經籍志》謂《孔融集》十卷，《新唐書·藝文志》同。今所傳《孔少府集》《孔北海集》《孔文舉集》各一卷，皆後人所輯。

［17］高陽氏：《史記》卷一《五帝本紀》謂"昔高陽氏有才子八人，世得其利，謂之'八愷'……至於堯，堯未能舉。舜舉八愷，使主后土，以揆百事，莫不時序"。

［18］不：盧弼《集解》云：何焯校改"不"作"弗"。

［19］士：盧弼《集解》本作"德"，百衲本、殿本、校點本皆作"士"。今從百衲本等。

袁譚在青州，[1]辟脩爲治中從事，[2]別駕劉獻數毁短脩。[3]後獻以事當死，脩理之，得免。時人益以此多焉。[4]袁紹又辟脩除即墨令，[5]後復爲譚別駕。紹死，譚、尚有隙。尚攻譚，譚軍敗，脩率吏民往救譚。譚喜曰："成吾軍者，王別駕也。"譚之敗，劉詢起兵漯陰，[6]諸城皆應。譚歎息曰："今舉州皆叛，[7]豈孤之不德邪！"脩曰："東萊太守管統雖在海表，[8]此人不反，必來。"後十餘日，統果棄其妻子來赴譚，妻子爲賊所殺，譚更以統爲樂安太守。譚復欲攻尚，脩諫曰：

"兄弟還相攻擊，是敗亡之道也。"譚不悅，然知其忠節。[9]後又問脩："計安出？"脩曰："夫兄弟者，左右手也。譬人將鬬而斷其右手，而曰'我必勝'，若是者可乎？夫棄兄弟而不親，天下其誰親之！屬有讒人，固將交鬬其間，以求一朝之利，願明使君塞耳勿聽也。[10]若斬佞臣數人，復相親睦，以禦四方，可以橫行天下。"譚不聽，遂與尚相攻擊，請救於太祖。太祖既破冀州，譚又叛。太祖遂引軍攻譚于南皮。[11]脩時運糧在樂安，聞譚急，將所領兵及諸從事數十人往赴譚。至高密，聞譚死，[12]下馬號哭曰："無君焉歸？"遂詣太祖，乞收葬譚屍。太祖欲觀脩意，默然不應。脩復曰："受袁氏厚恩，[13]若得收斂譚屍，然後就戮，無所恨。"太祖嘉其義，聽之。〔一〕以脩爲督軍糧，[14]還樂安。譚之破，諸城皆服，唯管統以樂安不從命。太祖命脩取統首，脩以統亡國之忠臣，因解其縛，使詣太祖。太祖悅而赦之。袁氏政寬，在職勢者多畜聚。太祖破鄴，籍沒審配等家財物貲以萬數。[15]及破南皮，閱脩家，穀不滿十斛，有書數百卷。太祖歎曰："士不妄有名。"乃禮辟爲司空掾，[16]行司金中郎將，[17]遷魏郡太守。爲治，抑彊扶弱，明賞罰，百姓稱之。〔二〕魏國既建，爲大（司）農、郎中令。[18]太祖議行肉刑，脩以爲時未可行，太祖採其議。徙爲奉常。[19]其後嚴才反，與其徒屬數十人攻掖門。脩聞變，召車馬未至，便將官屬步至宮門。太祖在銅爵臺望見之，[20]曰："彼來者必王叔治也。"相國鍾繇謂脩：[21]"舊京城有變，九卿各居其府。"脩曰："食其禄，焉避其難？居府雖舊，[22]非赴難之義。"[23]頃之，病卒官。子忠，官至東萊太守、散騎常侍。[24]初，脩識高柔于弱冠，異王基于幼童，[25]終皆遠至，世稱其知人。[三]

〔一〕《傅子》曰：太祖既誅袁譚，梟其首，令曰："敢哭之者戮及妻子。"[26]于是王叔治、田子泰相謂曰："生受辟命，亡而不哭，非義也。畏死忘義，[27]何以立世？"遂造其首而哭之，哀動三軍。軍正白行其戮，[28]太祖曰："義士也。"赦之。

臣松之案《田疇傳》，疇爲袁尚所辟，不被譚命。《傅子》合而言之，有違事實。

〔二〕《魏略》曰：脩爲司金中郎將，[29]陳黃白異議，因奏記曰："脩聞枳棘之（林）〔材〕，[30]無梁柱之質；涓流之水，無洪波之勢。是以在職七年，忠讜不昭於時，[31]功業不見於事，欣於所受，俯慚不報，未嘗不長夜起坐，中飯釋餐。何者？力少任重，[32]不堪而懼也。[33]謹貢所議如左。"太祖甚然之，乃與脩書曰："君澡身浴德，流聲本州，忠能成績，爲世美談，名實相副，過人甚遠。孤以心知君，至深至熟，非徒耳目而已也。察觀先賢之論，多以鹽鐵之利，足贍軍國之用。昔孤初立司金之官，念非屈君，餘無可者。故與君教曰：'昔遏父陶正，[34]民賴其器用，及子媯滿，[35]建侯于陳；近桑弘羊，[36]位至三公。此君元龜之兆先告者也'，是孤用君之本言也，[37]或恐衆人未曉此意。自是以來，在朝之士，每得一顯選，常舉君爲首，及聞袁軍師衆賢之議，[38]以爲不宜越君。然孤執心將有所底，[39]以軍師之職，閒於司金，[40]至於建功，重於軍師。孤之精誠，足以達君；君之察孤，足以不疑。但恐傍人淺見，以蠡測海，[41]爲蛇畫足，將言前後百選，輒不用之，而使此君沉滯冶官。張甲李乙，尚猶先之，此主人意待之不優之效也。孤懼有此空聲冒實，淫鼃亂耳。[42]假有斯事，亦庶鍾期不失聽也；[43]若其無也，過備何害？昔宣帝察少府蕭望之才任宰相，[44]故復出之，令爲馮翊。[45]從正卿往，[46]似於左遷。[47]上使侍中宣意曰：'君守平原日淺，[48]故復試君三輔，非有所間也。'[49]孤揆先主中宗之意，[50]誠備此事。既君崇勳業以副孤意。[51]公叔文子與臣俱升，[52]獨何人哉！"後無幾而遷魏郡太守。

〔三〕王隱《晉書》曰：[53]脩一子，名儀，字朱表，[54]高亮雅直。司馬文王爲安東，[55]儀爲司馬。[56]東關之敗，[57]文王曰："近日之事，誰任其咎？"儀曰："責在軍帥。"文王怒曰："司馬欲委罪於孤邪？"遂殺之。子袤，[58]字偉元。少立操尚，非禮不動。身長八尺四寸，[59]容貌絕異。痛父不以命終，絕世不仕。立屋墓側，以教授爲務。旦夕常至墓前拜，輒悲號斷絕。墓前有一柏樹，[60]袤常所攀援，涕泣所著，樹色與凡樹不同。讀《詩》至"哀哀父母，[61]生我勞瘁"，未嘗不反覆流涕，[62]泣下沾襟。家貧躬耕，計口而田，度身而蠶。諸生有密爲袤刈麥者，袤遂棄之；自是莫敢復佐刈者。袤門人爲本縣所役，求袤爲屬，袤曰："卿學不足以庇身，吾德薄不足以蔭卿，屬之何益？且吾不捉筆已四十年。"[63]乃步擔乾飯，兒負鹽豉，門徒從者千餘人。[64]安丘令以爲見己，[65]整衣出迎之於門。袤乃下道至土牛，[66]磬折而立。云："門生爲縣所役，故來送別。"執手涕泣而去。令即放遣諸生，一縣以爲恥。同縣管彥，少有才力，未知名，袤獨以爲當自達，常友愛之；男女各始生，共許爲婚。彥果爲西夷校尉。[67]袤後更以女嫁人，彥弟馥問袤，袤曰："吾薄志畢願，山藪自處，姊妹皆遠，吉凶斷絕，以此自誓。賢兄子葬父於帝都，[68]此則洛陽之人也，豈吾欲婚之本指邪？"馥曰："嫂，齊人也。當還臨淄。"[69]袤曰："安有葬父河南，隨（妻）〔母〕還齊！[70]用意如此，何婚之有？"遂不婚。

郤春者，根矩之後也。[71]少立志操，寒苦自居，負笈游學，身不停家，鄉邑翕然，以爲能係其先也。[72]袞以爲春性險狹，[73]慕名意多，終必不成，及後春果無學業，流離遠外，有識以此歸之。袞常以爲人所行，其當歸於善道，[74]不可以己所能而責人所不能也。有致遺者，皆不受。及洛都傾覆，寇賊蠭起，袞宗親悉欲移江東，袞戀墳壠。賊大盛，乃南達泰山郡。[75]袞思土不肯去，賊害之。

《漢晉春秋》曰：袞與濟南劉兆字延世，俱以不仕顯名。袞以父爲文王所濫殺，終身不應徵聘，未嘗西向坐，[76]以示不臣於晉也。

《魏略·純固傳》以脂習、王脩、龐淯、文聘、成公英、郭憲、單固七人爲一傳。其脩、淯、聘三人自各有傳，成公英別見《張旣傳》，單固見《王淩傳》，餘習、憲二人列于《脩傳》後也。

脂習字元升，京兆人也。[77]中平中仕郡，[78]公府辟，舉高第，除太醫令。[79]天子西遷及東詣許昌，[80]習常隨從。與少府孔融親善。[81]太祖爲司空，威德日盛，而融故以舊意，書疏倨傲。習常責融，欲令改節，融不從。會融被誅，當時許中百官先與融親善者，莫敢收恤，而習獨往撫而哭之曰："文舉，[82]卿捨我死，我當復與誰語者？"哀歎無已。太祖聞之，收習，欲理之，尋以其事直見原，徙許東土橋下。習後見太祖，陳謝前愆。太祖呼其字曰："元升，卿故慷慨！"因問其居處，以新移徙，賜穀百斛。至黃初，[83]詔欲用之，以其年老，然嘉其敦舊，有樂布之節，[84]賜拜中散大夫。[85]還家，年八十餘卒。

郭憲字幼簡，西平人，[86]爲其郡右姓。[87]建安中爲郡功曹，州辟不就，以仁篤爲一郡所歸。至十七年，韓約失衆，[88]從羌中還，依憲。衆人多欲取約以徼功，而憲皆責怒之，言："人窮來歸我，云何欲危之？"遂擁護厚遇之。其後約病死，而田樂、陽(逵)〔達〕等就斬約頭，[89]當送之。(逵)〔達〕等欲條疏憲名，[90]憲不肯在名中，言我尚不忍生圖之，[91]豈忍取死人以要功乎？（遠）〔達〕等乃止。時太祖方攻漢中，[92]在武都，[93]而（遠）〔達〕等送約首到。太祖宿聞憲名，及視條疏，[94]怪不在中，以問（遠）〔達〕等，（遠）〔達〕具以情對。太祖歎其志義，乃并表列與（遠）〔達〕等並賜爵關內侯，由是名震隴右。[95]黃初元年病亡。正始初，[96]國家追嘉其事，復賜其子爵關內侯。

[1] 青州：刺史治所臨菑縣，在今山東淄博市東北臨淄鎮北。

[2] 治中從事：官名。州牧刺史的主要屬吏，居中治事，主衆曹文書。

[3] 別駕：官名。別駕從事史之簡稱，爲州牧刺史之主要屬吏，州牧刺史巡行各地時，別乘傳車從行，故名別駕。

[4] 多：贊許，稱贊。

[5] 即墨：侯國名。治所在今山東平度市東南。

[6] 漯陰：縣名。《續漢書·郡國志》作"濕陰"。治所在今山東臨邑縣西。

[7] 皆叛：百衲本、盧弼《集解》本作"皆叛"，殿本、校點本作"背叛"。趙幼文《校箋》謂《册府元龜》卷八〇二引作"皆叛"，《通志》同。今從百衲本等。

[8] 東萊：郡名。治所黃縣，在今山東龍口市東南舊黃縣東黃城集。

[9] 忠節：盧弼《集解》本、校點本作"志節"，百衲本、殿本作"忠節"。今從百衲本等。

[10] 明使君：對州長官之尊稱。　塞耳勿聽：趙幼文《校箋》謂《群書治要》（卷二五）引"勿"上有"而"字。

[11] 南皮：縣名。治所在今河北南皮縣東北。

[12] 聞譚死：趙幼文《校箋》謂《群書治要》引"死"上有"已"字，《通志》同。

[13] 袁氏厚恩：趙幼文《校箋》謂《册府元龜》卷八〇二引"氏"字作"君","厚恩"作"恩厚"。

[14] 督軍糧：官名之簡稱。曹魏置有督軍糧執法一人，第六品；督軍糧御史一人，第七品，皆出征時置。掌督運軍糧，隸御史臺。

[15] 貲：殿本、盧弼《集解》作"貨"，百衲本、校點本作"貲"。今從百衲本等。

[16] 禮辟：趙幼文《校箋》謂《群書治要》（卷二五）引無"禮"字。　司空掾：官名。司空府之屬吏，東漢司空府有掾屬二十九人。曹操爲司空時置有西曹掾、東曹掾、户曹掾、倉曹掾等。單稱掾者，未知何曹。

[17] 司金中郎將：官名。秩比二千石，建安中曹操所置，掌冶金等事，典作農戰之具。

[18] 大農：各本皆作"大司農"。洪飴孫《三國職官表》據《文選》左思《魏都賦》李善注，謂建安十八年（213）魏國初置大農；又本書卷二《文帝紀》黄初元年（220）明言改"大農爲大司農"；吴金華《校詁》謂《藝文類聚》卷二〇引《魏志》云："王脩爲大農、郎中令。"趙幼文《校箋》亦謂《藝文類聚》卷二〇、《太平御覽》卷四一七引"大"下無"司"字。今從以上諸說，改"大司農"爲"大農"。

[19] 奉常：百衲本、殿本、盧弼《集解》本皆作"奉常"，校點本誤作"奉尚"。今從百衲本等。

[20] 銅爵臺：又作"銅雀臺"，在鄴城，臺高十丈，有屋一百間，在樓頂鑄有一丈五尺高的大銅雀。遺址在今河北臨漳縣西。

[21] 相國：官名。建安十八年魏國建，置丞相，至二十一年改爲相國。職掌不變。　謂脩：趙幼文《校箋》謂《藝文類聚》卷二〇、《太平御覽》卷四一七引"脩"下有"曰"字，《通志》同。

[22] 雖舊：趙幼文《校箋》謂蕭常《續後漢書》"舊"下有"制"字。

[23] 義：趙幼文《校箋》謂《藝文類聚》卷二〇、《太平御覽》卷四一七引"義"下有"也"字。

[24] 散騎常侍：官名。秩比二千石，第三品。爲門下重職，應對顧問，侍從皇帝左右，諫諍得失，與侍中等共平尚書奏事，有異議得駁奏。

[25] 幼童：百衲本、殿本、盧弼《集解》本皆作"童幼"，盧氏注云："北宋本作'幼童'。"校點本即作"幼童"。今從之。

[26] 敢哭：趙幼文《校箋》謂《太平御覽》卷四三（當作四二一）引"敢"下有"有"字。

[27] 忘義：殿本作"亡義"，百衲本、盧弼《集解》本、校點本作"忘義"。今從百衲本等。

[28] 軍正：官名。軍中司法官。

[29] 脩爲司金中郎將：殿本《考證》云：《太平御覽》作"河北始開冶，以脩爲司金中郎將"，多"河北"下六字。

[30] 枳（zhǐ）棘：枳與棘皆爲叢生的小灌木。 材：各本作"林"。趙幼文《校箋》謂《太平御覽》卷二四一引作"材"，是也。今從趙說改。

[31] 譾：趙幼文《校箋》謂《太平御覽》引作"謹"。

[32] 力少：盧弼《集解》本作"力小"，百衲本、殿本、校點本皆作"力少"。今從百衲本等。

[33] 而：趙幼文《校箋》謂《太平御覽》卷二四一引作"爲"。

[34] 遏父：又作"闕父"，虞舜之後。《左傳·襄公二十五年》："鄭子產獻捷于晉，戎服將事。晉人問陳之罪。對曰：'昔虞閼父爲周陶正，以服事我先王。我先王賴其利器用也，與其神明之後也，庸以元女大姬配胡公，而封諸陳，以備三恪。'"陶正，掌製用陶器之官。

[35] 媯（guī）滿：即遏父之子胡公滿。《史記》卷三六《陳杞世家》云："陳胡公滿者，虞帝舜之後也。昔舜爲庶人時，堯妻

之二女，居於嬀汭，其後因爲氏姓，姓嬀氏。……至於周武王克殷紂，乃復求舜後，得嬀滿，封之於陳"。

[36] 桑弘羊：西漢人，洛陽商人子。漢武帝時曾任治粟都尉，大司農；昭帝時又爲御史大夫，與霍光、金日磾共同輔政。（見《漢書》卷七《昭帝紀》與卷二四下《食貨志》）

[37] 本言：吴金華《校詁》謂《魏武帝集》作"本意"，或"意""言"草書形近致誤。

[38] 袁軍師：沈家本《瑣言》云：袁軍師蓋謂袁涣，《涣傳》云爲丞相軍祭酒。

[39] 厎（zhǐ）：殿本、盧弼《集解》本作"底"，百衲本、校點本作"厎"。今從百衲本等。

[40] 司金：即司金中郎將所典之事。

[41] 以蠡（lí）測海：用瓠瓢測量海水。比喻淺薄不瞭解高深。

[42] 淫䰞（wā）：不合雅樂的俗樂聲。《漢書》卷一〇〇《叙傳》："淫䰞而不可聽者，非《韶》《夏》之樂也。"顔師古注："淫䰞，非正之聲也。"

[43] 鍾期：又稱鍾子期，春秋楚人，精於音律，善解琴意。伯牙鼓琴，鍾子期聽之，伯牙意在高山或流水，鍾子期都能聽出。鍾期死，伯牙謂世無知音者，乃絶弦破琴，終身不復鼓琴。（見《吕氏春秋·孝行覽·本味》）

[44] 宣帝：指漢宣帝。此事見《漢書》卷七八《蕭望之傳》。

[45] 馮（píng）翊（yì）：官名。即左馮翊。漢武帝太初元年（前104），分右内史置京兆尹、右扶風，改左内史爲左馮翊，合稱三輔。左馮翊治所在長安（今陝西西安市西北），轄境約相當於今陝西渭河以北、涇河以東洛河中、下游地區。左馮翊長官亦稱左馮翊，官名與地區名同，職務相當於郡太守。

[46] 正卿：按三國吴韋昭《辨釋名》的説法，漢代有正卿、外卿之分。《辨釋名》云："漢正卿九：一曰太常，二曰光禄勳，

三曰衛尉，四曰太僕，五曰廷尉，六曰鴻臚，七曰宗正，八曰司農，九曰少府，是爲正卿。執金吾本爲中尉，掌徼巡宮外，司執奸邪，至武帝更名執金吾，爲外卿。"蕭望之從少府調爲馮翊，故云"從正卿往"。

[47] 左遷：古以右爲尊，左爲卑。左遷即降職。少府秩中二千石，西漢左馮翊秩亦中二千石，而少府乃正卿，故謂左遷。

[48] 平原：郡名。西漢時治所平原縣，在今山東平原縣南。蕭望之在入朝爲少府前，任平原太守。

[49] 所問：《漢書·蕭望之傳》作"所聞"。顏師古注："所聞，謂聞其短失。"

[50] 主：盧弼《集解》云：疑作"帝"。 中宗：漢平帝元始四年（前4）尊宣帝廟號爲中宗。（見《漢書》卷一二《平帝紀》）

[51] 既：盧弼《集解》云：應作"冀"。

[52] 公叔文子：春秋時衛國大夫。他曾推薦其家臣大夫僎和他一道做了衛國的大臣，得到孔子的贊揚。《論語·憲問》："公叔文子之臣大夫僎與文子同升諸公。子聞之，曰：'可以爲文矣。'"臣：校點本作"君"，百衲本、殿本、盧弼《集解》本作"臣"。今從百衲本等。

[53] 王隱：東晉初曾爲著作郎，受命撰晉史。後被虞預排擠歸家；又依靠庾亮之資助，撰成《晉書》。但"其書次第可觀者，皆其父所撰；文體混漫義不可解者，隱之作也"。（《晉書》卷八二《王隱傳》）《隋書·經籍志》著錄王隱《晉書》爲八十六卷，謂"本九十三卷，今殘缺"；《舊唐書·經籍志》《新唐書·藝文志》則著錄爲八十九卷。後散佚，今有湯球輯本十一卷。

[54] 朱：趙幼文《校箋》謂蕭常《續後漢書》作"文"。

[55] 司馬文王：即司馬昭。 安東：即安東將軍。爲出鎮地方的軍事長官，或爲州刺史兼軍務的加官。魏、晉皆三品。

[56] 司馬：官名。將軍軍府之屬官，掌參贊軍務，管理府内

武職，位僅次於長史。

〔57〕東關：地名。在今安徽巢湖市東南裕溪河東岸。詳解見本書卷四《三少帝紀》齊王芳嘉平四年"東關"注。

〔58〕裒：殿本作"裒"，《晉書》卷八八《王裒傳》亦作"裒"。百衲本、盧弼《集解》本、校點本作"褒"。今從殿本。下皆同。

〔59〕尺：漢代一尺，相當於今市尺六寸九分，合0.23米。

〔60〕有一柏樹：趙幼文《校箋》謂《藝文類聚》卷八八、《太平御覽》卷五五六引無"有"字。

〔61〕讀詩：殿本《考證》云："北宋本'讀詩'上多一'每'字。"按，此《詩》指《詩·小雅·蓼莪》。

〔62〕未嘗：百衲本、盧弼《集解》本作"未曾"。殿本、校點本作"未嘗"。今從殿本等。

〔63〕四十年：趙幼文《校箋》謂《册府元龜》卷六〇〇引"年"下有"矣"字，《晉書·王裒傳》同。

〔64〕門徒：《晉書·王裒傳》"門徒"上有"送所役生到縣"六字，文意較明確。

〔65〕安丘：縣名。治所在今山東安丘市西南。因王儀墓在安丘縣，王裒居墓側，故屬安丘縣。

〔66〕土牛：土製之牛。古代立春之日，郡縣官皆要立土牛於府門外，表示春耕將到，勸民耕種。

〔67〕西夷校尉：官名。晉武帝太康三年（282）置，治寧州（治所在今雲南晉寧縣東北），持節統兵，掌少數民族事務。又按，《晉書·王裒傳》在"西夷校尉"下有"卒而葬於洛陽"六字，文意更明確。

〔68〕帝都：趙幼文《校箋》謂《白孔六帖》卷一七、《太平御覽》卷五四一引"帝都"作"洛陽"，《晉書》同。

〔69〕臨淄：縣名。治所在今山東淄博市東北臨淄區北。臨淄乃齊國治所，故上稱"齊人"。

［70］隨母：各本皆作"隨妻"，《晉書·王裒傳》作"隨母"。盧弼《集解》引沈家本曰："此'妻'字誤也。上文云'賢兄子葬父於帝都'，是管彥卒而彥子葬之洛陽。馥爲彥弟，則馥之嫂彥之妻，而彥子之母也，故云隨母還齊。此注文上奪'卒而葬於洛陽'句，又訛'母'爲'妻'，遂不可通，當從《晉書》改正。"又謂吳士鑒《晉書斠注》云"當作'妻'"説誤。趙幼文《校箋》則云："《白帖》卷一七引'兄'下無'子'字，'母'作'妻'。又卷六五引亦無'子'字，《御覽》卷五四一引同，疑是也。此謂彥葬父於洛陽，而隨其妻還臨淄，語意本明，因'兄'下衍'子'字，'妻'字遂不可通，乃改'妻'爲'母'，以彌縫之，蓋未得也！疑是吳説爲允。"按，王裒與管彥之約婚，乃爲其子女所約，王裒之悔婚更嫁其女，是管彥死後之事，而管彥死葬洛陽，《晉書》有明文記載，管馥所説"嫂齊人也，當還臨淄"，自然指其侄子當隨母還臨淄。故"兄"下無"子"字之記載，何嘗不可疑其奪"子"字，且《太平御覽》卷五四一引"兄"下雖無"子"字，其下又作"隨母還臨淄"。故校點本從《晉書·王裒傳》作"隨母"。今從之。

［71］根矩：邴原字根矩。

［72］係：盧弼《集解》云："吳本'係'作'繼'。"趙幼文《校箋》謂《爾雅·釋詁》："係，繼也。"《一切經音義》卷一："係古文作繫、繼二形。"是"係"即"繼"。

［73］狹：百衲本作"狡"，殿本、盧弼《集解》本、校點本作"狹"。今從殿本等。

［74］其：趙幼文《校箋》謂《晉書》、郝經《續後漢書》《通志》作"期"。

［75］乃南達泰山郡：《晉書·王裒傳》無此句，於"賊大盛"下作"方行，猶思慕不能進，遂爲賊所害"。文意較順。

［76］西向：王裒居於安丘，西晉朝廷洛陽，在安丘之西，故王裒"未嘗西向坐"。

[77] 京兆：東漢稱京兆尹，曹魏改稱京兆郡。治所長安縣，在今陝西西安市西北。

[78] 中平：漢靈帝劉宏年號（184—189）。

[79] 太醫令：官名。秩六百石，掌諸醫，屬少府。

[80] 許昌：縣名。治所在今河南許昌縣東。按，此當云"許"，漢獻帝所都之地爲許縣，魏文帝即位後始改名許昌。

[81] 少府：官名。漢列卿之一，秩中二千石。東漢時，掌宮中御衣、寶貨、珍膳等。

[82] 文舉：孔融字文舉。

[83] 黃初：魏文帝曹丕年號（220—226）。趙幼文《校箋》謂《太平御覽》卷二二九引《魏書》"黃初"下有"中"字。

[84] 欒布：西漢初人，早年與彭越相交，漢初，彭越爲梁王，請欒布爲大夫，並遣布出使齊。而欒布未返時，彭越已被誅殺，懸其首於洛陽，詔有收視者輒捕之。欒布還，奏事於彭越頭下，祭而哭之。（見《漢書》卷三七《欒布傳》）

[85] 中散大夫：官名。東漢時隸屬光祿勳，秩六百石，掌應對顧問，無常事。

[86] 西平：郡名。漢獻帝建安中分金城郡置，又分臨羌縣置西都縣，爲其治所，在今青海西寧市。

[87] 其郡：殿本《考證》云：北宋本無"其"字。

[88] 韓約：即韓遂。

[89] 陽逵：各本皆作"陽逵"。殿本《考證》云："逵"北宋本作"逵"。趙幼文《校箋》謂《白孔六帖》卷二六、《太平御覽》卷四二二、《册府元龜》卷八〇二引"逵"字俱作"逵"應據以訂正。今從趙說改。下同。

[90] 條疏：趙幼文《校箋》謂《太平御覽》引"疏"下有"着"字。

[91] 尚：趙幼文《校箋》謂《太平御覽》引作"常"。

[92] 漢中：郡名。治所南鄭縣，在今陝西漢中市東。

[93]武都：郡名。治所下辯縣，在今甘肅成縣西。

[94]條疏：趙幼文《校箋》謂"條"字蒙上而衍，《群書治要》卷二五、《白孔六帖》卷二六引俱無"條"字。

[95]隴右：地區名。指隴山以西之地。約當今甘肅隴山、六盤山以西和黃河以東一帶。

[96]正始：魏少帝齊王曹芳年號（240—249）。

邴原字根矩，北海朱虛人也。[1]少與管寧俱以操尚稱，州府辟命皆不就。黃巾起，原將家屬入海，住鬱洲山中。[2]時孔融爲北海相，舉原有道。[3]原以黃巾方盛，遂至遼東，與同郡劉政俱有勇略雄氣。遼東太守公孫度畏惡欲殺之，盡收捕其家，政得脫。度告諸縣：[4]"敢有藏政者與同罪。"政窘急，往投原，〔一〕原匿之月餘，時東萊太史慈當歸，原因以政付之。既而謂度曰："將軍前日欲殺劉政，以其爲己害。今政已去，君之害豈不除哉！"度曰："然。"原曰："君之畏政者，以其有智也。今政已免，智將用矣，尚奚拘政之家？不若赦之，無重怨。"度乃出之。原又資送政家，皆得歸故郡。原在遼東，一年中往歸原居者數百家，游學之士，教授之聲，不絕。

〔一〕《魏氏春秋》曰：政投原曰："窮鳥入懷。"原曰："安知斯懷之可入邪？"[5]

[1]朱虛：縣名。治所在今山東臨朐縣東南。
[2]鬱洲山：島名。在今江蘇連雲港市東雲臺一帶。古時在海中，爲小島。後因海岸擴張，遂與陸地相連。

［3］有道：漢代選舉人才科目之一。

［4］諸縣：盧弼《集解》本作"州縣"，百衲本、殿本、校點本作"諸縣"。今從百衲本等。

［5］斯：百衲本作"此"，殿本、盧弼《集解》本、校點本作"斯"，《藝文類聚》卷八三引《邴原別傳》亦作"斯"。今從殿本等。

後得歸，太祖辟爲司空掾。原女早亡，時太祖愛子倉舒亦没，[1]太祖欲求合葬，原辭曰："合葬，非禮也。原之所以自容於明公，[2]公之所以待原者，以能守訓典而不易也。若聽明公之命，則是凡庸也，明公焉以爲哉？"太祖乃止，徙署丞相徵事。〔一〕[3]崔琰爲東曹掾，[4]記讓曰：[5]"徵事邴原、議郎張範，皆秉德純懿，志行忠方，清静足以厲俗，貞固足以幹事，所謂龍翰鳳翼，國之重寶。舉而用之，不仁者遠。"代涼茂爲五官將長史，[6]閉門自守，非公事不出。太祖征吴，原從行，卒。〔二〕

〔一〕《獻帝起居注》曰：建安十五年，初置徵事二人，原與平原王烈俱以選補。

〔二〕《原別傳》曰：[7]原十一而喪父，[8]家貧，早孤。鄰有書舍，原過其旁而泣。師問曰："童子何悲？"[9]原曰："孤者易傷，貧者易感。夫書者，[10]必皆具有父（兄）〔母〕者，[11]一則羨其不孤，[12]二則羨其得學，心中惻然而爲涕零也。"師亦哀原之言而爲之泣曰："欲書可耳！"答曰："無錢資。"師曰："童子苟有志，我徒相教，不求資也。"[13]於是遂就書。一冬之間，誦《孝經》《論語》。自在童齓之中，嶷然有異。及長，金玉其行。

欲遠游學，詣安丘孫崧。[14]崧辭曰："君鄉里鄭君，[15]君知之乎？"原答曰："然。"崧曰："鄭君學覽古今，博聞彊識，[16]鉤深致遠，誠學者之師模也。君乃舍之，蹕屣千里，所謂以鄭爲東家丘者也。[17]君似不知而曰然者，何？"原曰："先生之說，誠可謂苦藥良鍼矣；然猶未達僕之微趣也。人各有志，所規不同，故乃有登山而採玉者，有入海而採珠者，豈可謂登山者不知海之深，入海者不知山之高哉！君謂僕以鄭爲東家丘，君以僕爲西家愚夫邪？"[18]崧辭謝焉。又曰："兗、豫之士，[19]吾多所識，未有若君者；當以書相（分）〔介〕。"[20]原重其意，難辭之，持書而別。原心以爲求師啓學，志高者通，非若交游待（分）〔介〕而成也。書何爲哉？乃藏書於家而行。原舊能飲酒，自行之後，八九年間，酒不向口。單步負笈，苦身持力，至陳留則師韓子助，[21]潁川則宗陳仲弓，[22]汝南則交范孟博，[23]涿郡則親盧子幹。[24]臨別，師友以原不飲酒，會米肉送原。原曰："本能飲酒，但以荒思廢業，故斷之耳。今當遠別，因見餞錢，[25]可一飲燕。"[26]於是共坐飲酒，終日不醉。歸以書還孫崧，解不致書之意。後爲郡所召，署功曹、主簿。時魯國孔融在郡，教選計當任公卿之才，[27]乃以鄭玄爲計掾，[28]彭璆爲計吏，[29]原爲計佐。[30]融有所愛一人，常盛嗟歎之。後恚望，欲殺之，朝吏皆請。[31]時其人亦在坐，叩頭流血，而融意不解。原獨不爲請。融謂原曰："衆皆請君何獨不？"原對曰："明府於某，[32]本不薄也，常言歲終當舉之，此所謂'吾一子'也。如是，朝吏受恩未有在某前者矣，而今乃欲殺之。明府愛之，則引而方之於子，憎之，則推之欲危其身。原愚，不知明府以何愛之？以何惡之？"融曰："某生于微門，吾成就其兄弟，拔擢而用之；某今孤負恩施。[33]夫善則進之，惡則誅之，固君道也。往者應仲遠爲泰山太守，[34]舉一孝廉，旬月之間而殺之。夫君人者，厚薄何常之有！"原對曰："仲遠舉孝廉，殺之，其義焉在？夫孝廉，國之俊選也。舉之若是，則殺之非也；若殺之是，則舉之非也。《詩》云:'彼己之子,[35]不遂其媾。'蓋譏之也。《語》云:[36]'愛之欲其生,惡之欲其死。既欲其生,又欲其死,是惑也。'仲遠之惑甚矣。明府奚取焉?"融乃大笑曰:"吾但戲耳!"[37]原又曰:"君子於其言,出乎身,加乎民;言行,君子之樞機也。安有欲殺人而可以爲戲者哉?"融無以答。是時漢朝陵遲,政以賄成,原乃將家人入鬱洲山中。郡舉有道,融書喻原曰:"脩性保真,[38]清虛守高,危邦不入,久潛樂土。王室多難,西遷鎬京。[39]聖朝勞謙,疇咨儁乂。我徂求定,策命懇惻。國之將隕,嫠不恤緯,[40]家之將亡,緹縈跋涉,[41]彼匹婦也,猶執此義。實望根矩,仁爲己任,授手援溺,振民於難。乃或晏晏居息,[42]莫我肯顧,謂之君子,固如此乎!根矩,根矩,可以來矣!"原遂到遼東。[43]遼東多虎,原之邑落獨無虎患。原嘗行而得遺錢,拾以繫樹枝,此錢既不見取,而繫錢者愈多。問其故,[44]答者謂之神樹。[45]原惡其由己而成淫祀,乃辨之,於是里中遂斂其錢以爲社供。後原欲歸鄉里,止於三山。[46]孔融書曰:"隨會在秦,[47]賈季在翟,[48]諮仰靡所,歎息增懷。頃知來至,近在三山。《詩》不云乎,'來歸自鎬,我行永久'。[49]今遣五官掾,[50]奉問榜人舟楫之勞,禍福動靜告慰。亂階未已,阻兵之雄,若棊弈爭梟。"[51]原於是遂復反還。[52]積十餘年,後乃遁還。南行已數日,而度甫覺。[53]度知原之不可復追也,因曰:"邴君所謂雲中白鶴,非鶉鷃之網所能羅矣。[54]又吾自遣之,勿復求也。"遂免危難。自反國土,原於是講述禮樂,吟咏詩書,門徒數百,服道數十。時鄭玄博學洽聞,注解典籍,故儒雅之士集焉。原亦自以高遠清白,頤志澹泊,口無擇言,身無擇行,故英偉之士向焉。是時海內清議,云青州有邴、鄭之學。魏太祖爲司空,辟原署東閤祭酒。[55]太祖北伐三郡單于,[56]還住昌國,[57]燕士大夫,酒酣,太祖曰:"孤反,鄴守諸君必將來迎,今日明旦,度皆至矣。其不來者,獨有邴祭酒耳!"[58]言訖未久,而原先至。門下通謁,太祖大驚喜,摰履而起，遠出迎原曰："賢者誠難測度！孤謂君將不能來，而遠自屈，誠副饑虛之心。"謁訖而出，軍中士大夫詣原者數百人。太祖怪而問之，時荀文若在坐，[59]對曰："獨可省問邴原耳！"太祖曰："此君名重，乃亦傾士大夫心?"文若曰："此一世異人，士之精藻，公宜盡禮以待之。"太祖曰："固孤之宿心也。"自是之後，見敬益重。原雖在軍歷署，常以病疾，高枕里巷，終不當事，又希會見。河內張範，名公之子也，其志行有與原符，甚相親敬。令曰："邴原名高德大，清規邈世，魁然而峙，不爲孤用。聞張子頗欲學之，吾恐造之者富，隨之者貧也。"魏太子爲五官中郎將，天下向慕，賓客如雲，而原獨守道持常，自非公事不妄舉動。太祖微使人從容問之，原曰："吾聞國危不事冢宰，君老不奉世子，此典制也。"於是乃轉五官長史，令曰："子弱不才，懼其難正，貪欲相屈，以匡勵之。雖云利賢，能不惡惡！"[60]太子燕會，衆賓百數十人，太子建議曰："君父各有篤疾，有藥一丸，可救一人，當救君邪，父邪?"衆人紛紜，或父或君。時原在坐，不與此論。太子諮之于原，原悖然對曰："父也。"太子亦不復難之。

[1] 倉舒：本書卷二〇《武文世王公傳》謂"鄧哀王沖字倉舒"。

[2] 自：趙幼文《校箋》謂《北堂書鈔》卷六八引作"見"。

[3] 丞相徵事：官名。西漢丞相府屬吏即有徵事，《漢儀注》謂秩比六百石。漢獻帝建安十五年（210），亦置二員。

[4] 東曹掾：官名。丞相府屬吏，秩比四百石，掌二千石長吏遷除及軍吏。

[5] 記：指奏記。

[6] 代：盧弼《集解》云："代"字上疑有脫字。

[7] 原別傳：沈家本《三國志注所引書目》謂《邴原別傳》，隋、唐《志》皆不著錄。

［8］原十一：趙幼文《校箋》謂《册府元龜》卷七七三引"原"下有"年"字。按，宋本《册府元龜》亦無"年"字。

［9］悲：趙幼文《校箋》謂《白孔六帖》卷八八引作"泣"，《世説新語·賞譽篇》注引同。句下有"也"字。

［10］書：趙幼文《校箋》謂《白孔六帖》卷八八、《太平御覽》卷三八七引作"學"。吴金華《校詁》云：書猶學也。

［11］父母：各本作"父兄"。趙幼文《校箋》謂《白孔六帖》、《太平御覽》卷三八七、卷七四七引"兄"字俱作"母"，應據改。今從趙説改。

［12］羨：趙幼文《校箋》謂《太平御覽》卷三八五、卷四八五引作"願"，《世説新語》注引同。

［13］資：趙幼文《校箋》謂《太平御覽》卷三八五、卷三八七、卷六一一引作"費"。

［14］孫崧：《後漢書》卷三五《鄭玄傳》、卷六四《趙岐傳》作"孫嵩"，字賓石。亦即本書卷一八《閻温傳》裴注引《魏略》之孫賓碩。

［15］鄭君：指漢末大經學家鄭玄。鄭玄爲北海高密人，與邴原同郡，故云鄉里。

［16］聞：殿本作"文"，百衲本、盧弼《集解》本、校點本作"聞"。今從百衲本等。

［17］鄭：趙幼文《校箋》謂《册府元龜》卷八一一引"鄭"下有"君"字。《文選》陳琳《爲曹洪與魏文帝書》李善注、《草堂詩箋》卷二引同。按，宋本《册府元龜》亦無"君"字。　東家丘：傳説孔丘的西家有愚夫，不知孔丘是大學者，直稱之爲東家丘。（見《孔子家語》）

［18］君：趙幼文《校箋》謂《白孔六帖》卷八八引作"亦"。

［19］兖：州名。治所昌邑縣，在今山東金鄉縣西北。

［20］相介：各本皆作"相分"。殿本《考證》盧明楷云："按'分'字，於文義晦。《册府》作'介'。蓋謂孫崧以兖、豫士多相

識，欲以書爲介紹，而先容之。下文'非若交游之待分而成也'，亦當作'介'。其誤同。"潘眉《考證》亦謂"分"當作"尒"，即"介"字。今從盧、潘之説改。

[21] 陳留：郡名。治所陳留縣，在今河南開封市東南。

[22] 潁川：郡名。治所陽翟縣，在今河南禹州市。 陳仲弓：陳寔字仲弓。見本書卷二二《陳群傳》及裴注引《魏書》。

[23] 汝南：郡名。治所平輿縣，在今河南平輿縣北。 范孟博：范滂字孟博。傳見《後漢書》卷六七。

[24] 涿郡：治所涿縣，在今河北涿州市。 盧子幹：盧植字子幹。傳見《後漢書》卷六四。

[25] 貺（kuàng）：賜與。

[26] 可一：趙幼文《校箋》謂《太平御覽》卷四〇四、《册府元龜》卷八一一引"一"上有"以"字；《太平御覽》卷八四三引"一"字作"以"。

[27] 計：指計吏、計掾等官吏。

[28] 計掾：官名。即上計掾，漢代的郡國，在年終遣官吏至京都向朝廷呈上計簿，彙報本郡國的户口、錢糧、獄訟、盜賊等情況，稱爲上計。所遣之官吏稱爲上計掾或上計吏。

[29] 計吏：地位稍次於計掾。

[30] 計佐：計掾、計吏之助手。

[31] 朝吏：此指郡國官吏。

[32] 明府：漢代人稱郡太守爲府君，亦稱明府君，簡稱明府。孔融雖爲北海相，而王國相同於郡太守，故稱之爲明府。

[33] 孤負：辜負。

[34] 應仲遠：應劭字仲遠。傳見《後漢書》卷四八。

[35] 彼己（jǐ）之子：此《詩》見《詩·曹風·候人》。今傳《詩經》"己"作"其"，皆虛詞，無義。

[36] 語：即《論語》，見《論語·顔淵》。

[37] 但：百衲本作"但"，盧弼《集解》本作"乃"，殿本、

校點本作"直"。趙幼文《校箋》謂《册府元龜》卷八三一、卷九〇一引作"但"。今從百衲本。

[38] 真:百衲本、殿本、盧弼《集解》本皆作"真"。盧氏注云:"'真'一作'貞'。"校點本即作"貞"。今從百衲本等。

[39] 鎬京:地名。在今陝西西安市西南。周武王滅商後都於此,又稱爲宗周或西都。此即指西京長安。

[40] 嫠(lí):百衲本、盧弼《集解》本作"釐",殿本、校點本作"嫠"。錢大昕謂"釐",古"嫠"字,《說文》無"嫠"。(《廿二史考異》卷一五)今從殿本等。《左傳・昭公二十四年》:"嫠不恤其緯,而憂宗周之隕,爲將及焉。"杜預注:"嫠,寡婦也。織者常苦緯少,寡婦所宜憂。"亦即謂寡婦不擔憂其絲綫之少,而憂慮國亡禍及於己。

[41] 緹(tí)縈:漢文帝時人,齊國太倉令淳于公之小女。淳于公有罪,當受肉刑,被押往長安服刑。緹縈悲傷不已,乃隨父至長安,上書朝廷,請没己爲官奴婢,以代父刑。文帝見書後,甚爲憐憫,遂下詔廢除肉刑。(見《漢書》卷二三《刑法志》)

[42] 晏晏:和悦的樣子。

[43] 遂到:趙幼文《校箋》謂《北堂書鈔》卷八七、《太平御覽》卷五三二、卷八三六引俱作"避地"。

[44] 問其故:趙幼文《校箋》謂《太平御覽》卷五三二、卷八三六、《事類賦》卷一〇引"問"上俱有"原"字。

[45] 神樹:趙幼文《校箋》謂《太平御覽》卷五三二引"神"字作"社",疑作"社"字是也。

[46] 三山:山名。當在朱虛縣境,即今山東臨朐縣東南一帶。(本謝鍾英《補三國疆域志補注》)

[47] 隨會:又稱士會、士季、隨武子等,與賈季皆春秋晋臣。《左傳・文公十三年》:"晋人患秦之用士會也,夏,六卿相見于諸浮。趙宣子曰:'隨會在秦,賈季在狄,難日至矣,若之何?'"

[48] 翟(dí):通"狄"。

[49] 來歸自鎬我行永久：見《詩・小雅・六月》。

[50] 今：盧弼《集解》本作"故"，百衲本、殿本、校點本皆作"今"。今從百衲本等。　五官掾：官名。漢代郡國之屬吏，地位僅次於功曹，祭祀時居諸吏之首，無固定職掌，凡功曹及諸曹吏出缺，即代理其職務。

[51] 梟：古博戲之采名。

[52] 於是：盧弼《集解》本"於"作"亦"，百衲本、殿本、校點本作"於"。今從百衲本等。

[53] 度：指遼東太守公孫度。

[54] 鶉（chún）鷃（yàn）：兩種不善高飛的鳥。

[55] 東閣祭酒：官名。司空府之僚屬，曹操爲司空時置。

[56] 三郡：指遼西、遼東、右北平三郡。

[57] 昌國：縣名。治所在今山東淄博市東南。

[58] 獨有：趙幼文《校箋》謂《太平御覽》卷四六七引無"有"字。

[59] 荀文若：荀彧字文若。

[60] 恧（nù）恧：慚愧。

是後大鴻臚鉅鹿張泰、河南尹扶風龐迪以清賢稱，〔一〕[1]永寧太僕東郡張閣以簡質聞。〔二〕[2]

〔一〕荀綽《冀州記》曰：鉅鹿張貔，字邵虎。祖父泰，字伯陽，有名於魏。父邈，字叔遼，遼東太守。著名《自然好學論》，在《嵇康集》。爲人弘深有遠識，恢恢然，使求之者莫之能測也。宦歷二（官）〔宮〕，[3]元康初爲城陽太守，[4]未行而卒。

〔二〕杜恕著《家戒》稱閣曰：[5]"張子臺，視之似鄙樸人，然其心中不知天地間何者爲美，何者爲好，敦然似如與陰陽合德者。[6]作人如此，自可不富貴，然而患禍當何從而來？世有高亮如子臺者，[7]皆多力慕，體之不如也。"

［1］大鴻臚：官名。漢列卿之一，秩中二千石。掌少數族君長、諸侯王、列侯之迎送、接待、安排朝會、封授、襲爵及奪爵削土之典禮；諸侯王死，則奉詔護理喪事，宣讀誄策謚號；百官朝會，掌贊襄引導；兼管京都之郡國邸舍及郡國上計吏之接待；又兼管少數族之朝貢使節及侍子。三國沿之，魏爲三品。　鉅鹿：郡名。治所廮陶縣，在今河北寧晉縣西南。　扶風：郡名。即右扶風，治所槐里縣，在今陝西興平市東南。　龐迪：百衲本作"龐迪"，殿本、盧弼《集解》本、校點本作"龐迪"。殿本《考證》云："何焯校本作'龐迪'。"盧弼《集解》又謂本書《張既傳》有"扶風龐延"，未知"延"即"迪"字之誤否。今從殿本等。

［2］永寧太僕：官名。曹魏置，爲齊王芳時郭太后永寧宮三卿之一，掌太后宮車馬。　東郡：治所濮陽縣，在今河南濮陽縣西南。

［3］二宮：各本皆作"二官"，陳景雲《辨誤》謂當作"二宮"。校點本即據《辨誤》改。今從之。宦歷二宮，謂作過朝官與東宮官。

［4］元康：西晉惠帝司馬衷年號（291—299）。

［5］杜恕著家戒稱閣曰：此及以下文字，百衲本、殿本、盧弼《集解》本皆作爲《邴原傳》之正文。李慈銘《札記》謂"杜恕家戒"以下，蓋裴氏之注誤爲正文。陳氏史裁簡質，其文亦與傳體不類；且此傳所附張泰、龐迪、張閣三人，事同一例，何得於"閣"下獨著杜恕《家戒》云云，明傳文"以簡直聞"句止，可無疑也。校點本即將此段作爲裴松之注文。今從校點本。

［6］敦然似如：趙幼文《校箋》謂《太平御覽》卷五九三引無"似"字，《金樓子·戒子篇》引同。《册府元龜》卷七九一引無"如"字，有"似"字。按，宋本《册府元龜》亦作"敦然似如"。

［7］如子臺者：殿本無"者"字，百衲本、盧弼《集解》本、

校點本皆有。今從百衲本等。

管寧字幼安，北海朱虛人也。〔一〕年十六喪父，中表愍其孤貧，咸共贈賵，[1]悉辭不受，稱財以送終。長八尺，美須眉。與平原華歆、同縣邴原相友，[2]俱游學於異國，[3]並敬善陳仲弓。天下大亂，聞公孫度令行於海外，遂與原及平原王烈等至于遼東。度虛館以候之。[4]既往見度，乃廬於山谷。時避難者多居郡南，而寧居北，示無遷志，後漸來從之。太祖爲司空，辟寧，度子康絕命不宣。〔二〕

〔一〕《傅子》曰：齊相管仲之後也。昔田氏有齊而管氏去之，或適魯，或適楚。漢興有管少卿爲燕令，[5]始家朱虛，世有名節，九世而生寧。

〔二〕《傅子》曰：寧往見度，語唯經典，[6]不及世事。還乃因山爲廬，鑿坏爲室，[7]越海避難者，皆來就之而居，旬月而成邑。遂講《詩》《書》，陳俎豆，[8]飾威儀，明禮讓，非學者無見也。由是度安其賢，民化其德。邴原性剛直，清議以格物，[9]度已下心不安之。寧謂原曰：「潛龍以不見成德，[10]言非其時，皆招禍之道也。」密遣令西還。度庶子康代居郡，[11]外以將軍太守爲號，而內實有王心，卑己崇禮，欲官寧以自鎭輔，而終莫敢發言，其敬憚如此。

皇甫謐《高士傳》曰：[12]寧所居屯落，會井汲者，[13]或男女雜錯，或爭井鬬閱。[14]寧患之，乃多買器，[15]分置井傍，汲以待之，又不使知。來者得而怪之，聞知寧所爲，[16]乃各相責，不復鬬訟。鄰有牛暴寧田者，[17]寧爲牽牛着涼處，自爲飲食，過於牛主。牛主得牛，大慚，若犯嚴刑。是以左右無鬬訟之聲，禮讓移于海表。

[1] 賵賵（fèng）：贈送喪葬所用車馬束帛財物等。

[2] 平原：王國名。治所平原縣，在今山東平原縣西南。

[3] 異國：本郡國以外之郡國。《世説新語・德行》載有管寧、華歆同學之事。

[4] 候：盧弼《集解》謂北宋本作"俟"。趙幼文《校箋》謂《藝文類聚》卷六四引作"俟"。俟，待也。

[5] 燕：縣名。治所在今河南延津縣東北。

[6] 唯：校點本作"惟"，百衲本、殿本、盧弼《集解》本作"唯"。今從百衲本等。

[7] 坯（pī）：衹有一個山包的土丘。

[8] 俎（zǔ）豆：古代祭祀、設宴用的禮器。俎，置肉之几。豆，盛乾肉等食物的器皿。

[9] 清議：評論人物。　格物：糾正人物之不合道義者。

[10] 潛龍：《易・文言》："初九曰'潛龍勿用'，何謂也？子曰：'龍德而隱者也。不易乎世，不成乎名，遁世無悶，不見是而無悶，樂則行之，憂則違之。確乎其不可拔，潛龍也。'"

[11] 度庶子：百衲本"庶"字作"無"，殿本、盧弼《集解》本、校點本作"庶"。今從殿本等。又趙幼文《校箋》謂《册府元龜》卷八〇六引"度"下有"庶"字。按，宋本《册府元龜》作"度亡子"。

[12] 皇甫謐：魏晉人。博覽羣書，不願爲官，自號玄晏先生。著有《帝王世紀》《高士傳》等。傳見《晉書》卷五一。《隋書・經籍志》著録皇甫謐《高士傳》六卷，《舊唐書・經籍志》著録爲七卷，《新唐書・藝文志》又著録爲十卷。今傳本有三卷。沈家本《三國志注所引書目》謂今本蓋非其舊。

[13] 井汲者：趙幼文《校箋》謂《白孔六帖》卷九、《事類賦》卷八引無"井"字。

[14] 鬩（xì）：爭鬥。

[15] 多買器：趙幼文《校箋》謂《事類賦》卷八引"買"下有"汲"字。

[16] 聞：百衲本作"聞"，盧弼《集解》謂北宋本亦作"聞"。殿本、盧弼《集解》本、校點本作"問"。今從百衲本。

[17] 暴：糟蹋。

王烈者，字彥考，[1]於時名聞在原、寧之右，辭公孫度長史，商賈自穢。[2]太祖命爲丞相掾，[3]徵事，未至，卒於海表。〔一〕

〔一〕《先賢行狀》曰：烈通識達道，秉義不回。以潁川陳太丘爲師，[4]二子爲友。[5]時潁川荀慈明、賈偉節、李元禮、韓元長皆就陳君學，[6]見烈器業過人，歎服所履，亦與相親。由是英名著於海內。道成德立，還歸舊廬，遂遭父喪，泣淚三年。遇歲饑饉，路有餓殍，烈乃分釜庾之儲，[7]以救邑里之命。是以宗族稱孝，鄉黨歸仁。以典籍娛心，育人爲務，遂建學校，敦崇庠序。其誘人也，皆不因其性氣，[8]誨之以道，使之從善遠惡。益者不自覺，而大化隆行，[9]皆成寶器。門人出入，容止可觀，時在市井，行步有異，人皆別之。州閭成風，咸競爲善。時國中有盜牛者，牛主得之。盜者曰："我邂逅迷惑，從今已後將爲改過。子既已赦宥，[10]幸無使王烈聞之。"人有以告烈者，烈以布一端遺之。[11]或問："此人既爲盜，畏君聞之，反與之布，[12]何也？"烈曰："昔秦穆公，人盜其駿馬食之，乃賜之酒。盜者不愛其死，以救穆公之難。[13]今此盜人能悔其過，懼吾聞之，是知恥惡。知恥惡，則善心將生，故與布勸爲善也。"閒年之中，行路老父擔重，人代擔行數十里，欲至家，置而去，問姓名，不以告。頃之，老父復行，失劍於路。有人行而遇之，欲置而去，懼後人得之，劍主於是永失，欲取而購募，或恐差錯，遂守之。至暮，劍主還見之，前者代擔人也。[14]老父摯其袂，問曰："子前者代吾擔，不得姓名，今子復守吾劍于路，未有若子之仁，請子告吾姓名，吾將以告王烈。"乃語之而去。老父以告烈，烈曰："世有仁人，吾未之見。"遂使人推之，乃昔時盜牛人也。烈歎曰："韶樂九成，[15]虞賓以和：[16]人能有感，乃至於斯也！"遂使國人表其閭而異之。時人或訟曲直，將質於烈，或至塗而反，或望廬而還，皆相推以直，不敢使烈聞之。時國主皆親駕乘適烈私館，[17]疇諮政令。察孝廉，三府並辟，皆不就。會董卓作亂，避地遼東，躬秉農器，編於四民，布衣蔬食，不改其樂。東域之人，奉之若君。時衰世弊，識真者少，朋黨之人，互相譏謗。自避世在東國者，多為人所害，烈居之歷年，未嘗有患。使遼東強不陵弱，[18]衆不暴寡，商賈之人，市不二價。太祖累微召，遼東為解而不遣。以建安二十三年寢疾，年七十八而終。

[1] 彥考：殿本、盧弼《集解》本、校點本作"彥方"，百衲本作"彥考"。《後漢書》卷八一《王烈傳》"王烈字彥方"李賢注："《魏志》烈字彥考。"何焯云："本為'彥考'，《後漢書注》可據。'方'字寡學者所定也。北宋本正作'考'。"（《義門讀書記》卷二六《三國志·魏志》）今從百衲本。

[2] 商賈（gǔ）自穢：漢制，商賈不得仕宦為吏。（本《史記》卷三〇《平準書》）

[3] 丞相掾：官名。丞相府之屬吏。丞相府設有諸曹，掾即分曹治事，如有東曹掾、戶曹掾、金曹掾、兵曹掾等等。不知烈屬於何曹。

[4] 陳太丘：即陳寔，因曾為太丘長，故人稱為陳太丘。（見本書卷二二《陳群傳》裴注引《魏書》）

[5] 二子：指陳寔二子陳紀、陳諶。

［6］荀慈明：荀爽字慈明。見本書卷一〇《荀彧傳》裴注引張璠《漢紀》。　賈偉節：賈彪字偉節。傳見《後漢書》卷六七。　李元禮：李膺字元禮。傳見《後漢書》卷六七。　韓元長：韓融字元長。傳見《後漢書》卷六二《韓韶傳》。

［7］釜庾：盛糧之容器。古代六斗四升爲一釜，十六斗爲一庾。（本《論語·雍也》何晏《集解》與《左傳·昭公二十六年》杜預注）

［8］皆不因其性氣：吴金華《〈三國志校詁〉及〈外編〉訂補》謂按文義，"不"是"必"的形誤。"必"跟"不"形近易亂，古書常見。

［9］隆行：吴金華《校詁》疑"隆"爲"陰"之形誤。

［10］已：殿本、盧弼《集解》本作"以"，百衲本、校點本作"已"。今從百衲本等。

［11］端：度量名。《左傳·昭公二十六年》"以幣錦二兩"杜預注："二丈爲一端，二端爲一兩，所謂匹也。"

［12］反與之布：趙幼文《校箋》謂《册府元龜》卷八〇六引無"之"字。

［13］救穆公之難：秦穆公曾失善馬，岐下人得而食之者三百餘人。官吏追捕得食馬者，將加懲治。秦穆公曰："君子不以畜産害人。吾聞食善馬肉不飲酒，傷人。"於是，不僅不懲治食馬者，還賜與酒。後來秦穆公與晋惠公戰，被晋軍包圍。食馬肉的三百人得知後，即冒死攻晋軍，解了穆公之圍，並虜獲晋君。（見《史記》卷五《秦本紀》）

［14］前者：趙幼文《校箋》謂《册府元龜》卷八〇六引"前"上有"乃"字。按，宋本《册府元龜》無。

［15］韶樂：相傳爲虞舜所作之樂曲。《尚書·益稷》："簫韶九成，鳳皇來儀。"孔傳："韶，舜樂名。"

［16］虞賓：古史以堯禪讓於舜，舜待堯子丹朱以賓禮，故稱丹朱爲虞賓。《尚書·益稷》："虞賓在位，群后德讓。"孔傳："丹

朱爲王者後，故稱賓。"

［17］國主：盧弼《集解》云：郡國之守相也。

［18］陵：百衲本、盧弼《集解》本作"陵"，殿本作"凌"，校點本作"凌"。今從百衲本等。

中國少安，客人皆還，唯寧晏然若將終焉。黃初四年，詔公卿舉獨行君子，[1]司徒華歆薦寧，文帝即（位）徵。[2]寧遂將家屬浮海還郡，公孫恭送之南郊，加贈服物。自寧之東也，度、康、恭前後所資遺，皆受而藏諸。已西渡，[3]盡封還之。〔一〕詔以寧爲太中大夫，[4]固辭不受。〔二〕明帝即位，太尉華歆遜位讓寧，〔三〕遂下詔曰："太中大夫管寧，耽懷道德，服膺六藝，清虛足以侔古，廉白可以當世。曩遭王道衰缺，浮海遯居，大魏受命，則襁負而至，斯蓋應龍潛升之道，[5]聖賢用舍之義。[6]而黃初以來，徵命屢下，每輒辭疾，拒違不至。豈朝廷之政與生殊趣，[7]將安樂山林，往而不能反乎？夫以姬公之聖，[8]而耇德不降，[9]則鳴鳥弗聞。〔四〕以秦穆之賢，猶思詢乎黃髮。[10]況朕寡德，曷能不願聞道于子大夫哉！今以寧爲光祿勳。[11]禮有大倫，君臣之道，不可廢也。望必速至，稱朕意焉。"又詔青州刺史曰："寧抱道懷真，潛翳海隅，比下徵書，違命不至，盤桓利居，高尚其事。雖有素履幽人之貞，[12]而失考父茲恭之義，[13]使朕虛心引領歷年，其何謂邪？徒欲懷安，必肆其志，不惟古人亦有翻然改節以隆斯民乎！日逝月除，時方已過，澡身浴德，將以曷爲？仲尼有言：'吾非斯人之徒與而誰與哉！'[14]其命別駕從事、郡丞、掾，[15]奉詔以禮發遣寧詣行在所，給安車、吏從、茵蓐、道上廚食，[16]上道先奏。"寧稱草莽臣上疏曰：[17]"臣海濱孤微，罷農無伍，[18]祿運幸厚。橫蒙陛下纂承洪緒，德侔三皇，化溢有唐。久荷渥澤，積祀一紀，[19]不能仰答陛下恩養之福。沈委篤痾，寢疾彌留，逋違臣隸顛倒之節，[20]夙宵戰怖，無地自厝。臣元年十一月被公車司馬令所下州郡，[21]八月甲申詔書徵臣，更賜安車、衣被、茵蓐，以禮發遣。光寵並臻，優命屢至，怔營竦息，[22]悼心失圖。思自陳聞，申展愚情，而明詔抑割，不令稍脩章表，是以鬱滯，訖于今日。誠謂乾覆，[23]恩有紀極，不意靈潤，彌以隆赫。奉今年二月被州郡所下三年十二月辛酉詔書，重賜安車、衣服，別駕從事與郡功曹以禮發遣。又特被璽書，以臣爲光祿勳，躬秉勞謙，引喻周、秦，損上益下。受詔之日，精魄飛散，靡所投死。臣重自省揆，德非園、綺而蒙安車之榮，[24]功無竇融而蒙璽封之寵，[25]槃桉駕下，[26]荷棟梁之任，垂沒之命，獲九棘之位，[27]懼有朱博鼓妖之眚。[28]又年疾日侵，有加無損，不任扶輿進路以塞元責。望慕闕閭，[29]徘徊闕庭，謹拜章陳情，乞蒙哀省，抑恩聽放，無令骸骨填于衢路。"自黃初至于青龍，[30]徵命相仍，常以八月賜牛酒。詔書問青州刺史程喜："寧爲守節高乎，審老疾尪頓邪？"[31]喜上言："寧有族人管貢爲州吏，與寧鄰比，[32]臣常使經營消息。貢說：'寧常著皁帽、布襦袴、布裙，隨時單複，出入閨庭，能自任杖，[33]不須扶持。四時祠祭，輒自力強，改加衣服，著絮巾，故在遼東所有白布單衣，親薦饌饋，跪拜成禮。寧少而喪母，不識形象，常特加觴，泫然流涕。又居宅離水七八十步，夏時詣水中澡灑手足，闚於園圃。'臣揆寧前後辭讓之意，獨自以生長潛逸，耆艾智衰，[34]是以棲遲，每執謙退。此寧志行所欲必全，不爲守高。"〔五〕

〔一〕《傅子》曰：是時康又已死，嫡子不立而立弟恭，恭懦弱，而康孽子淵有雋才。寧曰："廢嫡立庶，下有異心，亂之所由起也。"乃將家屬乘海即受徵。寧在遼東，積三十七年乃歸，其後淵果襲奪恭位，叛國家而南連吳，僭號稱王，明帝使相國宣文侯征滅之，[35]遼東之死者以萬計，如寧所籌。寧之歸也，海中遇暴風，船皆沒，[36]唯寧乘船自若。時夜風晦冥，船人盡惑，莫知所泊。望見有火光，[37]輒趣之，得島。島無居人，又無火爐，行人咸異焉，以爲神光之祐也。皇甫謐曰："積善之應也。"

〔二〕《傅子》曰：寧上書天子，且以疾辭，曰："臣聞傅説發夢，[38]以感殷宗，呂尚啓兆，[39]以動周文，以通神之才悟於聖主，用能匡佐帝業，克成大勳。臣之器朽，實非其人。雖貪清時，釋體蟬蛻。內省頑病，日薄西山。唯陛下聽野人山藪之願，使一老者得盡微命。"書奏，帝親覽焉。

〔三〕《傅子》曰：司空陳羣又薦寧曰："臣聞王者顯善以消惡，故湯擧伊尹，不仁者遠。伏見徵士北海管寧，行爲世表，學任人師，清儉足以激濁，貞正足以矯時。前雖徵命，禮未優備。昔司空荀爽，家拜光祿，[40]先儒鄭玄，即授司農，[41]若加備禮，庶必可致。至延西序，[42]坐而論道，必能昭明古今，有益大化。"

〔四〕《尚書·君奭》曰："耇造德不降，我則鳴鳥不聞，矧曰其有能格。"鄭玄曰："耇，老也。造，成也。詩云：'小子有造。'老成德之人，不降志與我並在位，則鳴鳥之聲不得聞，况乃曰有能德格於天者乎！言必無也。鳴鳥謂鳳也。"

〔五〕《高士傳》曰：管寧自越海及歸，常坐一木榻，積五十餘年，未嘗箕股，[43]其榻上當膝處皆穿。[44]

［1］獨行君子：漢代舉人才的特別科目，以詔令特舉志節高尚之人，不常設。曹魏亦沿襲。

［2］文帝即徵：各本皆作"文帝即位徵"。徐紹楨《質疑》云："文帝以延康元年即位改元黃初。此傳書文帝即位於黃初四年之下，前後不合，'位'字蓋衍文。"按，徐說甚是。本書卷一三《華歆傳》謂華歆，"文帝即王位，拜相國，封安樂鄉侯。及踐阼，改爲司徒"。是華歆爲司徒亦在黃初元年（220）。今從徐說刪"位"字。

［3］已：殿本、盧弼《集解》本、校點本作"既已"，百衲本無"既"字，殿本《考證》亦云："宋本無'既'字。"郝經《續後漢書》卷六九中《管寧傳》亦無"既"字。今從百衲本。

［4］太中大夫：官名。秩千石，第七品。掌顧問應對，無常事。

［5］龍：比喻聖賢君子。世有道則騰升，世無道則潛藏。《論語·衛靈公》子曰："君子哉蘧伯玉！邦有道，則仕；邦無道，則可卷而懷之。"

［6］用舍之義：被任用，則力行；不被任用，則潛藏。《論語·述而》："子謂顏淵曰：'用之則行，舍之則藏，惟我與爾有是夫！'"

［7］生：先生。《史記》卷一二一《儒林列傳》"言禮自魯高堂生"《索隱》引謝承說，云"生"者，自漢以來儒者皆號"生"，亦"先生"省字呼之耳。

［8］姬公：即周公。按，西周、春秋時期，貴族階層，女子稱姓，男子稱氏，區別井然。（見顧炎武《亭林文集》卷二《原姓》）周人姬姓，但周公是男子，不能稱姓。此因秦漢以後，不復存在姓

氏之別，後人囿於當時稱謂之習慣，而不明古制，遂有"姬公"之誤稱。

［9］耇（gǒu）：老年。

［10］黃髮：指老年人。因老人頭髮先白，白久則黃，故以稱之。《史記·秦本紀》謂秦穆公三十二年（前628）有鄭國人出賣鄭國，請秦軍襲擊鄭。秦穆公問老臣蹇叔、百里奚，皆以爲不可。穆公不聽，遂遣百里奚子孟明視、蹇叔子西乞術及白乙丙統兵襲鄭。蹇叔、百里奚哭泣送之。穆公三十三年秦軍滅滑後至殽，被晉國軍截擊，全軍覆没，孟明視等三將被俘。賴晉文公夫人之救，三將得以返秦。秦穆公哭泣謂三將曰："孤以不用百里奚、蹇叔言以辱三子，三子何罪乎？子其悉心雪恥，毋怠。"不但恢復三人的官秩，還更加重用。穆公三十六年，又遣孟明視等統兵攻晉國，大敗晉軍。晉人皆守城不敢出。穆公遂渡河至殽，埋葬以前秦軍之尸骨，爲之發喪，哭泣三日，乃於軍中誓曰："嗟士卒！聽無譁，余誓告汝。古之人謀黃髮番番，則無過。"（《正義》云："字當作'皤'。皤，白頭貌。言髮白而更黃，故云黃髮番番，謂蹇叔、百里奚也。"）

［11］光禄勳：官名。秩中二千石，第三品。掌宿衛宮殿門户，朝會則皆禁止，及主諸郎之在殿中侍衛者。

［12］素履幽人之貞：《易·履卦》："初九，素履，往無咎。"謂安心居於下位，不被富貴誘惑，仍然按平素之志向前進，故不會有過失。又同卦"九二，履道坦坦；幽人貞吉"。謂所履之道雖然坦易，但也要幽靜安恬之人，才能貞固而吉。（俱本《伊川易傳》）

［13］考父：即正考父，宋國之臣，孔子之祖。孔子之祖先弗父何，本應繼宋湣公爲君，卻讓與宋厲公。至正考父，先後輔佐了宋戴公、武公、宣公，最後做了上卿。每次晉升，正考父都更加恭敬，爲上卿後之恭敬就更勝於前。（見《左傳·昭公七年》） 兹：殿本《考證》云："'兹'當作'滋'。"按"兹"同"滋"，《左傳》即作"兹"。

[14]"吾非"句：孔子此言見《論語·微子》。

[15]郡丞：官名。郡之副長官，佐太守掌衆事，秩六百石，第八品。由朝廷任命。　掾：官名。曹魏郡國仍有諸曹掾史，如功曹掾、五官掾、上計掾等等，皆郡國府之屬吏。

[16]安車：可以坐乘的小車。古人乘車爲立乘，此爲坐乘，故稱安車。爲婦女及老人所用。　茵蓐：車上的坐墊。

[17]草莽臣：《孟子·萬章下》孟子曰："在國曰市井之臣，在野曰草莽之臣，皆謂庶人。"

[18]罷（pí）：通"疲"。衰弱。

[19]一紀：十二年。

[20]逋違臣隸顛倒之節：謂違背君召臣即應之節。《詩·齊風·東方未明》："東方未明，顛倒衣裳。顛之倒之，自公召之。"毛傳："上曰衣，下曰裳。"鄭箋："東方未明，而以爲明，故群臣促遽顛倒衣裳。……群臣顛倒衣裳而朝，人又從君所來而召之。"

[21]元年：指魏明帝青龍元年（233）。　公車司馬令：官名。秩六百石，第六品。掌皇宮南闕門，凡吏民上章，四方貢獻及徵詣公車者，均由公車司馬令呈達。

[22]怔（zhēng）營竦息：惶恐不安狀。

[23]乾：《易》卦名。指天、君主。《易·說卦》："乾爲天，爲圜，爲君，爲父。"

[24]園綺：指西漢初之東園公、綺里季。東園公、綺里季與夏黄公、角（lù）里先生，合稱"商山四皓"，皆八十歲以上的高德隱居者。漢高祖劉邦晚年，想以趙王如意易代太子盈。吕后請張良謀，用安車厚禮請得商山四皓。四皓本爲劉邦所敬重，但未能招致。見四皓跟從太子盈，甚爲驚異，因而不再改易太子。太子即後來之漢惠帝。（見《史記》卷五五《留侯世家》與《漢書》卷四〇《張良傳》及顔師古注）

[25]竇融：東漢初人。累世爲河西官吏。新莽末，赤眉、緑林起兵後，曾爲劉玄張掖屬國都尉。劉玄敗，融聯合酒泉、敦煌等

郡，割據河西，代行河西五郡大將軍事。後歸漢光武帝劉秀，協助攻滅隗囂，以功封安豐侯，任大司空。（見《後漢書》卷二三《竇融傳》）

［26］棨（jié）棳（zhuó）：柱頭之斗拱與梁上之短柱。比喻人之才小。

［27］九棘：指九卿。相傳古代朝臣在外，立棘以標其位。《周禮·秋官·朝士》："左九棘，孤、卿、大夫位焉，群士在其後；右九棘，公、侯、伯、子、男位焉，群吏在其後。"鄭玄注："樹棘以爲立者，取其赤心而外刺，象以赤心三刺也。"後世因以九棘指九卿。

［28］朱博：西漢哀帝建平二年（前5）四月初一，朱博從御史大夫爲丞相，當受策命時，空中忽有大聲如鐘鳴。哀帝即問揚雄、李尋。李尋以爲"《洪範》所謂鼓妖者也"，"宜退丞相、御史，以應天變。然雖不退，不出期年，其人自蒙其咎"。（見《漢書·五行志》）　眚（shěng）：災異。

［29］閶（chāng）闔（hé）：皇宮之正門。

［30］青龍：魏明帝曹叡年號（233—237）。

［31］尫（wāng）頓：衰弱而停留。趙幼文《校箋》謂《一切經音義》引《通俗文》："短小曰尫，羸也。"

［32］鄭比：趙幼文《校箋》謂《册府元龜》卷七七八"鄭比"二字乙，《通志》同。按，宋本《册府元龜》仍作"鄭比"。

［33］任杖：趙幼文《校箋》謂《太平御覽》卷五二六、卷六八九、《事類賦》卷一二引"任"字作"柱"。按，《册府元龜》卷七七八引又作"任"。

［34］耆艾：年老。《禮記·曲禮》謂人年五十曰艾，六十曰耆。

［35］相國宣文侯：潘眉《考證》云："司馬懿初諡文貞，改諡文宣，此作'宣文侯'，字倒誤也。宣王未爲相國，此亦《傅子》之誤。"按，潘氏所言，係據殿本《晉書·宣帝紀》，今校點

本《晋書·宣帝紀》已據《廿二史考異》將司馬懿之謚改爲"謚曰文,後改謚宣文"。又《晋書》卷一《宣帝紀》謂司馬懿去世後"追贈相國、郡公"。《傅子》蓋以追贈之官稱之。

[36] 船皆没:趙幼文《校箋》謂《太平御覽》卷八六九引《傅子》作"餘船皆波",《事類賦》卷八引作"餘船皆没"。疑此"船"上脱"餘"字,"波"字爲"没"字之形誤。

[37] 望見有火光:趙幼文《校箋》謂《册府元龜》卷八一五、《事類賦》卷八引無"有"字。

[38] 傅説(yuè):殷高宗武丁之相。《史記》卷三《殷本紀》云:"武丁夜夢得聖人,名曰説。以夢所見視群臣百吏,皆非也。於是乃使百工營求之野,得説於傅險(亦作"巖")中。是時説爲胥靡,築於傅險。見於武丁,武丁曰是也。得而與之語,果聖人,舉以爲相,殷國大治。"

[39] 吕尚:周文王在商紂時爲西伯。《史記》卷三二《齊太公世家》謂吕尚釣魚於渭濱,西伯將出獵,作占卜,兆謂所獲非龍非虎,"所獲霸王之輔"。西伯遂出獵,果遇吕尚於渭水之北,與之語,大説,曰:"自吾先君太公曰'當有聖人適周,周以興'。子真是邪?吾太公望子久矣。"故號吕尚爲"太公望",立爲師。後來吕尚輔佐周武王滅商,建立了周王朝。

[40] 家拜光禄:本書卷一〇《荀彧傳》裴注引張璠《漢紀》及《後漢書》卷六二《荀淑附爽傳》皆謂董卓秉政徵召荀爽,爽行至苑陵又追拜光禄勳。

[41] 即授司農:《後漢書》卷三五《鄭玄傳》謂漢獻帝建安初,徵召鄭玄爲大司農,"給安車一乘,所過長吏送迎。玄乃以病自乞還家"。

[42] 西序:指國家學校。《禮記·王制》:"夏后氏養國老於東序,養庶老於西序。"鄭玄注謂"皆學名也","東序、東膠亦大學,在國中王宮之東。西序、虞庠亦小學也。西序在西郊"。

[43] 箕股:即箕踞而坐。其姿勢爲臀部着地,兩腿平直,與

上身成直角,形如箕。

[44] 當膝處皆穿:古人的坐姿是:兩膝着地(或坐具),兩腳腳背向下,臀部落在腳踵上。故管寧常坐五十餘年的木榻,當膝處皆穿。

正始二年,太僕陶丘一、永寧衛尉孟觀、侍中孫邕、中書侍郎王基薦寧曰:[1]

臣聞龍鳳隱耀,應德而臻,明哲潛遁,俟時而動。是以鸑鷟鳴岐,[2]周道隆興,[3]四皓爲佐,漢帝用康。[4]伏見太中大夫管寧,應二儀之中和,[5]總九德之純懿,[6]含章素質,冰絜淵清,玄虛澹泊,與道逍遥;娛心黃老,游志六藝,升堂入室,[7]究其閫奧,[8]韜古今於胸懷,包道德之機要。中平之際,黃巾陸梁,[9]華夏傾蕩,王綱弛頓。遂避時難,乘桴越海,羈旅遼東三十餘年。在乾之姤,[10]匿景藏光,嘉遁養浩,韜韞儒墨,潛化傍流,暢于殊俗。

黃初四年,高祖文皇帝疇諮羣公,思求雋乂,故司徒華歆舉寧應選,公車特徵,振翼遐裔,翻然來翔。行遇屯厄,[11]遭罹疾病,即拜太中大夫。烈祖明皇帝嘉美其德,登爲光祿勳。寧疾彌留,未能進道。今寧舊疾已瘳,行年八十,志無衰倦。環堵篳門,偃息窮巷,飯鬻糊口,并日而食,吟咏《詩》《書》,不改其樂。困而能通,遭難必濟,經危蹈險,不易其節,金聲玉色,久而彌彰。揆其終始,殆天所祚,當贊大魏,輔亮雍熙。[12]

衮職有闕,[13]羣下屬望。昔高宗刻象,[14]營求賢哲,周文啓龜,以卜良佐。況寧前朝所表,名德已著,而久棲遲,未時引致,非所以奉遵明訓,繼成前志也。陛下踐阼,纂承洪緒。聖敬日躋,超越周成。每發德音,動諮師傅。若繼二祖招賢故典,賓禮儁邁,以廣緝熙,[15]濟濟之化,侔于前代。

寧清高恬泊,擬跡前軌,德行卓絕,海內無偶。歷觀前世玉帛所命,申公、枚乘、周黨、樊英之儔,[16]測其淵源,覽其清濁,未有屬俗獨行若寧者也。誠宜束帛加璧,備禮徵聘,仍授几杖,延登東序,敷陳墳素,[17]坐而論道,[18]上正璇璣,[19]協和皇極,下阜羣生,彝倫攸敘,[20]必有可觀,光益大化。若寧固執匪石,[21]守志箕山,[22]追迹洪崖,[23]參蹤巢、許。[24]斯亦聖朝同符唐、虞,優賢揚歷,垂聲千載。〔一〕雖出處殊塗,俯仰異體,至於興治美俗,其揆一也。

〔一〕《今文尚書》曰"優賢揚歷",[25]謂揚其所歷試。左思《魏都賦》曰"優賢著于揚歷"也。

[1]永寧衞尉:官名。曹魏置,爲少帝齊王曹芳時郭太后永寧宮三卿之一,掌太后宮禁衞。　侍中:官名。曹魏時,第三品。爲門下侍中寺長官。職掌門下衆事,侍從左右,顧問應對,拾遺補闕,與散騎常侍、黃門侍郎等共平尚書奏事。晉沿置,爲門下省長官。　中書侍郎:官名。魏文帝黃初初,置中書監、令,下設通事

郎掌詔草，後又增設中書侍郎，又稱中書郎，亦掌詔草。第五品。

［2］鷮（yuè）鸞（zhuó）：校點本1959年12月第1版誤作"鷮鸞"，1982年7月第2版已改正。《國語·周語上》："周之興也，鷮鸞鳴於岐山。"韋昭注："鷮鸞，鳳之別名。"

［3］隆興：盧弼《集解》本作"興隆"，百衲本、殿本、校點本作"隆興"。今從百衲本等。

［4］漢帝：指漢惠帝。見前"園、綺"注。

［5］二儀：即兩儀，指天地。《易·繫辭上》："是故易有太極，是生兩儀。"孔穎達疏："不言天地而言兩儀者，指其物體，下與四象相對，故曰兩儀，謂兩體容儀也。"

［6］九德：古人對九德有數說。《逸周書·常訓解》云："八政不逆，九德純恪。九德，忠、信、敬、剛、柔、和、固、貞、順。"

［7］升堂入室：謂學問造詣精深。《論語·先進》子曰："由也升堂矣，未入於室也。"楊伯峻注："這是比喻話。'堂'是正廳，'室'是內室。先入門，次升堂，最後入室，表示做學問的幾個階段。"（《論語譯注》）

［8］閫（kǔn）奧：內室深隱之處。比喻隱微深奧之學問。

［9］陸梁：猖獗。

［10］在乾之姤：《易》巽下乾上為姤卦。該卦辭云："姤，女壯，勿用取女。"《彖傳》："姤，遇也。柔遇剛也。勿用取女，不可與長也。"此重在"勿用"之意。故"匿景藏光"，隱遁不出。

［11］屯厄：災難。《易·屯》彖傳云："屯，剛柔始交而難生。"

［12］雍熙：和協而歡樂。

［13］袞職：三公之職。

［14］高宗刻象：高宗，即殷高宗武丁。高宗夢傅說事已見前注。偽古文《尚書·說命上》謂高宗夢說後，"乃審厥象，俾以形，旁求于天下"。偽孔傳云："審所夢之人，刻其形象，以四方旁

求之于民間。"

[15] 緝熙:《詩·大雅·文王》:"穆穆文王,於緝熙敬止。"毛傳:"緝熙,光明也。"

[16] 申公:西漢初魯國(治所今山東曲阜市)人,以《詩經》教學,弟子千餘人。漢武帝初,"使使束帛加璧,安車以蒲裹輪,駕駟迎申公"。及至,武帝問治亂之事,並以爲太中大夫。(見《漢書》卷八八《申公傳》) 枚乘:西漢初,曾爲吳王濞郎中。吳王謀逆,乘上書諫阻。吳王不聽,乘乃去吳投梁孝王。漢景帝即位後,吳楚七國等反,乘又爲書勸説吳王。吳王仍不聽,終於敗亡。漢武帝即位後,枚乘已年老,"乃以安車蒲輪徵乘,道死"。(見《漢書》卷五一《枚乘傳》) 周黨:東漢初人。漢光武帝即位後,徵召黨爲議郎,以病去職。後又被徵,不得已而至。及見光武帝,陳述不願仕宦之志,得到允許。而博士范升卻上書毁謗周黨,光武帝非但不聽,還賜黨帛四十匹。(見《後漢書》卷八三《逸民周黨傳》) 樊英:東漢安帝、順帝時人。明《五經》,善星算圖緯等。漢安帝初,徵英爲博士,不至。漢順帝初,又策書備禮徵之,仍固辭不至。後不得已到京,仍稱病不起。順帝怒責之,英不爲屈;因其名望,遂使就太醫養疾。後順帝又爲英設壇席,賜几杖,待以師傅之禮,拜爲五官中郎將。數月後,樊英又稱病重,詔以爲光禄大夫,賜告歸。(見《後漢書》卷八二上《樊英傳》)

[17] 墳素:百衲本、盧弼《集解》本、校點本作"墳素",殿本作"墳索"。今從百衲本等。按,作"墳索""墳素"皆可。劉熙《釋名·釋典藝》:"八索,索,素也。著素王之法,若孔子者,聖而不王。制此法者,有八也。"畢沅《疏證》云:"昭十二《左傳》曰:'是能讀三墳、五典、八索、九丘。'賈逵注云:'三墳,三皇之書;五典,五帝之典;八索,八王之法;九丘,九州亡國之戒。'"

[18] 論道:盧弼《集解》本作"問道",百衲本、殿本、校點本作"論道"。今從百衲本等。

［19］璿璣：本指北斗星或北極星，此泛指天象。《楚辭》王逸《九思·怨上》："謠吟兮中壄，上察兮璿璣。"洪興祖補注："北斗魁四星爲璿璣。"《晉書·天文志上》云："魁四星爲琁璣，杓三星爲玉衡。"又《續漢書·天文志上》："天地設位，星辰之象備矣。"劉昭注："琁璣者，謂北極星也。"

［20］彝倫：《尚書·洪範》："我不知其彝倫攸叙。"顧炎武云："彝倫者，天地人之常道。"（《日知錄》卷二《彝倫》）

［21］匪石：喻意志堅定。《詩·邶風·柏舟》："我心匪石，不可轉也；我心非席，不可捲也。"毛傳："石雖堅，尚可轉；席雖平，尚可捲。"鄭箋："言己心志堅平，過于石、席。"

［22］箕山：指隱居不仕。《史記》卷六一《伯夷列傳》："堯讓天下於許由，許由不受，恥之逃隱。"《正義》引皇甫謐《高士傳》云："許由字武仲。堯聞致天下而讓焉，乃退而遁於中岳穎水之陽，箕山之下隱。"

［23］洪崖：傳説中的仙人名。乃黄帝臣伶倫之仙號，堯時已三千歲。蔡邕《郭有道林宗碑》："將蹈洪崖之遐迹，紹巢許之絶軌。"

［24］巢許：即巢父、許由。《太平御覽》卷五〇六引皇甫謐《高士傳》云："巢父，堯時隱人，年老，以樹爲巢而寢其上，故時人號曰巢父。堯之讓許由也，由以告巢父。巢父曰：'汝何不隱汝形，藏汝光？若非吾友也。'擊其膺而下之，悵然不自得。"

［25］今文尚書：西漢初，秦博士伏生在齊、魯間傳授《尚書》二十八篇，後門徒相傳，形成西漢的歐陽氏、大夏侯氏、小夏侯氏三家《尚書》之學。在漢武帝至漢宣帝時，皆先後列於學官。這些列於學官的《尚書》，是用當時通行的隸書體書寫的。西漢中後期，又出現了用古代大篆體書寫的《尚書》。於是就稱用隸書體書寫的爲"今文尚書"，大篆體書寫的爲"古文尚書"。　優賢揚歷：按，此句不見今傳本《尚書》。《文選》左思《魏都賦》"優賢著於揚歷"張載注："《尚書·盤庚》曰'優賢揚歷'，歷，試也。"

於是特具安車蒲輪，[1]束帛加璧聘焉。會寧卒，時年八十四。拜子邈郎中，後爲博士。[2]初，寧妻先卒，知故勸更娶，寧曰：「每省曾子、王駿之言，[3]意常嘉之，豈自遭之而違本心哉？」〔一〕

　　〔一〕《傅子》曰：寧以衰亂之時，世多妄變氏族者，違聖人之制，非禮命姓之意，故著《氏姓論》以原本世系，[4]文多不載。每所居姻親、知舊、鄰里有困窮者，家儲雖不盈擔石，必分以贍救之。與人子言，教以孝；與人弟言，訓以悌；[5]言及人臣，誨以忠。貌甚恭，言甚順，觀其行，邈然若不可及，即之熙熙然，[6]甚柔而溫，因其事而導之於善，是以漸之者無不化焉。寧之亡，天下知與不知，聞之無不嗟歎。醇德之所感若此，不亦至乎！

　　[1] 蒲輪：用蒲草包裹車輪，行駛時車身更加安穩。

　　[2] 博士：官名。魏太學博士秩比六百石，第五品，掌以五經教諸弟子。

　　[3] 曾子：孔子弟子，名參，字子輿。（見《史記》卷六七《仲尼弟子列傳》）　王駿：西漢人，王吉之子，漢成帝時曾爲少府。《漢書》卷七二《王吉傳》云：「駿爲少府時，妻死，因不復娶，或問之，駿曰：『德非曾參，子非華、元，亦何敢娶？』」顔師古注引如淳曰：「華與元，曾參之二子也。《韓詩外傳》曰曾參喪妻不更娶，人問其故，曾子曰：『以華、元善人也。』」

　　[4] 氏姓論：盧弼《集解》本作「氏姓歌」，百衲本、殿本、校點本作「氏姓論」。今從百衲本等。

　　[5] 訓：盧弼《集解》本作「教」，百衲本、殿本、校點本作「訓」。今從百衲本等。

[6] 熙熙然：温和歡樂的樣子。

時鉅鹿張臶，字子明，潁川胡昭，字孔明，亦養志不仕。臶少游太學，學兼內外，[1]後歸鄉里。袁紹前後辟命，不應，移居上黨。[2]并州牧高幹表除樂平令，[3]不就，徙遁常山，[4]門徒且數百人，遷居任縣。[5]太祖爲丞相，辟，不詣。太和中，[6]詔求隱學之士能消災復異者，郡累上臶，發遣，老病不行。廣平太守盧毓到官三日，[7]綱紀白承前致版謁臶。[8]毓教曰："張先生所謂上不事天子，下不友諸侯者也。豈此版謁所可光飾哉！"[9]但遣主簿奉書致羊酒之禮。青龍四年辛亥詔書：[10]"張掖郡玄川溢涌，[11]激波奮蕩，寶石負圖，狀像靈龜，宅于川西，[12]嶷然磐峙，倉質素章，麟鳳龍馬，煥炳成形，文字告命，粲然著明。太史令高堂隆上言：[13]古皇聖帝所未嘗蒙，實有魏之禎命，東序之世寶。"〔一〕事頒天下。任令于綽連齎以問臶，[14]臶密謂綽曰："夫神以知來，不追已往，禎祥先見而後廢興從之。漢已久亡，魏已得之，何所追興徵祥乎！此石，當今之變異而將來之禎瑞也。"正始元年，戴鵀之鳥，[15]巢臶門陰，臶告門人曰："夫戴鵀陽鳥，而巢門陰，此凶祥也。"乃援琴歌詠，作詩二篇，旬日而卒，時年一百五歲。是歲，廣平太守王肅至官，教下縣曰："前在京都，聞張子明，來至問之，會其已亡，致痛惜之。此君篤學隱居，不與時競，以道樂身。昔絳縣老人屈在泥塗，趙孟升之，[16]諸侯用睦。愍其耄勤好道，而不蒙榮寵，書到，遣吏勞問其家，顯題門戶，務加殊異，以慰既往，以勸將來。"

〔一〕《尚書·顧命篇》曰："大玉、夷玉、天球、《河圖》在東序。"注曰："《河圖》，圖出於河，帝王聖者之所受。"

[1] 學兼內外：此"內外"，指讖緯之學與經學。《後漢書》卷八二上《方術傳序》"自是習爲內學"李賢注："內學，謂圖讖之書也。其事秘密，故稱內。"

[2] 上黨：郡名。治所本在長子縣，在今山西長子縣西南。董卓之亂，移治所於壺關縣，在今山西長治市北。

[3] 樂平：縣名。漢獻帝建安中置，治所在今山西昔陽縣。

[4] 常山：王國名。治所元氏縣，在今河北元氏縣西北。

[5] 任縣：治所在今河北任縣東南。

[6] 太和：魏明帝曹叡年號（227—233）。

[7] 廣平：郡名。魏黃初二年（221）置，治所曲梁縣，在今河北永年縣東南。

[8] 綱紀：對郡府主要屬吏功曹、主簿等之別稱。

[9] 豈此：盧弼《集解》本、校點本作"此豈"，百衲本、殿本作"豈此"。今從百衲本等。

[10] 四年：錢大昭《辨疑》云："'四年'下有日無月，史脫文。《宋書·符瑞志》作'三年'。"沈家本《瑣言》亦云："明帝青龍三年注引《魏氏春秋》，亦言是'三年'，與《宋志》合。"

[11] 張掖郡：治所觻（lù）得縣，在今甘肅張掖市西北。

[12] 宅于川西：吳金華《〈三國志〉待質錄》謂本書《明帝紀》注引《魏氏春秋》與《宋書·符瑞志》載此事，"宅"作"立"，較爲可取。

[13] 太史令：官名。秩六百石，第六品。掌天時、星曆、歲終奏新曆，國祭、喪、嫁娶奏良日及時節禁忌，有瑞應、災異則記之。

[14] 連：趙幼文《〈三國志集解〉辨證》謂"連"讀如

"輦"。《周禮·鄉師》鄭司農注:"故書'輦'作'連'。"《文選·東京賦》薛綜注:"輦,人挽車。"

［15］戴鵀(rén):鳥名。又作"戴勝""戴任"。狀似雀,頭有冠,五色,如方勝,故名。《爾雅·釋鳥》"戴鵀"郭璞注:"鵀即頭上勝,今亦呼爲戴勝。"

［16］趙孟:即趙武,趙文子,春秋晋臣。《左傳·襄公三十年》載,晋悼公夫人賜食給築城的役卒,發現其中有一絳縣老人因無子被徵做了役卒。問其年齡,已七十三歲了。按法規,六十五歲以上就不該服役。晋國執政趙孟很抱歉地對老人説:"武不才,任君之大事,以晋國之多虞,不能由吾子,使吾子辱在泥塗久矣,武之罪也。"遂任之以官,使助執政。老人以年老辭謝。又與之地,使其主宰免役之務,任絳縣師。當時魯國使者在晋國,回國後告諸大夫。季武子謂晋有如此之正卿趙孟,不可輕視,應盡力與晋和好。

胡昭始避地冀州,亦辭袁紹之命,遁還鄉里。太祖爲司空、丞相,頻加禮辟。昭往應命,既至,自陳一介野生,無軍國之用,歸誠求去。太祖曰:"人各有志,出處異趣,勉卒雅尚,義不相屈。"昭乃轉居陸渾山中,[1]躬耕樂道,以經籍自娛。閭里敬而愛之。〔一〕建安二十三年,陸渾長張固被書調丁夫,當給漢中。百姓惡憚遠役,並懷擾擾。民孫狼等因興兵殺縣主簿,[2]作爲叛亂,縣邑殘破。固率將十餘吏卒,依昭住止,招集遺民,安復社稷。狼等遂南附關羽。羽授印給兵,還爲寇賊,到陸渾南長樂亭,自相約誓,言:"胡居士賢者也,一不得犯其部落。"一川賴昭,咸無怵惕。天下安輯,徙宅宜陽。〔二〕[3]正始中,驃騎將軍趙儼、尚書黃休、郭彝、散騎常侍荀顗、鍾毓、太僕庾嶷、〔三〕弘農太守何楨等〔四〕遞薦昭曰：〔四〕"天真高絜，老而彌篤。玄虛靜素，有夷、皓之節。〔五〕宜蒙徵命，以勵風俗。"〔五〕至嘉平二年，〔六〕公車特徵，會卒，年八十九。拜子纂郎中。初，昭善史書，〔七〕與鍾繇、邯鄲淳、衛覬、韋誕並有名，〔八〕尺牘之迹，動見模楷焉。〔六〕

〔一〕《高士傳》曰：初，晉宣帝為布衣時，與昭有舊。同郡周生等謀害帝，〔九〕昭聞而步陟險，〔一〇〕邀生于崤、澠之間，〔一一〕止生，生不肯。昭泣與結誠，〔一二〕生感其義，乃止。昭因與斫棗樹共盟而別。昭雖有陰德於帝，口終不言，人莫知之。信行著於鄉黨。〔一三〕建安十六年，百姓聞馬超叛，避兵入山者千餘家，飢乏，漸相劫略，昭常遜辭以解之，是以寇難消息，眾咸宗焉。故其所居部落中，三百里無相侵暴者。

〔二〕《高士傳》曰：幽州刺史杜恕嘗過昭所居草廬之中，言事論理〔一四〕，辭意謙敬，〔一五〕恕甚重焉。太尉蔣濟辟，不就。

〔三〕案《庾氏譜》：嶷字劭然，潁川人。子鯈字玄默，晉尚書、陽翟子。〔一六〕嶷弟遁，字德先，太中大夫。遁胤嗣克昌，為世盛門。侍中峻、河南尹純，皆遁之子，豫州牧長史敳，〔一七〕遁之孫，太尉文康公亮、司空冰皆遁之曾孫，〔一八〕貴達至今。

〔四〕《文士傳》曰：楨字元幹，廬江人，〔一九〕有文學器幹，容貌甚偉。歷幽州刺史、廷尉，〔二〇〕入晉為尚書、光祿大夫。〔二一〕楨子龕，後將軍；〔二二〕勖，車騎將軍；〔二三〕惲，豫州刺史；其餘多至大官。自後累世昌阜，司空文穆公充，〔二四〕惲之孫也，貴達至今。

〔五〕《高士傳》曰：朝廷以戎車未息，徵命之事，且須後之，昭以故不即徵。後顗、休復與庾嶷薦昭，有詔訪於本州評議。侍中韋誕駁曰："禮賢徵士，王政之所重也，古者考行於鄉。今顗等位皆常伯納言,[25]嶷爲卿佐,[26]足以取信。附下罔上,忠臣之所不行也。昭宿德耆艾,遺逸山林,[27]誠宜嘉異。"乃從誕議也。

〔六〕《傅子》曰:胡徵君怡怡無不愛也,[28]雖僕隸,必加禮焉。外同乎俗,內秉純絜,心非其好,王公不能屈,年八十而不倦於書籍者,吾於胡徵君見之矣。

時有隱者焦先,河東人也。[29]《魏略》曰:先字孝然。中平末,白波賊起。[30]時先年二十餘,與同郡侯武陽相隨。武陽年小,有母,先與相扶接,避白波,東客揚州取婦。建安初來西還,武陽詣大陽占户,[31]先留陝界。[32]至十六年,關中亂。先失家屬,獨竄於河渚間,食草飲水,無衣履。時大陽長朱南望見之,謂爲亡士,欲遣船捕取。武陽語縣:"此狂癡人耳!"遂注其籍。給廩,日五升。後有疫病,人多死者,縣常使埋藏,童兒豎子皆輕易之。然其行不踐邪徑,必循阡陌;及其捃拾,不取大穗;飢不苟食,寒不苟衣,結草以爲裳,科頭徒跣。[33]每出,見婦人則隱翳,須去乃出。自作一瓜牛廬,[34]淨掃其中。營木爲牀,布草蓐其上。至天寒時,搆火以自炙,[35]呻吟獨語。飢則出爲人客作,[36]飽食而已,不取其直。又出於道中,邂逅與人相遇,輒下道藏匿。或問其故,常言"草茅之人,與狐兔同羣"。不肯妄語。太和、青龍中,嘗持一杖南渡淺河水,輒獨云未可也,由是人頗疑其不狂。至嘉平中,太守貫穆初之官,故過其廬。先見穆再拜。穆與語,不應;與食,不食。穆謂之曰:"國家使我來爲卿作君,我食卿,卿不肯食,我與卿語,卿不應我,如是,我不中爲卿作君,當去耳!"先乃曰:"寧有是邪?"遂不復語。其明年,大發卒將伐吳。有竊問先:"今討吳何如?"先不肯應,而謬歌曰:"祝䰷祝䰷,非魚非肉,更相追逐,本心爲當殺羊,[37]更殺其羖䍽邪!"[38]郡人不知其謂。會諸軍敗,好事者乃推其意,疑羊謂吳,羖䍽謂魏,於是後人僉謂之隱者也。議郎河東董經特嘉異節,與先非故人,密往觀之。經到,乃奮其白鬚,爲如與之有舊者,謂曰:

"阿先闓乎！念共避白波時不？"先熟視而不言。經素知其昔受武陽恩，因復曰："念武陽不邪？"先乃曰："已報之矣。"經又復挑欲與語，遂不肯復應。後歲餘病亡，時年八十九矣。

《高士傳》曰：世莫知先所出。或言生乎漢末，自陝居大陽，無父母兄弟妻子。見漢室衰，乃自絕不言。及魏受禪，常結草爲廬於河之湄，獨止其中。冬夏恒不著衣，[39]臥不設席，又無草蓐，以身親土，其體垢污皆如泥漆，[40]五形盡露，不行人間。或數日一食，欲食則爲人賃作，人以衣衣之，乃使限功受直，足得一食輒去，人欲多與，終不肯取，亦有數日不食時。行不由邪徑，目不與女子逆視。口未嘗言，雖有驚急，不與人語。遺以食物皆不受。河東太守杜恕嘗以衣服迎見，而不與語。司馬景王聞而使安定太守董經因事過視，[41]又不肯語，經以爲大賢。其後野火燒其廬，先因露寢。遭冬雪大至，先袒臥不移，人以爲死，就視如故，[42]不以爲病，人莫能審其意。度年可百歲餘乃卒。或問皇甫謐曰："焦先何人？"曰："吾不足以知之也。考之於表，可略而言矣。夫世之所常趣者榮味也，形之所不可釋者衣裳也，身之所不可離者室宅也，口之所不能已者言語也，心之不可絕者親戚也。今焦先棄榮味，釋衣服，離室宅，絕親戚，閉口不言，曠然以天地爲棟宇，闇然合至道之前，出羣形之表，入玄寂之幽，一世之人不足以挂其意，四海之廣不能以回其顧，妙乎與夫三皇之先者同矣。結繩已來，未及其至也，豈羣言之所能髣髴，常心之所得測量哉！彼行人所不能行，堪人所不能堪，犯寒暑不以傷其性，居曠野不以恐其形，遭驚急不以迫其慮，離榮愛不以累其心，捐視聽不以汙其耳目，[43]舍足於不損之地，居身於獨立之處，延年歷百，壽越期頤，[44]雖上識不能尚也。自羲皇已來，一人而已矣！"

《魏氏春秋》曰：故梁州刺史耿黼以先爲"仙人也"，[45]北地傅玄謂之"性同禽獸"，[46]並爲之傳，而莫能測之。

《魏略》又載扈累及寒貧者。累字伯重，京兆人也。初平中，山東人有青牛先生者，字正方，客三輔。[47]曉知星曆、風角、鳥情。[48]常食青葙、芫華。[49]年似如五六十者，人或親識之，謂其已百餘歲矣。初，累年四十餘，隨正方遊學，人謂之得其術。有婦，無子。建安十六年，三輔亂，又隨正方南入漢中。漢中壞，正方入蜀，[50]累與相失，隨徙民詣鄴，[51]遭疾疫喪其婦。至黃初元年，又徙詣洛陽，遂不復娶婦。獨居道側，以甂甒爲障，[52]施一廚牀，食宿其中。晝日潛思，夜則仰視星宿，吟詠內書。人或問之，閉口不肯言。至嘉平中，年八九十，裁若四五十者。縣官以其孤老，給廩日五升。五升不足食，頗行傭作以禆糧，糧盡復出，人與不取。食不求美，衣弊縕，[53]故後一二年病亡。[54]寒貧者，本姓石，字德林，安定人也。建安初，客三輔。是時長安有宿儒欒文博者，門徒數千，[55]德林亦就學，始精《詩》《書》。後好內事，於眾輩中最玄默。至十六年，關中亂，南入漢中。初不治產業，[56]不畜妻孥，常讀《老子》五千文及諸內書，晝夜吟詠。到二十五年，漢中破，隨眾還長安，遂癡愚不復識人。食不求味，冬夏常衣弊布連結衣。體如無所勝，目如無所見。獨居窮巷小屋，無親里。人與之衣食，不肯取。郡縣以其鰥窮，給廩日五升，食不足，頗行乞，乞不取多。人問其姓字，[57]口不肯言，[58]故因號之曰寒貧也。或素有與相知者，往存恤之，輒拜跪，由是人謂其不癡。[59]車騎將軍郭淮以意氣呼之，[60]問其所欲，亦不肯言。淮因與脯糒及衣，[61]不取其衣，[62]取其脯一朐、糒一升而止。[63]

臣松之案《魏略》云：焦先及楊沛，並作瓜牛廬，止其中。以爲瓜當作蝸；蝸牛，螺蟲之有角者也，俗或呼爲黃犢。先等作圜舍，形如蝸牛蔽，故謂之蝸牛廬。[64]《莊子》曰："有國於蝸之左角者曰觸氏，有國於右角者曰蠻氏，時相與爭地而戰，伏尸數萬，逐北旬有五日而後反。"謂此物也。

[1] 陸渾：縣名。治所在今河南嵩山縣東北。

[2] 縣主簿：官名。縣府的主要屬吏，位僅次於功曹，但與令、長更爲親近。

[3] 宜陽：縣名。治所在今河南宜陽縣西福昌鎮。

[4] 驃騎將軍。官名。東漢時位比三公，地位尊崇。魏、晉沿置，居諸名號將軍之首，僅作爲軍府名號，加授大臣、重要州郡長官，無具體職掌，二品。開府者位從公，一品。　弘農：郡名。治所弘農縣，在今河南靈寶縣東北。

[5] 夷皓：伯夷與商山四皓。

[6] 嘉平：殿本誤作"熹平"，百衲本等不誤。嘉平，魏少帝齊王曹芳年號（249—254）。

[7] 史書：潘眉《考證》云："史籀所作大篆，謂之'史書'。"

[8] 衛顗：校點本1982年7月第2版作"衛顗"，百衲本、殿本、盧弼《集解》本、校點本1959年12月第1版皆作"衛覬"。按，魏晉時無衛顗，今從百衲本等。

[9] 周生：趙幼文《校箋》謂《太平御覽》卷四〇三、卷四八〇、《事類賦》卷二六引"生"字作"士"，下同。

[10] 步陟險：趙幼文《校箋》謂《太平御覽》卷四〇三、卷四八〇引作"涉險"。《冊府元龜》卷八七〇引"陟"作"涉"。按，《太平御覽》卷四八〇作"步險"。

[11] 崤：山名。在今河南洛寧縣北，西北接陝縣，東接澠池縣界。故崤山地區又可稱"崤澠"。漢澠池縣在今河南澠池縣西。

[12] 昭泣與結誠：趙幼文《校箋》謂《太平御覽》卷四〇三、卷四八〇、《事類賦》卷二六引作"昭泣以示誠"。

[13] 鄉黨：殿本、盧弼《集解》本作"鄉鄰"，百衲本、校點本作"鄉黨"。今從百衲本等。

[14] 論理：百衲本作"倫理"，殿本、盧弼《集解》本、校點本作"論理"。今從殿本等。

[15] 辭意：百衲本作"辭義"，殿本等作"辭意"。今從

殿本等。

　　[16] 尚書：官名。西晋初，置吏部、三公、客曹、駕部、屯田、度支六曹尚書，秩皆六百石，第三品。其中吏部職要任重，徑稱吏部尚書，其餘諸曹均稱尚書。　陽翟：縣名。治所在今河南禹州市。　子：爵名。魏晋所實行王、公、侯、伯、子、男六等爵之第五等。

　　[17] 豫州牧長史：官名。按，州牧刺史不置長史，此爲特置。《宋書・百官志》云："晋東海王越爲豫州牧，牧置長史、參軍，庾敳爲長史，謝鯤爲參軍，此爲牧者則無也。"　敳：殿本、盧弼《集解》本、校點本作"顗"，百衲本作"敳"，《晋書》卷五〇《庾峻傳》作"敳"。今從百衲本。

　　[18] 文康：謚號。《晋書》卷七三《庾亮傳》云："（亮）咸康六年（340）薨，時年五十二。追贈太尉，謚曰文康。"

　　[19] 廬江：郡名。曹魏前期治所陽泉縣，在今安徽霍邱縣東北。曹魏後期治所六安縣，在今安徽六安縣北。（本吳增僅《三國郡縣表附考證》）

　　[20] 廷尉：官名。秩中二千石，第三品。掌司法刑獄。

　　[21] 光禄大夫：官名。秩比二千石，第三品，位次三公。無定員，無固定職守，相當於顧問。

　　[22] 後將軍：官名。東漢時位如上卿，與前、左、右將軍掌京師兵衛與邊防屯警。魏晋亦置，第三品。權位漸低，略高於一般雜號將軍，不典禁兵，不與朝政，僅領兵征戰。

　　[23] 車騎將軍。官名。東漢時位比三公，常以貴戚充任。出掌征伐，入參朝政，漢靈帝時常作贈官。魏、晋時位次驃騎將軍，在諸名號將軍上，多作爲軍府名號，加授大臣、重要州郡長官，無具體職掌，二品。開府者位從公，一品。

　　[24] 文穆：謚號。《晋書》卷七七《何充傳》云："（充）永和二年（346）卒，時年五十五。贈司空，謚曰文穆。"

　　[25] 常伯：周代官名。從諸侯中選拔，常侍天子左右。秦漢

時因別稱侍中爲常伯。　納言：古官名。《尚書·舜典》"命汝作納言"孔傳："納言，喉舌之官，聽下言納於上，受上言宣於下。"後世因作爲侍中之別稱。

［26］卿佐：輔佐國君的大臣。趙幼文《校箋》謂《册府元龜》卷八七〇引"佐"字作"士"，疑作"士"爲是。嶷爲太僕，居九卿之列，不得云卿佐也。

［27］山林：殿本、盧弼《集解》本"山林"下有"世所高尚"四字，百衲本、校點本無。殿本《考證》亦云："宋本無'世所高尚'四字。"今從百衲本等。

［28］胡徵君：即胡昭。徵君，對不就朝廷徵聘之士的敬稱。怡怡：和順的樣子。

［29］河東：郡名。治所安邑縣，在今山西夏縣西北禹王城。

［30］白波賊：黄巾軍起義失敗後，餘部又在西河白波谷（今山西襄汾縣西南）起義，稱爲白波軍。

［31］大陽：縣名。治所在今山西平陸縣西南。

［32］陝：縣名。治所在今河南陝縣。

［33］科頭：結髮不戴冠。

［34］瓜牛廬：即蝸牛廬。見後裴松之說。

［35］搆：同"構"。潘眉《考證》謂"構"通"篝"。《史記》卷四八《陳涉世家》之"篝火"，《漢書》作"構火"。

［36］客作：傭工，爲人作工。

［37］牂（zāng）羊：母羊。

［38］羖（gǔ）䍽（lì）：趙幼文云：顔師古《急就篇注》："牂，吳羊之牝也。羖，夏羊之牝也。"《本草衍義》："羖羊出陝西河東，謂之羖䍽。"焦先蓋以夏羊喻魏，吳羊喻吳。不言殺而言羖䍽，焦先河東人，從其方言耳。（見《〈三國志集解〉辨證》）

［39］冬夏恒不著衣：盧弼《集解》本、校點本"著"作"着"，百衲本、殿本作"著"。按，二字義同，今從百衲本等。趙幼文《校箋》謂《藝文類聚》卷六四引作"冬夏袒露"，《太平御

覽》卷五〇九引"恒"字作"袒",《博物志》作"裸而不衣"。"裸""袒"義近,疑當作"袒"。

［40］泥淬:趙幼文《校箋》謂《太平御覽》五〇九引"漆"字作"淬"。

［41］司馬景王:司馬師。　安定:郡名。治所臨涇縣,在今甘肅鎮原縣東南。

［42］就視如故:盧弼《集解》本作"就視知生",百衲本、殿本、校點本作"就視如故"。殿本《考證》云:"宋本作'就視如故',今改正。"今從百衲本等。

［43］捐:百衲本作"捐",殿本、盧弼《集解》本、校點本作"損"。趙幼文《校箋》謂《册府元龜》卷八〇九引作"捐",郝經《續後漢書》同,作"捐"字是。捐,棄也。按,趙說是,今從百衲本。

［44］期頤:人百歲稱期頤。《禮記·曲禮上》:"百年曰期頤。"

［45］梁州:魏元帝景元四年(263)分益州置,刺史治所沔陽縣(今陝西勉縣東舊州鋪)。晉武帝太康三年(282)移治所於南鄭縣(今陝西漢中市東)。其後治所屢有遷徙,先後治西城縣(今陝西安康市西北漢江北岸)、苞中縣(今陝西漢中市西北大鐘寺)、城固縣(今陝西城固縣東)等。

［46］北地:郡名。西晉時治所泥陽縣,在今陝西耀縣南。

［47］三輔:地區名。西漢都城在長安,遂以長安爲中心置京兆尹、右扶風、左馮翊,合稱三輔。東漢定都洛陽,以三輔陵廟所在,不改其號,仍稱三輔。轄區在今陝西渭水流域一帶。

［48］風角:一種占候術。《後漢書》卷三〇下《郎顗傳》"善風角、星算"李賢注:"風角,謂候四方四隅之風,以占吉凶也。"鳥情:蓋即後世之鳥占,即以鳥的飛鳴占卜吉凶。《新唐書》卷九三《李靖李勣傳贊》:"世言靖精風角、鳥占。"

［49］青蘘(xiāng):草本植物。亦稱青相子。初春生於田野,

嫩苗可食。長老後，莖、葉、子均可入藥。其子有明目功效，與決明子同，故又稱草決明。　芫華：草本植物。即芫花，其根可毒魚。顏師古《急就篇注》："芫華，一名魚毒，漁者賣之，以投水中，魚則死而浮出，故以爲名。其根曰蜀桑，其華可以爲藥。"

[50] 蜀：郡名。治所成都縣，在今四川成都市舊東西城區。

[51] 鄴：縣名。治所在今河北臨漳縣西南鄴鎮東一里半。

[52] 甋（lù）甎：狹長形之磚。

[53] 縕：亂麻。

[54] 故後：校點本無"故"字，百衲本、殿本、盧弼《集解》本皆有。今從百衲本等。盧弼《集解》云："故字疑衍。"

[55] 千：趙幼文《校箋》謂郝經《續後漢書》作"十"。

[56] 初：完全。

[57] 姓字：趙幼文《校箋》謂《太平御覽》卷七三九引"字"作"名"，《通志》同。

[58] 口：殿本、校點本作"又"，百衲本、盧弼《集解》本作"口"。今從百衲本等。

[59] 人謂其：趙幼文《校箋》謂《太平御覽》卷七三九引"人"下有"復"字。

[60] 意氣：吳金華《校詁》云："意氣"猶言情意、感情，指接人待物之友好態度。

[61] 脯：乾肉。　糒（bèi）：乾飯。

[62] 不取其衣：趙幼文《校箋》謂《太平御覽》卷八六〇引無此四字，《通志》同。

[63] 朐（qú）：彎屈的乾肉。《說文·肉部》："朐，脯挺也。"段玉裁注："挺，即脡也。何注《公羊》曰：屈曰朐，申曰脡。"

[64] 形如蝸牛蔽故謂之蝸牛廬：殿本、盧弼《集解》本、校點本皆如此，百衲本作"形如蝸牛廬"。殿本《考證》亦云："宋本作'形如蝸牛廬'，無'蔽'字及'故謂之蝸牛'五字。"盧弼

《集解》又謂"何焯校本云北宋本有之"。今從殿本等。

評曰：袁渙、邴原、張範躬履清蹈，[1]進退以道，〔一〕蓋是貢禹、兩龔之匹。[2]涼茂、國淵亦其次也。張承名行亞範，可謂能弟矣。田疇抗節，王脩忠貞，足以矯俗；管寧淵雅高尚，確然不拔；張臶、胡昭闔門守靜，不營當世：故并録焉。

〔一〕臣松之以爲蹈猶履也，"躬履清蹈"，近非言乎！

[1] 清蹈：謂清高之操行。
[2] 貢禹：西漢琅邪郡（治所在今山東諸城市）人。漢元帝時曾爲諫大夫、光禄大夫、御史大夫。每在位多言時政得失，對節省政府開支，減輕人民徭役，多有建議。（見《漢書》卷七二《貢禹傳》） 兩龔：指龔勝、龔舍，皆西漢楚國（治所在今江蘇徐州市）人，世稱楚兩龔。漢哀帝時龔勝以德行高徵爲諫大夫、光禄大夫，多言百姓疾苦，刑賦深重，後與當政不睦，辭官歸。龔舍亦被徵召爲諫大夫、博士、光禄大夫，以病告歸。（見《漢書》卷七二《兩龔傳》）